Fasching / Geppert / Makarova
Inklusive Übergänge

Helga Fasching
Corinna Geppert
Elena Makarova
(Hrsg.)

Inklusive Übergänge

(Inter)nationale Perspektiven auf Inklusion im
Übergang von der Schule in weitere Bildung,
Ausbildung oder Beschäftigung

Verlag Julius Klinkhardt
Bad Heilbrunn • 2017

k

Gedruckt mit Förderung der Universität Wien, Fakultät für Philosophie und Bildungswissenschaft und der Pädagogischen Hochschule der Fachhochschule Nordwestschweiz FHNW.
Die Open Access Publikation wird veröffentlicht mit Förderung der Universität Wien, Fakultät für Philosophie und Bildungswissenschaft.
Die gleichnamige Tagung wurde vom Institut für Bildungswissenschaft und Zentrum für LehrerInnenbildung der Universität Wien und der Österreichischen Forschungsgemeinschaft (ÖFG) gefördert.

Dieser Titel wurde in das Programm des Verlages mittels eines Peer-Review-Verfahrens aufgenommen. Für weitere Informationen siehe www.klinkhardt.de.

Bibliografische Information der Deutschen Nationalbibliothek
Die Deutsche Nationalbibliothek verzeichnet diese Publikation
in der Deutschen Nationalbibliografie; detaillierte bibliografische Daten
sind im Internet abrufbar über http://dnb.d-nb.de.

Druck und Bindung: AZ Druck und Datentechnik, Kempten.
Printed in Germany 2017.
Gedruckt auf chlorfrei gebleichtem alterungsbeständigem Papier.

ISBN 978-3-7815-2183-4

Inhaltsverzeichnis

Methodische und methodologische Perspektiven auf Übergänge

Vorwort der Herausgeberinnen

Unter dem Titel „Inklusive Übergänge – (Inter)nationale Perspektiven auf Inklusion im Übergang von der Schule in weitere Bildung, Ausbildung oder Beschäftigung" fand vom 25. bis 26. November 2016 an der Universität Wien eine wissenschaftliche Fachtagung statt, an der rund 85 Personen teilnahmen, um sich über Rahmen- und Gelingensbedingungen inklusiver Übergangsprozesse auszutauschen. Gemeinsamen Ausgangspunkt bildete dabei ein intersektionales Verständnis von Inklusion, das neben dem Verhältnis zwischen Behinderung und Nichtbehinderung auch weitere Faktoren sozialer Ungleichheit (Geschlecht, ethnische Zugehörigkeit, Migration, sozio-ökonomischer Status, etc.) berücksichtigt und in die Reflexion über Heterogenität und Ungleichheit im Übergang von der Schule in weitere Bildung, Ausbildung oder Beschäftigung aufnimmt.

Neben der theoretischen, methodischen und zum Teil praxisorientierten Reflexion ging es bei der Fachtagung vor allem um die Präsentation und Diskussion empirischer Forschungsbefunde aus dem deutschsprachigen und dem angloamerikanischen Raum. Während sich der Fokus am ersten Tagungstag eher auf angewandte Forschung und auf (inter)nationale Perspektiven richtete, widmete sich der zweite Tag insbesondere den Fragen, wie durch Kooperation in diesem besonderen Abschnitt des menschlichen Lebenslaufs Inklusion ermöglicht werden kann, und über welche unterschiedlichen Forschungszugänge die inklusive Übergangsforschung auf förderliche und hinderliche Faktoren bei Übergängen aufmerksam machen kann.

Mit dem Angebot an Hauptvorträgen im Plenum und Einzelvorträgen in thematischen Workshops gelang es der Fachtagung, eine breite Zielgruppe anzusprechen und ExpertInnen aus Wissenschaft, Politik und Praxis in Dialog treten zu lassen. Der vorliegende Tagungsband sammelt die ausgearbeiteten Langfassungen nahezu aller gehaltenen Vorträge und bietet damit der interessierten Praxis- und Fachwelt die Möglichkeit zur Nachlese. Inhaltlich weisen die Beiträge eine hohe Bandbreite auf und liefern Antworten auf folgende leitende Fragen:

- Wie gestaltet sich der Übergang von der Pflichtschule in die weitere schulische Bildung, Ausbildung oder Beschäftigung für Menschen mit unterschiedlichem Unterstützungsbedarf und welche Faktoren fördern oder behindern den gelingenden Übergang? Welche Unterstützungsangebote sind für Menschen mit unterschiedlichem Unterstützungsbedarf vorhanden und wie nachhaltig sind diese? Wie kann der Übergangsprozess vorbereitet und begleitet werden und wie kann auf soziale Ungleichheit reagiert werden? Welche Rolle kommt dabei der bildungswissenschaftlichen Übergangsforschung zu?

- Wie ist der Übergang von der Pflichtschule in die weitere schulische Bildung, Ausbildung oder Beschäftigung mit Behinderung und weiteren Differenzkategorien verbunden und wie kann das Zusammenwirken verschiedener ungleichheitsgenerierender Faktoren empirisch erfasst werden?

- Mit welchen Forschungszugängen ist das Übergangsgeschehen empirisch erfassbar und wie wird der Übergang von der Pflichtschule in die weitere schulische Bildung, Ausbildung oder Beschäftigung biographisch verarbeitet?

- Welche Übergangs- und Unterstützungsregimes gibt es im Zusammenhang mit Menschen mit unterschiedlichem Unterstützungsbedarf? Wie wird der Übergang von der Pflichtschule in die weitere schulische Bildung, Ausbildung oder Beschäftigung sowie die Unterstützung in unterschiedlichen gesellschaftlichen und kulturellen Kontexten gedeutet, organisiert und individuell bewältigt?

Den nach Themenbereichen geordneten Einzelbeiträgen des Tagungsbandes ist eine thematische Einführung durch die Herausgeberinnen vorangestellt. Den Einstieg macht der Beitrag von *Helga Fasching* mit dem Titel *Inklusive Übergänge erforschen? Ein Problemaufriss mit Empfehlungen*, in dem sie die Rolle von Inklusion innerhalb der bildungswissenschaftlichen Übergangsforschung diskutiert und daraus wichtige Forschungsperspektiven für die Zukunft der inklusiven Übergangsforschung ableitet. Im Anschluss daran geht *Corinna Geppert* in ihrem Beitrag *Wie kann das Gelingen von (Bildungs-) Übergängen traktiert werden? Eine theoretische Annäherung* der Frage nach, was das Gelingen von Bildungsübergängen ausmacht und wie dieses theoretisch und aus der Forschungsperspektive gefasst werden kann. Den Abschluss bildet der Beitrag *Inklusion, Bildung und Übergang* von *Elena Makarova*. Darin wird der Versuch unternommen, jene Facetten des Inklusionsbegriffs hervorzuheben, die mit ihm im Kontext von Bildung und Bildungsübergängen konnotiert werden. Es werden AdressatInnen, Fokus und die Dimensionen der Inklusion in den Blick genommen und im Zusammenhang mit ihrer Bedeutsamkeit für die Gestaltung inklusiver Übergänge von der Schule in weitere Bildung, Ausbildung oder Beschäftigung thematisiert.

Den ersten thematischen Block bilden Beiträge zu *inklusiven Übergängen von der Schule in Ausbildung und Beschäftigung*. *Audrey A. Trainor* widmet sich hier in dem Artikel mit dem Titel *Special Education Transition in the United States Context: Developing Social and Cultural Capital to Promote Agency* dem Nutzen der Kapitaltheorie von Pierre Bourdieu bei der Untersuchung von Übergängen und deckt darin unter anderem auf, dass nicht nur das soziale und kulturelle Kapital von Jugendlichen und deren Familien, sondern auch das von Professionellen eine wesentliche Rolle für das Gelingen von Übergangsprozessen spielt.

Liz Todd berichtet in ihrem Beitrag *Exploring collaboration in transition planning through video interaction guidance* von einem Pilotprojekt zur Erforschung einer Methodik, mit der die Art der Interaktion zwischen Jugendlichen und PraktikerInnen beim Übergang analysiert werden kann.

Helga Fasching und *Ágnes E. Fülöp* geben in dem Beitrag *Inklusion im Übergang von der Schule in den Beruf in Österreich – Rechtliche, politische und institutionelle Rahmenbedingungen* einen Überblick über das österreichische Übergangssystems und rücken insbesondere die außerschulische Unterstützungslandschaft näher in den Fokus.

Christine Demmer geht in ihrer Abhandlung *Ein Schritt nach vorn – ein Blick zurück. Biografieanalytische und intersektionale Betrachtungen von institutionellen Übergängen nach der Schule* der übergreifenden Frage nach, wie Übergänge von erwachsenen Frauen mit unterschiedlichen körperlichen Beeinträchtigungen retrospektiv erzählt werden. Ihr Beitrag gibt Einblicke in die subjektiven Konzepte von Erzählerinnen, in denen die Übergänge von Schule in weitere Bildung und berufliche Beschäftigung als „erfolgreich" oder „weniger erfolgreich" biografisiert werden.

Lara-Joy Rensen und *Marc Thielen* beschäftigen sich in ihrem Beitrag *Ausbildungsrelevantes Verhalten als Mitgliedschaftsbedingung des Ausbildungssystems – Die Herstellung von Differenz in der betrieblichen Berufsvorbereitung* mit der Frage inklusiver Ausbildung am Beispiel der betrieblichen Einstiegsqualifizierung (EG) und stellt dar, wie die teilnehmenden Jugendlichen am betrieblichen Lernort adressiert und welche Differenzen dabei relevant gemacht werden.

Silvia Pool Maag diskutiert in ihrem Artikel „*Man muss es einfach finden, bei jedem ist es etwas anders" – Förderliche Bedingungen für inklusive Ausbildungen im ersten Arbeitsmarkt* die Frage, was es braucht, damit inklusive Ausbildungen gelingen. Sie verweist auf die Relevanz von inklusiver Haltung und die ausbildungsbezogenen Fähigkeiten der Berufsbildenden.

Lena Bergs befasst sich mit dem Thema der *Inklusiven Berufsbildung aus den Blickwinkeln von Auszubildenden mit Behinderung und UnternehmensvertreterInnen – Ergebnisse aus der Projektevaluation von !nkA*, und stellt Erfahrungswerte mit den Herausforderungen und Lösungsstrategien einer inklusiven Ausbildung aus den Perspektiven der UnternehmensvertreterInnen sowie der Auszubildenden vor.

Markus Neuenschwander, Simone Frey und *Christof Nägele* stehen am Beginn des thematischen Blocks zu *intersektionalen Perspektiven auf Übergänge* und beschäftigen sich in ihrem Beitrag *Brückenangebote nach dem 9. Schuljahr – Effekte von Geschlecht, sozioökonomischem Status und Migrationshintergrund* mit theoretischen Konzepten und Befunden eigener Längsschnittstudien zur Regulation von Berufsfindungs- und Selektionsprozessen im Lehrstellenmarkt sowie mit Anpassungsprozessen in der Berufsbildung. Sie diskutieren ihre Ergebnisse aus der Perspektive, wie die Berufsfindung bzw. die Selektion von Berufslernenden sowie die Sozialisationsprozesse beim Eintritt in die Berufsbildung optimiert werden können.

Hannelore Faulstich-Wieland beschäftigt sich im Rahmen von *Paradoxien des gendergerechten Übergangs von der Schule in die Berufsausbildung am Beispiel des Berufsorientierungsunterrichts* mit dem geschlechtsbezogen eingeengten Spektrum der Berufswahlen und zeigt anhand von Ergebnissen aus Hamburger Forschungsprojekten zu „Berufsorientierung und Geschlecht", dass das Spektrum der Berufe eher eingeschränkt wird und sich dabei stärker an den Interessen der Jungen als an denen der Mädchen orientiert.

Sigrid Haunberger und *Elena Makarova* greifen in ihrem Beitrag *Warum wählen so wenige Männer das Studienfach Soziale Arbeit? Einblicke in ein aktuelles Forschungsprojekt* die Problematik der horizontalen Geschlechtersegregation bei der Berufs- und Studienwahl auf und gehen der Frage nach, warum so wenige junge Männer das Studium Soziale Arbeit wählen. Sie verdeutlichen, dass der Bildungsstand der Eltern, individuelle Interessens- und Fähigkeitsprofile, das soziale Netzwerk sowie die Vorstellung über Studieninhalte die Studienfachwahl Soziale Arbeit von jungen Männern beeinflussen.

Katja Driesel-Lange widmet sich in ihrem Aufsatz *Förderung gendergerechter Übergänge von der Schule in den Beruf* der Frage, wie Berufsorientierung sowohl konzeptionell als auch in ihrer pädagogischen Gestaltung aufgestellt sein muss, um individuelle, nicht geschlechtsstereotype Berufswahlprozesse zu unterstützen. Sie diskutiert, wie mithilfe der Erkenntnisse über Merkmale lernförderlicher Settings neue theoretische Grundlagen für eine evidenzbasierte, gendergerechte Berufsorientierung nutzbar gemacht werden können.

Den Abschluss dieses thematischen Blocks bilden *Michelle Proyer, Tatjana Atanasoska* und *Siriparn Sriwanyong* mit ihrer Abhandlung *Forces in Non-Linear Transitions – On the Impact of Escape on Educational Pathways in Young Refugees' Lives*, in der sie Übergänge von jungen Geflüchteten im Bereich Bildung beleuchten. Anhand von Interviewstudien in Österreich und Thailand wird deutlich, dass viele dieser Übergänge im Bereich von Schule und Bildung nach der Ankunft in einem neuen Land nicht-lineare Übergänge darstellen und von der Willkürlichkeit vorhandener Unterstützungsangebote abhängig sind.

Urs Haeberlin bezieht sich zu Beginn des dritten thematischen Blocks zu *methodischen und methodologischen Perspektiven auf Übergänge auf Wertgeleitete Forschung – illustriert an einem Forschungsprogramm zur schulischen Inklusion und deren Wirkungen auf den Übertritt in berufliche Ausbildungen* und beschreibt wissenschaftstheoretische und -methodologische Grundfragen bezüglich des Verhältnisses zwischen Standards empirischer Forschung und Erwartungen von Lehrpersonen und BildungspolitikerInnen. Er stellt dar, dass „Wertgeleitete Forschung" zum einen ein breites Spektrum Forschungen mit optimalem und solchen mit minimalem Generalisierungsanspruch und zum andern den Einbezug der Wertedimension in den Forschungsprozess fordert.

Matthias Huber präsentiert in seinem Beitrag *Emotion and Decision Making in Transition Research: A Mixed Methods Approach* ein Forschungsprojekt, das die Relevanz von Emotionen in der Bildungskarriere und für den Bildungsverlauf von Jugendlichen, die sich an der Übergangsschwelle in den tertiären Bildungsbereich befinden, hervorhebt. Er verdeutlicht in seinem methodologischen Review, dass komplexe Mixed-Methods-Forschungsprojekte einen Weg eröffnen, Emotionen im Prozess der Entscheidungsfindung und damit neue Formen der Wissensgenerierung zu erfassen.

Gertraud Kremsner widmet sich *Transitionen durch und mit „Forschung so inklusiv wie möglich"?* und beschreibt Übergänge, die aus der Umsetzung inklusiver Forschung resultieren (können). Anhand eines partizipativ angelegten Forschungsprojekts diskutiert sie auf einer Metaebene, welche Transitionen ForscherInnen durch partizipative Forschungsprojekte durchlaufen und skizziert, inwiefern der Prozess der Forschung sich Transitionen stellen muss, indem sich die Beziehung zwischen Forschenden und „den Beforschten" grundlegend verändert.

Partizipation ist auch im Artikel von *Helene Juliana Feichter* Thema, die in ihrem Artikel *Betroffene zu Beteiligten machen – Erfahrungen und Phänomene partizipativer Forschung mit Schülerinnen und Schülern* Möglichkeiten und Grenzen schülerInnenaktiver Schulforschung vor dem Hintergrund schultheoretischer und organisatorischer Überlegungen diskutiert.

Michaela Kilian, Mariella Knapp, Tamara Katschnig, Corinna Geppert und *Tanja Werkl* stellen in ihrem Aufsatz *School Transitions from a Longitudinal Perspective* das NOESIS-Projekt (Niederoesterreichische Schule in der Schulentwicklung) vor und stellen sich aus einer Längsschnittperspektive die Frage, welche Faktoren die Entwicklung des Lernens der SchülerInnen im Sekundarbereich I beeinflussen können. Auf einer Metaebene diskutieren sie die Relevanz von Längsschnittstudien und Mixed-Methods-Forschung für die Erforschung von Bildungsübergängen.

Mit der Längsschnittperspektive beschäftigt sich auch der abschließende Beitrag von *Aisling Murray, Growing Up in Ireland and Longitudinal Research on Educational Transitions*. Sie stellt die nationale irische Längsschnittstudie „Growing up in Ireland" vor und diskutiert die Relevanz des Bildungsstatus und sozioökonomischen Status der Eltern für die Entwicklung von Bildungsaspirationen an Bildungsübergangsschwellen.

Als Herausgeberinnen bedanken wir uns herzlich bei allen MitarbeiterInnen des Institutes für Bildungswissenschaft sowie des Zentrums für LehrerInnenbildung der Universität Wien, die durch ihre tatkräftige Unterstützung zum Gelingen der Tagung beigetragen haben. Ausdrücklicher Dank gebührt natürlich auch unseren hochmotivierten Praktikantinnen und studentischen Mitarbeiterinnen sowie unserer Sekretärin Frau Palka, die durch die gewissenhafte Umsetzung der zugewiesenen Arbeitsaufträge einen wichtigen Beitrag zur Tagung und zur Realisierung dieses Tagungsbandes geleistet haben.

Helga Fasching, Corinna Geppert und Elena Makarova

I

Einführung

Helga Fasching

Inklusive Übergänge erforschen?
Ein Problemaufriss mit Empfehlungen

Zusammenfassung

Der vorliegende Beitrag versteht sich als allgemeiner, nicht erschöpfender Problemaufriss zur Rolle von Inklusion innerhalb der bildungswissenschaftlichen Übergangsforschung. Einleitend wird auf die Eigenschaft von Übergängen als chancen- und risikoreiche Schlüsselpunkte im menschlichen Leben eingegangen. Schließlich wird der Inklusionsbegriff näher erläutert und es werden Konsequenzen aus der Berücksichtigung von Differenzen diskutiert. Abschließend werden aus den vorausgegangenen Überlegungen, insbesondere aber aus den Ergebnissen eines mehrjährigen Forschungsprojektes aus Österreich zur Wirkungsweise der Differenzkategorie „intellektuelle Beeinträchtigung" im Übergang von der Pflichtschule in weitere Bildung, Ausbildung oder Beschäftigung", wichtige Forschungsperspektiven für die Zukunft der inklusiven Übergangsforschung abgeleitet.

Summary

The following paper aims at providing a general, non-exhaustive discussion of the role of inclusion within educational transitional research. First, I will briefly explore the assumption that transitions are pivotal and risky moments in human life. Thereafter, I will describe the concept of inclusion in greater detail and will discuss implications of taking differences into account. Finally, I will outline important research perspectives based on these considerations as well as on some observations drawn from a multi-year research project, which was conducted in Austria and which focused on the impact of the category „intellectual impairment" in the transition from compulsory education to further education, training or employment.

1 Der Einzug der Übergänge in die bildungswissenschaftliche Forschung

Der Begriff des Überganges hat sich in der Disziplin der Bildungswissenschaft in den vergangenen Jahrzehnten zu einer zentralen Kategorie entwickelt. Übergänge wurden nicht nur zum Gegenstand zahlreicher theoretischer, sondern auch empirischer Diskussionen, wodurch sich in weiterer Folge eine umfangreiche Übergangsforschung etablieren konnte, deren primäres Erkenntnisinteresse darin besteht, Phänomene, die mit einschneidenden bzw. nachhaltigen Veränderungen, Umstrukturierungen oder einem Wechsel verbunden sind, zu untersuchen (Thielen 2011a, 9f.). Obwohl eine Vielzahl von Ereignissen im menschlichen Lebenszusammenhang – etwa eine Erkrankung, ein Umzug, eine Familiengründung oder eine Scheidung – solche Phänomene darstellen können, liegt der Fokus in der bildungswissenschaftlichen Übergangsforschung seit jeher stark auf spezifischen Übergängen innerhalb des institutionalisierten Bildungssystems (Tillmann 2013, 17). So befasst sich traditionell ein Großteil der empirischen Arbeiten mit dem Wechsel zwischen verschiedenen Schultypen, etwa mit dem Übergang in die Grundschule (z.b. Griebel/Niesel 2002), die Sekundarstufe I (z.b. Büchner/Koch 2001), die Sekundarstufe II (z.b. Neuenschwander/Malti 2009), die Berufsschule (z.b. Fink 2011), die Hochschule (Merkel 2015) oder die Arbeitswelt (Neuenschwander et al. 2012).

Was sich an Bildungsübergängen wie diesen offenkundig zeigt, ist das komplexe und vielschichtige Spannungsverhältnis zwischen Individuum und Gesellschaft, dem die Übergangsforschung in jüngerer Zeit mit einer *mehrdimensionalen* Betrachtungsweise (Stauber/Walther 2007, 41ff.) Rechnung zu tragen versucht. Hierbei wird die Aufmerksamkeit sowohl auf die *Mikroebene* des individuellen Erlebens und (Aus)Handelns, d.h. auf das Individuum und dessen unmittelbares Umfeld und auf die (inter)aktive und kreative Deutung, Gestaltung und Bewältigung von Übergängen, als auch auf die *Meso-* und *Makroebene* der strukturellen Rahmenbedingungen, d.h. auf die jeweilige soziale Ordnung mit ihren kollektiven Deutungs- und Gestaltungsmustern, gerichtet, und – das ist das Entscheidende – die aufs Engste miteinander verschränkten Ebenen systematisch aufeinander bezogen, da nur so eine vollständige Abbildung der Übergangswirklichkeit gewährleistet werden kann (ebd.; vgl. Walther 2014, 14f.). Die mehrdimensionale Perspektive führt damit zwei wissenschaftliche Forschungstraditionen zusammen, die sich über lange Zeit mehr oder weniger getrennt voneinander entwickelt hatten: die auf die Subjektdimension fokussierte Biografieforschung auf der einen Seite, die auf die Strukturdimension fokussierte Lebenslaufforschung auf der anderen.

Eine zentrale Konsequenz aus der Dynamik zwischen Subjekt und Struktur ist, dass mit dem Bildungserfolg des Einzelnen nicht nur individuelle Partizipationsmöglichkeiten, sondern auch die soziale Reproduktion auf dem Spiel steht. Somit sind Bildungsübergänge mit Risiken, potentiell aber auch mit Chancen, verbunden, bilden in diesem Sinne schließlich „Zonen der Ungewissheit und Verwundbarkeit" (Walther 2014, 22) und stellen Individuum wie Gesellschaft vor große Herausforderungen. Nun stehen unterschiedlichen Personengruppen in der Regel jedoch nicht die gleichen Ressourcen, nicht das gleiche „Kapital" im Sinne Pierre Bourdieus (Bourdieu 1983, 1997) zur Verfügung, um diese Herausforderungen zu meistern.[1] Vielmehr noch handelt es sich bei Übergängen um sozial strukturierte Verteilerpunkte bzw. um „neuralgische Punkte" (Reißig 2013, 6), an denen bestehende soziale Ungleichheiten (verstärkt) wirken, Inklusions- und Exklusionsprozesse stattfinden und die soziale Selektion vorangetrieben wird (Solga 2009, 6; Bellenberg/Forell 2013, 9). Dies zeigt sich auch an den Übergangsverläufen von Menschen mit intellektueller Beeinträchtigung, auf die an späterer Stelle noch näher einzugehen sein wird. Für die Übergangsforschung ergibt sich aus der Eigenschaft von Übergängen als chancen- und risikoreiche Schlüsselpunkte im menschlichen Lebensverlauf nun die besondere analytische Aufgabe, eben jene sozialen Disparitäten und die daraus resultierenden Benachteiligungen in den Blick zu nehmen, wobei diese Aufgabe nicht ausschließlich analytisch (auf Erkenntnisgewinn zielend), sondern angesichts aktueller Inklusionsforderungen auch normativ (auf Gerechtigkeit zielend) geboten zu sein scheint.

1.1 Die Crux mit der Inklusion und das Dilemma der Differenz

Im gesellschafts- und bildungspolitischen Kontext hat sich Inklusion spätestens seit der UN-Konvention über die Rechte von Menschen mit Behinderung als maßgebliches normatives Leitprinzip durchgesetzt.[2] Bis heute ist der Inklusionsbegriff in seiner Verwendung allerdings sehr diffus und damit nur schwer greifbar, bezieht er sich mal auf die Gruppe der Menschen mit Behinderung, mal auf einen erweiterten Personenkreis bestehend aus Menschen mit verschiedensten Heterogenitätsdimensionen (Löser/Werning 2015, 17ff.).[3] Anzutreffen ist bisweilen auch ein anti-kategoriales Verständnis von Inklusion, bei dem die klassifikatorische Einteilung von Menschen in Menschen mit und ohne besondere Bedürfnissen konsequent abgelehnt und vielmehr die „Verschiedenheit aller" betont wird (Dederich 2014, 51f. Lindmeier/Lütje-Klose 2015, 8ff.; Wansing et al. 2016). Dieser Zugang gründet im Wesentlichen auf der Vorannahme, dass sich keine klar umrissenen, eindeutig voneinander ab-

---

1   Zur Bedeutung der Kapitaltheorie für die Übergangsforschung siehe den Beitrag von Audrey Trainor.
2   Eine kritische Auseinandersetzung mit der Inklusionsvision findet sich bei Urs Haeberlin in diesem Band.
3   Siehe hierzu auch Elena Makarova in diesem Band.

grenzbaren und innerlich homogenen Gruppen definieren lassen. Vielmehr muss davon ausgegangen werden, dass derartige Kategorisierungsversuche Gefahr laufen, Essentialisierungen und Naturalisierungen Vorschub zu leisten, indem sie dazu tendieren, Merkmale wie Geschlecht, Behinderung etc. als fixe, quasi-natürliche, ahistorische, verkörperte Differenzen unabhängig von gesellschaftlichen Faktoren darzustellen und in gesellschaftlichen Logiken ruhende Exklusionsmechanismen dieserart zu verschleiern (vgl. Dederich 2014: 51f.; Wansing et al. 2016, 72f.).

Die Berücksichtigung von Differenzen kann demnach zu deren Reifizierung und Zementierung sowie zu weiterer Stigmatisierung und Ausgrenzung führen. Diesem – von Minow (1991) einst als „Dilemma der Differenz" bezeichneten – Phänomen, ist theoretisch wie empirisch Rechnung zu tragen. Die streng anti-kategoriale Perspektive erweist sich hierbei jedoch nur bedingt von Brauchbarkeit, da die bildungswissenschaftliche Übergangsforschung benachteiligte oder gefährdete Personengruppen identifizieren muss, „um bestimmte Problemlagen überhaupt benennen, sozial wahrnehmbar und damit z.B. politisch oder pädagogisch bearbeitbar machen zu können" (ebd., 51). Vor diesem Hintergrund scheint daher der *strategische, kritisch-reflexive Einsatz* von Differenz- und Strukturkategorien gegenwärtig den produktiveren Zugang darzustellen (ebd.; Riegel 2013, 1082ff.).

Als besonders fruchtbar hat sich in diesem Zusammenhang das Ende der 1980er Jahre innerhalb der US-amerikanischen schwarzen Frauenbewegung ausgearbeitete theoretische Konzept der Intersektionalität herausgestellt (Winker/Degele 2009; Walgenbach 2012), das nach dem Einzug in die verschiedensten Disziplinen nunmehr auch im Feld der inklusiven Bildung zunehmend Beachtung und Anerkennung findet (z.B. Schildmann 2012; Dederich 2014). Im Mittelpunkt der intersektionalen Perspektive steht das komplexe Zusammenspiel zwischen verschiedenen, interdependent gedachten Differenzkategorien wie Geschlecht, Behinderung, ethnische Zugehörigkeit, etc. Winker und Degele (Winker/Degele 2007, 2009), die im deutschsprachigen Raum maßgeblich zur Bekanntmachung und Weiterentwicklung des Ansatzes beigetragen haben, definieren Intersektionalität als

> „kontextspezifische, gegenstandsbezogene und an sozialen Praxen ansetzende Wechselwirkungen ungleichheitsgenerierender sozialer Strukturen (d.h. von Herrschaftsverhältnissen), symbolischer Repräsentationen und Identitätskonstruktionen" (Winker/Degele 2009, 15).

Mit dem von ihnen ausgearbeiteten Mehrebenenansatz (ebd., 11) stellen sie schließlich ein Mittel zur Verfügung, um Differenzkategorien auf der strukturellen, diskursiven und interaktiven Ebene zu beleuchten. Ihre, an Pierre Bourdieu angelehnte praxeologische, auf das soziale Handeln fokussierende Herangehensweise, macht es möglich, die Ebenen miteinander in Beziehung zu setzen, was Winker und Degele (2007, 24) zufolge ein „den Status Quo nicht lediglich reproduzierende[s] methodologische[s] Herangehen" darstellt. Dennoch wird bisweilen die Kritik formuliert, der Intersektionalitätsansatz, insbesondere aber die unter dem Etikett der Intersektionalität betriebene Forschung, nähme ihren Ausgangspunkt in vorausgesetzten Kategorien und wirke so an der (Re)Produktion von Ausschlüssen mit (vgl. Weinbach 2014, 74; Wansing et al. 2016, 74). Diese Kritik scheint zwar nicht ganz unberechtigt, vermag die grundsätzliche Bedeutung des Ansatzes sowie anknüpfender empirischer Untersuchungen jedoch nicht in Frage zu stellen, stärken diese doch

> „nicht nur das Bewusstsein für die Komplexität, Vielgestaltigkeit und Kontingenz von Differenz, sondern [haben] auch das Potential, im Rahmen einer machtkritischen Fundierung Diskriminierungsverhältnisse aufzudecken und einen Beitrag zu deren Abbau zu leisten." (Dederich 2014, 53)

2 „Intellektuelle Beeinträchtigung" im Übergang von der Pflichtschule in weitere Bildung, Ausbildung oder Beschäftigung: Forschungsbefunde und Forschungsperspektiven

Im Folgenden sollen, ausgehend von aktuellen Forschungsergebnissen aus Österreich zur Wirkungsweise der Differenzkategorie „intellektuelle Beeinträchtigung" im Übergang von der Pflichtschule in weitere Bildung, Ausbildung oder Beschäftigung, Forschungsperspektiven für die Zukunft der bildungswissenschaftlichen Übergangsforschung abgeleitet werden. Behinderung wird dabei nicht etwa als „voraussetzungslose, eindeutig bestimmbare und konstante Kategorie" (Wansing 2014, 211) verstanden, sondern als „komplexes, mehrdimensionales und relationales Verhältnis" (ebd., 217) bzw. als

> „ein offener, dynamischer Begriff, der nicht als Eigenschaft an Personen feststellbar ist, sondern sich auf Teilhabe einschränkende Wechselwirkungen zwischen personalen und Umweltfaktoren bezieht" (Wansing et al. 2016, 73).

> „Behinderungen sind also stets relativ und relational zu denken und können folglich auch im Kontext schulischer und beruflicher Bildung ohne eine Beschreibung von institutionellen Strukturen, Logiken und Praktiken, die möglicherweise benachteiligend, diskriminierend oder ausgrenzend wirken, gar nicht identifiziert und beschrieben werden" (Wansing et al. 2016, 73).

Die im Folgenden im Zentrum stehende Kategorie „intellektuelle Beeinträchtigung" muss dementsprechend als eine historisch gewachsene, dem österreichischen Bildungssystem entspringende Differenz- und Strukturkategorie verstanden werden. SchülerInnen, deren kognitive Leistungsfähigkeit eingeschränkt ist, werden in Österreich gegenwärtig entweder dem ASO-Lehrplan

(„Lehrplan der Allgemeinen Sonderschule") oder bei komplexeren Beeinträchtigungen im Lernen und/oder beim Fehlen von für den Schulbesuch notwendigen basalen Funktionen dem S-Lehrplan („Lehrplan der Sonderschule für Kinder mit erhöhtem Förderbedarf", ehemals „Lehrplan der Sonderschule für schwerstbehinderte Kinder") zugeordnet[4], wobei die Zuordnung durch den/die zuständige/n Landesschulrat/rätin oder Stadtschulrat/rätin auf der Grundlage von sonderpädagogischen Gutachten erfolgt. Die vorgestellten Forschungsergebnisse zur Bedeutung der Kategorie „intellektuelle Beeinträchtigung" im Übergang von der Pflichtschule in weiterführende Schulen, Ausbildung oder Beruf verweisen auf die diesen beiden Lehrplänen zugeordneten Menschen.

2.1 Forschungsbefunde aus einem österreichischen Forschungsprojekt

Der Übergang von der Schule in den Beruf gestaltet sich für Menschen mit Behinderung zumeist sehr langwierig und schwierig. Eine Personengruppe, auf die dies in besonders hohem Ausmaß zutrifft, ist die Zielgruppe der jungen Menschen mit intellektueller Beeinträchtigung, wie im österreichischen Kontext ein am Institut für Bildungswissenschaft der Universität Wien angesiedeltes Forschungsprojekt[5] zeigen konnte. Im Rahmen dieses vom österreichischen Wissenschaftsfond FWF geförderten, partizipativ ausgerichteten Forschungsprojektes wurden von 2008 bis 2013 quantitative und qualitative Daten zur beruflichen Partizipation von Menschen mit intellektueller Beeinträchtigung erhoben und anschließend in enger Zusammenarbeit mit diesen ausgewertet (Biewer et al. 2009). Ziel war es, die objektiv bestimmbare und die subjektiv erlebte Partizipation im Lebenslauf der betroffenen Personen zu erfassen, wobei der Fokus auf dem Übergangsprozess lag. Der quantitative Teil der Studie, bestehend aus einer bundesweiten Befragung von TrägerInnen arbeitsmarktpolitischer Unterstützungsmaßnahmen (Fasching/Koenig 2010; Fasching 2012b), einer Befragung von BezirksschulinspektorInnen (Fasching/Mursec 2010) und zwei Elternbefragungen (Fasching/Mursec 2010; Fasching 2012a; 2013a; 2013b), erlaubte umfangreiche Analysen zu strukturellen und institutionellen Bedingungen, auf deren Basis auf der Makroebene erste intersektionale Erkenntnisse gewonnen werden konnten. So haben sich vor allem die Art der Beschulung bzw. die Lehrplanzuordnung, aber auch das Geschlecht als zentrale benachteiligende Differenzierungsmerkmale herausgestellt (Fasching 2013a): Im Vergleich zur Beschulung in inklusiven Settings wirkte sich die Beschulung in Sonderschulen als nachteilig für den beruflichen Über-

---

4 www.cisonline.at

5 Forschungsprojekt „Partizipationserfahrungen in der beruflichen Biographie von Menschen mit intellektueller Beeinträchtigung" finanziert vom Österreichischen Wissenschaftsfonds (FWF), Universität Wien, Institut für Bildungswissenschaft, Projektnummer: P 20021-G14, Laufzeit 2008-2013. Projektwebsite: http://vocational-participation.univie.ac.at/.

gangsprozess aus, insbesondere in Verbindung mit der Kategorie weibliches Geschlecht. Gegenüber Männern aus Sonderschulen erhielten Frauen aus Sonderschulen deutlich weniger Unterstützung seitens der Eltern und des Lehrpersonals, nahmen seltener an nachschulischen Bildungs- und Qualifizierungsmaßnahmen zur Inklusion am ersten Arbeitsmarkt teil und landeten nach der Schule häufiger direkt in Einrichtungen des Ersatzarbeitsmarktes (Werkstätten, Tagesstruktur, Arbeits- oder Beschäftigungstherapie). Eine dritte Elternbefragung fünf Jahre nach Abschluss der Pflichtschule (Fasching 2016) legte allerdings offen, dass sich auf längere Sicht die Zuschreibung zum Sonderschullehrplan als die stärker benachteiligende Kategorie durchsetzt. Dieselbe Elternbefragung brachte zudem zu Tage, dass im Verlauf der Zeit immer mehr junge Menschen mit intellektueller Beeinträchtigung im geschützten Bereich „landen" – während laut Angaben der Eltern im Jahr 2010 „lediglich" 26,2 % der Jugendlichen im Ersatzarbeitsmarkt tätig waren, stieg die Zahl im Jahr 2015 auf erschreckende 66,7 % – ein besorgniserregender Trend, der wahrlich kein gutes Licht auf das österreichische „Übergangssystem" wirft.

Auf die vielfach gestellte Frage, welche Faktoren den erfolgreichen Übergang in Ausbildung oder Beschäftigung begünstigen[6], lieferte das Forschungsprojekt für den Personenkreis der Menschen mit intellektueller Behinderung die Antwort, dass neben der Schulform bzw. der Art der Beschulung vor allem die elterliche Unterstützung und die Bereitschaft zur Kooperation mit Professionellen (Lehrpersonen, Bildungs- und BerufsberaterInnen) eine zentrale Rolle spielen. Da eine früh einsetzende, partizipative Kooperation für die Bewältigung von beruflichen Übergängen von großem Vorteil zu sein scheint, in der österreichischen Forschungslandschaft bislang hierzu jedoch keine Ergebnisse vorliegen, wird der Kooperationsaspekt in einem im November 2016 angelaufenen Forschungsprojekt[7] des Institutes für Bildungswissenschaft an der Universität Wien näher untersucht. Dieses der explorativen Grundlagenforschung zuzuordnende Projekt zielt darauf, die subjektiven Kooperationserfahrungen von SchülerInnen mit unterschiedlichsten Beeinträchtigungen und deren Eltern bei der Übergangsplanung unter Berücksichtigung von Diversitätsgesichtspunkten zu erforschen und zu rekonstruieren. Das übergeordnete Ziel des Forschungsprojektes ist es, Handlungsansätze für eine verbesserte Einbeziehung von marginalisierten Gruppen in Übergangsplanungsprozesse zu entwickeln und Kooperationsstrukturen zu stärken. In seinem Forschungsdesign

---

6   Für eine theoretische Auseinandersetzung mit „Gelingensbedingungen" von Bildungsübergängen siehe Corinna Geppert in diesem Band.

7   Forschungsprojekt „Kooperation für Inklusion in Bildungsübergängen" finanziert vom Österreichischen Wissenschaftsfonds (FWF), Universität Wien, Institut für Bildungswissenschaft, Projektnummer: P 29291 G29, Laufzeit 2016-2019. Projektwebsite: http://kooperation-fuer-inklusion.univie.ac.at/.

ist das Projekt partizipativ angelegt und greift auf gut bewährte Strategien der partizipativen Forschung, wie etwa jene der Arbeit mit sogenannten „reflecting teams" (Andersen 1992, 2011) zurück. Die aus Menschen mit Behinderungen, Eltern und Professionelle bestehenden „reflecting teams" werden den Forschungsprozess begleiten, beraten und an der Theoriegenerierung mitwirken. Hiermit möchte das Projekt einen Beitrag zur weiteren Verankerung von partizipativen Forschungsstrategien innerhalb der inklusiven Übergangsforschung leisten.

2.2 Forschungsperspektiven für die Zukunft

Durch die steigende Pluralisierung, Individualisierung, Flexibilisierung, Fragmentierung und Prekarisierung der Lebens- und Arbeitswelt moderner, westlicher Gesellschaften und die damit einhergehende Entstandardisierung und Entgrenzung von Lebensläufen sieht sich die Übergangsforschung mit zunehmend langwieriger, heterogener, offener und ungewisser werdenden Übergängen konfrontiert (Heinz 2001; Heinz/Krüger 2001; Mayer 2001, 2004; Kohli 2003; Walther 2014; Brückner/Mayer 2005). Um die Komplexität zeitgenössischer Übergänge angemessen erfassen und den Einfluss von sozialen Ungleichheiten sichtbar machen zu können, bedarf es der (Weiter-)Entwicklung angemessener Forschungszugänge.

Die skizzierten Forschungsbefunde zur beruflichen Partizipation von Menschen mit intellektueller Beeinträchtigung unterstreichen die Bedeutung von längsschnittlichen und intersektionalen Perspektiven auf Übergänge. Diese sind notwendig, um Verschränkungen und das Zusammenspiel zwischen verschiedenen Formen der Unterdrückung und Benachteiligung auf der Zeitachse des menschlichen Lebens sichtbar machen zu können. Dringend nötig sind vor allem früh einsetzende, groß angelegte, intersektionale und international vergleichende Längsschnittstudien, bei denen die Forschungsaufmerksamkeit auf der Untersuchung der Dynamik zwischen Subjekt und Struktur liegt. Hierbei gilt es im Sinne des Mehrebenenansatzes von Winker und Degele die unterschiedlichen Strukturkategorien und deren Zusammenhang auf Mikro-, Meso-, Makro- und Repräsentationsebene empirisch zu erforschen und die Ebenen systematisch aufeinander zu beziehen, also etwa mikro-strukturelle Daten an meso- und makro-strukturelle Kontexte rückzubinden. Eine Forschungsstrategie, die sich in diesem Zusammenhang zunehmend bewährt hat und in Zukunft vermehrt Einsatz finden sollte, ist die Triangulation von Methoden, Theorien und/oder Daten. Profitieren kann die bildungswissenschaftliche Übergangsforschung indes auch von der Hinwendung zu partizipativen Forschungsmethoden[8], die – entgegen aller Inklusions- und Diversitätsdiskurse in Alltag, Politik und Wissenschaft – bisher nur in den seltensten Fällen zum Einsatz kommen.

---

8   Siehe hierzu die Beiträge von Helene Juliana Feichter sowie von Gertraud Kremsner in diesem Band.

Griebel, Wilfried/Niesel, Renate (2002): Abschied vom Kindergarten, Start in die Schule. München: Don Bosco.

Heinz, Walther R. (2000) (Hrsg.): Übergänge: Individualisierung, Flexibilisierung und Institutionalisierung des Lebensverlaufs. Weinheim: Juventa.

Heinz, Walther R./Krüger, Helga (2001): The life course: Innovations and challenges for social research. In: Current Sociology, 49., 29-45.

Kohli, Martin (2003): Der institutionalisierte Lebenslauf: ein Blick zurück und nach vorn. In: Allmendinger, Jutta (Hrsg.): Entstaatlichung und soziale Sicherheit. Verhandlungen des 31. Kongresses der Deutschen Gesellschaft für Soziologie in Leipzig 2002. Opladen: Leske + Budrich, 525-545.

Lindmeier, Christian/Lütje-Klose, Birgit (2015): Inklusion als Querschnittsaufgabe in der Erziehungswissenschaft. In: Erziehungswissenschaft, 26 (51), 7-16.

Löser, Jessica M./Werning, Rolf (2015): Inklusion - allgegenwärtig, kontrovers, diffus? In: Erziehungswissenschaft, 26 (51), 7-16.

Mayer, Karl-Ulrich (2001): The Paradox of Global Social Change and National Path Dependencies. Life Course Patterns in Advanced Societies. In: Kohli, Martin/Woodward, Alison (Hrsg.): Inclusions and Exclusions in European Societies. London: Routledge, 89-110.

Mayer, Karl-Ulrich (2004): Whose lives? How history, societies and institutions define and shape life courses. In: Research in Human Development, 1., 161-187.

Merkel, Mirjam Christine (2015): Bildungsungleichheit am Übergang in die Hochschule. Weinheim Basel: Beltz Juventa.

Minow, Martha (1991): Making All the Difference. Inclusion, Exclusion, and American Law. Ithaca, New York: Cornell University Press.

Neuenschwander, Markus P./Gerber, Michelle/Frank, Nicole/Rottermann, Benno (2012): Schule und Beruf. Wege in die Erwerbstätigkeit. Wiesbaden: VS Verlag für Sozialwissenschaften.

Neuenschwander, Markus P./Malti, Tina (2009): Selektionsprozesse beim Übergang in die Sekundarstufe I und II. Zeitschrift für Erziehungswissenschaft, 12 (2), 216-232.

Reißig, Birgit (2013): Das Ende der »Normalbiografie«. In: DJI-Impulse. Ausgegrenzt, benachteiligt, marginalisiert. Junge Menschen zwischen Inklusion und Exklusion, 104 (4), 4, 4-6.

Riegel, Christine (2013): Intersektionalität als Analyseperspektive für die Übergangsforschung. In: Schröer, Wolfgang/Stauber, Barbara/Walther, Andreas/Böhnisch, Lothar/Lenz, Karl (Hrsg.): Handbuch Übergänge. Weinheim: Beltz Juventa, 1072-1090.

Schildmann, Ulrike (2012): Verhältnisse zwischen Inklusiver Pädagogik und Intersektionalitätsforschung: sieben Thesen. In: Seitz, Simone/Finnern, Nina-Kathrin/Korff, Natascha/Scheidt, Katja (Hrsg.): Inklusiv gleich gerecht? Inklusion und Bildungsgerechtigkeit. Bad Heilbrunn: Klinkhardt, 93-99.

Schröer, Wolfgang/Stauber, Barbara/Walther, Andreas/Böhnisch, Lothar/Lenz, Karl (Hrsg.): Handbuch Übergänge. Weinheim: Beltz Juventa.

Solga, Heike (2009): Biographische Sollbruchstellen. Übergänge im Lebensverlauf bergen Chancen und Risiken. In: WZB-Mitteilungen, 123., 6-7. URL: https://www.wzb.eu/sites/default/files/publikationen/wzb_mitteilungen/wm123einzel6-7.pdf (Abrufdatum: 12.11.2016)

Stauber, Barbara/Walther, Andreas (2007): Subjektorientierte Übergangsforschung: methodologische Perspektiven. In: Stauber, Barbara/Pohl, Axel/Walther, Andreas (Hrsg.): Subjektorientierte Übergangsforschung. Rekonstruktion und Unterstützung biografischer Übergänge junger Erwachsener. Weinheim und München: Juventa, 41-63.

Thielen, Marc (2011): Pädagogik am Übergang. Einleitende Gedanken zu Übergängen, Übergangsgestaltung und Übergangsforschung. In: Thielen, Marc. (Hrsg.): Pädagogik am Übergang. Arbeitsweltvorbereitung in der allgemeinbildenden Schule. Julius Klinkhardt: Bad Heilbrunn, 8-19.

Tillmann, Klaus-Jürgen (2013): Einführung. Die Bewältigung von Übergängen im Lebenslauf – eine biografische Perspektive. In: Bellenberg, Gabriele/Forell, Matthias (Hrsg.): Bildungsübergänge gestalten. Ein Dialog zwischen Wissenschaft und Praxis. Münster/New York/München/ Berlin: Waxmann, 15-32.

Walgenbach, Katharina (o.J.): Intersektionale Subjektpositionen. Theoretische Modelle und Perspektiven. URL: http://www.etc-graz.at/typo3/fileadmin/user_upload/ETC-Hauptseite/ publikationen/Selbststaendige_Publikationen/LID/Walgenbach_Subjektpositionen_formatiert. pdf (Abrufdatum: 10.11.2016)

Walgenbach, Katharina (2012): Intersektionalität - eine Einführung. URL: http://portal-intersektional itaet.de/theoriebildung/ueberblickstexte/walgenbach-einfuehrung/ (Abrufdatum: 10.11.2016)

Walther, Andreas (2014): Übergänge im Lebenslauf zwischen Standardisierung und Entstandardisierung. In: Hof, Christiane/Meuth, Miriam/Walther, Andreas (Hrsg.): Pädagogik der Übergänge. Übergänge in Lebenslauf und Biografie als Anlässe und Bezugspunkte von Erziehung und Bildung und Hilfe. Weinheim und Basel: Beltz Juventa, 14-6.

Wansing, Gudrun (2014): Konstruktion – Anerkennung – Problematisierung. Ambivalenzen der Kategorie Behinderung im Kontext von Inklusion und Diversität. In: Zeitschrift für soziale Probleme und soziale Kontrolle, 25 (2), 209-230.

Wansing, Gudrun/Westphal, Manuela/Jochmaring, Jan/Schreiner, Mario (2016): Herstellungsweisen und Wirkungen von Differenzkategorien im Zugang zu beruflicher (Aus-)Bildung. In: Bylinski, Ursula/Rützel, Josef (Hrsg.): Inklusion als Chance und Gewinn für eine differenzierte Berufsbildung (Berichte zur beruflichen Bildung). Bonn: Bundesinstitut für Berufsbildung (BIBB), 71-85.

Weinbach, Claudia (2014): Von personalen Kategorien zu Sozialstrukturen. Eine Kritik der Intersektionalitätsdebatte. In: Wansing, Gudrun/Westphal, Manuela (Hrsg.): Behinderung und Migration. Inklusion, Diversität, Intersektionalität. Wiesbaden, 74-82.

Winker, Gabriele/Degele, Nina (2007): Intersektionalität als Mehrebenenansatz. HTML: http:// portal-intersektionalitaet.de/uploads/media/Degele_Winker_01.pdf (Abrufdatum: 10.11.2016)

Winker, Gabriele/Degele, Nina (2009): Intersektionalität. Zur Analyse sozialer Ungleichheiten. Bielefeld: transcript.

Corinna Geppert

Wie kann das Gelingen von (Bildungs-) Übergängen traktiert werden? Eine theoretische Annäherung

Zusammenfassung

Ausgehend von den Heterogenitätsdimensionen *personelle Heterogenität, Unterschiede in relationalen Beziehungen, Unterschiede in der physischen Umwelt und Variationen im Sozialklima* nach Sen (2009) geht dieser Beitrag der Frage nach, was das Gelingen von Bildungsübergängen ausmacht und wie dieses theoretisch und aus der Forschungsperspektive gefasst werden kann. Die Prozessdimension von Bildungsübergängen wird in den Vordergrund gerückt und die Notwendigkeit von Längsschnittuntersuchungen und Mixed-Methods-Forschung dargestellt.

Summary

Drawing on the heterogeneity dimensions, *personal heterogeneity, differences in relational perspectives, diversities in the physical environment*, and *variations in social climate* (Sen 2009), this paper investigates how success in educational transitions and trajectories may be understood theoretically and from the research perspective. The process dimension of educational transitions is highlighted and the need for longitudinal studies and mixed-method research is emphasized.

1 Probleme beim Bildungsübergang?!

„Für einen Teil der Kinder ist der Übertritt in die Schule kein Problem, im Gegenteil, sie finden sich gut zurecht, freuen sich auf den nächsten Schultag, haben gute Kontakte und kommen mit den an sie gestellten Aufgaben gut zurecht. Ein anderer Teil der Kinder fügt sich nur schwer ein, ist unruhig oder unaufmerksam, häufig sozial isoliert, zeigt häufig Ängstlichkeit oder Zurückgezogenheit und hat kein gutes Verhältnis zum Lehrer. Genereller läßt sich sagen, daß das Passungsverhältnis zwischen Kind und Schule unterschiedlich ausgeprägt ist oder das Gleichgewicht in dem Ökosystem Schule mehr oder minder stark beeinträchtigt sein kann." (Oerter 1998, 289f.)

Was Oerter (1998) hier exemplarisch für den Eintritt in die Schule beschrieben hat, trifft auch auf sämtliche Bildungsübergänge im Lebensverlauf zu, auf den Übertritt in die Sekundarstufe, in das tertiäre Bildungssystem oder den Übertritt in den Arbeitsmarkt. Dabei kommt speziell der Frage, wie Personen mit den Veränderungen, die Übergänge mit sich bringen, zurechtkommen, eine besondere Bedeutung zu. Persönliche Netzwerke verändern sich ebenso wie institutionelle Rahmenbedingungen, sowie damit einhergehend implizite und explizite Regeln und Pflichten und auch die eigene Rolle innerhalb der Institution und der Peers und KollegInnen ist einer Veränderung unterworfen. Übergänge bedeuten Unsicherheiten auf allen Ebenen, von der Mikroebene der unmittelbaren Beziehungen bis zur Makroebene der institutionellen und gesetzlichen Regelungen. Übergänge sind zudem auch Phasen, die zwar immer wiederkehrend sind, jedoch immer einen anderen Charakter haben und für die kaum Handlungsroutinen aufgebaut werden können.

Zu den hier angesprochenen vertikalen Übergängen kommen auch noch die so genannten horizontalen Übergänge (Kagan/Neumann 1998; Seung Lam/ Pollard 2006), die den Wechsel zwischen verschiedenen Kontexten beschreiben. Es gibt zahlreiche Forschungsansätze, die sich mit den Zusammenhängen von Familie und Schule (vgl. z.B. Kramer/Helsper 2000) oder auch Peers und Schule (vgl. z.B. Krüger/Deppe 2010) beschäftigen und in denen das, was hier mit dem Begriff des horizontalen Übergangs in den Blick genommen wird, häufig in Anlehnung an Bourdieu als Passung bezeichnet wird. Auf einer allgemeinen Ebene lässt sich zunächst mit Seung Lam und Pollard (2006) festhalten, dass der Begriff des Übergangs als „a change of contexts, the move from one institutional setting or phase to another" gesehen wird, der aber auch explizit als Veränderungsprozess bzw. als „shift from one identity to another" definiert wird (Seung Lam/Pollard 2006, 124f.). Vereinfacht könnte man sagen, dass mit Übergang jener Prozess gemeint ist, in dem sich ein Individuum von einem Kontext in einen anderen bewegt und dabei seine Identität verändert (vgl. Nuart 2012). Dies wird ergänzt durch den Aspekt der Kontinuität und Diskontinuität: „We suggest [...] that transitions are defined as the continuity of experiences that children have between periods and between spheres of their lives" (Kagan/Neuman 1998, 366). Übergänge stellen somit gleichzeitig Veränderungen wie auch Verbindungen zwischen unterschiedlichen Kontexten und Identitäten dar und her (Seung Lam/Pollard, 2006).

Dass es an Bildungsübergangsschwellen durchaus Schwierigkeiten geben kann, und nicht alle Kinder, Jugendlichen und Erwachsenen gleichermaßen mit den Anforderungen, die an sie gestellt werden, zurechtkommen, ist somit nicht weiter verwunderlich. Tippelt (2007, 14) beschreibt, dass es verschiedene Einflussbereiche gibt, wie „ökonomische und bildungspolitische Strukturen", „kulturelle Wertorientierungen des sozialen Milieus", „Sozialisationsprozesse in der Familie" und „schulische Selektionsprozesse", die Handlungen bei Übergängen prägen und letztlich von individuellen Entscheidungen gesteuert werden. Gleichzeitig bestimmen diese die Entscheidungsprozesse aber auch mit, wie sich beispielsweise im Rational Choice-Ansatz nach Boudon (1974) widerspiegelt, der sehr häufig im Kontext der Bildungsübergangsforschung als theoretische Basis gilt. Boudon geht davon aus, dass primäre und sekundäre Effekte der Sozialschichtzugehörigkeit auf das Individuum einwirken. Primäre Effekte sind demnach unterschiedliche Kompetenzniveaus von Kindern, die direkt von der sozialen Herkunft abhängig sind (Boudon 1974). Diese Differenzen gehen auf kulturelle und soziale Unterschiede in den sozialen Schichten zurück. Kinder aus niedrigen sozialen Schichten verfügen über eingeschränkte kulturelle Ressourcen, die ihre Entwicklung positiv beeinflussen könnten, und werden somit schlechtere schulische Leistungen erzielen, als jene SchülerInnen, die über „Bildungskapital" frei verfügen können (vgl. Boudon 1974). Daraus ergibt sich von Beginn der Bildungslaufbahn an eine systematische Unterscheidung für die Erfolgswahrscheinlichkeit im Bildungssystem. Primäre Effekte wirken sich demzufolge auch direkt auf die schulischen Leistungen der Kinder aus und bezeichnen Unterschiede im erworbenen Kompetenzniveau, die von der sozialen Herkunft abhängig sind. Eine vereinfachte Darstellung dieses Sachverhalts wäre: „Je geringer der sozioökonomische Status der Familie, desto geringer ist die kulturelle Ausstattung (Bücher, Besuch von Theater, Museen, etc.) und desto geringer ist der Leistungserfolg", wobei die Ressourcenverteilung eine zentrale Rolle einnimmt. Kinder aus niedrigen sozialen Schichten starten der Theorie zu Folge mit geringerem Vorwissen ihre Schullaufbahn und haben somit auch eher Schwierigkeiten, gute schulische Leistungen zu erbringen.

Im Kontrast dazu beschreiben sekundäre Effekte soziale Ungleichheiten, die aus der Bildungsaspiration und dem daraus resultierenden Entscheidungsverhalten bei gleichen Kompetenzen der SchülerInnen entstehen. Hier gilt vereinfacht ausgedrückt, dass jene Eltern, die aus einem weniger bildungsaktiven Milieu stammen, entsprechend geringere Bildungserwartungen in Bezug auf ihre Kinder aufweisen und demnach auch für ihre Kinder keine höhere Bildung anstreben. Soziale Kosten- und Nutzenfaktoren bilden hier die Basis für entsprechende als rational geltende Entscheidungen (vgl. Boudon 1974; Meulemann 1979). Eine Arbeiterfamilie kann beispielsweise eine andere Kosten-Nutzen-Bewertung haben als eine Akademikerfamilie. Dem Modell von Boudon (1974) folgend, wird eine Akademikerfamilie versuchen, ihren Status zu erhalten und dem Kind die bestmögliche Ausbildung auf dem Weg zum Akademiker/zur Akademikerin bieten. Dahingegen würde eine Arbeiterfamilie eher dazu neigen, das Kind schnellstmöglich in das Berufsleben einzugliedern. Eine lange und kostspielige Ausbildung wird hier möglicherweise nicht angestrebt. Zudem neigen Eltern, die besser über ein System Bescheid wissen – weil sie es beispielsweise selbst durchlaufen haben – dazu, ihre Kinder auch dahingehend zu unterstützen und ihnen den Wert (höherer) Bildung zu vermitteln (Van de Werfhorst/Andresen 2005).

Boudon spannt hier somit zwei unterschiedliche Heterogenitätsdimensionen auf, die personelle Heterogenität über das Kompetenzniveau der Kinder, Jugendlichen und Erwachsenen und Unterschiede in relationalen Beziehungen, die Boudon über das Herkunftsmilieu beschreibt. Sen (2009) entwirft im Rahmen seines Befähigungsansatzes noch zwei weitere Dimensionen, die er als mitverantwortlich für Entscheidungen ins Feld führt, die Unterschiede in der physischen Umwelt und Variationen im Sozialklima.

Mit Sen (2009) kommt man auch zu einem breiteren Zugang zu der Thematik. So wird etwa die *personelle Heterogenität* von Individuen nicht nur über das Kompetenzniveau veranschaulicht, sondern hier fallen auch sämtliche physische Charakteristika hinein, die abhängig sind von Alter, Geschlecht, Krankheitsanfälligkeit und anderen körperlichen Faktoren, die Bedürfnisse mediieren. Je nach Alter, Geschlecht und physischer Gesundheit kommen andere Ziele in Betracht. Schon ein einzelnes dieser Merkmale führt dazu, dass unterschiedliche Zielvorstellungen entwickelt werden. Hierbei geht es nicht nur um bloße subjektive Zufriedenheit und Wunscherfüllung (Utility), sondern um die Qualität und Menge der objektiven Möglichkeiten (Capabilities) (Oelkers et al. 2008). So haben Personen mit kognitiven oder körperlichen Beeinträchtigungen oftmals nicht exakt die gleichen Möglichkeiten am Arbeitsmarkt wie Menschen, auf die dies nicht zutrifft. Auch der immer noch vorhandene „gender wage gap" lässt darauf schließen, dass physische Charakteristika und damit assoziierte Eigenschaften Faktoren sind, die Entscheidungsprozesse determinieren, weil sie die realen Möglichkeiten von Personen mitbestimmen.

Neben der personellen Heterogenität sind es auch die *Unterschiede in der physischen Umwelt*, die mitentscheiden, welche realen Möglichkeiten Personen haben. Extreme Beispiele ergeben sich natürlich, wenn europäische Verhältnisse mit afrikanischen Ländern verglichen werden, in denen Kinder und Jugendliche zumeist deutlich erschwerte Umstände haben, um überhaupt Bildungsmöglichkeiten in Anspruch nehmen zu können (Viechtbauer 2015). Aber auch Kinder und Jugendliche in ländlichen Gegenden etwa haben andere Bildungsmöglichkeiten – nicht notwendigerweise bessere oder schlechtere – als jene, die im stark urbanisierten Gebiet aufwachsen. Ähnlich verhält es sich mit dem Zugang zum Arbeitsmarkt oder jenem zu Weiterbildungsmöglichkeiten. Die

Angebotsstruktur bestimmt die Möglichkeiten für Wahlentscheidungen mit – dies betrifft zum einen die schulische Angebotsstruktur in der Region und die persönlichen, finanziellen Möglichkeiten auch weitere Wege in Kauf nehmen zu können, oder gar umzuziehen, um bestimmte Angebote zu erreichen. Das trifft auch auf den Übergang in den Arbeitsmarkt zu: Besteht im Einzugsgebiet die Chance, eine Arbeitsstelle im gewünschten Segment zu finden? Müssen längere Wege in Kauf genommen werden und sind diese zumutbar? Können diese Wege überhaupt in Kauf genommen werden? Besteht die Möglichkeit des Verlagerns des Wohnsitzes? Ist dies überhaupt erstrebenswert?

So ist in einigen ländlichen Regionen Österreichs eine akademische Karriere nicht im Sinne der regionalen Nutzbarkeit, zumindest von der Humankapitaltheorie ausgehend, sondern die Übernahme einer Landwirtschaft oder die Weiterführung eines Handwerks mit Tradition in der Region, die auch Arbeitsplätze diesbezüglich bietet, steht im Vordergrund (vgl. Knapp 2013). Zudem ist die Angebotsstruktur in ländlichen Regionen nicht mit jener einer Landes- oder gar Bundeshauptstadt vergleichbar, weshalb sich auch aus diesem Umstand Differenzen ergeben. Bildungsaspirationen der Kinder, Jugendlichen und ihrer Eltern und später der Erwachsenen stehen somit in Wechselwirkung mit sozialräumlichen Faktoren. So ist auch der Abschluss eines Hochschulstudiums nicht für alle SchülerInnen gleichermaßen ein erstrebenswertes Ziel.

Mitbestimmend sind auch die bereits erwähnten *Variationen im Sozialklima*, die bei Boudon in den sekundären Herkunftseffekten angesprochen wurden. Hier wird die kulturelle Herkunft von Personen traktiert, aber auch soziale Umstände wie das öffentliche Gesundheitswesen, öffentliche pädagogische Einrichtungen und sogar Verbrecherraten. Abseits von öffentlichen Einrichtungen ist auch die Beziehung in der Gesellschaft wichtig. Befindet sich das Land beispielsweise in einem chaotischen – womöglich sogar bürgerkriegsähnlichen – Zustand, so ist die Chance für jeden einzelnen und jede einzelne relativ gering, Erfolg zu haben.

Was die Qualität der Beziehungen untereinander betrifft, wurden in der Literatur zwei grundlegende Messebenen identifiziert: zum einen handelt es sich hierbei um den Aspekt der Solidarität, zum anderen um das Ausmaß der Konkurrenz zwischen Peers (Maschke/Stecher 2010). Relevante Einflussgrößen sind hier die Integration in eine Gruppe, das Ausmaß an gegenseitiger Hilfe und Unterstützung sowie wechselseitige Anerkennung (Grewe 2003). Das Ausmaß an sozialen Netzwerken und Kooperationen kann mitbestimmen, welche beruflichen Möglichkeiten sich ergeben können. Diese können Unterstützung und Hilfeleistungen gerade den neuralgischen Übergängen bieten. Ein entsprechendes Netzwerk hilft auch beim Aufbau von sozialen und kognitiven Skills, die es erlauben, sich unter den veränderten Rahmenbedingungen zurecht zu finden. Dies betrifft den Umgang mit Peers, Vorgesetzen im Bereich des Arbeitsmarkts und Lehrenden im schulischen Kontext. So zeigt auch die Forschung, dass ein gutes Lehrenden-SchülerInnen-Verhältnis dazu führen kann, dass SchülerInnen positive Entwicklungen im Verlauf der Sekundarstufe durchmachen und entsprechend hohe Bildungsaspirationen entwickeln, die sie dann auch verwirklichen (Projektteam NOESIS 2012, 2013, 2014; Geppert 2016). Auch Peernetzwerke sind dazu angetan, für eine positive Entwicklung von SchülerInnen zu sorgen und dann wiederum auch Übergangsprozesse zu erleichtern (Azmitia/Cooper 2001, Cantin/Boivin 2004, Kramer et al. 2009; Krüger/Deppe 2010, Projektteam NOESIS 2012, 2013, 2014).

Das Sozialklima bestimmt somit die Entscheidungsmöglichkeiten und das Zutrauen in die eigenen Fähigkeiten und Kompetenzen mit, aber auch die vierte Heterogenitätsdimension nach Sen (2009) darf nicht unberücksichtigt bleiben, die *Unterschiede in relationalen Perspektiven*.

Die Pluralität von Perspektiven ist real und wird durch spezifische Normen und Vorurteile der Gesellschaft moderiert, da Menschen innerhalb der Gesellschaft diese Normen und Vorurteile auch übernehmen. Die Makroebene im Sinne Bronfenbrenners (1989) nimmt somit entsprechenden Einfluss. Was gilt gesellschaftlich als akzeptabel und was als inakzeptabel? Ist es beispielsweise in der Gesellschaft vertretbar, dass der Sohn eines Landarbeiters den Hof nicht übernimmt, sondern diesen verlässt, um zu studieren? Die Antwort auf die Frage ist wohl regional unterschiedlich zu bewerten. So sind die gesellschaftlichen Normen, die auf eine Person einwirken und sie unmittelbar betreffen, je nach (regionaler) Situation und gesellschaftlicher Stellung different.

Letztlich geht es für jede Person darum, die eigene Situation und die Möglichkeiten, die sich bieten, zu kennen und diese so zu nutzen, dass das erhoffte Ergebnis herauskommt. Mit Sen (2009) würde man hier von der Erweiterung von „capabilities" sprechen, den Optionen und Möglichkeiten, die es gilt in „functionings", Ergebnisse, umzusetzen.

> „Capabilities are people's potential functionings. Functionings are beings and doings. [...] The difference between functioning and capability is similar to the difference between an achievement and the freedom to achieve something, or between an outcome and an opportunity" (Robeyns 2003, 63).

Diese Umsetzung von einem Capability-Set in Functionings gelingt jedoch nicht immer. Hier deutet sich auch bereits an, dass das Erfassen von gelingenden und misslingenden Bildungsübergängen eine komplexe Angelegenheit ist, möchte man all die bereits genannten Einflussfaktoren mitbedenken und verstehen. Das Ge- und Misslingen von Übergängen muss somit immer im Zusammenspiel mit dem Kontext betrachtet werden.

2 Übergänge und Bildungsungleichheiten – die Prozessdimension

Übergänge, die nicht gelungen sind, werden auch in Zusammenhang mit Bildungsungleichheiten gebracht, weil bestimmte Personengruppen häufiger von misslingenden Übergängen betroffen sind als andere. Hillmert (2007) verdeutlicht die Lebensverlaufsdimension bei der Analyse von solchen Bildungsungleichheiten, wobei individuelle Kompetenzentwicklung (abhängig von familiärer, sozialer und schulischer Umwelt), die individuelle Kumulation von formalen Bildungsabschlüssen sowie das individuelle und elterliche Entscheidungsverhalten bei Bildungsübergängen bedeutsame Dimensionen darstellen, die in Querschnitterhebungen nur unzureichend berücksichtigt werden können. Es wird deutlich, dass in einem so komplexen Forschungsfeld wie der Bildungsübergangsforschung viele unterschiedliche Dimensionen beachtet und erfasst werden sollten. So spielen individuelle Fähigkeiten genauso eine Rolle, wie etwa die Kumulation von sozialen Fertigkeiten, die dabei helfen können, mit der Übertrittssituation entsprechend umgehen zu können.

Aus diesem Grund werden auch immer häufiger nicht nur kognitive Leistungen in die Analysen mit einbezogen, sondern auch so genannte Soft Skills wie Kooperationsfähigkeit und der Aufbau von sozialen Netzwerken.

> „Many researchers argue, therefore, that it is only possible to understand transitions through a focus on agency and identity together with an account of how these are shaped, constrained and sometimes determined by the material conditions and normative expectations of different structural factors" (Ecclestone et al. 2010, 12).

Des Weiteren sind auch der Aufbau und der Erhalt von Bildungsaspirationen und der Lernmotivation relevant. So zeigt die Forschungsliteratur beispielsweise, dass die Lernmotivation vor Bildungsübergängen zumeist hoch ist, während sie nach dem Bildungsübergang sukzessive nachlässt. Speziell in der Sekundarstufe I lässt sich dieses Phänomen (das sicherlich auch mit Einflüssen der Pubertät konfundiert ist) beobachten (vgl. Busse/Walter 2013; Maulana et al. 2013; Wang/Eccles 2013; Kollan 2014; Graham et al. 2016).

Anhand dieser Faktoren wird auch einmal mehr deutlich, dass Bildungsübergänge nicht punktuelle Ereignisse sind, die einen vordefinierten Anfang und ein klares Ende haben, sondern in einen Prozess eingebunden sind, der Personen Freiheiten eröffnen oder auch nehmen kann. So spricht Sen (2009) auch davon, dass Freiheit eine Prozessdimension innehat. Freiheit hat somit nicht nur einen „Chancenaspekt", indem vielfältige Möglichkeiten überhaupt erst in den Blick kommen und angestrebt werden können, aus denen dann die individuell beste Option gewählt werden kann, sondern auch einen Prozessaspekt, den Weg, wie ein Ziel erreicht werden soll. Auch dieser Gesichtspunkt ist relevant, weil er eine Erweiterung der Verwirklichungsfreiheit von Individuen bedeutet, die durch Maßnahmen einer Investition in individuelles und kollektives Humankapital alleine nicht sichergestellt werden kann (Oelkers et al. 2008). Nicht nur die Wahl selbst sondern der Prozess ist somit wichtig.

Folgt man den Ausführungen des Befähigungsansatzes, so ist die Prozessdimension ein konstitutiver Bestandteil von Freiheit und Bildungsübergänge sind jene Punkte, an denen Freiheiten eröffnet oder zerschlagen werden können. Aus diesem Grund gibt es auch immer mehr Forschung im Bereich von Bildungsübergängen, die nicht nur unmittelbar vor oder nach der Schwelle ansetzt, sondern dies im Längsschnitt erfasst.

„Kompetenzaufbau und Laufbahnen im Schulsystem" (KOALA-S; Ditton 2007), „Aspekte der Lernausgangslage und der Lernentwicklung" (LAU 1996-2005; Lehmann et al. 1997) oder „Bildungsprozesse, Kompetenzentwicklung und Selektionsentscheidungen im Vor- und Grundschulalter" (BiKS-Studie seit 2005; Otto-Friedrich-Universität Bamberg 2010) sind nur einige wenige Beispiele, die verdeutlichen, dass Übertrittsprozessen eine besondere Beachtung in der Scientific Community zukommt und die sich der Längsschnittforschung bedienen.

Für Österreich ist die NOESIS-Studie (Niederoesterreichische Schule in der Schulentwicklung www.noesis-projekt.at, Projektteam NOESIS 2012, 2013, 2014, 2015, 2016) mit ihrer Panelstudie dreier Kohorten und den ergänzenden Fallstudien ein Beispiel, in dem der zentrale Augenmerk nicht auf SchülerInnenleistungen sondern auf der Entwicklung der SchülerInnen im psychosozialen Bereich liegt (siehe Kilian et al. in diesem Band). Das Ausbildungs- und Berufseinstiegspanel ABEP des SORA Instituts erfasste 3.950 SchülerInnen über einen Zeitraum von drei Jahren und befragte sie zu ihren Ausbildungs- und Berufsplänen, ihren Zukunftsaussichten sowie der Inanspruchnahme und Bewertung schulischer und privater Berufsorientierungsangebote, um eine differenzierte Wissensbasis für die Bildungs- und Arbeitsmarktpolitik zu schaffen. Auch die Growing-up-in-Ireland-Study ist ein international hervorstechendes Projekt, in dem zwei Gruppen von Kindern (Kleinkindkohorte ab neun Monaten und Kinder-Kohorte ab neun Jahren) sieben Jahre lang begleitet werden (mit weiteren geplanten Messzeitpunkten). Ziel der Studie ist, ein Bild der Entwicklung von Kindern in Irland zu erhalten und die Frage zu klären, wie sie sich in der aktuellen, sozialen, ökonomischen und kulturellen Umwelt entwickeln (siehe Murray in diesem Band).

Selbst diese wenigen Beispiele verdeutlichen bereits, dass es hier ganz unterschiedliche Ansätze gibt, in welchem Rahmen Bildungsübergänge konzeptualisiert und erfasst werden, welche anderen Fragen noch im Raum stehen und welche unterschiedlichen Zugänge möglich sind, um Übergänge forschungstechnisch zu erfassen und auch welche Maßstäbe angelegt werden, um das Ge-

und Misslingen von Übergängen zu beschreiben. Auch die Mixed-Methods-Forschung (siehe dazu beispielsweise Huber, Haunberger/Makarova sowie Kilian et al. in diesem Band) ist ein gewinnbringender Ansatz, um möglichst viele Aspekte dieses komplexen Gegenstands erfassen und in Bezug zueinander setzen zu können. Gerade die Verwobenheit unterschiedlicher Einflussfaktoren auf die Übergangsentscheidung und den Prozess stellt die Forschung vor besondere Herausforderungen. Wichtig erscheint in diesem Zusammenhang zum einen die Perspektive der Kontextabhängigkeit und auch der Interdependenzen der unterschiedlichen Parameter nicht aus den Augen zu verlieren und gleichzeitig bei der Analyse von Bildungsübergängen zum einen die Generalisierbarkeit im Auge zu haben und die Individualität des Einzelnen in Rechnung zu stellen.

Literatur

Azmitia, Margarita/Catherine R. Cooper (2001): Good or bad? Peer influences on Latino and European American adolescents' pathways through school. In: Journal of Education for Students Placed at Risk, 6 (1-2), 45-71.

Becker, Rolf. (2013): Bildungsungleichheit und Gerechtigkeit in der Schweiz. In: Schweizerische Zeitschrift für Bildungswissenschaften, 35 (3), 405-413.

Behörde für Schule und Berufsbildung. (2011): Hamburger Bildungsserver. Aspekte der Lernausgangslage und der Lernentwicklung. URL: http://bildungsserver.hamburg.de/lau/ (Abrufdatum: 21.07.2016).

Boudon, Raymond (1974): Education, opportunity, and social inequality: changing prospects in Western society. New York: Wiley.

Bronfenbrenner, Urie (1989): Die Ökologie der menschlichen Entwicklung. Natürliche und geplante Experimente. Frankfurt am Main: Fischer Taschenbuch Verlag.

Busse, Vera/Walter Catherine (2013): Foreign language learning motivation in higher education: A longitudinal study of motivational changes and their causes. In: The Modern Language Journal, 97 (2), 435-456.

Cantin, Stéphane/Michel Boivin (2004): Change and stability in children's social network and self-perceptions during transition from elementary to junior high school. In: International Journal of Behavioral Development, 28 (6), 561-570.

Ditton, Hartmut (2007): Kompetenzaufbau und Laufbahnen im Schulsystem. Ergebnisse einer Längsschnittuntersuchung an Grundschule. Münster: Waxmann Verlag.

Ecclestone, Kathryn/Biesta, Gert/Hughes, Martin (2010): Transitions in the lifecourse. The role of identity, agency and structure. In Ecclestone, Kathryn/Biesta, Gert/Hughes, Martin (Hrsg): Transitions and Learning through the Lifecourse. London und New York: Routledge, 1-15.

Graham, Suzanne/Courtney, Louise/Tonkyn, Alan/Marinis, Theodoros (2016): Motivational trajectories for early language learning across the primary – secondary school transition. In: British Educational Research Journal, 42 (4), 682-702.

Grewe, Norbert (2003): Aktive Gestaltung des Klassenklimas. Eine empirische Interventionsstudie. Münster: LIT Verlag.

Hillmert, Steffen (2007): Soziale Ungleichheit im Bildungsverlauf. Zum Verhältnis von Bildungsinstitutionen und Entscheidungen. In: Becker, Rolf/Lauterbach, Werner (Hrsg.): Bildung als Privileg. Erklärungen und Befunde zu den Ursachen der Bildungsungleichheit. Wiesbaden: VS Verlag für Sozialwissenschaften, 71-98.

Kagan, Sharon L./Neuman Michelle J. (1998): Lessons from three decades of transition research. In: The Elementary School Journal, 98 (4), 365-379.

Keller, Florian (2014): Die Bedeutung individueller Merkmale für die Transition. In: Keller, Florian (Hrsg.): Strukturelle Faktoren des Bildungserfolgs: wie das Bildungssystem den Übertritt ins Berufsleben bestimmt. Springer Fachmedien Wiesbaden, 211-246.

Kramer, Rolf-Torsten/Helsper, Werner (2000): SchülerInnen zwischen Familie und Schule systematische Bestimmungen, methodische Überlegungen und biographische Rekonstruktionen. In: Schule zwischen Effektivität und sozialer Verantwortung. In: Krüger, Heinz-Hermann/Wenzel, Hartmut (Hrsg.): Opladen: Leske und Budrich, 201-234.

Kramer, Rolf-Torsten/Helsper, Werner/Thirsch, Sven/Ziems, Carolin (2009): Selektion und Schulkarriere. Kindliche Orientierungsrahmen beim Übergang in die Sekundarstufe I.–Studien zur Schul-und Bildungsforschung. Wiesbaden: VS Verlag für Sozialwissenschaften.

Krüger, Heinz-Hermann/Deppe, Ulrike (2010): Mikroprozesse sozialer Ungleichheit an der Schnittstelle von schulischen Bildungsbiografien und Peerorientierungen. In: Krüger, Heinz-Hermann/Rabe-Kleberg, Ulrike/Kramer, Rolf-Torsten/Budde, Jürgen (Hrsg.): Bildungsungleichheit revisited. Bildung und soziale Ungleichheit vom Kindergarten bis zur Hochschule. Wiesbaden: VS Verlag für Sozialwissenschaften, 185-201.

Lehmann, Robert/Peek, Rainer/Gänsfuß, Rüdiger (1997): Aspekte der Lernausgangslage und der Lernentwicklung. URL: http://bildungsserver.hamburg.de/contentblob/2815702/3b66049d4257501a0d44dce9b7ca449c/data/pdf-schulleistungstest-lau-5.pdf (Abrufdatum: 11.07.2016).

Maschke, Sabine/Stecher, Ludwig (2010): In der Schule. Vom Leben, Leiden und Lernen in der Schule. Wiesbaden: VS Verlag für Sozialwissenschaften.

Maulana, Ridwan/Opdenakker, Marie-Christine/Stroet, Kim/Bosker, Roel (2013): Changes in teachers' involvement versus rejection and links with academic motivation during the first year of secondary education: A multilevel growth curve analysis. In: Journal of youth and adolescence, 42 (9), 1348-1371.

Meulemann, Heiner (1979): Klassenlage, Entscheidungsfeld und Bildungsaspirationen. Ein Versuch zur theoretischen Präzisierung und kausalen Erklärung von Zusammenhängen zwischen sozialer Struktur und individueller Lebensplanung. In: Zeitschrift für Soziologie, 8 (4), 391-414.

Nielsen, Irmgard (2002): Aspekte der Lernausgangslage und der Lernentwicklung – Klassenstufe 9. Kurzfassung der Ergebnisse des wissenschaftlichen Berichts. URL: http://bildungsserver.hamburg.de/contentblob/2815696/632a49ebfcb20a5caea62868f4fbcd48/data/pdf-lau-9-kurzfassung.pdf (Abrufdatum: 11.07.2016).

Nuart, Elisabeth (2012): Wie SchülerInnen Übergänge erleben und darstellen – eine biographische Perspektive auf vertikale und horizontale Übergänge. NOESIS-Arbeitsbericht Nr. 10. URL: http://www.noesis-projekt.at/category/publikationen/ (Abrufdatum: 13.09.2016).

Oelkers, Nina/Otto, Hans-Uwe/Ziegler, Holger (2008): Handlungsbefähigung und Wohlergehen: Der Capabilities-Ansatz als alternatives Fundament der Bildungs- und Wohlfahrtsforschung. In: Otto, Hans.-Uwe/Ziegler, Holger (Hrsg.): Capabilities – Handlungsbefähigung und Verwirklichungschancen in der Erziehungswissenschaft. Wiesbaden: VS Verlag für Sozialwissenschaften, 85-89.

Oerter, Rolf (1998): Kindheit. In: Oerter, Rolf/Montada, Leo (Hrsg.) Entwicklungspsychologie. 4. Auflage, Weinheim: Beltz, 249-309.

Otto-Friedrich-Universität Bamberg. (2010): BiKS Aktuell. URL: http://www.uni-bamberg.de/fileadmin/uni/wissenschaft_einricht/biks/BiKS/News_BiKS/BA2010LS1_d.pdf: (Abrufdatum: 10.11.2013).

Otto-Friedrich-Universität Bamberg. (2011): BiKS. URL:http://www.uni-bamberg.de/biks: (Abrufdatum: 10.11.2013).

Projektteam NOESIS. (2012) (Hrsg.): Eine Schule für alle? Zur Evaluation der Niederösterreichischen Mittelschule. Graz: Leykam.

Projektteam NOESIS. (2013) (Hrsg.): Die vielen Wirklichkeiten der Neuen Mittelschule. Zur Evaluation der Niederösterreichischen Mittelschule. Graz: Leykam.

Projektteam NOESIS. (2014) (Hrsg.): Zwischen Alltag und Aufbruch. Zur Evaluation der Niederösterreichischen Mittelschule. Graz: Leykam.

Projektteam NOESIS (2015) (Hrsg.): Gute Schule bleibt verändert. Zur Evaluation der Niederösterreichischen Mittelschule. Graz: Leykam.

Projektteam NOESIS (2016) (Hrsg.): Was Schulen stark macht. Zur Evaluation der Niederösterreichischen Mittelschule. Graz: Leykam.

Relikowski, Ilona (2012): Primäre und sekundäre Effekte am Übertritt in die Sekundarstufe I: Zur Rolle von sozialer Herkunft und Migrationshintergrund. Wiesbaden: Springer.

Robeyns, Ingrid (2003): Sen's capability approach and gender inequality: Selecting relevant capabilities. In: Feminist Economics, 9 (2-3), 61-92.

Sen, Amartya (2009): The idea of justice. London: Penguin Books.

Seung Lam, Mei/Pollard, Andrew (2006): A conceptual framework for understanding children as agents in the transition from home to kindergarten. In: Early Years, 26 (2), 123-141.

Statistik Austria (2016): Bildung in Zahlen 2014/15. Schlüsselindikatoren und Analysen. Wien: Statistik Austria.

Tippelt, Rudolf (2007): Übergänge im Bildungssystem. Fragen zum Übergangsmanagement in regionalen Kontexten. In: Eckert, Thomas (Hrsg.): Übergänge im Bildungswesen. München u.a.: Waxmann, 11-22.

Trautwein, Ulrich (2014): Wie stark trägt das gegliederte Schulsystem zur sozialen Ungleichheit bei? In: Spinath, Birgit (Hrsg.): Empirische Bildungsforschung. Berlin, Heidelberg: Springer, 97-108.

Van de Werfhorst, Herman G./Andresen, Robert (2005): Social Background, Credential Inflation and Educational Strategies. In: Acta Sociologica, 48 (4), 321-340.

Viechtbauer, Herwig (2015): The relevance of secondary education to students' capabilities in Singida, Tanzania. Universität Wien: Unveröffentlichte Dissertation.

Wang, Ming-Te/Eccles Jacquelynne S. (2013): School context, achievement motivation, and academic engagement: A longitudinal study of school engagement using a multidimensional perspective. In: Learning and Instruction, 28, 12-23.

Elena Makarova

Inklusion, Bildung und Übergang

Zusammenfassung

Vor dem Hintergrund der Ratifizierung der UN-Konvention über die Rechte von Menschen mit Behinderungen durch die Vertragsstaaten weist der Begriff Inklusion eine markante Präsenz sowohl im bildungspolitischen als auch im bildungswissenschaftlichen Diskurs auf. Eine einheitliche und umfassende Begriffsdefinition steht noch aus. Im vorliegenden Beitrag wird ein Versuch unternommen, jene Facetten hervorzuheben, die im Kontext der Bildung und Bildungsübergänge dem Begriff Inklusion zugesprochen werden. Es werden AdressatInnen, Fokus und die Dimensionen der Inklusion in den Blick genommen und im Zusammenhang mit ihrer Bedeutsamkeit für die Gestaltung inklusiver Übergänge von der Schule in weitere Bildung, Ausbildung oder Beschäftigung thematisiert.

Summary

In the context of the ratification of the UN Convention on the Rights of Persons with Disabilities (CRPD) the notion of inclusion holds a prominent place in educational policies and educational science discourses. However, a consistent and comprehensive definition of inclusion is still pending. The present paper attempts to highlight those facets of the concept that are associated with inclusion in the context of education and educational transitions. Its particular emphasis is on addressees, on focus and dimensions of inclusion and their relevance for shaping inclusive transitions from school to further education, training or employment.

1 Inklusion ein schillernder Begriff

Im zeitgenössischen bildungspolitischen Diskurs genießt der Begriff *Inklusion* eine hohe Popularität. Die Zuwendung zum Inklusionsthema wurde intensiviert durch die UN-Konvention über die Rechte von Menschen mit Behinderungen (*Convention on the Rights of Persons with Disabilities* - CRPD)[1]. Österreich unterzeichnete die UN-Behindertenrechtskonvention im März 2007 und hat sie im Oktober 2008 verbindlich angenommen; Deutschland ratifizierte diese Konvention im Februar 2009 und in der Schweiz ist die UN-Behindertenrechtskonvention im Mai 2015 in Kraft getreten. Weltweit haben 160 Staaten die CRPD unterschrieben und die Mehrheit dieser Staaten hat die UN-Behindertenrechtskonvention bereits ratifiziert.[2] Die Vertragsstaaten erkennen die internationalen Menschenrechtsabkommen an,

> „denen zufolge die Anerkennung der Würde und des Wertes, die allen Mitgliedern der menschlichen Gesellschaft innewohnen, sowie ihrer gleichen und unveräußerlichen Rechte die Grundlage von Freiheit, Gerechtigkeit und Frieden in der Welt bildet",

„dass jeder Mensch ohne Unterschiede Anspruch auf alle darin aufgeführten Rechte und Freiheiten hat" und „dass Menschen mit Behinderungen der volle Genuss dieser Rechte und Freiheiten ohne Diskriminierung garantiert werden muss"[3], um die gleichberechtigte Teilhabe an der Gesellschaft allen Menschen zu ermöglichen. Der Begriff Inklusion kommt in der UN-Behindertenrechtskonvention in Ausdrucken wie „inklusives Bildungssystem", „inklusiver Unterricht" oder „inklusiver Arbeitsmarkt" vor. Eine explizite Definition ist zwar nicht enthalten, dennoch lassen sich die folgenden Facetten des Inklusionsbegriffs erkennen: Als ein *ethisches Grundprinzip* ist Inklusion normativ begriffen. Inklusion ist somit ein Ziel, das anzustreben ist und zugleich ein verbindlicher *Soll-Zustand*, den es zu erreichen gilt.

Die explizite Nennung des Rechtsanspruchs auf Bildung und lebenslanges Lernen sowie Arbeit und Beschäftigung in der UN-Behindertenrechtskonvention (Artikel 24 und Artikel 27) erzielte eine besonders hohe Resonanz der Inklusionsdebatte im Kontext der Schule, der Berufsbildung und der Beschäftigung (z.B. Tenorth 2013; Werning/Baumert 2013; Zoyke/Vollmer 2016). Dennoch bleibt eine Auffassung, was unter Inklusion in der bildungswissenschaftlichen Auseinandersetzung zu verstehen ist, trotz einer auffallend häufigen Zuwendung, diffus. Es wird kritisiert, dass der Begriff uneinheitlich, unvollständig

---

1 United Nations. Treaty Collection: Chapter IV. Human Rights. Text Document. URL: https://treaties.un.org/doc/Publication/UNTS/No%20Volume/44910/Part/I-44910-0800000 28017bf87.pdf (Abrufdatum: 9.11.2016).

2 United Nations. Treaty Collection. Chapter IV. Human Rights. URL: https://treaties.un.org/Pages/ViewDetails.aspx?src=TREATY&mtdsg_no=IV-15&chapter=4&clang=_en (Abrufdatum: 9.11.2016).

3 UN-Konvention über die Rechte von Menschen mit Behinderungen. Übersetzung für Österreich (2., neu überarbeitete Auflage, Juni 2016). Norderstedt: Books on Demand.

und doppeldeutig definiert wird. Eine der solchen kritischen Stimmen bringt diese Kritik pointiert zum Ausdruck:

> „'Inklusion' ist mithin eine ganze Menge, beispielsweise: ein leerer, multipel instrumentalisierbarer Signifikant; eine modische Formel, die (wissenschafts-)kulturell mittlerweile in bestimmten Feldern bedient werden muss; ein professionelles Karrierefeld; eine aktuelle Möglichkeit, die eigene (wissenschaftliche) Expertise wirksam und öffentlich werden zu lassen" (Hazibar/Mecheril 2016, 2).

Während die Inklusionsdebatte im Kontext der allgemeinbildenden Schule schon länger etabliert ist, stellt sie im Kontext der Berufsbildung und Übergangsforschung einen relativ neuen Diskurs dar. Zwar hat der Leitgedanke der Inklusion Einzug in berufs- und wirtschaftspädagogische Handlungsfelder gefunden, unklar bleibt dennoch, „was unter der Kategorie Inklusion gefasst werden soll und wie mit dem Anspruch einer inklusiven beruflichen Bildung umgegangen werden kann" (Kremer et al. 2016, 1).

Kontrovers wird dabei diskutiert, ob es unter dem Stichwort 'Inklusion' allein um die Teilhabe von Menschen mit Behinderungen geht oder ob der Begriff Inklusion erweitert werden muss. Enggruber und Ulrich (2016, 59) argumentieren, dass diese Frage insbesondere beim Übergang von der Schule in die Berufsausbildung relevant ist, „da auch zahlreiche Jugendliche ohne Behinderungen am Ausbildungsmarkt scheitern".

2 Inklusion als Herausforderung beim Übergang

Dass die Inklusion beim Übergang von Schule in weitere Bildung, Ausbildung oder Beschäftigung eine vielfache Herausforderung für Bildungssysteme darstellt, gibt es mehrere Hinweise. Exemplarisch können die folgenden drei Beispiele zur Illustration der Exklusionsproblematik beim Übergang herangezogen werden.

Erstens zeigt die Dropout-Quote (d.h. der Anteil des frühzeitigen Schulabbruchs) in nationalen Bildungssystemen der OECD-Länder, dass einige Jugendliche den Übergang von der obligatorischen Schule in weitere Ausbildung nicht schaffen. Das sind jene Jugendliche, im Alter zwischen 18 und 24 Jahren, die sich aktuell nicht mehr in Ausbildung befinden und keine höhere (Schul-) Bildung absolvieren oder diese vorzeitig abgebrochen haben. Europaweit fallen 12,7 % der Jugendlichen in diese Kategorie der Schulabbrecherinnen bzw. Schulabbrecher, wobei in Österreich die Dropout-Quote 7,6 % beträgt (EC 2013; OECD 2012, 18).

Das Risiko eines frühzeitigen Schulabbruchs ist in den EU-Ländern insbesondere für Jugendliche mit Migrationshintergrund und für männliche Jugendliche erhöht. So ist die Wahrscheinlichkeit eines frühzeitigen Schulabbruchs für Jugendliche mit Migrationshintergrund im Vergleich zu den Einheimischen um mehr als das Doppelte erhöht und um 3,5 % höher für männliche Jugendliche im Vergleich zu weiblichen Jugendlichen (EC 2013, 7). Zweitens belegen empirische Studien, dass Jugendliche mit Migrationshintergrund im betrieblichen Auswahlverfahren zur Vergabe von Lehrstellen diskriminiert werden, womit der Zugang zur beruflichen Bildung für Migrantinnen und Migranten erheblich erschwert wird (Imdorf/Scherr 2015, 85)[4]. Angesichts der jüngsten Flüchtlingsströme verschärft sich diese Problematik und kommt in der jüngsten Mitteilung der EU-Kommission im Bereich allgemeine und berufliche Bildung in Europa zum Ausdruck. Es wird betont, dass trotz der Fortschritte in den Bereichen allgemeine und berufliche Bildung Inklusion noch immer eine Herausforderung darstellt. Die Mitgliedstaaten werden demnach aufgerufen, „ihre Bildungssysteme bedarfsorientierter und inklusiver zu gestalten, insbesondere im Hinblick auf die Integration neu angekommener Flüchtlinge und Migranten" (EC 2016, 1).

Schließlich zeigt die Persistenz der Geschlechtersegregation bei der Berufs- und Studienwahl[5], dass geschlechtsspezifische Übergänge durch das Zusammenspiel der Bedingungen auf der institutionellen und der individuellen Ebenen reproduziert werden (Imdorf et al. 2016; Makarova et al. 2016a, 2016b), wobei, wie eine ländervergleichende Studie zur Geschlechtersegregation in Bildungssystemen in Deutschland, Norwegen und Kanada zeigt, die Reproduktion einer geschlechtstypischen Berufswahl von den Effekten der Intersektionalität von Geschlecht, Alter und sozialer Herkunft abhängt (Imdorf et al. 2016).

3 Ein erweitertes Verständnis der Inklusion

Vor dem Hintergrund der Disparitäten im Bildungssystem und beim Übergang Schule-Beruf, die im Zusammenhang mit sozial- und herkunftsbedingten Determinanten und individuellen Charakteristika stehen, plädiert ein erweitertes Verständnis der Inklusion für eine gleichberechtigte Teilhabe *aller* Menschen unabhängig von ihren individuellen Fähigkeiten, ihrer Behinderung, ihrer ethnischen Herkunft, sozialer Schicht und ihrem Geschlecht oder anderen persönlichen Merkmalen (Seitz 2012, 11f.). Ein solches Verständnis der Inklusion bedeutet,

> „dass die Institutionen des Bildungssystems so weit zu verändern sind, bis keine Hinderungsgründe mehr existieren, Kinder und Jugendliche unabhängig von ihren individuell unterschiedlichen Voraussetzungen gemeinsam zu bilden" (Enggruber/ Ulrich 2016, 60).

---

4 Siehe dazu auch den Beitrag von Neuenschwander et al. in diesem Band.
5 Siehe dazu die Beiträge von Driesel-Lange, von Faulstich-Wieland sowie von Haunberger/ Makarova in diesem Band.

Ein solches Verständnis der Inklusion impliziert, dass Bildungsinstitutionen eine gemeinsame Beschulung *aller* ermöglichen sollen (Tenorth 2013, 9). Der Fokus der Inklusionsdebatte verschiebt sich weg von den individuellen Voraussetzungen hin zu den Voraussetzungen eines Bildungssystems. Somit werden Misslingens- oder Gelingensbedingungen der Inklusion nicht in individuellen, sondern in institutionellen Merkmalen verortet (Werning/Baumert 2013, 38). Ein solches Verständnis der Inklusion verlangt die Anpassung von (Bildungs-) Institutionen an die individuellen Voraussetzungen und Bedürfnisse ihrer Klientel. Darin wird auch der Unterschied zum Begriff Integration gesehen:

„Im Konzept der Inklusion ist nicht mehr die Integration der Minorität in die Majorität das Ziel, sondern eine Schule für alle. [...] Dabei geht es nicht darum, wo das betroffene Kind am besten platziert werden kann, sondern darum, wie das jeweilige Lernsystem an die Erfordernisse aller angepasst werden kann" (Feyerer 2009, 241f.).

Im Hinblick auf die Inklusion beim Übergang in die Berufsausbildung lassen sich Herausforderungen formulieren, die sich im Sinne eines erweiterten Inklusionsverständnisses an die berufsbildenden Institutionen stellen. So kann die Teilhabe aller Ausbildungsinteressierten an Berufsausbildung ermöglicht werden, wenn

- Ausbildungsgelegenheiten garantiert werden,
- Zugang allen Ausbildungsinteressierten ermöglicht wird,
- Ausbildungsformen und -angebote an die individuellen Voraussetzungen der Jugendlichen angepasst werden,
- Qualifikationen von Fachkräften gesichert werden und
- die Verfügbarkeit von Ressourcen garantiert wird (Enggruber/Ulrich 2016, 62).

Zugleich machen einige Autoren darauf aufmerksam, dass die Frage von Inklusion eine Reflexion „der Grenzen des Pädagogischen" (Budde/Hummrich 2015, 37) erfordert, da die Gelingensbedingungen der Inklusion in der Bildung und beim Bildungsübergang durch die gesellschaftlichen, politischen und wirtschaftlichen Faktoren mitgestaltet werden (Enggruber/Ulrich 2016).

4 Inklusion und Heterogenität

Folgt man dem erweiterten Inklusionsverständnis, das auf dem Grundsatz gleichberechtigter Bildungs- und Gesellschaftsteilhabe *aller* aufbaut, dann wird ersichtlich, dass Inklusions- und Heterogenitätsdiskurse miteinander verbunden sind. Denn jeder ist in gewisser Hinsicht wie *jeder* andere, wie *einige* andere und wie *kein* anderer (Kluckhohn/Murray 1948, 35).

Demzufolge erscheint Heterogenität als ein relationaler Begriff, der individuelle Merkmale im Hinblick auf ihre Relevanz für institutionell organisierte Bildungs- und Übergangsprozesse umschreibt. So ist ein Ausbildungs- oder Beschäftigungsort nicht per se heterogen oder homogen, sondern in Bezug auf ein bestimmtes Kriterium (z.b. Alter, Behinderung, Geschlecht, ethnische oder sprachliche Herkunft) und ist somit heterogen und homogen zugleich. Die Hervorhebung unterschiedlicher Heterogenitätsmerkmale erfolgen dann kontextspezifisch und intentional (Heinzel/Prengel 2002, 11; Keimes/Rexing 2016, 3)[6]. Ein Beispiel intentionaler Hervorhebung der Heterogenitätskategorie Geschlecht im Kontext der Berufsausbildung kann man den Ergebnissen der Schweizer Studie zur geschlechtsuntypischen Berufs- und Studienwahlen bei jungen Frauen (Makarova/Herzog 2013; Herzog et al. 2014; Aeschlimann et al. 2015) entnehmen. So waren junge Frauen, die im Rahmen der dualen Berufsausbildung einen geschlechtsuntypischen Beruf[7] erlernten, oftmals mit Vorurteilen und Diskriminierung aufgrund ihres weiblichen Geschlechts konfrontiert. Dabei wurden junge Frauen aufgrund ihres Geschlechts im Kontext des Lehrbetriebs rund viermal häufiger diskriminiert als im Kontext der Berufsschule (Aeschlimann et al. 2016). Dieses Beispiel veranschaulicht, dass die Kategorie Geschlecht im Kontext der Ausbildung zu einem geschlechtsuntypischen Beruf, eine Relevanz erfährt und spezifische Maßnahmen zur Inklusion junger Frauen in Ausbildung zu einem „Männerberuf" erforderlich macht. Zugleich zeigt das Beispiel, dass ein Zugang zum Ausbildungsplatz noch kein Garant für Inklusion ist, da Inklusion nicht nur ein Struktur-, sondern auch ein Prozessmerkmal darstellt.

Dass Inklusion in Bildungsinstitutionen auf mehreren Ebenen zu verorten ist, kommt auch im *Index for Inclusion* zum Ausdruck (Booth/Ainscow 2000). Der Index basiert auf einem erweiterten Verständnis der Inklusion und hat zum Ziel, alle Barrieren in Bildung für alle auf ein Minimum zu reduzieren (Booban/Hinz 2003, 11). Der Index erfasst Indikatoren der Inklusion entlang den drei Dimensionen (ebd., 16):

- Dimension A: *Inklusive Kulturen*
- Dimension B: *Inklusive Strukturen*
- Dimension C: *Inklusive Praktiken*

Der Prozess der Schaffung einer inklusiven Bildungsinstitution sieht zunächst die Etablierung inklusiver Werte, die nachfolgend institutionell in allen Struk-

---

6   Siehe dazu auch den Beitrag von Rensen/Thielen in diesem Band.
7   Das heißt, junge Frauen erlernten einen Beruf, der vorwiegend (zu 70 % und mehr) von Männern ausgeübt wird (z.B. Automatikerin, Schreinerin, Informatikerin).

turen verankert werden und sich anschließend in allen institutionellen Praktiken niederschlagen und weiterentwickeln.

5 Inklusion, Bildung und Übergang: Fazit

Wenn man sich mit der Frage nach Bedeutung der Inklusion für die Bildungsübergänge stellt, wird man zunächst zur Auseinandersetzung mit der Begriffsdefinition angehalten.

In der bildungspolitischen Diskussion bezieht sich der Begriff Inklusion auf ein *ethisches Grundprinzip*, eine normative *Zielvorgabe*, deren *Umsetzung* und die damit verbundenen *Herausforderungen*.

Im bildungswissenschaftlichen Diskurs steht eine einheitliche und umfassende Definition der Inklusion noch aus. Es können dennoch einzelne Facetten hervorgehoben werden, die im Kontext der Bildung und Bildungsübergänge dem Begriff Inklusion konnotiert werden. Angeregt durch die UN-Behindertenrechtskonvention sind *AdressatInnen* der Inklusion Menschen mit Behinderungen in einem engeren Begriffsverständnis und *alle* Menschen in einem erweiterten Begriffsverständnis. Im erweiterten Inklusionsverständnis können AdressatInnen nach einer intentionalen und kontextspezifischen Hervorhebung der Heterogenitätsaspekte identifiziert werden. Was der *Fokus* der Begriffsverwendung angeht, so werden insbesondere institutionellen Determinanten der Misslingens- bzw. Gelingensbedingungen der Inklusion anvisiert. Die *Dimensionen* der Inklusion im Kontext von Bildung schließen Kulturen, Strukturen und Praktiken ein, womit Inklusion ein multidimensionales Konstrukt darstellt.

Im Kontext von Bildungsübergängen kann der Begriff Inklusion auf mehreren Ebenen verortet werden. Zunächst müssen auf der institutionellen Ebene Strukturen geschaffen werden, die der Vielfalt von individuellen Voraussetzungen gerecht werden können. Da Inklusion nicht nur ein Struktur-, sondern auch ein Prozessmerkmal darstellt, bedarf es der Entwicklung von inklusiven Kulturen und Praktiken damit Inklusion bei den Bildungsübergängen gelingen kann.

Dies macht deutlich, dass inklusive Übergänge eine mehrfache Herausforderung für (Bildungs-)Institutionen und ihre Akteurinnen und Akteure darstellen. Zur Bewältigung von Herausforderungen, die sich für die Gestaltung eines inklusiven Bildungs- und Beschäftigungssystem stellen, kann die bildungswissenschaftliche Forschung einen bedeutsamen Beitrag leisten.

Literatur

Aeschlimann, Belinda/Herzog, Walter/Makarova, Elena (2015): Bedingungen der Wahl eines geschlechtsuntypischen Berufs bei jungen Frauen. Ergebnisse aus einem Forschungsprojekt. In: Die berufsbildende Schule, 67 (5), 173-177.

Aeschlimann, Belinda/Makarova, Elena/Herzog, Walter (2016): Frauen in „Männerberufen": „Ich versuche einfach, extrem standhaft aufzutreten". In: Panorama – Bildung, Beratung, Arbeitsmarkt, 27 (3), 26-27. URL: http://www.panorama.ch/dyn/1127.aspx?id_article=1584 (Abrufdatum: 14.11.2016).

Boban, Ines/Hinz, Andreas (2003): Index für Inklusion. Lernen und Teilhabe in der Schule der Vielfalt entwickeln. Martin-Luther-Universität Halle-Wittenberg: Halle-Wittenberg. URL: http://www.csie.org.uk/resources/translations/IndexGerman.pdf (Abrufdatum 14.11.2016).

Booth, Tony/Ainscow, Mel (2000): Breaking down the barriers: the Index for Inclusion. In: Education Journal. URL: http://inclusion. uwe. ac. uk/csie/index-inclusion-summary. htm (Abrufdatum: 14.11.2016).

Budde, Jürgen/Hummrich, Merle (2015): Inklusion aus erziehungswissenschaftlicher Perspektive. In: Erziehungswissenschaft – Mitteilungen der Deutschen Gesellschaft für Erziehungswissenschaft, 26 (51), 33-41.

EC [European Commission] (2013): Reducing early school leaving. Key Messages and policy support. Final report of the Thematic Working Group on Early School Leaving. URL: http://ec.europa.eu/education/policy/strategic-framework/doc/esl-group-report_en.pdf (Abrufdatum: 23.12.2014).

EC [European Commission] (2016): Pressemitteilung (Brüssel, 7. November 2016). Allgemeine und berufliche Bildung in Europa: Wieder mehr Investitionen, aber Inklusion noch immer eine Herausforderung. URL: http://europa.eu/rapid/press-release_IP-16-3577_de.pdf (Abrufdatum: 22.12.2016).

Enggruber, Ruth/Ulrich, Joachim Gerd (2016): Was bedeutet „inklusive Berufsausbildung"? Ergebnisse einer Befragung von Berufsbildungsfachleuten. In: Zoyke, Andrea/Vollmer, Kirsten (Hrsg.): Inklusion in der Berufsbildung: Befunde – Konzepte – Diskussionen. Bielefeld: Bertelsmann Verlag, 59-76.

Feyerer, Ewald (2009): Ist Integration „normal "geworden? In: Zeitschrift für Inklusion, 3 (2). URL: www.inklusion-online.net/index.php/inklusion-online/article/view/162/162 (Abrufdatum: 14.11.2016).

Hazibar, Kerstin/Mecheril, Paul (2013): Es gibt keine richtige Pädagogik in falschen gesellschaftlichen Verhältnissen. Widerspruch als Grundkategorie einer Behinderungspädagogik. In: Zeitschrift für Inklusion, 1 (2). URL: www.inklusion-online.net/index.php/inklusiononline/article/view/23/23 (Abrufdatum: 14.11.2016).

Heinzel, Friederike/Prengel, Annedore (Hrsg.) (2002): Heterogenität, Integration und Differenzierung in der Primarstufe. Jahrbuch Grundschulforschung, Bd. 6. Opladen: Leske + Budrich.

Herzog, Walter/Makarova, Elena/Aeschlimann, Belinda (2014): Berufswahlentscheide von Frauen: Erfahrungen im Berufsfeld machen es aus! In: Panorama – Bildung, Beratung, Arbeitsmarkt, 28 (2), 27. URL: http://www.panorama.ch/dyn/1122.aspx?id_article=402 (Abrufdatum: 14.11.2016).

Imdorf, Christian/Hegna, Kristinn/Eberhard, Verena (2016): Geschlechtersegregation im Bildungssystem - Welche Rolle spielt die Berufsbildung? In: Berufsbildung in Wissenschaft und Praxis, 2., 23-27.

Imdorf, Christian/Scherr, Albert (2015): Chancengerechtigkeit und Diskriminierung beim Übertritt in die Berufsbildung. In: Haenni Hoti, Andrea (Hrsg.): Equity - Diskriminierung und Chancengerechtigkeit im Bildungswesen. Bern: EDK, 83-89.

Keimes, Christina/Rexing, Volker (2016): Heterogenität – domänenspezifische Konkretisierung eines komplexen Phänomens im Berufsfeld Bautechnik als Basis einer inklusiven Fachdidaktik. In: bwp@ Berufs- und Wirtschaftspädagogik – online, 30. URL: http://www.bwpat.de/ ausgabe30/keimes_rexing_bwpat30.pdf (Abrufdatum: 07.01.2017).

Kluckhohn, Clyde/Murray, Henry A. (1948): Personality Formation: The Determinants. In: Kluckhohn, Clyde/Murray, Henry A. (Hrsg.): Personality in Nature, Society, and Culture. New York: Knopf, 35- 48.

Kremer,Hugo-H./Büchter, Karin/Buchmann, Ulrike (2016): Inklusion in derberuflichen Bildung: Editorial. In: bwp@ Berufs- und Wirtschaftspädagogik – online, 30. URL: http://www.bwpat. de/ ausgabe30/keimes_rexing_bwpat30.pdf (Abrufdatum: 21.03.2017)

Makarova, Elena/Aeschlimann, Belinda/Herzog, Walter (2016a): Wenn Frauen in MINT-Studiengängen fehlen: Mathematisch-naturwissenschaftlicher Unterricht und die Studienwahl junger Frauen. In: Faulstich-Wieland, Hannelore (Hrsg.), Berufsorientierung und Geschlecht. Weinheim: Juventa-Verlag, 39-57.

Makarova, Elena/Aeschlimann, Belinda/Herzog, Walter (2016b): Why is the pipeline leaking? Experiences of young women in STEM vocational education and training and their adjustment strategies. In: Empirical Research in Vocational Education and Training, 8 (2), 1-18.

Makarova, Elena/Herzog, Walter (2013): Karriere und Geschlecht: Weshalb wählen Frauen Männerberufe? Neue Befunde zur Studienwahl von jungen Frauen. In: Abteilung für die Gleichstellung von Frauen und Männern (Hrsg.): Chancengleichheit. Aktionsplan Gleichstellung. Bern: Universität Bern, 28-29.

OECD [Organisation for Economic Cooperation and Development] (2012): Equity and Quality in Education: Supporting Disadvantaged Students and Schools, OECD Publishing. URL: http:// dx.doi.org/10.1787/9789264130852-en (Abrufdatum: 23.12.2014).

Seitz, Simone/Finnern, Nina-Kathrin/Korff, Natascha/ Scheidt, Katja (2012): Inklusiv gleich gerecht? Zur Einführung in den Band. In: Seitz, Simone/Finnern, Nina-Kathrin/Korff, Natascha/ Scheidt, Katja (Hrsg.): Inklusiv gleich gerecht? Inklusion und Bildungsgerechtigkeit. Bad Heilbrunn: Verlag Julius Klinkhardt, 9-14.

Tenorth, Heinz-Elmar (2013): Inklusion – Prämissen und Problemzonen eines kontroversen Themas. In: Schulmanagement-online, 5., 8-10.

Werning, Rolf/Baumert, Jürgen (2013): Inklusion entwickeln: Leitideen für Schulentwicklung und Lehrerbildung. In: Baumert, Jürgen/Masuhr, Volker/Möller, Jens/ Riecke-Baulecke, Thomas/ Tenorth, Heinz-Elmar/Werning, Rolf (Hrsg.): Inklusion. Forschungsergebnisse und Perspektiven, Schulmanagement-Handbuch 146: München: Oldenbourg, 38-55.

Zoyke, Andrea/Vollmer, Kirsten (2016): Überblick und diskursive Zusammenführung. In: Zoyke, Andrea/Vollmer, Kirsten (Hrsg.): Inklusion in der Berufsbildung: Befunde – Konzepte – Diskussionen. Bielefeld: Bertelsmann Verlag, 7-24.

II

Inklusive Übergänge von der Schule in Ausbildung und Beschäftigung

Audrey A. Trainor

Special Education Transition in the United States Context: Developing Social and Cultural Capital to Promote Agency

Summary

Adolescents and young adults with disabilities continue to experience post-school outcomes indicative of those at the margins of society. Many young adults with disabilities have dreams and goals similar to their peers without disabilities, but they continue to face challenges to make these becoming tangible realities. This paper explores Bourdieu's capital theory as a useful framework for understanding the transition of adolescents and young adults with disabilities into adulthood, emphasizing the importance of context, power, and status as constructs in need of examination. By enhancing our critical, sociocultural view of transition through an exploration of field, habitus, and social and cultural capital, we can more comprehensively address the challenges with individuals with disabilities and promote equitable postschool outcomes.

Zusammenfassung

Jugendliche und junge Erwachsene mit Behinderungen erleben weiterhin nachschulische Laufbahnen, die sie an den Rand der Gesellschaft drängen. Viele junge Erwachsene mit Behinderungen haben Träume und Ziele, die ihren KollegInnen ohne Behinderungen ähnlich sind, aber sie stehen weiterhin vor Herausforderungen, um diese zu greifbaren Realitäten zu machen. Dieser Beitrag untersucht Bourdieus Kapitaltheorie als nützlichen Rahmen für das Verständnis des Übergangs von Jugendlichen und jungen Erwachsenen mit Behinderungen ins Erwachsenenalter und unterstreicht die Bedeutung von Kontext, Macht und Status als diskussionswürdige Konstrukte. Durch die Stärkung unserer kritischen, soziokulturellen Sichtweise des Übergangs durch die Erforschung von Feld, Habitus und sozialem und kulturellem Kapital können wir die Herausforderungen mit Menschen mit Behinderungen umfassender erfassen und gleichberechtigte nachschulische Laufbahnen fördern.

1 Key Points Contextualizing U.S.-Based Transition Education

We all struggle with the challenges that come with finding ourselves in new situations. We are forced to grow and adapt, at times coping or even failing, and at other times, thriving. For people with disabilities, moving from one stage to the next is quite similar; however, concepts of independence, inclusion, and success may warrant additional consideration.

Transition education includes both planning and instructing adolescents with disabilities to prepare for the demands of adult life. It is a broad field with multiple domains including employment, postsecondary education, community engagement, independent living, self-determination, health and well-being, interpersonal relationships, civic engagement, and leisure. Historically scholars and educators have focused on employment. This focus reveals much about the larger U.S. culture, and about our early attitudes toward education and disability. Since its establishment as a nation ruled be European, White men, the dominance of Puritanical beliefs elevated work as a symbol of one's value, at least for White contemporaries. Over time, as a capitalist democracy, the dominance of work as an indicator of one's value has been underscored by the concept of human capital whereby we invest in education and skill development for the purpose of increased productivity, which, theoretically at least, leads to greater earning potential and worker status. U.S.-based transition education, which really began to flourish in the late 1970s, reflected the importance of education for the purpose of developing workers, including those with disabilities. Evidence of this can be traced through education and labor policies, as well as transition scholarship. Models depicting the conceptualization of transition education in special education highlight employment as a key outcome of secondary education and special education (Trainor 2017).

The employment domain continues to predominate transition. Despite calls beginning in the mid-1980s to expand transition by envisioning a broader view of successful adulthood, the employment-related aim of transition education remains one of three main areas required by federal policy to be addressed in students' individualized education plans (IEPs). In some ways, this focus has been fruitful; 67 % of young adults with disabilities who have been out of school for eight years had full-time employment (Newman et al. 2011). Less is known about the longevity of that job, the benefits and wages, and whether there is room for advancement, but some indicators are cause for concern. For instance, the average hourly wage for young adults with disabilities is significantly lower than the average hourly wage for young adults without disabilities (Newman et al. 2011). The impact of wage differences becomes more pronounced further into adulthood; adults with disabilities, either "severe" or "non-severe," are significantly more likely to live in poverty than adults without disabilities (Brault 2012).

Postsecondary education, one of the remaining two federally required domains of transition education, has now moved into the spotlight. Recent initiatives within the U.S. Department of Education prioritize postsecondary education for all students, including those with disabilities, reflecting the U.S. economy's reliance on a labor force with knowledge and skills in information and technology. This new focus is welcomed by some in special education who are hopeful that, by making college a goal for everyone, we begin to address the low expectations and deficit views of adolescents with disabilities who, along with students from other historically marginalized groups, too often have been filtered into less rigorous and non-college preparatory schooling. At the same time the "college to career" curriculum, as it has been dubbed by the U.S. Department of Education, has been critiqued for leaving little time and other resources for focusing on vocational education at the secondary level.

As always, education initiatives are situated in larger contexts. The U.S. population is more diverse than at any other point in its history. Diversity is a defining characteristic of the United States and its schools. This racial/ethnic diversity is reflected in a student population that is 50 % White, 24 % Latino, 16 % Black, 5 % Asian, 3 % multiracial, and 1 % Native American (Kena et al. 2016). Diversity is also reflected linguistically; over 9 % of public school students speak languages other than English at home, a percentage that is steadily increasing every year. Disability is another factor in the conceptualization of diversity, the U.S. recognizes 13 categories of disability that span physical, intellectual, developmental, and social/emotional related disabilities. A total of 13 % of all school children receive special education services; 40 % of students with disabilities have been identified with specific learning disabilities (U.S. Department of Education & U.S. Office of Special Education and Rehabilitation Services 2015).

By contrast, post-recession reports since 2008 illustrate a waning diversity in socioeconomic backgrounds; the rate of children living in poverty has noticeably increased. At both community and family levels, children of color are more likely to experience poverty than their peers who are White. While 8 % percent of White students are likely to attend high-poverty schools, the same is true for nearly half (45 %) of both Black and Latino students, a third (36 %) of Native American students, and a fifth of biracial (17 %) students (Kena et al. 2016).

It is against this backdrop, that includes the beauty and promise of diversity, the idealism of a still-youthful democracy, and the scourge of racism, sexism, ableism, homophobia, and other manifestations of inequality that transition education must spawn hope and change the lives of young adults for the better. While there are many theoretical frameworks that are used to examine and answer questions of diversity and equity in special education, Pierre Bourdieu's capital theory is particularly useful, for much of Bourdieu's work examines the roles of both education and culture as conduits for power and status (Bourdieu 1974).

2 Key Concepts in Capital Theory

Bourdieu was one of the most prolific sociologists in the history of the field and he has influenced numerous education scholars who examine inequity. Specifically, these scholars are eager to know how education, considered by many to be a lever for upward mobility and opportunity, has not consistently had an equalizing force in the lives of many people from historically marginalized groups. Additionally, this group has questioned how students' and families' cultural identities, experiences, and positions in the larger society impact their access to education and its presumed benefits. Bourdieu and others have written extensively about this problem, often focusing on social reproduction. At the same time, Bourdieu's work to identify the mechanisms of the reproduction of inequity has also examined agency. Other scholars have followed suit (for example, see Horvat et al. 2003). It is through a deep examination of both reproduction and agency that Bourdieu's work becomes useful in the study of special education transition; but all too often, discussions of agency and its working relationships with capital are de-emphasized by scholars who have taken up Bourdieuian capital theory in the field of special education (Yosso 2005). The following section provides a transition-related illustration of key components of Bourdieu's theory: Field, habitus, cultural capital, and social capital.

2.1 Understanding the Field

Field is comprised of real, virtual, and metaphorical spaces where the cultural practices and norms of a group both produce competent actors and are maintained and refined by culturally competent actors themselves (Winkle-Wagner 2010). Bourdieu has likened *field* in capital theory to that of the field of play in a game (Webb et al. 2002). At a societal level, fields are multiplex and sometimes overlapping, made up of macro and micro contexts. As in a game, the field of a cultural practice such as transition has rules, boundaries, strategy, and logic that inform the actions of the players. Consider transition education for students with disabilities. At the macro-level, federal U.S. education policy requires, at age 16, the development of a formal transition plan that addresses employment, postsecondary education, and independent living. Also at the macro-level, researchers have produced a body of literature that largely supports the development of employment-related knowledge and skills and student self-determination, to name only two of what have been identified as *evidence-based* practices. Both policy and practice instantiate a constellation of values, knowledge, and precepts that influence practitioners' interactions with people, institutions, and communities as they work. At the micro-level, additional considerations influence practitioners' activity, including local economies, community histories, and relationships between school and family. One of Bourdieu's major contributions to education research was an assertion that fields are never neutral. He was interested in explicating the hidden rules that drive the distribution of power (most often in the forms of capital) manifested in the actions of people. Although a poststructuralist, his ideas were infused with structuralist ideas. Like Marx, he noted that people largely do that which they have seen others before them do; and, similar to Lévi-Strauss, he viewed language as a driver of thought and action (Webb et al. 2002). Early studies that have applied Bourdieu's capital theory to special education and family involvement in decision making have found that class distinctions influence family approaches to advocacy (Horvat et al. 2003), and that the intersection of disability, race/ethnicity, and socioeconomic status are linked to parents' satisfaction with home-school interactions (Trainor 2010a, 2010b). Applying Bourdieu's theories to the field of transition would be useful in studying, for instance, how the knowledge of transition resources influences teachers', families', and students' goal setting into adulthood. Bourdieu's understanding of field requires careful examination of the contexts in which the field is embedded. The many factors that contribute to transition approaches are multiple and entangled, hidden and omnipresent. Bourdieu called this *habitus*, explored more thoroughly in the next section.

2.2 Unearthing Habitus

Simply put, habitus is the schema around which our thoughts and actions are patterned (Webb et al. 2002). As previously explained, habitus operates largely under the radar of our consciousness when we are participating in our everyday world and associated activities. Habitus is learned through socialization that begins early in life (Winkle-Wagner 2010), perhaps even in utero. Insidiously, the dispositions that make up habitus are fiercely self-preservationist; reinforcing the establishment of ourselves as privileged insiders while simultaneously defining "outsider" and "other" through social stratification (Winkle-Wagner 2010).

It is the buried nature of habitus that makes it a conduit of social reproduction. The social stratification represented, in part, by differences in habitus functions thusly because it (habitus) is inextricably related to capital, including material, economic capital which produces and is produced by cultural and social capital. Habitus is not a sole contributor to social stratification; habitus is neither immutable nor does it determine one's status or power (Bourdieu/Wacquant

1992). Habitus is like our GPS for navigating society and the communities to which we belong, but in addition to the physical locales we are traversing symbolic terrains of power and status. Despite that habitus drives every-day routines that are so familiar they are normalizing to us, habitus is not neutral. It is the grand-scale structure comprising the frameworks for our thoughts and actions. It is closely connected with our status and power, linked to our material world. In the next section, I will illustrate this point while identifying transition-related cultural and social capital, as well as economic capital, that contribute to a habitus specific to special education transition.

2.3 Identifying Capital

Originally, Bourdieu (1986) identified three broad categories for capital: economic, cultural, and social. Capital of any of the three types can be material (e.g., a book, a car, cash) and immaterial (e.g., a legacy membership to a fraternity of wealthy individuals). While Bourdieu's view of economic capital seems straight forward, it is not. He builds a framework making visible the relationship between material wealth and immaterial wealth (e.g., taste or disposition); this complexity is beyond the scope of this paper but it is important to acknowledge because it is certainly in play. Consider, for example, the role that money plays in disability identification and the palatability of some disability categories over others.

Cultural and social capital are no less complex. First, social capital, a deceptively simplistic construct – it is frequently conceptualized as networks of people who are associated in various ways either through individual family or acquaintanceship, or through group membership. The reciprocal relationships and shared resources among acquaintances and group members, however, convert these connections into a type of capital. For example, transition educators are often responsible for job development in a local community, a role that requires connections with small business owners, corporations with human resource professionals, civic leaders, entrepreneurs, and so on. These connections, however, cannot be leveraged as capital unless the relationship is one that involves reciprocal obligation (Bourdieu 1986). The transition educator, for example, may be able to promise positive publicity, tax credits, low-cost labor, or geographically secure employees in exchange for opportunities for students.

Cultural capital assumes multiple forms. The simplest form of cultural capital is objectified. These function as goods and can be produced or used to gain additional capital. For example, a statement from the university office responsible for accommodating students with disabilities can be shown to a professor, resulting in extra time on a test. Other cultural capital is embodied, representing one's state of mind or disposition. An adolescent, upon learning that she has a learning disability or an attention deficit might experience relief upon diagnosis because these disabilities are often accompanied by a reassurance that one is of average or above average intelligence. This belief can function as a type of capital leveraging a sense of belonging in the group called "college bound." A third form of cultural capital is institutionalized and includes credentials such as degrees and certificates that reinforce and legitimate other capital (Bourdieu 1986). For example, teachers may consider a parents' education and professional background, consciously or not, when they engage is transition planning meetings and consider parental expectations of college.

3 Bourdieu's Capital Theory as a Tool for Disruption Social Reproduction of Inequity

From a very young age, U.S. students, with and without disabilities, learn that college leads to success. The economic, cultural, and social capital necessary for postsecondary education is diverse and sizeable, and it spans all levels of human interaction and context. Too often in special education transition, we have implicitly envisioned this capital as something students and families use intentionally for goal attainment, but this only partly true. Capital, habitus, and field are in play regardless of the extent to which they align with or represent the dominant groups' identities, resources, and experiences.

Our conceptualization that capital, particularly social and cultural capital, is something that can be cultivated and deployed toward goal attainment has steered us toward instruction of capital development shrouded in neutrality. We develop and implement college preparatory curricula, we teach study skills, we assess career aptitude. And, to a lesser extent, we have addressed social capital similarly. We provide early work experiences and internships, we hold college informational sessions, we establish mentorship programs. Important to note, we have paid less attention to individual's and families' development of economic capital. All too often in special education and postsecondary transition we have relied on our guidance counselors to understand scholarships, financial aid, and other funding mechanisms. In this way, we have surveyed the field and identified that postsecondary education was an attainable goal at the level of individual, perhaps influenced by an American habitus of a "boot straps" personal disposition and effort, the mythology of meritocracy, and the cultural supremacy of the individual.

This approach has been somewhat successful – for some students, some of the time. More students with disabilities are attending postsecondary education than in previous years; 32 % of students with disabilities now enroll in postsecondary education, as compared to 15 % in the late 1980s (Wagner et al. 2005). But the success has been limited. Fewer than one third of students who received special education in high school (28 %) identified as students with disabilities in college and sought related services or accommodations (Newman et al. 2011). Degree completion is low, with 52 % of those completing any type of postsecondary degree or program within eight years of graduating high school (Newman et al. 2011). Further, the length of time to degree completion makes the endeavor costly. The average number of credits earned by young adults with disabilities up to eight years after high school was 59 semester credits, half of what is generally required for a bachelor's degree. Moreover, of those who leave postsecondary school prior to completion, expense is a major concern with 17 % of postsecondary school leavers exiting for financial reasons.

While gains have been made, demonstrating both improvement and additional areas in need of attention, postsecondary outcome data are challenging to interpret when put alongside secondary outcome data. For example, using the NLTS2 data, differences in income backgrounds do not reveal statistically significant disparities in degree attainment (Newman et al. 2011). Young adults with disabilities at both two- and four-year postsecondary programs who are from the lowest and the highest income brackets complete degrees at similar rates, 40 % and 45 % respectively, in the eight years following high school (Newman et al. 2011). Similarly, White, Black, and Latino students with disabilities complete degrees within the eight years following high school at 44 %, 33 %, and 37 %, respectively (Newman et al. 2011). An examination of the intersections of race, socioeconomic background, and disability might reveal more precision in our understanding of outcomes.

Examining postsecondary education experiences and outcomes relative to race, gender, immigrant status, and so on, sheds light on additional and complex issues of inequity. For instance, we also know from this same dataset that 44 % of students with emotional and behavioral disabilities (EBD) dropout of high school, more than any other disability category. This is the same disability category under scrutiny for the overrepresentation of African American and Native Americans, who are at risk for being identified more than two (2.14) and one and a half (1.58) times in this category, respectively, than all other races combined (OSERS 2015). Additionally, students from low socioeconomic backgrounds are less likely to complete high school than those from the middle and higher household income brackets. While other categories of disability showed marked reductions in the numbers of students with disabilities living in poverty from the late 1980s to the early 2000s, EBD was the category with the least positive change away from poverty. Further Black and Brown youth without disabilities are more likely to live in poverty and more likely to be identified with EBD.

Special education teachers and researchers are familiar with the marginalization faced by students with disabilities and their families. Yet, inequity, an additional and layered exclusion, is manifest in the disparity of educational op- portunities and outcomes associated with adolescents with disabilities *who are also* members of other historically marginalized groups. Inequity is the result of biased attitudes and actions as well as structural barriers, and neither have been sufficiently addressed in transition research and practice. Evidence of this problem is manifest in critical gaps in the transition literature that include: (a) a dearth of studies that contextualize transition relative to marginalization; (b) a set of intervention studies that address disability as a distinctive characteris- tic to the exclusion of other factors comprising student and family identities, preferences, and strengths; and, (c) an invocation of culture and diversity with few references to established scholarship, either empirical or theoretical, on those subjects.

This reluctance can be linked to Bourdieu's (1990, 29) explanation of "scien- tific errors" resulting from ignoring the positionality of scientific research be- ing in and of the field. We, special education researchers, are ourselves deep in the thick of some of the same fields and habitus, living and working alongside educators, individuals with disabilities, their families, and other stakeholders. Bourdieu (1990) warns against thinking that scientific methods can, through devotion to disinterested observation of practice, locate a truth that escapes the influence of hierarchical power born of the relationships between people in a society including the researcher herself. Exposing the role that knowledge production plays in the field, habitus, and development of capital is critical to solving enduring questions of social reproduction and its tension with agency. What are the roles of field, habitus and capital in the establishment and trans- mittal of expectations? Parents' capital has been largely oversimplified as a set of facts one can obtain in support of sending one's children to college. Even in cases where parents' institutionalized capital, in the form of their own college experience and degree attainment, has been considered a variable, it has been treated as a nuisance variable and not fully problematized in the discussion of results. Instead, researchers have focused on the moderating effect of disability and the correlation between gender, race/ethnicity, and poverty, and college expectations. The scientific methods themselves reinforce these conclusions, and can be employed without assurances that the measurements (e.g., surveys) are culturally responsive, that recruitment efforts have successfully engaged and retained sufficient numbers of people across racial/ethnic, disability, and socioeconomic backgrounds for intersectional analyses and that analyses re- flect participants' identities and experiences to the greatest extent possible. Understanding limitations of descriptive, statistical analyses, is critical to in- terpreting results. Currently, the extant literature is clear to acknowledge the limitation that correlations do not demonstrate causation, but less so about stating that the research design itself may lack intentionally addressing known factors that contribute to inequity in a diverse society.

The challenge is to think beyond and outside of the correlations that can be drawn, to ask why might someone who has never experienced college find it challenging to imagine their child – who has been labeled disabled – going to college? Why might it be challenging for those who face serious affronts to freedom and equity on a daily basis difficult to imagine being free from working (whilst paying the high cost of tuition) to explore an intellectual curiosity? Or, how, when one is struggling to keep their children fed and housed, they might foster the expectations of college? And, even more deeply, why parents of color may not participate in research, or when they do, might keep the most precious of hopes and dreams for their children deeply secreted and protected in contexts where they have experienced disrespect and dismissal?

Instead, the extant literature reinforces the belief, supported by the results of symbolically and empirically high powered studies, that if parents of color or parents living in poverty only expected more, or were schooled on the importance of expectations, the outcomes of their children would improve. It is important to provide opportunity through the extension of cultural capital (e.g., college night and entrance exam coaching) and it is important to develop adolescents' social capital (e.g., a mentor who has been to college). But if these steps are as far as our theoretical frameworks take us, we fall prey to continued social reproduction of diminished opportunities. If we do not fully understand the critical mechanisms of Bourdieu's field and habitus, alongside discussions of capital as resource, capital becomes just another thing poor kids or kids of color do not have (Yosso 2005; Winkle-Wagner 2010). One leverage point for increasing agency, thus avoiding social reproduction, is to think of transition education as a practice with its own cultural field and habitus and consider the capital of teachers. Doing so can be traced to theorists who posit that the study of the culture of education practices have strength in the promotion of equity (Arzubiaga et al. 2008).

4 Transition Education: A Culture of Practice

So, to return to the above examples of capital relative to postsecondary education for students with disabilities, we might consider the capital of educators and researchers. The IDEA 2004 requires that further education be addressed on transition plans, and additional legislation such as the Rehabilitation Act of 1973 and Americans with Disabilities Act of 1990 codify specific provisions for people with disabilities in support of postsecondary education. How is the knowledge of these macro-level policies that target postsecondary education opportunities and associated needs for students with disabilities taken up by teachers as a type of cultural capital? In addition to policy, scholarship in special education and other fields provides evidence in support of specific practices that predict postsecondary education experiences such as inclusive education settings. Students with disabilities who spend 80 % of their school day in inclusive settings are twice as likely to enroll in postsecondary school (Rojewski et al. 2015). Do general and special education teachers have the material knowledge and skills (e.g., cultural capital) to support inclusive settings? Do they have attitudes that foster peer-to-peer acceptance and belief that students with disabilities have the capacity to participate in intellectually challenging endeavors? These are types of cultural capital, as well.

Cultural capital does not exist without social and economic capital, and the three forms are also generative (Bourdieu 1986). In U.S. schools, education funding, a type of economic capital, occurs at federal, state, and local levels, amounting to differences in resources such as teacher/pupil ratios, materials, infrastructure, collaborative planning time, and professional development. And, as noted earlier, students of color are susceptible to diminished opportunities. They are five times as likely to attend high poverty schools. Achievement gaps between high- and low-poverty schools have been documented over time and across reading and math (Kena et al. 2016). How does limited economic capital in schools affect teachers' work with disabilities? Urban versus rural and suburban difference exist as well. Some researchers have found that urban settings are less likely to include students with disabilities in inclusive settings (Brock/Schaefer 2015).

In my thinking about capital, habitus, and field, I am interested in exploring these constructs associated with educational practices with diverse stakeholders who are constantly interacting and reshaping the landscape of social reproduction and agency. In particular, I am interested in how knowledge production plays a role in the culture of practice. These interests are what led me to Bourdieu. He understood researchers and scholars to be in fields, guided by habitus fueled by differentiated capital, and susceptible to the same processes of reproduction and agency. Bourdieu has been criticized for being overly focused on the structural and reproductive nature of social interaction, ignoring agency. A thorough read of his later works, however, shows an evolution of his thinking in which Bourdieu emphasizes the importance of individual resistance and action (Bourdieu/Wacquant 1992).

Some scholars who have followed in Bourdieu's path have begun to examine how capital is produced and leveraged as power in fields where groups of people who are marginalized have come together to support resistance. Questions about and critiques of how we are collectively advancing, or not, transition goals and opportunities for all adolescents with disabilities, continue to emerge. All stakeholders in the field of special education, researchers, special educators, general education teachers, families, and individuals with disabilities, leverage all sorts of capital, intentionally or not, consciously or not, and participate in the field assuming habitus that is a challenge to see, much less understand. A focus on supporting agency through the development of social and cultural capital, particularly capital in the field and habitus of transition education, holds much promise as we forge ahead toward a more instructive knowledge base.

Literature

Arzubiaga, Angela E./Artiles, Alfredo J./King, Kathleen A./Harris-Murri, Nancy (2008): Beyond research on cultural minorities: Challenges and implications of research as situated cultural practice. In: Exceptional Children, 74., 309-327.

Bourdieu, Pierre (1974): Cultural reproduction and social reproduction. In: Brown, Richard (Hrsg.): Knowledge, education, and cultural change. London: Tavistock Publications.

Bourdieu, Pierre (1986): The forms of capital. In: Richardson, John G. (Hrsg.): Handbook of theory and research for the sociology of education. New York: Greenwood Press, 241-258

Bourdieu, Pierre (1990): The logic of practice (R. Nice, Trans.). Stanford, CA: Stanford University Press.

Bourdieu, Pierre/Wacquant, Loïc J. (1992): An invitation to reflexive sociology. Chicago, IL: The University of Chicago Press.

Brault, Matthew W. (2012): Americans with Disabilities: 2010. In: Current population reports, 7., 1-131.

Brock, Matthew E./Schaefer, John. M. (2015): Location matters: Geographic location and educational placement of students with developmental disabilities. In: Research & Practice for Persons with Severe Disabilities, 40 (2), 154-164. doi:10.1177/1540796915591988

Horvat, Erin McNamara/Weininger, Elliot B./Lareau, Annette (2003): From social ties to social capital: Class differences in the relations between schools and parent networks. In: American Educational Research Journal, 40 (2), 319-351.

Kena, Grace/Hussar, William/McFarland, Joel/de Brey, Cristobal/Musu-Gillette, Lauren/Wang, Xiaolei/Zhang, Jijun/Rathbun, Amy/Wilkinson-Flicker, Sidney/Diliberti, Melissa/Barmer, Amy/Bullock Mann, Farrah/Dunlop Velez, Erin/Nachazel, Thomas/Smith, Wyatt/Ossolinski, Mark (2016) (Hrsg.): The condition of education 2016 (NCES 2016-144). URL: https://nces.ed.gov/pubsearch/pubsinfo.asp?pubid=2016144 (Accessed: 18.02.2017)

Newman, Lynn/Wagner, Mary/Knokey, Anne-Marie/Marder, Camille/Nagle, Katherine/Shaver, Debra/Wei, Xin (2011): The post-high school outcomes of young adults with disabilities up to 8 years after high school: A report from the National Longitudinal Transition Study-2 (NLTS2). Menlo Park, CA: SRI.

Office of Special Education and Rehabilitation Services. (2015): Thirtyseventh Annual Report to Congress on the Implementation of the Individuals with Disabilities Education Act, 2014. from Washington, DC: Author.

Rojewski, Jay W./Lee, In Heok/Gregg, Noel (2015): Causal effects of inclusion on postsecondary education outcomes of individuals with high-incidence disabilities. Journal of Disability Policy Studies, 25 (4), 210-219. doi:10.1177/1044207313505648

Trainor, Audrey A. (2010a): Diverse approaches to parent advocacy during special education home-school interactions: Identification and use of cultural and social capital. In: Remedial and Special Education, 31., 34-47. doi:10.1177/0741932508324401

Trainor, Audrey A. (2010b): Reexamining the promise of parent participation in special education: An analysis of cultural and social capital. In: Anthropology & Education Quarterly, 41., 245-263. doi:10.1111/j.1548-1492.2010.01086.x

Trainor, Audrey A. (2017): Transition by design: Improving equity and outcomes for adolescents with disabilities. New York: Teachers College Press.

Wagner, Mary/Newman, Lynn/Cameto, Renée/Levine, Phyllis (2005): Changes over time in the early postschool outcomes of youth with disabilities. Menlo Park, CA: SRI.

Webb, Jen/Schirato, Tony/Danaher, Geoff (2002): Understanding Bourdieu. London: SAGE.

Winkle-Wagner, Rachelle (2010): Foundations of educational inequality: Cultural capital and social reproduction. In: ASHE Higher Education Report, 36 (1), 1-21.

Yosso, Tara J. (2005): Whose culture has capital? A critical race theory discussion of community cultural wealth. In: Race, Ethnicity & Education, 8 (1), 69-91. doi:10.1080/1361332052000341006

Liz Todd

Exploring collaboration in transition planning through video interaction guidance

Summary

Young peoples' transition from school, whether or not young people have disabilities, is often characterised by a number of interactions with practitioners whose role is to facilitate a move to the next stage on their pathway in life, likely to involve education, training or employment. This chapter considers what we can learn about what might best characterise the nature of these interactions and it also looks at how we might go about researching them. Interactions should include some provision of information on possible options and pathways. Practitioners are likely to need to engage with the kind of listening that enables a collaborative conversation, one that enables the young person to explore their own perspectives on their future. This paper reports a pilot exploration of a methodology to analyse the nature of transition interactions between young people and practitioners. A video of a pilot interview was observed by members of the research team looking at the experience of disabled young people of transitions in the Austrian longitudinal three year mixed methods project, 'Cooperation for inclusion'. Aspects of an approach usually used to bring about change in relationships, video interaction guidance (VIG), provided the analysis framework. VIG focuses on what interactional partners in a conversation do that characterises 'attunement', connection between people, and includes turn-taking, eye-contact and following the lead of the other. The use of VIG to explore the video brought to the reviewing participants (the research team) in-depth knowledge of the interaction and enhanced perspectives on communication. An interaction that at first glance appeared collaborative was found to be driven by the ideas of the adult with little evidence of in depth listening. This knowledge enabled further ideas to emerge about what characterises listening and collaboration between young people and those they consult for transition planning. Encouraging initiatives was found to be very important for collaboration, and the associated need to wait for answers, to give the young person time, and then to receive the initiatives. A number of avenues for further development are explored either using additional analytic processes (CA, discourse analysis etc) or cultural-historical theory.

Zusammenfassung

Der Übergang aus der Schule ist, unabhängig davon, ob Jugendliche Behinderungen haben oder nicht, oft durch eine Reihe von Interaktionen mit PraktikerInnen gekennzeichnet. Aufgabe dieser PraktikerInnen ist es, den Schritt in die nächste Etappe auf dem Lebensweg der Jugendlichen, der mit Bildung, Ausbildung oder Beschäftigung einhergehen kann, zu erleichtern. Der vorliegende Beitrag betrachtet, was wir von der Natur dieser Wechselwirkungen lernen und wie wir diese Interaktionen erforschen können. Treffen mit PraktikerInnen sollen Information über mögliche Optionen und Wege beinhalten. Auch müssen sich PraktikerInnen mit der Art des Zuhörens beschäftigen, die es den Jugendlichen ermöglicht, ihre Zukunftsperspektiven zu erforschen. Im Mittelpunkt dieses Beitrags steht ein Pilotprojekt zur Erforschung einer Methodik, mit der die Art der Interaktion zwischen Jugendlichen und PraktikerInnen beim Übergang analysiert werden kann. Hierbei wurde von den Mitgliederinnen des Projektteams der dreijährigen, österreichischen Studie „Kooperation für Inklusion", die sich mit den Übergangserfahrungen von jungen Menschen mit Behinderungen befasst, ein Video von einem Pilot-Interview betrachtet. Zur Analyse des Videos wurden Aspekte des Ansatzes der sogenannten „video interaction guidance" (VIG) verwendet, der gewöhnlich zur Herbeiführung von Veränderungen in Beziehungen eingesetzt wird. VIG konzentriert sich darauf, was die interaktiven PartnerInnen in einem Gespräch tun, um Attunement, also eine Verbindung zwischen den Beteiligten, zu erzeugen. Dies kann beispielsweise die Herstellung von Augenkontakt umfassen. Die Erkundung des Videos unter Verwendung des VIG-Ansatzes, hat den Teilnehmerinnen (dem Projektteam) weitere Perspektiven auf Interaktion vermittelt. Eine auf den ersten Blick kollaborativ erscheinende Interaktion, entpuppte sich als eine von den Ideen des Erwachsenen angetriebene und wies wenig Anzeichen des Zuhörens auf. Mit diesem Wissen können weitere Ideen über den Charakter des Zuhörens und der Zusammenarbeit zwischen Jugendlichen und denjenigen, die sie für die Übergangsplanung konsultieren, entstehen.

1 Introduction

Transition from school to further or higher education, training or employment is an important phase for all young people. For disabled young people there can be uncertainty over the options available and the support that might be forthcoming (Winn/Hay 2009). To negotiate transition, young people – whether disabled or not – are likely to have access to conversations with a range of practitioners about the possible options open to them. Often those conversations are geared towards particular options. What has been lacking for many young people has been a transition process characterised by collaboration with the young people, in order to take on board the young person's intentions and help the young person to explore possible preferred futures and routes to those futures (Franklin/Sloper 2009). In research that aims to consider whether and to what extent transition meetings are collaborative, there is a need for methodology that can analyse meetings. This chapter considers a methodology based on Video Interaction Guidance (VIG) and is a description and discussion of using VIG on a pilot interview video. This methodological exploration is carried out as part of the research project Cooperation for Inclusion in Educational Transitions, led by Assoc. Prof. Helga Fasching. The research aims to understand how students with disabilities and their families experience cooperation with practitioners in transition from school (from SEC I to SEC II or employment). In one aspect of the research, videos of transition meetings will be analysed. My role on the project is cooperation partner advising on methodology. The research team involved in this methodological exploration involved Helga Fasching and four others (including two MA students). Two other research team members could not be present. In this paper, research team and team will refer to those involved in this methodological exploration.

1.1 What is collaboration and why is it important?

It is intended that how collaboration is understood will develop throughout the research as our analysis generates insights. However, a working definition of collaboration is needed to enable us to proceed with a pilot analysis. Collaboration involves a process of listening. It is not likely solely to be a one way giving of information from one person to the other although some advice and information giving is likely to be appropriate. It recognises different roles so that mutual respect given to the different perspectives and knowledges of those involved. The team and I generated a number of ideas from our research and experience about what we might expect to see in a collaborative transition interview. This included the nature of the language used, non-verbal cues used such as eye contact, the setting of the meeting (ie place, arrangement of chairs) and the clothes of the adult. We took that view that it would be important that all were able to say something. In other words there would be active participation in the dialogue from everyone but particularly the young person.

Although young people have been involved more and more over the last few decades in decision-making both about the services they use and about the decisions about their own lives, we know there is still a long way to go. The

research that there is that looks at the experience of young people and professionals of educational decision-making, suggests that young people have little
understanding of the role of professionals and are rarely placed in the situation
where they can have an active role (Armstrong et al. 1999; Todd 2007). Being
listened to and being heard is a right not a favour (Stafford et al. 2003; Todd
2007).

1.2 Don't just provide information for young people – spend more time talking to them to help them understand what is happening (Lingard 2002, 5)

We know however that young people want to be consulted about decisions
about their lives and are capable of being involved as long as they are appro-
priately supported. Children and young people are able to communicate their
perspectives, and these perspectives bear witness to unique personal stories.
Students experiencing difficulties at school, who have special arrangements
made for them, have shown themselves well able to comment on their experience of themselves and on their educational environment (Madge/Fassam
1982; Allen 1999; Rudduck/Flutter 2000; Todd 2007, 2012). However, there is
little research documenting the response of professionals to their perspectives.
There is also little comprehensive research on the extent of student involvement in decision-making.

2 Video interaction guidance: a method for analysing meeting collaboration

The research would be analysing a number of videos of transition meetings and
they needed to develop a methodology to do this. This chapter focuses on what
is possible to ascertain about the presence of collaboration in transition interviews simply from the video. This is not to undervalue the many other ways for
researching collaboration such as interviewing those involved, focus groups
and the use of a range of visual methods (Clark et al. 2013). Even focusing on
video there are many ways to approach an analysis. These include Foucauldian
discourse analysis in which societal themes, norms, of interaction are identified (Bannister et al. 1994). The use of discourse analysis can lead to interesting and useful findings about meetings (Marks 1993; Marks et al. 1995). There
are a number of other kinds of discourse analysis in which classroom interaction or linguistic aspects of interactions is considered (Potter/Wetherell 1987;
Mercer/Dawes 2014). Conversational analysis (CA) considers verbal aspects
of the interaction but has an understanding of the organisation of social relationships (Wooffitt 2005; Rusk et al. 2015). There are good reasons for choosing any of these and all would bring something useful to our enquiry However,

we were interested in starting with a framework of analysis that looked at both verbal and non-verbal but was also already based on theoretical ideas about collaborative conversations. We were also interested in a framework that was consistent with how we were already thinking about collaboration in transition meetings. VIG seemed to fit well with ideas from our research and experience about what we might expect to see in a collaborative transition interview (Kennedy et al. 2011). Depending on how useful VIG proved to be in this pilot we would consider at a later date whether and how to combine it with other forms of analysis such as CA or discourse analysis.

2.1 Video interaction guidance (VIG)

VIG is usually used not as a research methodology but as an approach to change in relationships. In this approach, short clips of interaction (typically a few seconds) are reviewed by at least one of those involved in the interaction together with a trained VIG guider (Kennedy et al. 2011). The clips are selected as good examples of connection and attunement in the relationship. The manner of selection is based on a set of interactional principles, principles of attunement (table 1) and focuses on the first four rows of table 1. Attunement is defined as 'a harmonious and responsive relationship within which both partners share positive emotion within a communicative dance' (Kennedy et al. 2011, 290). VIGs principles of attunement have a complex theoretical origin (Kennedy, Landor and Todd 2011). The theories of primary and secondary intersubjectivity from research on interaction between babies and carers showing what kinds of interaction encourages attachment and development (Bakermans-Kranenburg et al. 2003; Trevarthen 2011) forms some of the central ideas of VIG but also theories of mediated learning (Bruner 1986). VIG aims to develop good interaction indeed collaborative relationships, by encouraging people to use those aspects of interaction that have been shown to be present in effective relationships and in how we develop close relationships as infants. We intended to use the same framework not as a development tool but as a research tool. The principles of attunement underlying VIG are found in table 1 below.

Tab. 1: Principles of attuned interaction and guidance

Being attentive	Looking interested with friendly posture
	Giving time and space for each other
	Wondering about what they are doing thinking or feeling
	Enjoy watching the other

Encouraging initiatives	Waiting
	Listening actively
	Showing emotional warmth through intonation
	Naming positively what you see, think or feel
	Using friendly and/or playful intonation as appropriate
	Saying what you are doing
	Looking for initiatives
Receiving initiatives	Showing you have heard, noticed their initiatives
	Receiving with body-language
	Being friendly and/or playful intonation as appropriate
	Returning eye-contact, smiling, nodding in response
	Receiving what they are saying or doing with words
	Repeating/using their words or phrases
Developing attuned interactions	Receiving and then responding
	Checking they are understanding you
	Waiting attentively for your turn
	Having fun
	Giving and taking short turns
	Contributing to interaction equally
	Co-operating – helping each other
Guiding	Scaffolding
	Extending, building on their response
	Judging the amount of support needed and adjusting
	Giving information when required
	Providing help when needed
	Offering choices that they can understand
	Making suggestions that they can follow
Deepening discussion	Supporting goal-setting
	Sharing viewpoints
	Collaborative discussion and problem-solving
	Naming difference of opinion
	Investigating the intentions behind words
	Naming contradictions/conflicts (real or potential)
	Reaching new shared understandings
	Managing conflict (back to being attentive and receive initiatives aiming to restore attuned interactions)

2.2 Scoping the suitability of the principles of attunement for video analysis of interviews

We wanted to explore the suitability of using the VIG principles of attunement for the analysis of videos of transition interviews. The pilot interview provided to help our exploration was a real interview of a meeting about transition, and was between the 15 year old daughter of a team member, the coach (transition worker) of the daughter, and the team member (the mother). The interview lasted 30 minutes. The team member reported that this had been a satisfactory meeting resulting in a plan for her daughter. No data had been collected as to the views of the participants as to whether they thought this meeting constituted 'collaboration' but in this pilot we had access to the team member's views of the meeting.

The pilot analysis proceeded in the form of a day workshop. I gave the team a short training in the principles and practices of VIG (Kennedy et al. 2011). A discussion about how to proceed with this investigation of methodology led first to the team and myself watching the whole interview video through once. We discussed initial reactions as we looked for evidence of collaboration based on attributes of interaction that the team knew from both research and experience to be important. We also discussed how we might apply a VIG framework (using the principles of attunement, table 1) to our analysis. A discussion about what we would look for in the video generated a number of aspects of interaction that the team knew from both research and experience to be important. Many of these were non-verbal aspects of the interaction, and we found they were indeed consistent with the VIG principles of attunement. Having watched the video once and shared initial ideas, we decided to work in small groups of two or three for at least an hour looking at the video in depth. We were each to analyse the video by choosing aspects from VIG to use as a framework.

It became necessary to re-consider the digital equipment available to us as is almost always the case in video analysis. We discussed the need to notice the time on the video particular events occurred such as certain non-verbal communication, or the making of an initiative. This required the use of software that showed the exact play time at any point in the video.

One of my reflections as I watched the pilot video with the team in our initial viewing was how interesting it was to look at it without understanding the language as I do not understand German. In the past I had learnt a lot when looking at video interactions when not having access to sound. For example, non-verbal communication is more visible without sound and this enables themes to be ascertained. Occasionally this has happened by chance when the sound has been faulty. My reflections led to an interesting discussion with the team about the importance of non-verbal communication and how to observe it. Two of the team decided they wanted to look only at non-verbal communication and to do this without access to sound. Therefore in their in-depth analysis they switched off the sound and only looked at what they could see.

Another team member wanted to look at turn taking, at the amount of time spoken throughout the meeting by each of the three people in the conversation. The remaining team members wanted to look at a range of aspects from the

VIG framework from the first four rows of table 1 to see what emerged in our analysis.

At first viewing it had seemed to us all that the interviewer adopted a friendly open posture and was smiling and encouraging. Therefore it looked on first inspection as reasonably collaborative. The main interactional pattern was that the coach asked questions and they were then answered by the girl or her mother. The mother did not speak often. There was a lot of smiling together and eye contact. However, on more in-depth viewing, once all of us had viewed the video using the chosen approach, the interview seemed rather different to this, developing our appreciation of the complexity of interactions.

When we convened together again, back from the three different approaches we had taken to analysis, a discussion took place about what we had noticed. The opportunity for in-depth analysis revealed much more. It demonstrated that most of the talk time was taken up by the coach. The coach was the only person whose talk time was more in total than one minute. Looking at the interaction as a whole, it seemed possible that some questions were directed at the mother could have been directed at the young person if the goal was to involve the young person in decision making.

We had all noticed that very few initiatives were made by the girl. An initiative is when "a communication (non-verbal or verbal) which begins and interaction or introduces a new 'topic' into the interaction" (Kennedy et al. 2011, 291). There were also hardly any examples of an initiative being taken up by the coach, received and explored in more depth. One of the reasons for this was thought to be a lack of open questions used by the coach. Although this had seemed to be a collaborative conversation, on further analysis it seemed to be directed by the coach with short answers given by the girl and occasionally by the mother. At no point was the girl encouraged to talk in any detail about her ideas, hopes, plans or worries for her future.

The in-depth analysis by the team lead to further discussion about what constituted a collaborative meeting in terms of attunement principles. Most important was thought to be that the young person be encouraged to make their own initiative, using for example more open questions. As well as encouraging initiatives it would also be very important we thought to wait for answers, to give the young person time, and then to receive the initiatives. There would be other important non-verbal interactions associated with receiving initiatives such as eye contact, non-verbal encouragement, and reflective listening.

The ideas of Edwards (2017) from cultural-historical approaches to learning are useful to understand more about the importance for a collaborative transition meeting that emerged from our pilot analysis of encouraging and receiving initiatives. Edwards has developed the concepts of common knowledge, relational agency and relational expertise to understand collaboration between practitioners and between them and the people with whom they work. Relational expertise is the capacity to interpret problems with others; common knowledge is knowing what matters for practitioners (and those we work with); and relational agency is using that common knowledge to take action with others. Encouraging initiatives seems to be part of the work that practitioners do as they express relational agency (Edwards 2009). In order to collaborate, there needs to be some commonality in the object of transition for both the young person and the coach, and therefore some common knowledge. It is likely that the coach will need to work with the young person to develop this commonality.

There are many ways that this research can develop in the future. Video analysis based on VIG seemed to be effective and appropriate, but in the future could be combined with CA to give even greater depth, or with Foucauldian discourse analysis to broaden the findings. Further theorising using Edwards' ideas of common knowledge, relational agency and relational expertise could help to develop our understanding of collaboration in the transition process and contribute to a discussion of findings from the research.

3 Conclusion

The use of VIG to explore the video brought to the reviewing participants (the research team and the external collaborator) a deeper knowledge of the interaction. An interaction that at first glance appeared collaborative was found to be driven by the ideas of the adult with little evidence of listening. This knowledge enabled further ideas to emerge about what characterises listening and collaboration between young people and those they consult for transition planning. Encouraging initiatives was found to be very important for collaboration, and the associated need to wait for answers, to give the young person time, and then to receive the initiatives. Using VIG avoided some of the key problems in video analysis when investigating social practices, namely getting close enough to the data without having too much and at the same time reaching plausible conclusions (Blikstad-Balas 2016). A number of avenues for further development are explored either using additional analytic processes (CA, discourse analysis etc) or cultural-historical theory.

Literature

Allen, Julie (1999): Actively Seeking Inclusion. Pupils with Special Needs in Mainstream Schools. London: Falmer Press.

Armstrong, Derrick/Dolinski, Richard/Wrapson Chantel (1999): What About Chantel? From inside Out: An Insider's Experience of Exclusion. In: International Journal of Inclusive Education, 3 (1), 27-36.

Bakermans-Kranenburg, Marian/van IJzendoorn, Marinus H./Juffer, Femmie (2003): Less Is More: Meta-Analyses of Sensitivity and Attachment Interventions in Early Childhood. In: Psychological Bulletin, 129 (2), 195-215.

Bannister, Peter/Burman, Erica/Parker, Ian/Taylor, Maye/Tindall, Carol (1994): Qualitative Methods in Psychology. A Research Guide. Milton Keynes: Open University.

Blikstad-Balas, Marte (2016): Key Challenges of Using Video When Investigating Social Practices in Education: Contextualization, Magnification, and Representation. In: International Journal of Research & Method in Education, 1-13.

Bruner, Jerome S. (1986): Actual Minds, Possible Worlds. Cambridge, MA: Harvard University Press.

Clark, Jill/Laing, Karen/Tiplady, Lucy/Woolner, Pam (2013): Making Connections: Theory and Practice of Using Visual Methods to Aid Participation in Research. Research Centre for Learning and Teaching. Newcastle: Newcastle University.

Edwards, Anne (2009): Relational Agency in Collaborations for the Well-Being of Children and Young People. In: Journal of Children's Services, 4 (1), 33-43.

Edwards, Anne (Hrsg.) (2017): Working Relationally in and across Practices: A Cultural-Historical Approach to Collaboration. Cambridge: Cambridge University Press.

Franklin, Anita/Sloper, Patricia (2009): Supporting the Participation of Disabled Children and Young People in Decision Making. In: Children & Society, 23 (1), 3-15.

Kennedy, Hilary/Landor, Miriam/Todd, Liz (Hrsg.) (2011): Video Interaction Guidance: A Relationship-Based Intervention to Promote Attunement, Empathy and Well-Being. London: Jessica Kingsley Publishers.

Lingard, Chris (2002) Views and Perceptions of Young People in the Role and Practice of Educational Psychology. Doctorate Assignment, Conference Presentation: Manchester University.

Madge, Nicola/Fassam, Meg (1982): Ask the Children. Experiences of Physical Disability in the School Years. ‚So What, I'm Handicapped... Who Cares? Not Me'. London: Batsford Academic.

Marks, Deborah (1993): Case-Conference Analysis and Action Research. In: Burman, Erica/ Parker, Ian (Hrsg.): Discourse analytic research: Repertoires and readings of texts in action. London: Routledge, 135-154.

Marks, Deborah/Burman, Erica/Burman, Leah/Parker, Ian. (1995): Collaborative Research into Education Case Conferences. In: Educational Psychology in Practice, 11 (1),41-48.

Mercer, Neil/Dawes, Lyn (2014): The Study of Talk between Teachers and Students, from the 1970s until the 2010s. In: Oxford Review of Education, 40 (4), 430-445. doi: 10.1080/03054985.2014.934087.

Potter, Jonathan/Wetherell, Margaret (1987): Discourse and Social Psychology. Beyond Attitudes and Behaviour. London: Sage.

Rudduck, Jean/Flutter, Julia (2000): Pupil Participation and Pupil Perspective: ‚Carving a New Order of Experience'. In: Cambridge Journal of Education, 30 (1),75-89.

Rusk, Fredrik/Pörn, Michaela/Sahlström, Fritjof/ Slotte-Lüttge, Anna (2015): Perspectives on Using Video Recordings in Conversation Analytical Studies on Learning in Interaction. In: International Journal of Research & Method in Education, 38 (1),39-55.

Stafford, Anne/Laybourn, Ann/Hill, Malcolm/Walker, Moira (2003): ‚Having a Say': Children and Young People Talk About Consultation. In: Children and Society, 17., 361-373.

Todd, Liz (2007): Partnerships for Inclusive Education: A Critical Approach to Collaborative Working. London: Routledge.

Todd, Liz (2012): Critical Dialogue, Critical Methodology: Bridging the Research Gap to Young Peoples' Participation in Evaluating Children's Services. In: Children's Geographies, 10 (2),187-200.

Trevarthen, Colwyn (2011): Confirming Companionship in Interests, Intentions and Emotions: How Video Interaction Guidance Works. In: Kennedy, Hilary/Landor, Miriam/Todd, Liz (Hrsg.) (2011): Video Interaction Guidance: A Relationship-Based Intervention to Promote Attunement, Empathy and Well-Being. London: Jessica Kingsley Publishers, 198-212.

Winn, Stephen/Hay, Ian (2009): Transition from School for Youths with a Disability: Issues and Challenges. In: Disability & Society, 24 (1), 103-115.

Wooffitt, Robin (2005): Conversation Analysis and Discourse Analysis. A Comparative and Critical Introduction. London: Sage.

Helga Fasching und Ágnes E. Fülöp

Inklusion im Übergang von der Schule in den Beruf in Österreich – Rechtliche, politische und institutionelle Rahmenbedingungen

Zusammenfassung

Der vorliegende Beitrag liefert einen Überblick über die rechtlichen, politischen und institutionellen Rahmenbedingungen in Österreich hinsichtlich des Überganges von der Schule in den Beruf. Er skizziert den nationalen, internationalen und europäischen Rechtsrahmen, an dem die gegenwärtige österreichische Behindertenpolitik ausgerichtet ist und beschreibt die wichtigsten bundesweit umgesetzten Maßnahmen zur Unterstützung von jungen Menschen mit Behinderung sowie weiteren ausgrenzungsgefährdeten Personengruppen beim Übergang von der Schule in den Beruf. Der Beitrag endet mit einigen zusammenfassenden Bemerkungen zu den skizzierten Rahmenbedingungen und mit einer Einschätzung des Standes der beruflichen Inklusion in Österreich.

Summary

This article provides an overview of the legal, political and institutional framework conditions regarding the transition from school to work in Austria. It outlines the international and national legal framework, which underlies current disability employment policies in Austria. Furthermore, it describes the most important measures implemented for supporting the transition process of young persons with disabilities and other persons at risk of exclusion. The paper concludes with some general remarks on the outlined conditions and on the status of vocational inclusion in the Austrian context.

1 Einleitung

Bildung, Ausbildung und Erwerbsarbeit gelten als wesentliche Voraussetzungen für gesellschaftliche Teilhabe und für ein selbstbestimmtes, wirtschaftlich und sozial abgesichertes Leben. Für junge Menschen mit Behinderung gestaltet sich der Übergang in das Ausbildungs- und Beschäftigungssystem allerdings zumeist sehr mühevoll und langwierig. Umso wichtiger ist eine umfassende, bedürfnis- und lebensweltorientierte Unterstützung, die dabei hilft, diese zukunftsweisende Lebensphase erfolgreich zu meistern. In Österreich wurde das Unterstützungssystem beim Übergang von der Schule in den Beruf im Laufe der vergangenen Jahrzehnte kontinuierlich ausgebaut und gestärkt. Diese Anstrengungen scheinen sich durchaus bezahlt gemacht zu haben – im europäischen und internationalen Vergleich rangiert das österreichische Unterstützungssystem im Spitzenfeld und gilt inzwischen weithin als Vorzeigemodell (European Union 2011, 2012).

Der vorliegende Beitrag möchte die österreichische Unterstützungslandschaft näher beleuchten und gibt zunächst einen kurzen Überblick über rechtliche und politische Rahmenbedingungen. Im Anschluss daran wird auf die konkreten institutionellen Strukturen, die zentralen AkteurInnen des Feldes sowie auf das Spektrum an Angeboten und Maßnahmen an der Schnittstelle Schule und Beruf eingegangen. Der Fokus soll dabei vor allem auf jene Unterstützungsleistungen gerichtet werden, die durch das vom Sozialministeriumsservice (ehemals Bundessozialamt) ins Leben gerufene „Netzwerk Beruflicher Assistenz" (NEBA) gegenwärtig in allen Bundesländern umgesetzt werden (Jugendcoaching, Produktionsschule, Berufsausbildungsassistenz, Arbeitsassistenz und Jobcoaching). Neben der Beschreibung der einzelnen Leistungen im Hinblick auf Schwerpunkte, Ziele, Zielgruppen und Ablauf, sollen auch von der Bundeskoordinierungsstelle AusBildung bis 18 (ehemals Bundeskoordinierungsstelle Übergang Schule-Beruf) zur Verfügung gestellte aktuelle Daten zur Angebotsnutzung vorgestellt werden. Der Beitrag endet schließlich mit einigen zusammenfassenden Bemerkungen zu den skizzierten Rahmenbedingungen sowie einer Einschätzung des Standes der beruflichen Inklusion von Menschen mit Behinderung in Österreich.

2 Rechtliche und politische Rahmenbedingungen

Das vorliegende Kapitel widmet sich den rechtlichen und politischen Vorgaben, die im Zusammenhang mit der beruflichen Inklusion von Menschen mit Behinderung auf internationaler, europäischer und nationaler Ebene existieren. Da eine ausführliche und erschöpfende Darstellung im Rahmen dieser Arbeit nicht möglich ist, beschränken sich die nachfolgenden Ausführungen auf eine überblicksartige Zusammenschau.

2.1 Internationaler und europäischer Rahmen

Zahlreiche internationale und europäische Abkommen, Richtlinien und Strategien prägen das österreichische Behindertenrecht und die österreichische Behindertenpolitik. Ein auf völkerrechtlicher Ebene unverbindliches, auf normativer Ebene jedoch höchst einflussreiches Rechtsdokument, stellt die 1948 von der UN-Generalversammlung verabschiedete *UN-Menschenrechtscharta* dar, in der die einem jeden Menschen von Geburt an zustehenden, unveräußerlichen Grundrechte und -freiheiten kodifiziert sind. Zu diesen zählt auch das in Artikel 23 näher definierte Recht auf Arbeit, das unter anderem das Recht auf freie Berufswahl, gerechte Arbeitsbedingungen, gerechte Entlohnung und Schutz vor Arbeitslosigkeit umfasst (Vereinte Nationen 1948, 5).

Im Gegensatz zur UN-Menschenrechtscharta besitzt die 2006 verabschiedete *UN-Behindertenrechtskonvention* völkerrechtlich verbindlichen Charakter. Die Mitgliedstaaten sind somit zur Umsetzung der Konvention verpflichtet und müssen bei festgestellten Verstößen gegen das Übereinkommen mit Sanktionen rechnen. Zudem sind die darin verankerten Rechte unter bestimmten Voraussetzungen beim Europäischen Gerichtshof für Menschenrechte einklagbar. Artikel 27 der Konvention garantiert das Recht auf gleichberechtigte Arbeit und Beschäftigung und stellt die Mitgliedsstaaten ausdrücklich in die Pflicht, die Verwirklichung des Rechts „durch geeignete Schritte (...) zu sichern und zu fördern" (BMASK 2016b, 21f.).

Auf der Ebene der Europäischen Union finden sich relevante rechtliche Bestimmungen unter anderem im revidierten *Vertrag über die Europäische Union* (Europäische Union 2012a) (insbesondere Artikel 2 und 3 zu den Werten und Zielen sowie Artikel 6 zu den Rechten, Freiheiten und Grundsätzen der Europäischen Union) und im *Vertrag über die Arbeitsweise der Europäischen Union* (Europäische Union 2012b) (insbesondere Artikel 8 bis 10 zu den Werten und Zielen sämtlicher Maßnahmen der Europäischen Union, Artikel 19 zum Diskriminierungsschutz, Artikel 67 zur Achtung der Grundrechte sowie im dritten Teil des Vertrages Titel IX: Beschäftigungspolitik, Titel X: Sozialpolitik und Titel XII: Allgemeine und berufliche Bildung, Jugend und Sport). Beide Verträge traten 2009 durch den Lissaboner Reformvertrag in Kraft und sind als Grundlagenverträge Bestandteil des Primärrechts – d.h. des ranghöchsten Rechts – der Europäischen Union. Von zentraler Bedeutung ist auch die ebenfalls seit dem Lissaboner Vertrag rechtskräftige *EU-Grundrechtecharta* (Europäische Union 2000) (insbesondere Artikel 21: Nichtdiskriminierung und Artikel 26: Integration von Menschen mit Behinderung) und die von Österreich 2011 ratifizierte revidierte Fassung der *Europäischen Sozialcharta* (insbesondere Artikel 9: Das Recht auf Berufsberatung, Artikel 10: Das Recht auf berufliche Bildung und Artikel 15: Das Recht behinderter Menschen auf

Eigenständigkeit, soziale Eingliederung und Teilhabe am Leben der Gemeinschaft) (Council of Europe 1996), einem völkerrechtlich verbindlichen Abkommen zwischen den Mitgliedsstaaten des Europarates.

Aus diesen rechtlichen Vorgaben wurden in den vergangenen Jahren diverse sozial-, wirtschafts- und beschäftigungspolitische Strategien sowie Aktionspläne zugunsten von Menschen mit Behinderung abgeleitet. Die beiden wichtigsten Aktionspläne stammen von der Europäischen Kommission und vom Europarat und dienen dem übergeordneten Ziel der Umsetzung der UN-Behindertenrechtskonvention.

Die *European Disability Strategy 2010-2020* der Europäischen Kommission (European Commission 2010) fokussiert auf die Beseitigung von Barrieren und ist in insgesamt acht Handlungsfelder unterteilt, in denen bis 2020 verstärkt Maßnahmen gesetzt werden sollen: (1) Barrierefreiheit, (2) Partizipation, (3) Gleichstellung, (4) Beschäftigung, (5) allgemeine und berufliche Bildung, (6) sozialer Schutz, (7) Gesundheit, (8) Maßnahmen im Außenbereich. Im Bereich der Beschäftigung sollen im Einklang mit den arbeitsmarktpolitischen Kernzielen der *Europe 2020*-Strategie (Erhöhung der allgemeinen Beschäftigungsquote auf mindestens 75 %) der Zugang zum allgemeinen Arbeitsmarkt verbessert, die Barrierefreiheit am Arbeitsplatz erhöht, die Arbeitslosigkeit verringert und Unterstützungsstrukturen ausgebaut werden.

Der neue Aktionsplan des Europarates *Disability Strategy 2017-2023* (Council of Europe 2016) identifiziert fünf Querschnittsthemen, die von Mitgliedsstaaten bei allen gesetzgeberischen und politischen Aktivitäten zu berücksichtigen sind, um die Situation von Menschen mit Behinderung zu verbessern: (1) Partizipation, Kooperation und Koordination, (2) Universal Design und angemessene Anpassungen, (3) Geschlechtergerechtigkeit, (4) Mehrfachdiskriminierung und (5) Bildung und Ausbildung. Zusätzlich werden fünf prioritäre Handlungsfelder vorgeschlagen: (1) Gleichstellung und Nichtdiskriminierung, (2) Bewusstseinsbildung, (3) Barrierefreiheit, (4) Gleichheit vor dem Gesetz, und (5) Freiheit von Ausbeutung, Gewalt und Missbrauch. Zur Verbesserung des Zuganges zum Aus-, Weiterbildungs- und Erwerbssystem werden beispielsweise umfangreiche, auf unterschiedliche Zielgruppen (Professionelle aus dem Bildungs-, Ausbildungs-, Gesundheits- und Mediensektor, ArbeitgeberInnen, BeamtInnen, politische EntscheidungsträgerInnen, etc.) zugeschnittene Bewusstseinsbildungsmaßnahmen oder die Entwicklung weiterer Unterstützungsangebote empfohlen.

Nachdem der Referenzrahmen für die nationale Gesetzgebung und für nationale politische Strategien umrissen wurde, sollen nun die Spezifika des österreichischen Behindertenrechts und der österreichischen Behindertenpolitik geklärt werden.

2.2 Nationaler Rahmen

In Österreich sind Grundrechte nicht in einem geschlossenen Grundrechtekatalog vereint, sondern auf unterschiedliche Rechtsquellen verstreut, etwa auf das *Staatsgrundgesetz von 1867* oder das *Bundesverfassungsgesetz* (Holzinger/Kommenda 2007, 76). Ähnlich steht es um das Behindertenrecht, das – vor dem Hintergrund des in der Bundesverfassung verankerten föderalistischen Prinzips – eine Vielzahl an Bundes- und Ländergesetzen durchzieht.

Den obersten Grundsatz des Behindertenrechts bildet der in Artikel 2 des Staatsgrundgesetzes von 1867 und in Artikel 7 Abs. 1 des Bundesverfassungsgesetzes verankerte Gleichheitsgrundsatz. Der Diskriminierungsschutz von Menschen mit Behinderung im baulichen, öffentlich-rechtlichen und arbeitsrechtlichen Bereich ist im *Bundesbehindertengleichstellungsgesetz* geregelt. Wichtige Konkretisierungen im Hinblick auf den Diskriminierungsschutz im Arbeitsbereich finden sich im *Behinderteneinstellungsgesetz.* In diesem Schlüsseldokument der beruflichen Inklusion sind nicht nur die Beschäftigungspflicht, die Beschäftigungspflichtquote und die Ausgleichstaxe, sondern auch der Anspruch auf Individualfördermaßnahmen, Beihilfen und Zuschüsse und erhöhten Kündigungsschutz verankert, wobei diese Bestimmungen auf den Personenkreis der begünstigten Behinderten beschränkt sind. Zu den beschäftigungspolitisch relevanten Rechtsnormen zählt auch das *Bundesbehindertengesetz,* das vereinheitlichende Regelungen zu den Leistungen verschiedener Träger (Bund, Bundesländer, Arbeitsmarktservice, etc.) enthält, das *Arbeitsmarktservicegesetz,* das *Arbeitsmarktförderungsgesetz,* das *Bundessozialamtsgesetz,* und das *Arbeit-und-Gesundheit-Gesetz.* Letzteres bildet die Grundlage für die Informations-, Beratungs- und Unterstützungsmaßnahmen von fit2work, einem Programm zur Prävention und Diagnostik arbeits- oder umweltbedingter Gesundheitsschäden und Berufskrankheiten, das sich an beschäftigte und arbeitslose Personen sowie an Betriebe richtet. Im Hinblick auf die Berufsausbildung, ist vor allem das *Berufsausbildungsgesetz,* das die Bestimmungen zur integrativen Berufsausbildung beinhaltet, zu nennen (Heckl et al. 2004; Fasching/Felkendorff 2007, 73ff.; BMASK 2013, 11ff.). Das noch sehr junge *Ausbildungspflichtgesetz* verpflichtet zur Bildung oder Ausbildung aller in Österreich lebenden Jugendlichen unter 18 Jahren, die die allgemeine Schulpflicht erfüllt haben und dient dem Zweck,

> „den Jugendlichen durch eine Bildung oder Ausbildung eine Qualifikation zu ermöglichen, welche die Chancen auf eine nachhaltige und umfassende Teilhabe am wirtschaftlichen und gesellschaftlichen Leben erhöht und den zunehmenden Qualifizierungsanforderungen der Wirtschaft entspricht" (Bundeskanzleramt Österreich 2016).

Diese internationalen, europäischen und nationalen behindertenrechtlichen Vorgaben bilden die Hintergrundfolie für die arbeitsmarktbezogene Behindertenpolitik Österreichs. Leitend sind in diesem Zusammenhang aktuell vor allem zwei Strategiepapiere der österreichischen Bundesregierung: der *Nationale Aktionsplan Behinderung 2012-2020* (BMASK 2016c) und das bundesweite arbeitsmarktpolitische Behindertenprogramm *BABE – Österreich 2014-2017* (BMASK 2013). Im Rahmen dieser Dokumente werden längerfristige behindertenpolitische Ziele und Maßnahmen definiert. So findet sich im Nationalen Aktionsprogramm beispielsweise ein Kapitel zu Beschäftigung, in dem Empfehlungen aus dem arbeitsmarktpolitischen Behindertenprogramm aufgegriffen und in 33 Maßnahmen konkretisiert werden.

3 Institutionelle Rahmenbedingungen

Da der Übergang von der Schule in den Beruf in unterschiedlichen Ländern auf unterschiedliche Weise organisiert und strukturiert wird, wurden verschiedene Versuche unternommen, um grenzübergreifende Muster innerhalb der verschiedenen institutionellen und strukturellen Arrangements zu identifizieren (Drake 1999; Raffe 2011). Ein solcher Versuch stammt im europäischen Kontext von Andreas Walther, der im Rahmen der von der EU-Kommission in Auftrag gegebenen Studie „Thematic Study on Policy Measures concerning Disadvantaged Youth" Anfang der 2000er Jahre eine heuristische Typologie von „Übergangsregimes" (Walther/Pohl 2005, 38ff.; Walther 2006; 2011, 73ff.) entwickelt hat, der zufolge sich die nationalen Übergangssysteme in Europa in vier idealtypische Modelle einteilen lassen: in das *universalistische* (nordische Länder), das *liberale* (angelsächsische Länder), das *unterinstitutionalisierte* (südeuropäische Länder) und das *erwerbszentrierte Modell* (mitteleuropäischen Ländern). Das österreichische Übergangssystem kann dem erwerbszentrierten Typus zugeordnet werden, der sich in erster Linie durch eine hohe Standardisierung, eine hohe Differenzierung und ein hohes Maß an sozialer Selektion auszeichnet. So gibt es in Österreich nicht nur ein ausdifferenziertes Maßnahmen- und Angebotsspektrum, sondern auch eine Vielzahl an institutionellen AkteurInnen, die am Übergang von der Schule in den Beruf tätig sind (Arbeitsmarktservice, Sozialministeriumservice, Schulen, Sozialpartner, Koordinierungsstellen auf Länder- und Bundesebene, Dachverband berufliche Integration). Eine Schlüsselrolle kommt dabei dem „Netzwerk Beruflicher Assistenz" (NEBA) zu, das die wichtigsten Projekte und Aktivitäten im Bereich der Beratung, Betreuung und Begleitung von ausgrenzungsgefährdeten Jugendlichen unter dem Label der „NEBA-Leistungen" bündelt und in enger Zusammenarbeit mit den regionalen Koordinierungsstellen AusBildung bis 18 (ehemals Koordinationsstellen Übergang Schule – Beruf), mit regionalen Trägerorganisationen, aber auch mit Schulen und Unternehmen umsetzt.

Das kostenlose Angebot umfasst aktuell fünf Maßnahmen mit unterschiedlichen inhaltlichen Schwerpunkten, Zielen und Zielgruppen:

1. Jugendcoaching[1]
Das Jugendcoaching (ehemals „Clearing") wendet sich in erster Linie an abbruch- bzw. ausgrenzungsgefährdete Jugendliche zwischen 15 und 19 Jahren und an Jugendliche mit Behinderung oder sonderpädagogischem Förderbedarf unter 24 Jahren, aber auch an delinquente Jugendliche unter 21 Jahren (Eglseer/Thell 2016). Ziel des Jugendcoachings ist die Verhinderung eines frühzeitigen Schul- oder Ausbildungsabbruchs und die Erhöhung der Arbeitsmarktchancen durch eine umfassende und professionelle Beratung und Begleitung sowie auf das Individuum abgestimmte Unterstützungspakete. Im Vordergrund steht die Unterstützung bei der Zukunftsplanung und bei den in diesem Zusammenhang zu setzenden Schritten (Berufsorientierung, Entscheidungsfindung, Lehrstellensuche, etc.). Darüber hinaus geht es um die persönliche und soziale Stärkung der Jugendlichen und die Hilfestellung beim Umgang mit individuellen Schwierigkeiten und Herausforderungen. Je nach Unterstützungsbedarf kann das Jugendcoaching in drei Stufen absolviert werden: Auf Stufe 1 finden beratende Erstgespräche statt, in denen allgemeine Kurzinformationen weitergegeben werden. Stufe 2 richtet sich an Jugendlichen, die mit der eigenständigen Organisation weiterer Schritte überfordert sind und eine vertiefende Beratung benötigen (maximal sechs Monate). In Stufe 3 gehen Jugendliche über, die eine intensive Begleitung im Sinne eines „Case Managements" benötigen (maximal ein Jahr). Diese Stufe umfasst die Erstellung eines Neigungs- und Fähigkeitsprofils und die gemeinsame Ausarbeitung von Zielen sowie von sinnvollen Fördermaßnahmen.

Im Jahr 2016[2] wurde das Jugendcoaching von insgesamt 45.132 Jugendlichen in Anspruch genommen, wobei mit 57 % mehr männliche als weibliche Jugendliche daran teilnahmen. Der Anteil der Jugendlichen mit mindestens einer Beeinträchtigung betrug 33 %. Besonders häufig besuchten Jugendliche mit sonderpädagogischem Förderbedarf das Jugendcoaching, vor allem in den Stufen 2 und 3 waren sie überproportional vertreten.

2. Produktionsschule[3]
Die Produktionsschule (ehemals AusbildungsFit) richtet sich an Jugendliche bis zum vollendeten 21. Lebensjahr sowie an Jugendliche mit Behinderung bis zum vollendeten 24. Lebensjahr, die ihre Schulpflicht beendet haben und eine

---

1   http://www.neba.at/jugendcoaching (Abrufdatum 14.03.2017)
2   Sämtliche Angaben zur Nutzung der einzelnen Maßnahmen basieren auf Auskünften, die von der Bundeskoordinierungsstelle AusBildung bis 18 eingeholt wurden. Die wichtigsten Standardauswertungen stehen zur Verfügung unter: http://www.bundeskost.at/mbi-auswertung. html (Abrufdatum: 14.03.2017)
3   http://www.neba.at/produktionsschule (Abrufdatum: 14.03.2017)

Berufsausbildung anstreben. Ziel der Produktionsschule ist in erster Linie die Vermittlung von versäumten Basisqualifikationen, Kulturtechniken und „social skills", aber auch die Ermöglichung eines Einblickes in die Ausbildung. Die Produktionsschule besteht aus Trainingsmodulen (praktische Übungen), Coachings (individuelle Begleitung während der gesamten Dauer der Produktionsschule), einer Wissenswerkstatt (Erwerb von Kulturtechniken und Techniken im Umgang mit neuen Medien) und aus sportlichen Aktivitäten.

Im Jahr 2016 nahmen bundesweit insgesamt 3.108 Personen an der Produktionsschule teil. Die TeilnehmerInnen waren mit 61 % mehrheitlich männlich. Die Produktionsschule wurde vor allem von Jugendlichen mit Beeinträchtigungen in Anspruch genommen. So besaßen 73 % der TeilnehmerInnen mindestens eine Beeinträchtigung. Besonders häufig nahmen Menschen mit sonderpädagogischem Förderbedarf an dieser Maßnahme teil.

3. Berufsausbildungsassistenz[4]

Die Berufsausbildungsassistenz kann von Jugendlichen im Rahmen einer verlängerten Lehre (bis maximal zwei Jahre) oder einer Teilqualifikation in Anspruch genommen werden, wobei bestimmte Voraussetzungen erfüllt sein müssen. So besteht der Anspruch unter anderem etwa bei Vorliegen eines sonderpädagogischen Förderbedarfs am Ende der Pflichtschulzeit und (teilweiser) Beschulung nach Sonderschullehrplan, bei Vorliegen eines begünstigten Behindertenstatuses oder bei fehlendem oder negativem Schulabschluss. Ziel der Berufsausbildungsassistenz ist es, Jugendliche durch die Ausbildung im Betrieb und in der Berufsschule zu begleiten. Die Berufsausbildungsassistenz übernimmt die Abwicklung des Abschlusses des Lehr- bzw. Ausbildungsvertrages, steht während der gesamten Ausbildungszeit in Kontakt mit dem Betrieb und der Berufsschule, stellt Lernhilfen oder Coaches zur Verfügung und übernimmt die Vorbereitung auf die Abschlussprüfung.

Von der Leistung der Berufsausbildungsassistenz profitierten im Jahr 2016 in Österreich 7.601 junge Menschen. Dabei waren deutliche Unterschiede im Hinblick auf die Kategorie Geschlecht erkennbar. So waren die NutzerInnen mit fast 69 % mehrheitlich männlich. Hinsichtlich der Kategorie Behinderung besaßen den Angaben der Bundeskoordinierungsstelle AusBildung bis 18 zufolge 76 % der NutzerInnen mindestens eine Beeinträchtigung; dabei bildeten auch hier Menschen mit sonderpädagogischem Förderbedarf die größte Gruppe.

---

4   http://www.neba.at/berufsausbildungsassistenz (Abrufdatum 14.03.2017)

4. Arbeitsassistenz[5]

Die Arbeitsassistenz ist das herrschende Instrument der beruflichen Inklusion in Österreich und steht erwerbstätigen Menschen mit einem Behinderungsgrad von mindestens 50 % (begünstigt Behinderte) und Jugendlichen mit sonderpädagogischem Förderbedarf, einer Lernbehinderung oder einer emotionalen Beeinträchtigung bis zum 24. Lebensjahr zur Verfügung. Menschen, die einen Behinderungsgrad von mindestens 30 % nachweisen und ohne eine Arbeitsassistenz keiner Arbeit nachgehen können, haben ebenfalls Anspruch auf diese Unterstützungsleistung. ArbeitsassistentInnen bieten individuelle Unterstützung und Begleitung im Arbeitsleben, helfen beispielsweise bei der Suche, Erlangung und Erhaltung eines Arbeitsplatzes und sind eine zentrale Ansprechperson sowohl für Arbeitssuchende bzw. -nehmende, als auch für Arbeitgebende und das betriebliche Umfeld. Bei Bedarf kann die Arbeitsassistenz auch Funktionen im privaten Umfeld, beispielsweise die Kommunikation mit Behörden, übernehmen.

13.996 Menschen machten im Jahr 2016 von der Unterstützungsmaßnahme der Arbeitsassistenz Gebrauch. Rund 54 % der NutzerInnen waren männlich. Angesichts der Voraussetzungen zur Inanspruchnahme der Leistungen der Arbeitsassistenz überrascht es nicht, dass mit 95 % der Großteil der NutzerInnen mindestens eine Beeinträchtigung besaß, wobei psychische und körperliche Beeinträchtigungen zu den häufigsten Beeinträchtigungsformen zählten.

5. Jobcoaching[6]

Die Zielgruppe der Maßnahme des Jobcoachings sind Menschen mit einem Behinderungsgrad von mindestens 50 % (begünstigt Behinderte), Menschen mit sonderpädagogischem Förderbedarf und Menschen mit einem Behinderungsgrad von mindestens 30 %, denen der Arbeitsalltag Schwierigkeiten bereitet. Das Jobcoaching stellt eine besonders intensive Unterstützungsmaßnahme dar, mit der die fachlichen, kommunikativen und sozialen Kompetenzen der ArbeitnehmerInnen nachhaltig gefördert werden sollen, sodass sie in die Lage versetzt werden, ihren Arbeitsalltag selbstständig zu meistern. Darüber hinaus versuchen Jobcoaches auch das Arbeitsumfeld zu sensibilisieren. Grundsätzlich läuft das Jobcoaching in drei Phasen ab: In Phase 1 werden in Absprache mit allen Beteiligten die Anforderungen am Arbeitsplatz geklärt und Ziele vereinbart. In Phase 2 erfolgt die Annäherung an das konkrete Arbeitsumfeld. Es wird eine Arbeitsplatzanalyse durchgeführt, um Probleme zu identifizieren und individuelle Lösungsstrategien zu entwickeln. Die Umsetzung dieser Lösungsstrategien wird in regelmäßig stattfindenden Reflexionsgesprächen überprüft.

---

5   http://www.neba.at/arbeitsassistenz (Abrufdatum 14.03.2017)
6   http://www.neba.at/jobcoaching (Abrufdatum 14.03.2017)

In Phase 3 erfolgt die Überprüfung der zu Beginn vereinbarten Ziele unter der Beteiligung aller relevanten Personen.

Das Jobcoaching wurde 2016 von 1.208 Menschen in Anspruch genommen. Mit rund 54 % waren männliche NutzerInnen auch bei dieser Maßnahme leicht überrepräsentiert. 96 % der NutzerInnen wiesen mindestens eine Beeinträchtigung auf, wobei Menschen mit sonderpädagogischen Förderbedarf und intellektuellen Beeinträchtigungen besonders häufig von Jobcoaches unterstützt und begleitet wurden.

4 Abschließende Bemerkungen

Insgesamt besitzt Österreich beim Übergang von der Schule in den Beruf ein vergleichsweise gut ausgebautes und gut durchdachtes Unterstützungsnetz. Nichtsdestotrotz besteht nach wie vor Handlungsbedarf, insbesondere angesichts des jüngst verzeichneten Anstiegs der Arbeitslosigkeit[7] unter Menschen mit Behinderung wie auch des seit einiger Zeit beobachtbaren, nicht minder beunruhigenden Anstiegs der Zahl der Beschäftigten in Einrichtungen des Ersatzarbeitsmarktes (Werkstätten, Tagesstruktur, Beschäftigungstherapien)[8] und der vergleichsweise hohen Zahl an Jugendlichen mit gesundheitlichen

---

7   Insgesamt ist die Arbeitslosenquote in Österreich seit 2011 stetig gestiegen (WKO 2016). Prognosen zufolge ist damit zu rechnen, dass dieser Trend in den nächsten Jahren weiter anhalten wird (AMS 2016). Von der steigenden Arbeitslosigkeit sind Menschen mit Behinderungen jedoch überproportional betroffen: Während die Zahl der Arbeitslosen in der Gruppe der Personen ohne gesundheitliche Vermittlungseinschränkungen im Jahr 2016 im Vergleich zum Vorjahr um 0,9 % sank, wuchs sie in der Gruppe der Personen mit gesundheitlichen Vermittlungseinschränkungen um 8,4 % (AMS Arbeitsmarktdaten ONLINE; vgl. Flieger et al. 2016). Zur Gruppe der Personen mit „gesundheitlichen Vermittlungseinschränkungen" zählt das Arbeitsmarktservice Österreich (AMS) sowohl im Sinne des Bundesgesetzes begünstigt behinderte Personen (Grad der Behinderung mindestens 50 vH), als auch Personen mit Behindertenpass und „Menschen mit einer physischen, psychischen oder geistigen Einschränkung (unabhängig vom Grad ihrer Behinderung), die durch ein ärztliches Gutachten belegt ist, sofern sie aufgrund dieser Einschränkung Schwierigkeiten bei der Vermittlung oder nur ein eingeschränktes Spektrum an Berufsmöglichkeiten haben" (AMS 2012, 71f.).

8   Im Jahr 2002 waren 13.551 Personen mit Behinderung in Werkstätten beschäftigt, 2008 waren es bereits 18.874 Personen (Koenig 2010, 17). Neuere Schätzungen – es mangelt in diesem Zusammenhang an umfassenden und validen Daten – gehen für das Jahr 2015 von rund 22.000 Werkstättenplätzen aus (BMASK 2016a, 49). Vor allem junge Menschen mit intellektueller Beeinträchtigung enden in Österreich – wie die Ergebnisse aus einer aktuellen Verbleibs- und Verlaufsstudie zeigen (Fasching 2016) – sehr häufig in Werkstätten und anderen Einrichtungen des Ersatzarbeitsmarktes, was die Frage nach dem Verbleib am ersten Arbeitsmarkt und der Nachhaltigkeit der Unterstützungsmaßnahmen für Menschen mit unterschiedlichem Assistenzbedarf aufwirft.

Einschränkungen, die sich weder in Ausbildung befinden, noch einer Arbeit nachgehen[9].

Die im Rahmen dieses Beitrags vorgestellten Maßnahmen zur Unterstützung von benachteiligten Jugendlichen, sollen, wie es auf der offiziellen Website des „Netzwerks Beruflicher Assistenz" heißt, „Ressourcendefizite der LeistungsempfängerInnen bedarfsgerecht ausgleichen"[10]. Vor dem Hintergrund des erwerbszentrierten Übergangsmodells, das der weiter oben bereits zitierten Vergleichsstudie von Andreas Walther zufolge mit defizitorientierten, individualisierenden Ursachenzuschreibungen und kompensatorischen Lösungsstrategien einhergeht (Steiner et al. 2016, 181), erscheint diese Zielformulierung wenig überraschend. Was derartige Deutungsansätze jedoch problematisch macht, ist, dass durch sie strukturelle Ursachen, wie etwa die relative Untätigkeit des Bildungssektors, aus dem Blick zu geraten drohen. Entgegen aller normativen Bekenntnisse zu Konzepten wie etwa dem der „Unterstützten Beschäftigung", bei dem die Inklusion in den regulären Arbeitsmarkt gegenüber segregierenden Formen der beruflichen Bildung, Ausbildung und Beschäftigung Vorzug gegeben wird (European Union of Supported Employment 2010), bleibt Menschen mit Behinderung der Zugang zu Bildungs- und Weiterbildungsangeboten sowie zum ersten Arbeitsmarkt in Österreich nach wie vor vielfach verwehrt. Dies allein individuellen Defiziten zuzuschreiben, scheint eine stark verkürzte und vereinfachende Perspektive zu sein. So erschweren neben dem hartnäckigen Fortbestehen von Klischees und Vorurteilen, vor allem Mechanismen institutioneller und struktureller Diskriminierung den gleichberechtigten Zugang zu dem Unterstützungsnetz, sodass eine nicht unbeträchtliche Zahl von Personen entweder gänzlich durch dessen Maschen fällt oder von angebotenen Dienstleistungen nicht optimal profitieren kann. Das nach wie vor stark und frühzeitig segregierende österreichische Schulsystem, die schleppende Umsetzung inklusiver Ansätze, der Mangel an umfassender schulischer Berufsorientierung und weiteren Präventionsmaßnahmen – all diese strukturellen Faktoren verunmöglichen einen nachhaltigen Wandel und lassen sich auch durch die breite Palette an außerschulischen Unterstützungsleistungen nur schwer kompensieren (Lassnigg 2011; Flieger et al. 2016; Monitoringausschuss 2016a; 2016b; Neuherz 2016).

Erfreulicherweise scheint sich diese Einsicht langsam durchzusetzen und Einzug in die politische Diskussion zu finden. Zwar ist die Kompensationslogik gegenwärtig immer noch vorherrschend, doch wurden in den vergangen Jah-

---

9   Während die NEET-Quote (Not in Education, Employment or Training) jüngsten Daten zufolge bei 16- bis 29-Jährigen ohne Gesundheitsproblemen bei 12,2 % liegt, liegt sie bei 16- bis 29-Jährigen mit Gesundheitsproblemen bei 21,8 % (Biffl et al. 2016, 52).

10   http://www.neba.at/neba/was-ist-neba (Abrufdatum: 14.03.2017)

ren verstärkt Präventions- und Interventionsmaßnahmen eingeführt, die die Frage aufwerfen, inwiefern die Klassifizierung des österreichischen Übergangssystems als rein kompensatorisch noch zutreffend ist. Das jüngste Beispiel in diesem Zusammenhang ist das im August 2016 in Kraft getretene Ausbildungspflichtgesetz, das allen unter 18-Jährigen die Möglichkeit bieten soll, eine über den Pflichtschulabschluss hinausgehende Ausbildung abzuschließen. Als präventive Strategie weckt die Ausbildungspflicht Hoffnungen auf die Verbesserung der Partizipationschancen von ausgrenzungsgefährdeten Personen, darunter auch Menschen mit Behinderungen. Ob und welche Verbesserungen sie tatsächlich zu bringen vermag, bleibt abzuwarten und wird sich erst in der praktischen Umsetzung zeigen. (Vgl. Steiner et al. 2016, 183)

Literatur

AMS Arbeitsmarktservice Österreich (2012): Geschäftsbericht 2012. URL: http://www.ams.at/_docs/001_ams_geschaeftsbericht_2012.pdf (Abrufdatum: 22.02.2017).

AMS Arbeitsmarktservice Österreich (2016): Ausblick auf Beschäftigung und Arbeitslosigkeit bis zum Jahr 2020. Mikrovorschau März 2016. URL: http://www.forschungsnetzwerk.at/downloadpub/ams-2020_mittelfristige-prognose-2016.pdf (Abrufdatum: 22.02.2017).

Biffl, Gudrun/Zentner, Manfred/Gärtner, Kathrin/Till, Matthias/Eiffe, Franz (2016): 7. Bericht zur Lage der Jugend in Österreich. Teil A: Wissen um junge Menschen in Österreich. Im Auftrag des BMFJ Bundesministeriums für Familien und Jugend. URL: https://www.bmfj.gv.at/dam/jcr:0b15f787-55d2-43c8-8cb6-d815adf44149/7.%20Jugendbericht%20Teil%20A.pdf (Abrufdatum: 22.02.2017).

BMASK Bundesministerium für Arbeit, Soziales und Konsumentenschutz (2013): BABE – ÖSTERREICH – 2014-2017. Behinderung – Ausbildung – Beschäftigung. Bundesweites arbeitsmarktpolitisches Behindertenprogramm. URL: https://www.sozialministeriumservice.at/cms/site/attachments/9/1/7/CH0053/CMS1455471049916/sms_babe-2014.pdf (Abrufdatum: 22.02.2017).

BMASK Bundesministerium für Arbeit, Soziales und Konsumentenschutz (2016a): Nationaler Aktionsplan Behinderung – Zwischenbilanz 2012-2015. URL: https://broschuerenservice.sozialministerium.at/Home/Download?publicationId=362 (Abrufdatum: 22.02.2017).

BMASK Bundesministerium für Arbeit, Soziales und Konsumentenschutz (2016b): UN-Behindertenrechtskonvention. Übereinkommen über die Rechte von Menschen mit Behinderungen und Fakultativprotokoll – Neue deutsche Übersetzung. URL: https://broschuerenservice.sozialministerium.at/Home/Download?publicationId=19 (Abrufdatum: 22.02.2017).

BMASK Bundesministerium für Arbeit, Soziales und Konsumentenschutz (2016c): Nationaler Aktionsplan Behinderung 2012-2020. Strategie der österreichischen Bundesregierung zur Umsetzung der UN-Behindertenrechtskonvention. Inklusion als Menschenrecht und Auftrag. URL: http://broschuerenservice.sozialministerium.at/Home/Download?publicationId=165 (Abrufdatum: 22.02.2017).

Bundeskanzleramt Österreich (2016): Bundesgesetz, mit dem die Verpflichtung zu Bildung oder Ausbildung für Jugendliche geregelt wird (Ausbildungspflichtgesetz – APflG). URL: https://www.ris.bka.gv.at/GeltendeFassung.wxe?Abfrage=Bundesnormen&Gesetzesnummer=20009604 (Abrufdatum: 14.03.2017).

Council of Europe (1996): European Social Charter (Revised). URL: http://www.coe.int/de/web/conventions/full-list/-/conventions/rms/090000168007cf93 (Abrufdatum 22.02.2017).

Council of Europe (2016): Human rights: a reality for all. Council of Europe Disability Strategy 2017-2023. URL: https://rm.coe.int/CoERMPublicCommonSearchServices/DisplayDCTMContent?documentId=09000016806c400c (Abrufdatum: 22.02.2017).

Drake, Robert F. (1999): Understanding Disability Policies. London: Macmillan.

Eglseer, Thomas/Thell, Margit (2016): Jugendcoaching. Ein-Blick in das Angebot und die praktische Umsetzung. Präsentation am 12.10.2016 an der Pädagogischen Hochschule Wien. URL: http://www.bundeskost.at/wp-content/uploads/2016/10/praesentation_jugendcoaching_paedagogische-hochschule-wien_20161012.pdf (Abrufdatum: 14.03.2017).

Europäische Union (2000): Charta der Grundrechte der Europäischen Union. URL: http://www.europarl.europa.eu/charter/pdf/text_de.pdf (Abrufdatum: 14.03.2017).

Europäische Union (2012a): Vertrag über die Europäische Union (konsolidierte Fassung). URL: http://eur-lex.europa.eu/resource.html?uri=cellar:2bf140bf-a3f8-4ab2-b506-fd71826e-6da6.0020.02/DOC_1&format=PDF (Abrufdatum: 23.02.2017).

Europäische Union (2012b): Vertrag über die Arbeitsweise der Europäischen Union (konsolidierte Fassung). URL: http://eur-lex.europa.eu/legal-content/DE/TXT/PDF/?uri=CELEX:12012E/ TXT&from=DE (Abrufdatum: 23.02.2017).

European Commission (2010): European Disability Strategy 2010-2020: A Renewed Commitment to a Barrier-Free Europe. URL: http://eur-lex.europa.eu/LexUriServ/LexUriServ. do?uri=COM:2010:0636:FIN:en:PDF (Abrufdatum: 22.02.2017).

European Union (2011): Compendium of good practice. Supported Employment for people with disabilities in the EU and EFTA-EEA. URL: http://ec.europa.eu/justice/discrimination/files/ supported_employment_study.compendium_good_practice_en.pdf (Abrufdatum: 22.02.2017).

European Union (2012): Supported Employment for people with disabilities in the EU and EFTA-EEA. Good practices and recommendations in support of a flexicurity approach. URL: http:// ec.europa.eu/justice/discrimination/files/cowi.final_study_report_may_2011_final_en.pdf (Abrufdatum: 22.02.2017).

European Union of Supported Employment (2010): Europäischer Werkzeugkoffer für Unterstützte Beschäftigung. URL:http://www.euse.org/content/supported-employment-toolkit/ EUSE-Toolkit-2010-Austria.pdf (Abrufdatum: 23.02.2017).

Fasching, Helga (2016): Nachschulische Arbeits- und Lebenssituation von jungen Frauen und Männern mit intellektueller Beeinträchtigung in Österreich. Eine Verbleibs- und Verlaufsstudie fünf Jahre nach Beenden der Schule. In: VHN, 4 (2016), 290-306.

Fasching, Helga/Felkendorff, Kai (2007): Länderbericht Österreich. In: Hollenweger, Judith/ Hübner, Peter/Hasemann, Klaus (Hrsg.): Behinderungen beim Übergang von der Schule ins Erwerbsleben. Expertenberichte aus drei deutschsprachigen Ländern. Zürich: Pestalozzianum, 67-101.

Flieger, Petra/Naue, Ursula/Wroblewski, Angela (2016): ANED report. European Semester 2015/2016 country fiche on disability. Austria. URL: http://www.disability-europe.net/ downloads/687-country-report-at-task-1-3-eu2020-2015-2016 (Abrufdatum: 23.02.2017).

Heckl, Eva/Dorr, Andrea/Sheikh, Sonja (2004): Maßnahmen für Jugendliche mit besonderen Bedürfnissen. Evaluierung, Analyse, Zukunftsperspektiven. URL: http://bidok.uibk.ac.at/library/ bmsg-jugendliche.html (Abrufdatum: 23.02.2017).

Holzinger, Gerhart/Kommenda, Benedikt (2007): Verfassung kompakt. Meine Grundrechte und mein Rechtsschutz. Wegweiser durch die österreichische Verfassung. Wien: Linde Verlag.

Koenig, Oliver (2010): Werkstätten und Ersatzarbeitsmarkt in Österreich. Datenband III der dreibändigen Reihe „Die Übergangs-, Unterstützungs- und Beschäftigungssituation von Menschen mit einer intellektuellen Beeinträchtigung in Österreich". Wien: Universität Wien. URL: https://vocational-participation.univie.ac.at/fileadmin/user_upload/proj_intellectual _disabilities/Koenig_2010__Bd._III_-_Letztversion.pdf (Abrufdatum: 22.02.2017).

Lassnigg, Lorenz (2011): Arbeitsmarktbedingungen und Beschäftigung. In: BMWFJ Bundesministerium für Wirtschaft, Familie und Jugend. Sechster Bericht zur Lage der Jugend in Österreich. URL: https://www.bmfj.gv.at/dam/jcr:b3f6a6ed-53a8-4da2-b93a-b50f56c8acf/Teil%20 A%20und%20B.pdf (Abrufdatum: 22.02.2017).

Monitoringausschuss (2016a): Stellungnahme zum Entwurf eines Jugendausbildungsgesetzes. URL:https://monitoringausschuss.at/download/begutachtungen/2016/MA_SN_JugendausbildungsG_2016_03_07.pdf (Abrufdatum: 22.02.2017).

Monitoringausschuss (2016b): Stellungnahme zum Entwurf eines Schulrechtspaketes 2016. URL: https://monitoringausschuss.at/download/begutachtungen/2016/MA_SN_SchulRP_2016_ 05_03.pdf (Abrufdatum: 22.02.2017).

Neuherz, Markus (2016): Dachverband berufliche Integration Austria. Stellungnahme zum Entwurf eines Bundesgesetzes, mit dem das Bundes-Verfassungsgesetz geändert wird, die Verpflichtung zu Bildung oder Ausbildung für Jugendliche geregelt wird (Ausbildungspflichtgesetzt) sowie das Arbeitsmarktservicegesetzt, das Behinderteneinstellungsgesetz und das Arbeitsmarktpolitik-Finanzierungsgesetz geändert werden (Jugendausbildungsgesetz). URL: https://www.parlament.gv.at/PAKT/VHG/XXV/SNME/SNME_06329/imfname_515117.pdf (Abrufdatum: 22.02.2017).

Raffe, David (2011): Cross-national differences in education-work transitions. In: London, Manuel (Hrsg.): The Oxford Handbook of Lifelong Learning. New York: Oxford University Press, 312-328.

Steiner, Mario/Pessl, Gabriele/Bruneforth, Michael (2016): Früher Bildungsabbruch – Neue Erkenntnisse zu Ausmaß und Ursachen. In: Bruneforth, Michael/Eder, Ferdinand/ Krainer, Konrad/Schreiner, Claudia/Seel, Andrea/Spiel, Christiane (Hrsg.): Nationaler Bildungsbericht Österreich 2015. Band 2 Fokussierte Analysen bildungspolitischer Schwerpunktthemen. Graz: Leykam, 175-219.

Vereinte Nationen (1948): Allgemeine Erklärung der Menschenrechte. URL: http://www.un.org/ depts/german/menschenrechte/aemr.pdf (Abrufdatum: 23.02.2017).

Walther, Andreas (2006): Regimes of Youth Transitions. Choice, flexibility and security in young people's experiences across different European contexts. In: YOUNG, 14 (2), 119-141.

Walther, Andreas (2011): Regimes der Unterstützung im Lebenslauf. Ein Beitrag zum internationalen Vergleich in der Sozialpädagogik. Opladen & Farmington Hills: Barbara Budrich.

Walther, Andreas/Pohl, Axel (2005): Thematic Study on Policy Measures concerning Disadvantaged Youth. Studie im Auftrag der Europäischen Kommission. Tübingen: Institut für regionale Innovation und Sozialforschung. URL: http://ec.europa.eu/employment_social/ social_inclusion/docs/youth_study_en.pdf (Abrufdatum: 23.02.2017).

WKO Wirtschaftskammer Österreich (2016): Wirtschaftslage und Prognose. Arbeitslosigkeit. URL: http://wko.at/statistik/prognose/arbeitslose.pdf (Abrufdatum: 23.02.2017).

Christine Demmer

Ein Schritt nach vorn – ein Blick zurück. Biografieanalytische und intersektionale Betrachtungen von institutionellen Übergängen nach der Schule

Zusammenfassung

Übergänge von der Schule in weitere Bildungswege gelten mit Blick auf ge-sellschaftliche Teilhabe als weichenstellend für Lebens- und Berufschancen. Zum einen ist bekannt, dass solche Übergänge insbesondere für Menschen mit Behinderung eine risikoreiche Schnittstelle darstellen (Muche 2013). Zum an-dern weiß man um geschlechtsspezifische Strukturen von Berufswahlen und -verläufen (Stauber 2013). Unter einem intersektionalen, biografieanalytischen Blickwinkel fragt der vorliegende Beitrag, wie Übergänge nach der Schule von erwachsenen Frauen mit unterschiedlichen körperlichen Beeinträchtigungen in biografischen Interviews narrativ hervorgebracht und wie ‚Behinderung' und ‚Geschlecht' dabei von den Erzählerinnen relevant gemacht werden. Nach der Skizzierung bekannter Zusammenhänge von Geschlecht und Behinderung im Kontext von Bildungs- und Erwerbsübergängen, wird die Spezifik einer biografietheoretischen, auf Lern- und Bildungsprozesse fokussierenden Pers-pektive diskutiert. Um diesen Zugang zu verdeutlichen, wird anschließend ein empirischer Fall exemplarisch analysiert.

Summary

Institutional transitions after graduation e.g. to vocational training, pave the way for future life chances and working careers. On the one hand, these institu-tional transitions are potentially vulnerable watersheds for people with disabil-ities (Muche 2013). One the other hand, it is well known that labour markets are subject to structural gender conditions (Stauber 2013). In this text I pursue an intersectional, biographical approach and focus on the question to what extend institutional transitions after graduation are a significant topic in biographical interviews of women with physical disabilities and which narrative relevance is associated with 'gender' and 'disability'. First, relations between gender and disability in connection with institutional transitions are outlined. Second, the specifics of a pedagogical biographical perspective are discussed. Third, an empirical case is analyzed exemplarily to illustrate this perspective.

1 ‚Geschlecht' und ‚Behinderung' im Kontext von Übergängen von der Schule in weitere (Aus-)Bildungswege und Beschäftigung

Eine intersektionale Betrachtung von Übergängen in die weitere Aus- und berufliche Bildung fußt in der Annahme, dass (berufs-)biografische Verläufe durch multikategoriale Zusammenhänge beeinflusst und nicht über die isolierte Betrachtung einzelner Zugehörigkeiten erklärbar sind[1]. Mit Blick auf die Kategorie Geschlecht zeigen sich ungleiche Chancenstrukturen im Erwerbsleben von Männern und Frauen beispielsweise an der Einmündung in geschlechtsspezifische Berufsfelder, die im frauendominierten Sektor geringere Einkommen und Aufstiegsmöglichkeiten aufweisen als im männerdominierten Bereich (Stauber 2013). Zudem sind Frauen in Deutschland nach der Geburt von Kindern auch Jahre später überwiegend in Teilzeit beschäftigt, sodass der Übergang zur Mutterschaft ihre Berufskarriere sowie ihre finanzielle Absicherung nachhaltig beeinflusst. Geschlechtsspezifische Ungleichheiten werden beispielsweise unter den Begriffen Retraditionalisierung, Gender Pay Gap oder „Gläserne Decke" (z.B. BMFSFJ 2014) diskutiert. Übergreifend lassen sich auf makrostruktureller Ebene im Vergleich mit Männern geringere berufliche Positionen und Gehälter trotz höherer Bildungsqualifikationen von Frauen konstatieren (Pimminger 2012), die durch komplexe Wirkgefüge auf unterschiedlichen Ebenen erklärt werden können (Stauber 2013). Beispielsweise sind Gender-Inszenierungen im Erwachsenwerden und am Übergang ins Berufsleben „von den Machbarkeitsmythen der Individualisierung geprägt" (Stauber 2013, 143).

Die Vergleichsfolie Behinderung macht deutlich, dass Jugendliche mit Behinderungen den Übergang in das Erwerbsleben unter erschwerten Bedingungen bewerkstelligen müssen, denn ihr Exklusionsrisiko erhöht sich sukzessive mit jeder Bildungsstufe von der frühkindlichen Bildung über die Grundschule, den Sekundarstufen I und II bis hin zum Übergang in die berufliche Bildung (Klemm 2015, 35).
Ein Ungleichheitsgefälle zwischen Menschen mit und Menschen ohne Beeinträchtigungen zeigt sich darin, dass erstere häufiger keine oder die gerin-

---

1 Für eine grundlegende Einführung in den Ansatz der Intersektionalität siehe Walgenbach (2012).

geren Schulabschlüsse aufweisen, sie häufiger keine berufliche Ausbildung erlangen, häufiger im Niedriglohnsektor arbeiten sowie häufiger erwerbslos und auf staatliche finanzielle Unterstützung angewiesen sind (Niehaus et al. 2012, Pfaff et al. 2012; BMAS 2013). Zudem sind ihre berufsbiografischen Laufbahnen insbesondere nach dem Besuch einer Förderschule auch weiterhin von Besonderungsprozessen wie Berufsbildungsmaßnahmen geprägt, verbunden mit der Schwierigkeit, sich anschließend auf dem ersten Arbeitsmarkt zu etablieren (Ginnold 2008; Muche 2013).[2]

Ginnold kommt zu dem Schluss, dass junge Frauen mit dem Förderschwerpunkt Lernen etwas seltener als junge Männer mit Lernbeeinträchtigung einen qualifizierenden Schulabschluss erreichen. Allerdings arbeitet sie ebenso den Sonderschulbesuch im Vergleich zum Besuch einer Integrationsschule als weniger förderlichen Einfluss auf den weiteren beruflichen Weg heraus und verdeutlicht die Komplexität des Bedingungsgefüges von Übergängen (Ginnold 2008). Dass eine durchlaufene Sonderschulkarriere jedoch nicht zwangsläufig zu subjektiv unerfüllt erlebten beruflichen Positionen führt, zeigt Holaschke (2015). Allerdings deuten die von ihm geführten biografischen Interviews darauf hin, dass auch 30 Jahre nach Ende der Schulzeit das Stigma der Lernbeeinträchtigung weiterhin virulent bleiben kann. Auch Hofmann-Lun kommt zu vergleichbaren Ergebnissen: Der „,Makel' des Förderschulbesuchs [bleibt] haften und beeinträchtigt nicht nur die beruflichen, sondern auch die sozialen Lebenschancen nachhaltig" (Hofmann-Lun 2011, 146). Pfahl (2011) rekonstruiert berufsbiografische Rückzugshaltungen von Schülerinnen und Schülern mit so genannter Lernbeeinträchtigung am Übergang der Sonderschule in die Berufstätigkeit und zeigt, „wie durch schulische Subjektivierungspraktiken bestimmten sozial und ökonomisch benachteiligten Bevölkerungsgruppen Selbsttechniken der Hilfsbedürftigkeit und Abhängigkeit nahegelegt werden" (ebd., 35).

Mit Blick auf die Verknüpfung von Behinderung und Geschlecht wird die explizite Datenlage sehr dünn. Hinsichtlich der Bildungs- und Berufsabschlüsse heißt es im Gender Datenreport von 2005, dass Frauen mit Behinderung über geringere Bildungs- und Berufsabschlüsse verfügen als Männer mit Behinderung. Einige Jahre später kommen die AutorInnen des Teilhabeberichts der Bundesregierung über die Lebenslagen von Menschen mit Beeinträchtigungen

---

2 Da mit dem Ende der Schulpflicht die Bezeichnung „SchülerInnen mit sonderpädagogischem Förderbedarf" entfällt respektive in andere sozialrechtliche Kategorien übergeht, weisen Niehaus et al. darauf hin, dass anhand der vorliegenden Statistiken Aussagen über berufsbiografische Verläufe und den Verbleib von Förderschülern nicht möglich sind (Niehaus et al. 2012, 9). Auch die hier zitierten Studien beziehen sich demnach auf ausgewählte Stichproben oder ModellversuchsteilnehmerInnen und auf unterschiedliche Förderschwerpunkte oder „Behinderungsarten", sodass sich eine unmittelbare Vergleichbarkeit der Studien schwierig gestaltet.

zu dem Ergebnis, dass „Männer und Frauen mit Beeinträchtigungen ähnlich häufig einen Schulabschluss erreichen, der sie zu einem (Fachhochschul-)Studium berechtigt. Im Unterschied zu Frauen verlassen Männer mit Beeinträchtigungen die schulische Ausbildung jedoch häufiger mit Hauptschulabschluss oder ohne Abschluss." (BMAS 2013, 114). Dementsprechend zeichnet sich eine ähnliche Entwicklung ab wie bei Männern und Frauen ohne Beeinträchtigungen, wenngleich auf einem niedrigeren Ausgangsniveau.

In Verbindung der beiden Kategorien ‚Behinderung' und ‚Geschlecht' wird weiterhin ersichtlich, dass insbesondere Frauen mit Behinderung auf dem Arbeitsmarkt struktureller Benachteiligung und im Laufe des Lebens einem erhöhten Armutsrisiko ausgesetzt sind (Libuda-Köster/Schildmann 2016). In einer Analyse zu den Erwerbs- und Einkommensverhältnissen von Männern und Frauen mit und ohne Behinderung in verschiedenen Alterskohorten kommen die Autorinnen zu dem Ergebnis, dass es besonders behinderte Frauen in der frühen und mittleren Lebensphase sind, die von sozialen Risiken betroffen sind. Nicht nur Behinderung, sondern auch die nach wie vor für Frauen bestehende Problematik der Vereinbarkeit von familialer Arbeit und Erwerbsarbeit schlage sich im Erwerbsleben und in der finanziellen Absicherung nachteilig nieder.

Berufswahlen von Frauen und Männern mit und ohne Behinderung zeigen sich sowohl in statistischen als auch in biografischen Daten entlang traditioneller Geschlechterzuordnungen (z.B. ‚sozial', ‚technikaffin') organisiert. Männerdominierte Berufe werden eher in dualen Ausbildungsgängen erlernt, mit besseren Chancen der anschließenden Anstellung in einem Betrieb. Frauendominierte Berufe hingegen stellen eher vollschulische Ausbildungen dar mit höheren Ausbildungskosten, höheren Abbrecherquoten und höheren Hürden, eine anschließende Beschäftigung zu finden, da keine Möglichkeit der unmittelbaren betrieblichen Übernahme besteht (Stauber 2013, 146; Schramme 2015, 300).

In ihrer qualitativen Studie kommt auch Römisch (2011, 186) zu dem Ergebnis, dass die Lebensentwürfe von jungen Frauen mit geistiger Beeinträchtigung sowohl die Berufsfindung als auch die Familiengründung sowie eine Vereinbarkeit beider Bereiche enthalten. Somit stellt sie eine Orientierung am gängigen Geschlechterverhältnis fest, bei der auch die von ihr befragten Frauen ein vorrangiges Interesse an weiblich assoziierten Berufen berichten. Zudem lässt sich für Frauen mit Behinderung eine ausgeprägte, ihnen z.T. von den Eltern angeratene Berufsorientierung ausmachen. Aufgrund „verminderter Heiratschancen" (Ehrig 1996) soll die Investition in die berufliche Ausbildung finanzielle Unabhängigkeit ermöglichen, sodass einerseits mehr Leistung von den Mädchen gefordert wird (Köbsell 2010, 21 f.), andererseits geschlechtsuntypische berufliche Wege möglich werden (Demmer/Klika i. Ersch.).

So lässt sich festhalten, dass am Übergang von der Pflichtschule in weitere Bildungswege für Menschen mit und ohne Behinderungen häufig geschlechtsspezifische Weichen gestellt bzw. vergeschlechtlichte (berufs-)biografische Möglichkeitsräume zunehmend manifestiert werden. In den Blick zu nehmen ist darüber hinaus, dass sich für Frauen mit der Mutterschaft ein weiterer gewichtiger Übergang vollzieht, sodass Wechsel in die weitere berufliche Bildung und in die Erwerbsarbeit kaum losgelöst von familialer Arbeit betrachtet werden können.

Allerdings macht gerade der Ansatz der Intersektionalität darauf aufmerksam, dass das Zusammenspiel von Strukturkategorien nicht schlicht als additiv und einseitig wirksame Benachteiligung, sondern als komplexe, kontextuelle und konstitutive Verwobenheiten zu verstehen ist (Krüger-Potratz 2011, 193). Für die Erkundung jener Verwobenheiten stellen biografische Erzählungen eine geeignete empirische Quelle dar, da in ihnen zahlreiche Zugehörigkeiten, aber auch Abgrenzungsbemühungen aus der Subjektperspektive thematisiert werden (Demmer i. Ersch.).

2 Institutionelle Übergänge erziehungswissenschaftlich biografieanalytisch untersuchen

Als Ansatz qualitativer Sozialforschung fokussiert Biografieforschung die Analyse von individuellen Auseinandersetzungen und Entwicklungsgeschichten im Zusammenspiel mit sozial-gesellschaftlichen Bedingungsgefügen wie Normalitätserwartungen oder institutionellen Ablaufmustern. Völter et al. (2005, 7) fassen Biografie als „ein soziales Konstrukt [...], das Muster der individuellen Strukturierung und Verarbeitung von Erlebnissen in sozialen Kontexten hervorbringt, aber dabei immer auf gesellschaftliche Regeln, Diskurse und soziale Bedingungen verweist [...]". Erziehungswissenschaftlich gewendet zeigt sich jener Zusammenhang von individueller Sinnkonstruktion und gesellschaftlich-institutioneller Präskription/Verfasstheit im originären Gegenstandsbezug von Pädagogik: in den Vorstellungen von Erziehung und Bildung. Da Erziehung und Bildung stets auf eine zukünftige Veränderung des Subjekts gerichtet sind, ist ihnen ein unmittelbar lebensgeschichtlicher Bezug gegeben. Zugleich werden Lebensgeschichten durch pädagogische Institutionen und Praxen maßgeblich mitstrukturiert, beispielsweise durch die Institutionalisierung des Bildungssystems: „Insbesondere die der Schule und ihren Curricula inhärente Vorstellung eines mit dem Lebensalter kontinuierlich fortschreitenden Entwicklungs- und Lernprozesses übernimmt hier normierende und orientierende Funktionen: Es werden an das Lebensalter gebundene Übergänge institutionalisiert und zertifiziert, die auch mit formalen Rechten und Pflichten einhergehen und u.U. nachhaltige Weichenstellungen im Hinblick auf mögliche Lebensverläufe bedeuten." (Dausien/Hanses 2016, 160f.) Wie Dausien/Hanses betonen, kommt dem Bildungssystem mit dieser Kopplung von Entwicklungsvorstellungen und Übergängen eine deutlich normierende, äußere Strukturierung von Lebensverläufen zu, die die subjektiven Auseinandersetzungen und biografischen Konstrukte der Einzelnen rahmt und sich so in die Innenwelt der Subjekte einschreibt (ebd., 161). Übergänge sind daher aus biografieanalytischer Sicht hoch relevant, weil an ihnen normative Setzungen hervortreten und sie zu einer Herausforderung des biografischen Entwurfs werden. Während den Einzelnen innerhalb des Schulsystems ein strukturierter Rahmen vorgegeben ist, setzen Übergangsentscheidungen und damit einhergehende potenzielle Verunsicherungen biografische Entwürfe voraus bzw. fordern sie diese heraus.

Dies gilt keinesfalls nur für Menschen mit Beeinträchtigungen (z.B. Brock 1991). Allerdings sprechen alle Daten dafür, dass die Entscheidungsmöglichkeiten von Menschen mit Beeinträchtigungen unter verschärften Exklusionstendenzen und Formen institutioneller Diskriminierung stattfinden und dass für die Bearbeitung der damit einhergehenden Risiken häufig nur begrenzte materielle, soziale und/oder kulturelle Ressourcen zur Verfügung stehen. So stellt Bettina Lindmeier heraus, dass institutionelle Übergänge einerseits unter einem individualistisch-leistungsbezogenen Verständnisses und dem Anspruch der wirtschaftlichen Selbständigkeit stünden, wobei letztere für Jugendliche mit den Förderschwerpunkten Lernen und geistige Entwicklung nahezu unmöglich zu erreichen sei (Lindmeier 2015, 310). Es ist also davon auszugehen, dass in institutionellen Übergängen Selektionsmechanismen verschleiert, individualisiert und intersektionale Benachteiligungslagen perpetuiert werden.

Biografieanalytisch stellt sich demnach die Frage, wie Menschen jenen Findungs- und Positionierungsprozessen an der Schnittstelle von institutionell-normativer Logik und Aufforderung einerseits und biografischer Eigensinnigkeit und persönlicher Potenzialität andererseits Sinn beimessen. Untersucht wird, „wie Einzelne mit normalbiographischen Vorgaben und Normalitätsunterstellungen umgehen, sie erfüllen (wollen) oder sie unterlaufen" (Felden 2010, 25). Geschlecht und Behinderung werden dabei nicht als statische Eigenschaften von Personen gesehen. Folglich geht es nicht um die Fragen „Wer ist diese Frau/dieser Mann?" (Lutz/Davis 2005, 233) oder erweitert „Wer ist diese Frau mit Behinderung?", sondern die Frage, in welchem interaktionellen, kontextuellen Zusammenhang Geschlecht und Behinderung von den Erzählerinnen eingesetzt werden.
Bezeichnend für einen biografieanalytischen Ansatz ist es, dass Bildungsübergänge als Teil von Biografien konzipiert werden und somit weniger als singuläre Ereignisse mit klaren Anfangs- und Endpunkten, sondern als Momente von Biografie, die eine eigene Zeitlichkeit und Genese aufweisen. Übergänge

werden in ihrer Prozesshaftigkeit fokussiert, sodass auch das Nonformale in Entscheidungsprozessen außerhalb von Bildungsinstitutionen eruiert werden kann und sich zeigt, dass zunächst verworfene Optionen weiterhin wirkmächtig bleiben können (Dausien 2013). Institutionelle Übergänge und biografische Ereignisse wie Unfälle, Krankenhausaufenthalte oder familiäre Konflikte weisen dabei zu Bildungsentscheidungen und -übergängen differente Zeitlogiken auf (ebd.). Entgegen einer einseitigen entscheidungstheoretischen Betrachtung, bei der Übergänge als vorrangig rationale Entscheidungen konzipiert werden, kommt es in biografieanalytischer Sicht darauf an „nicht nur die Intentionen und Sinndeutungen der beteiligten AkteurInnen zu rekonstruieren, sondern insbesondere die institutionellen Kontexte und ihre ‚Handlungslogiken' zu analysieren" (Dausien 2013, 54).

Dabei stellen biografische Erzählungen stets retrospektive Deutungen dar, in denen ErzählerInnen ihren Bildungsgängen auch nachträglich Sinn beimessen, den sie anderen relevanten Personen wie Eltern oder Freunden plausibel machen müssen, aber insbesondere dem oder der InterviewerIn in der Interviewsituation selbst.

3 Gegen den Strom - Empirische Fallbetrachtung einer biografischen Retrospektive

Die im Folgenden vorgestellten Daten entstammen einer Studie[3], in der aus einem bildungstheoretisch orientierten Erkenntnisinteresse heraus nach den biografischen Zusammenhängen von Geschlecht und Behinderung gefragt wurde (Demmer 2013). Es handelt sich um biografisch narrative Interviews von Frauen im Alter zwischen 38 und 53 Jahren mit unterschiedlichen körperlichen Beeinträchtigungen. Da insbesondere die Erwerbsverläufe von Menschen mit kognitiven und/oder besonders schweren Beeinträchtigungen vom

---

3 Es handelt sich hierbei um meine Dissertationsstudie „Biografien bilden. Lern- und Bildungsprozesse von Frauen mit Behinderungen im Spannungsfeld von Teilhabe und Ausschluss", gefördert von der Montag Stiftung Jugend und Gesellschaft, die 2012 am Lehrstuhl für Allgemeine Pädagogik der Universität Siegen abgeschlossen wurde. Unter einer lern- und bildungstheoretischen Perspektive wurde danach gefragt, wie ‚Behinderung' und ‚Geschlecht' als biografische Konstrukte angeeignet werden und welche intersektionalen Bezüge sich zwischen beiden Konstrukten zeigen. Bearbeitet wurden diese Fragen anhand von acht erhobenen biografisch narrativen Interviews von erwachsenen Frauen, die aufgrund ihrer Beeinträchtigungen teils über mehrere Sitzungen hinweg geführt wurden. Ausgewertet wurden die Interviews in Anlehnung an die Narrationsstrukturanalyse (z.B. Schütze 1983) unter Ergänzung der reflexiven Hermeneutik (z.B. Schulze 2010), sodass letztlich vier Falldarstellungen sowie zur Fallstruktur querliegende Ergebnisse dargestellt wurden. Das Sample generierte sich sowohl durch die persönliche Ansprache Dritter als auch durch einen Forschungsaufruf in verschiedenen Selbsthilfegruppen. Dabei wurden die in der Erziehungswissenschaft anerkannten forschungsethischen Richtlinien berücksichtigt (Miethe 2010).

Verbleib in Sondersystemen betroffen sind (BMAS 2013, 128), muss vermutet werden, dass die von mir fokussierten körperlich beeinträchtigten Frauen nicht in gleicher Weise mit Exklusionsmechanismen konfrontiert sind, wenngleich auch ihre Biografien von zahlreichen institutionellen Ausgrenzungen und Besonderungen zeugen. Da institutionelle Übergänge nicht im originären Erkenntniszentrum meiner Studie lagen, kommt dem vorgestellten Material ein fallanalytisch-exemplarischer Charakter zu. Als Teil der umfassenden gesamtbiografischen Darstellungen der Frauen entsprechen die Daten allerdings der biografieanalytischen Annahme, dass es einer weiten Fragestellung bedarf, um die relevanten Entwicklungen für die Ausprägung bestimmter Handlungs- und Deutungsmuster in den Blick zu bekommen (Köttig 2013).

Vorgestellt wird die biografische Konstruktion von Barbara Burghardt[4], da an ihrem Fall, nahezu erwartungswidrig, nachvollzogen werden kann, inwiefern der Besuch einer Förderschule nicht zwangsläufig zu einer weiteren Berufsbiografie im Sondersystem führt und wie die beiden Kategorien Geschlecht und Behinderung von der Erzählerin als relevante Größen für den eigenen Bildungs- und Lebensweg herangezogen werden. Dabei sollen insbesondere drei Passagen in ihrer Erzählung aufgegriffen werden: Die Berufsfindung, die zeitlich in den Besuch der Sonderschule fällt, die Wechsel zwischen den unterschiedlichen Bildungsinstanzen, der sich nach einem wiederkehrenden Muster abspielen, und ihr Ausscheiden aus der Erwerbstätigkeit.
Abschließend werden Kernaspekte von Übergängen im Bildungs- und Erwerbssystem aus allen acht analysierten Fällen zusammengefasst.

Barbara Burghardt ist von infantiler Zerebralparese[5] betroffen und besucht zunächst eine Sonderschule für Körperbehinderte. Nach dem dortigen Abschluss wechselt sie auf eine allgemeine Hauptschule, um anschließend auf einer Fachoberschule die Fachhochschulreife zu erlangen. Sie absolviert ein Studium der Sozialpädagogik und ist anschließend bis zur Geburt ihres ersten Sohns als Sozialpädagogin berufstätig. Zum Zeitpunkt des Interviews ist sie 44 Jahre alt und lebt getrennt von ihrem Ehemann mit ihren beiden Söhnen zusammen. Ihre biografische Erzählung zeugt von einer engen Verwobenheit von (Selbst-) Positionierungen als Frau und als Beeinträchtigte. So hängt die Erzählpassage zu ihrer überaus krisenhaften Berufsfindung unmittelbar mit den Ausführungen zu einem anderen Thema zusammen, das sie selbst – entgegen den Befürchtungen ihrer Mutter – keinesfalls als krisenhaft erlebt: ihre erste Partnerschaft.

---

4 Bei sämtlichen Eigennamen aus dem Datenmaterial handelt es sich um Pseudonyme.
5 Infantile Zerebralparese ist ein medizinischer Sammelbegriff, der Störungen von Bewegung, Haltung und motorischen Funktionen bezeichnet, die durch eine nicht progrediente Schädigung des sich entwickelnden Gehirns verursacht sind und die, wie bei Barbara Burghardt, auch den Sprachapparat betreffen können (Pschyrembel 2014, 2317). Frau Burghardt kann sich mit Gehhilfen fortbewegen.

Als die Pubertät naht, befürchtet die Mutter, Barbara könne aufgrund ihrer Behinderung und im Gegensatz zu den jüngeren Schwestern keinen Ehemann finden. Sie rät ihr, einen Beruf zu erlernen, mit dem sie sich eigenständig finanziell absichern könne. Jedoch berichtet Barbara Burghardt: „[…] aber dass das ganz anders kam, da war sie nicht drauf gefasst. […] Ich war die erste meiner Geschwister, die n'Freund hatte." In diesem Zusammenhang betont sie die erfahrene – offenbar erwartungswidrige – Anerkennung von gleichaltrigen Jungen mit und ohne Behinderung: „Ich war auch immer schon sehr gerne Mädchen und sehr gerne Frau und in der Klasse ähm da ja war ich auch sehr beliebt bei Jungs […], aber auch außerhalb der Schule, da kam ich auch nicht so schlecht an." Anschließend an den Rat der Mutter, einen absichernden Beruf zu erlernen, jedoch in Kontrast zu dem befürchteten Ausbleiben der männlichen Anerkennung als potenzielle Partnerin, schildert sie ihre Berufsfindung als tatsächliche Krisenerfahrung:

> „[…] und gerade diese berufliche Frage deshalb, deshalb war ich echt in der Krise. […] Also Behindertenwerkstatt war nicht mein Ziel. Und da hab ich mich sehr, sehr schwer auseinandergesetzt, das hat ne richtige Krise bei mir ausgelöst. […] Das weiß ich noch genau. Und da bin ich mit, das hat mich so bewegt, da hab ich Zuhause n'Heulkrampf gekriegt und da hat meine Mutter Willi angerufen, dann sind wir noch zu Willi gefahren am selben Nachmittag und dann ham wir überlegt, das war richtig, richtig, richtig, richtig tiefgreifend, ne, mei – und dann ist der, da an dem Nachmittag hab ich denn das Ziel gefasst noch und bin zu der Überzeugung gekommen, dass ich Sozialpädagogin werde. […] Also, da hat ich was und zwar sagte Willi: ,Nein, Barbara, in ne Behindertenwerkstatt brauchst du nicht' und so, aber mir war das ganz ja, was kannst du werden mit deiner Behinderung, wie kannst du da dein eigenes Geld verdienen, wie kannst du unabhängig sein, all so was, alles so was kam mir dann."

Bei der Berufswahl werden vor allem die Sorgen virulent, keine finanzielle Unabhängigkeit zu erlangen oder in einer Behindertenwerkstatt arbeiten und in einem „Heim" leben zu müssen[6]. Eine institutionalisierte Lebensform wird als bedrohliche, naheliegende Option erlebt. Die Suche nach einem alternativen beruflichen Entwurf gipfelt in einem als verzweifelt geschilderten emotionalen Ausbruch, der auf unmittelbare Bearbeitung und Klärung drängt. Als zentraler Beistand fungieren in dieser Situation ihre Mutter sowie ein Lehrer der Sonderschule, Willi. Die Entscheidung für einen konkreten Beruf scheint das Ergebnis einer gemeinsamen Überlegung zu sein, die Barbara Burghardt letztlich als einen eigenen Entwurf übernimmt („ham *wir* überlegt […] und dann *ist der*, da an dem Nachmittag hab *ich* denn das Ziel gefasst noch und bin zu der Überzeugung gekommen, […]"). Da die Genese der Überzeugung

---

6   Zum subjektiven Erleben des Arbeitens in Werkstätten für behinderte Menschen (WfbM) siehe auch Goeke (2010, 313).

nicht thematisiert wird, wirkt der Entschluss, Sozialpädagogin zu werden, auffällig motivlos. Wichtiger als eine Begründung für die getroffene Wahl scheint vielmehr die Tatsache zu sein, dass es nun einen konkreten Entwurf und somit ein Ziel gibt, das die angestrebte unabhängige Lebensform in Aussicht stellt und dass sie sich letztlich als eigenständige Gestalterin ihrer beruflich-biografischen Entscheidungen zeigt.

Während sich Barbara Burghardt an gängigen Lebensentwürfen und an Selbstständigkeit orientiert, wird sie von Vertretern des allgemeinen Bildungssystems auf die Möglichkeiten des Sondersystems verwiesen. Gesellschaftliche Erwartungshaltungen scheinen eine Zugehörigkeit zum allgemeinen Bildungssystem nicht vorzusehen. In den sich anschließenden Erzählungen zu den Übergängen von Sonder-, Haupt-, Fachoberschule und Universität findet sich ein wiederkehrendes Muster: Barbara Burghardt stößt bei den Personen, die die Zugänge zu den jeweiligen Organisationen verantworten, auf überaus kritische Einstellungen: „Und dann ähm saß der Direktor so vor mir und sachte: ‚Barbara, bist du auch überzeugt, dass du das hier schaffst? Hier ist was ganz anderes als deine Schule‘, ne und so wie: ‚kannst ja auch nicht richtig denken.‘" Die Aufnahme in eine neue Bildungseinrichtung steht jedes Mal erneut auf Messers Schneide und kann nur erreicht werden aus der Kombination von individuellem Einsatz ihrerseits und dem einzelner Angehöriger der Einrichtungen, die sich im entscheidenden Moment zugewandt zeigen: „Nur die Frau Klein [Lehrerin] die sachte: ‚Und ich versuch es mit Barbara. Seid ihr alle bekloppt? Ich versuch es mit Barbara.‘" Ihre persönlichen Ressourcen sieht Barbara Burghardt in ihrem „Selbstbewusstsein", ihrer Argumentationsstärke („ich hab den verhandlungsunkompetent geschlagen"), aber auch in ihrer Weiblichkeit oder vielmehr in ihrer Attraktivität: „[…] dass ich irgendwie noch gut aussehe als Frau, das ist auch ein Aspekt, der auch sehr vielfach genutzt hat […] und die sich ähm als Mann geschmeichelt vorkommen oder so."

Die Entwicklung ihres Selbstbewusstseins führt sie maßgeblich auf den Besuch der Sonderschule zurück. Sie ist überzeugt, dass ihr die Schule und insbesondere ihr Lehrer Willi eine wichtige Ressource im weiteren Leben geworden sind, da sie dort neben dem Unterrichtsstoff gelernt habe, sich im Alltag mit ihrer Behinderung auseinanderzusetzen, die eigenen Grenzen und Potenziale zu explorieren und zu akzeptieren und sie erfahren habe, dass andere Kinder und Jugendliche ganz ähnliche Schwierigkeiten haben. Da die Schule keine Ganztagsschule gewesen sei, habe sie am Nachmittag in der Nachbarschaft mit nicht behinderten Kindern gespielt – eine Konstellation, die sie als besonders gewinnbringend für die eigene Entwicklung beurteilt. Ihre positiven Ausführungen zur Sonderschule erinnern an das bekannte Phänomen der „Schonraumfalle" (Schumann 2007; Holaschke 2015), das jedoch vor dem Hintergrund der sich anschließenden Bildungskarriere im allgemeinen Schulwesen ausdifferenziert werden kann, da Barbara Burghardt dem in der Sonderschule Erlernten hierfür eine dezidiert wegebnende Funktion beimisst. Daneben fungiert Lehrer Willi Lenz als Gatekeeper, auf dessen Anwaltschaft sie auch nach dem Sonderschulbesuch zurückgreifen kann, wenn im allgemeinen Bildungssystem das Scheitern ihres beruflichen Plans droht: Er springt ein bei Auseinandersetzungen mit Lehrkräften über eingeforderte Nachteilsausgleiche und bietet ihr beim Verfassen der Diplomarbeit Schreibunterstützung.

Das sich wiederholende narrative Muster beim Übergang in die Einrichtungen des allgemeinen Bildungswesens beinhaltet stets eine Wendung. Zwar muss sich Barbara Burghardt auch innerhalb der Einrichtung gegen Herabsetzungen behaupten, dennoch wenden sich viele der ihr eingangs entgegengebrachten Bedenken: Hat man sie erst persönlich kennengelernt, werden sie und ihre Leistung anerkannt. Häufig stellt sie am Ende des Durchlaufens einer Bildungsetappe sogar einen Gewinn für die Beteiligten dar: „[…] wo die anderen Schüler nämlich profitiert haben, dass ich wusste wofür ich lerne und auch lernen konnte. Ich war so diszipliniert, ich konnte mir was selbständig erarbeiten und die hatten da große Lücken in ihrer Disziplin und das hab ich denen beigebracht letztendlich." Immer wieder gelingt es ihr, nach eigenem Ermessen ein Umdenken der Mitmenschen zu initiieren, sodass sie sich ein Stück weit rehabilitiert zeigen kann von den erlebten Diskriminierungen.

Nach den erkämpften Übergängen in die Bildungseinrichtungen gestaltet sich der Übergang in die Berufstätigkeit zunächst einfacher als von der Erzählerin erwartet. Sie kann zwischen zwei Stellenangeboten auswählen und entscheidet sich für eine Stelle beim Jugendamt: „Das war'n Gefühl für mich, so dieses: ‚Boah, ich bin qualifiziert, ich bin was wert' und ich hab mir das sehr, sehr viel schwerer vorgestellt aufgrund meiner Behinderung."
Ein Exklusionsmechanismus setzt hier jedoch ein, als Barbara Burghardt nach einem Jahr schwanger wird. Obwohl sie sich explizit vornimmt, „trotz Kind und Behinderung" leistungsfähig zu sein, kommt es zu einem Konflikt mit ihrem Chef. Ihr auslaufender Vertrag wird nicht verlängert:

> „Und dann, warum mein Vertrag nicht verlängert worden ist, war sicherlich auch ein finanzielles Problem, aber mein Chef war so verärgert, dass er mir als erstes gesagt hat: ‚Wo ein Kind ist, da kommen auch noch zwei.' Und er war Vater, Sozialpädagoge war er von Beruf und Vater von vier Kindern, also ich hätte ihn irgendwohin treten können."

Die Auseinandersetzung mit ihrem Chef wird von ihr als Geschlechterkonflikt interpretiert. Während der Chef die Doppelrolle Vater und Erwerbstätiger unhinterfragt ausfüllt, steht ihre Berufstätigkeit aufgrund der Mutterschaft in Frage. Ihre Reaktion, sie hätte ihm am liebsten irgendwohin getreten, kann als Angriff auf seine männlich dominante Position gelesen werden und verstärkt die Thematisierung des Konflikts im Deutungskontext Geschlecht. So resümiert sie, sie sei da „auf Konflikte gestoßen, die jede Frau auch hat, nicht behinderungsbedingt, sondern die Tatsache, dass ich halt 'ne Frau bin". Mit dieser Formulierung kennzeichnet sie sich erneut explizit als Frau, sie erlebt einen Konflikt, den „jede Frau" kennt. Diskriminierungen von Frauen am Arbeitsplatz werden als gängige, allgemeine Erfahrung dargestellt, sodass Barbara Burghardt ‚normale Diskriminierungen' als ‚normale Frau' erlebt, die sie explizit von behinderungsbedingter Diskriminierung abgrenzt. Da in ihren Schilderungen meist Männer als Entscheidungsträger fungieren, stellt das Frausein für sie einerseits eine Ressource für ihre Berufsbiografie dar, indem sie ihrem Äußeren eine positive Wirkung auf die Gunst der Männer beimisst – was ihre Erzählung von denen anderer interviewten Frauen unterscheidet. Zugleich werden das Frausein und die Behinderung von ihr als gefährdende Faktoren für gesellschaftliche Teilhabe beschrieben, da sie als Einschränkung der Leistungsfähigkeit gesehen werden.

Der überaus argumentative Duktus des Interviews deutet auf die erforderlichen Kraftakte hin, die die Erzählerin aufbringen muss, um den beruflichen Entwurf zu realisieren. Ihre Form der Aneignung von Bildungsräumen ist offenbar legitimierungsbedürftig. Sie schwimmt sprichwörtlich gegen den Strom. Im weiteren Verlauf des Interviews berichtet sie, dass sie gegenwärtig mit den Erwartungen konfrontiert sei, wieder arbeiten zu gehen, da ihre Söhne nun alt genug seien, während sie selbst um die Erhaltung ihrer Gesundheit und Kräfte willen froh sei, nicht zu arbeiten. So sieht sie sich einerseits immer wieder auf das Sondersystem verwiesen, andererseits werden abweichende Entwürfe jenseits des weiblichen Standardentwurfs ebenfalls als sozial unerwünscht markiert. Die dauerhafte Auseinandersetzung mit jenen durchaus ambivalenten normativen Erwartungen an Bildungs- und Lebensverläufe sind ein grundlegendes Merkmal dieser Fallgeschichte, in der sich ihr biografisches Lernen dokumentiert. Zugleich zeigt sich Barbara Burghardt immer wieder als diejenige, die anderen die Widersinnigkeit ihrer normativen Erwartungshaltungen verdeutlicht und darüber selbst Lernprozesse bei ihren Mitmenschen initiieren will. Auf diese Weise gelingt es ihr, dem in ihrer Narration virulenten Stereotyp der Hilfebedürftigen etwas entgegenzusetzen, indem sie sich als Lernanlass für andere positioniert.

4 Zusammenfassende Diskussion

Wie im dargestellten Fall werden Übergänge nach der Schule auch von den anderen von mir interviewten Frauen häufig als kritisch beschrieben. Ausschlaggebend sind jedoch nicht ausschließlich die körperliche Beeinträchtigung und die damit einhergehenden sozialen Konflikte, sondern beispielsweise auch die mit den eigenen Berufsvorstellungen konfligierenden Lebens- und Berufsentwürfe des Ehepartners. Die biografische Herausforderung von Übergängen verweist auf vielfältige Positionierungen und normative Gemengelagen, die nicht nur auf ‚Behinderung', sondern ebenso auf Fragen nach Geschlechter- und Generationenverhältnissen oder nach soziokulturellen Milieus verweisen. Übergänge im (Aus-)Bildungssystem lassen sich anders als in institutioneller Logik nicht an einem einzigen zeitlichen oder inhaltlichen Punkt ausmachen. Sie besitzen keine konkreten Anfangs- und Endpunkte und kein trennscharfes Vorher und Nachher, sondern können nur als Prozessgeschehen gefasst werden, in die vielfältige lebensgeschichtliche Bedingungen und soziale Gefüge eingeflochten sind. Es zeigt sich, dass Erfahrungen im Zusammenhang mit (Bildungs-)Organisationen eine einflussreiche biografische Wirkung entfalten – und umgekehrt jene Organisationen nicht losgelöst von weiteren biografischen Bedingungen wie familialen Lebenslagen erlebt werden. Potenziell kritische Momente für die Übergänge im Bildungs- und Erwerbssystem können in ganz unterschiedlichen Lebenszusammenhängen lokalisiert werden. Hierzu zählen beispielsweise wiederkehrende Wechsel zwischen Schule, Krankenhaus und Familie. Diese stellen für viele Kinder mit Beeinträchtigungen und chronischen Krankheiten zusätzliche institutionelle Übergänge dar, die u.a. aufgrund von unterbrochenen Lernprozessen die schulische und berufliche Entwicklung erschweren können. Gleichwohl können auch Krankenhausaufenthalte als biografische Handlungsräume erlebt und genutzt werden, sodass z.B. biografische Zukunftsentwürfe ausgebildet und bedeutsame soziale Beziehungen aufgebaut werden, wie meine Interviews zeigen.

Die Relevanz des Austauschs mit vergleichbar beeinträchtigten Kindern, Jugendlichen oder Erwachsenen für das eigene Lernen wird in nahezu allen Erzählungen thematisiert, wahlweise in Sondereinrichtungen (Schulen, Berufsbildungswerke) oder in informellen und non-formalen, zumindest temporären Settings (Freundschaften, Sportgruppen, Behindertenbewegungen), wofür Mobilität gewährleistet werden muss. Das evoziert die Frage, wie Räume für wählbare und ggf. pädagogisch begleitete Auseinandersetzung mit der persönlichen Beeinträchtigung, auch gemeinsam mit Peers, im Kontext von inklusiven Bildungswegen organisiert und gestaltet werden können, ohne eine externe Zu- und Festschreibung von Behinderung vorzunehmen.

Die Schilderungen von institutionellen Angeboten wie der Berufsberatung reichen aufgrund der als absurd eingeschätzten beruflichen Vorschläge von „Das war wie Comedy" bis hin zu der Realisierung dort erhaltener beruflicher Vorschläge. Sie spielen meist eine deutlich untergeordnete Rolle in der Berufsfindung. Auch das Erleben von Maßnahmen in Berufsbildungswerken rangiert von der Gängelung individueller Entscheidungen bis hin zu der Einschätzung, aufgrund des dortigen sozialen Anregungsmilieus und des Angebots einer Psychotherapie positive Lern- und Entwicklungserfahrungen gemacht zu haben. Das Ernstnehmen von individuellen Bedarfen gegenüber institutionell einge- forderten Abläufen und Logiken scheint hier eine zentrale Herausforderung für eine positiv erlebte Passung zu sein.

Wie das Fallbeispiel exemplarisch gezeigt hat, müssen die von mir befragten Frauen für eine Partizipation am allgemeinen Bildungs- und Erwerbssystem immer wieder Überzeugungsarbeit leisten, sodass die Integrationsbemühun- gen häufig auf ihrer Seite liegen. Um überhaupt die Chance zu erhalten, jene Überzeugungsarbeit leisten zu können, sind sie auf die Zugewandtheit Ein- zelner oder auch auf gesetzlichen (Kündigungs-)Schutz angewiesen, wie sich in anderen Interviews der Studie zeigt. Nicht nur im vorgestellten Fall wird Teilhabe zu einer Art Bewährungsprobe: Die Zugehörigkeit wird den Frauen zunächst nur versuchsweise und unter Skepsis zugestanden, wie die wiederge- gebenen Zitate von Lehrkräften nahelegen: „Ich versuch's mit Barbara", „Na gut, wir versuchen das". Da ein solcher Versuch die Option des Scheiterns impliziert und die Definitionsmacht über das Scheitern nicht bei den Frau- en selbst liegt, erhöht sich der Leistungsdruck, den Anforderungen gerecht zu werden. Es ist genau jener Leistungsgedanke, den eine der Befragten zum Sinnbild der Mentalität von Menschen ohne Behinderung erklärt.

Ohne dass an dieser Stelle konkrete Handlungsvorschläge aus dem mikroper- spektivischen Fallzugang abgeleitet werden können, lässt sich konkludieren, dass eine pädagogische Begleitung von Übergängen in einem inklusiven Sys- tem nicht ausschließlich punktuell gedacht werden kann. Die Auseinanderset- zung mit den Optionen für das weitere berufliche Leben beginnt weit vor dem entsprechenden institutionellen Wechsel und steht im Kontext gesamtbiogra- fischer Entwürfe und Lebenslagen. Gelingensbedingungen von Übergängen nach der Schule beginnen bei der Schaffung beständiger inklusiver Lernbedin- gungen, die neben fachlichem Lernen ebenso zwischenmenschliche Angebote der Auseinandersetzung mit Zukunftsfragen, Hoffnungen und Ängsten ermög- lichen. Dass sich Heranwachsende und insbesondere solche mit so genannten Behinderungen nicht einseitig als zu Belehrende und Hilfsbedürftige, sondern als selbstverständlich teilnehmende, aber auch teilgebende Mitglieder erleben können müssen, sollte hierbei ein grundlegender Fokus sein.

Literatur

BMAS (Hrsg.) (2013): Teilhabebericht der Bundesregierung über die Lebenslagen von Menschen mit Beeinträchtigungen. Teilhabe – Beeinträchtigung – Behinderung. Bonn: BMAS. Online unter: https://www.bmas.de/SharedDocs/Downloads/DE/PDF-Publikationen/a125-13-teilhabebericht.pdf?__blob=publicationFile, (Abrufdatum: 07.03.2017)

BMFSFJ (Hrsg.) (2014): Frauen in Führungspositionen. Barrieren und Brücken. 6. Aufl. Berlin: BMFSFJ. Online unter: http://www.bmfsfj.de/RedaktionBMFSFJ/Broschuerenstelle/Pdf-Anlagen/frauen-in-f_C3_BChrungspositionen-deutsch,property=pdf,bereich=bmfsfj,sprache=de, rwb=true.pdf, (Abrufdatum: 07.03.2017)

Brock, Ditmar (1991): Übergangsforschung. In: Brock, Ditmar/Hantsche, Brigitte/Kühnlein, Gertrud/Meulemann, Heiner/Schober, Karen (Hrsg.): Übergänge in den Beruf. Zwischenbilanz und Forschungsstand. Weinheim u. München: DJI Verlag.

Dausien, Bettina (2013): „Bildungsentscheidungen" im Kontext biografischer Erfahrungen und Erwartungen. Theoretische und empirische Argumente. In: Miethe, Ingrid/Ecarius, Jutta/Tervooren, Anja (Hrsg.): Bildungsentscheidungen im Lebenslauf: Perspektiven qualitativer Forschung. Opladen: Barbara Budrich, 39-61.

Dausien, Bettina/Hanses, Andreas (2016): Konzeptualisierungen des Biografischen – Zur Aktualität biografiewissenschaftlicher Perspektiven in der Pädagogik. In: Zeitschrift für Pädagogik, 62., 159-171.

Demmer, Christine (2013): Biografien bilden. Lern- und Bildungsprozesse von Frauen mit Behinderung im Spannungsfeld von Teilhabe und Ausschluss. Bochum: Projektverlag.

Demmer, Christine (i. Ersch.): Überlegungen zum Verhältnis von Biografieforschung und Intersektionalität aus erziehungswissenschaftlicher Perspektive. In: Dierckx, Heike/Wagner, Dominik/Jakob, Silke (Hrsg.): Biografie und Intersektionalität. Opladen: Barbara Budrich.

Demmer, Christine/Klika, Dorle (2017, i. Ersch.): Omnes omnia omnino? Bildung zwischen Allgemeinem und Besonderem. In: Kreitz, Robert/Miethe, Ingrid/Tervooren, Anja (Hrsg.): Bildung und Teilhabe. Wiesbaden: VS.

Ehrig, Heike (1996): „Verhinderte Heiratschancen" oder Perspektivengewinn? Lebensentwürfe und Lebenswirklichkeit körperbehinderter Frauen. Bielefeld: Kleine.

Felden, Heide von (2010): Übergangsforschung in qualitativer Perspektive: Theoretische und methodische Ansätze. In: Felden, Heide von/Schiener, Jürgen (Hrsg.): Transitionen – Übergänge vom Studium in den Beruf. Zur Verbindung von qualitativer und quantitativer Forschung. Wiesbaden: VS, 21-41. http://dx.doi.org/10.1007/978-3-531-92598-1_2

Ginnold, Antje (2008): Der Übergang Schule – Beruf von Jugendlichen mit Lernbehinderung. Einstieg – Ausstieg – Warteschleife. Bad Heilbrunn: Klinkhardt.

Goeke, Stephanie (2010): Frauen stärken sich. Empowermentprozesse von Frauen mit Behinderungserfahrung. Marburg: Lebenshilfe-Verlag.

Hofmann-Lun, Irene (Hrsg.) (2011): Förderschüler/innen im Übergang von der Schule ins Arbeitsleben. Beruflich-soziale Integration durch gesonderte Förderung? München.

Holaschke, Ingo (2015): 30 Jahre danach. Biographien ehemaliger Schülerinnen und Schüler der „Lernbehindertenschule". Lebenszufriedenheit und beruflicher Werdegang. Münster: Waxmann.

Klemm, Klaus (2015): Inklusion in Deutschland. Daten und Fakten. Im Auftrag der Bertelsmann-Stiftung. Gütersloh.

Köbsell, Swantje (2010): Gendering disability: Gender, Geschlecht und Körper. In: Jacob, Jutta/Köbsell, Swantje/Wollrad, Eske (Hrsg.): Gendering disability: intersektionale Aspekte von Behinderung und Geschlecht. Bielefeld: transcript, 17-33.

Köttig, Michaela (2013): Biografische Analysen von Übergängen im Lebenslauf. In: Schröer, Wolfgang/Stauber, Barbara/Walther, Andreas/Bönisch, Lothar/Lenz, Karl (Hrsg): Handbuch Übergänge. Weinheim: Beltz Juventa, 991-1010.

Krüger-Potratz, Marianne (2011): Intersektionalität. In: Faulstich-Wieland, Hannelore (Hrsg.): Umgang mit Heterogenität und Differenz. Baltmannsweiler: Schneider-Verlag Hohengehren, 183-200.

Libuda-Köster, Astrid/Schildmann, Ulrike (2016): Institutionelle Übergänge im Erwachsenenalter (18-64 Jahre). Eine statistische Analyse über Verhältnisse zwischen Behinderung und Geschlecht. In: Vierteljahresschrift für Heilpädagogik und ihre Nachbargebiete, 85., 7-24. http://dx.doi.org/10.2378/vhn2016.art02d

Lindmeier, Bettina (2015): Bildungsgerechtigkeit im Übergang. Jugendliche mit Unterstützungsbedarf im Grenzbereich zwischen Lernen und geistiger Entwicklung im Übergang von der Schule in die berufliche Bildung und Beschäftigung. In: Sonderpädagogische Förderung heute, 3., 308-322.

Lobe, Claudia (2015): Biografieorientierte Transitionsforschung als Teilnehmerforschung – Wie sich Erwachsenenbildungsteilnahme als biografische Transition untersuchen lässt. In: Schmidt-Lauff, Sabine/Felden, Heide von/Pätzold, Henning (Hrsg.): Transitionen in der Erwachsenenbildung. Gesellschaftliche, institutionelle und individuelle Übergänge. Opladen: Barbara Budrich, 83-95.

Lutz, Helma/Davis, Kathy (2005): Geschlechterforschung und Biographieforschung: Intersektionalität als biographische Ressource am Beispiel einer außergewöhnlichen Frau. In: Völter, Bettina/Dausien, Bettina/Lutz, Helma (Hrsg.): Biographieforschung im Diskurs. Wiesbaden: VS, 228-247.

Miethe, Ingrid (2010): Forschungsethik. In: Friebertshäuser, Barbara/Langer, Antje/Prengel, Annedore (Hrsg.): Handbuch Qualitative Forschungsmethoden in der Erziehungswissenschaft. 3. überarb. Aufl. Weinheim: Juventa, 927-937.

Muche, Claudia (2013): Übergänge und Behinderung. In: Schröer, Wolfgang/Stauber, Barbara/Walther, Andreas/Bönisch, Lothar/Lenz, Karl (Hrsg): Handbuch Übergänge. Weinheim: Beltz Juventa, 158-175.

Niehaus, Mathilde/Kaul, Thomas/Friedrich-Gärtner, Lene/Klinkhammer, Dennis/Menzel, Frank (2012): Zugangswege junger Menschen mit Behinderung in Ausbildung und Beruf. Bundesministerium für Bildung und Forschung. Berufsbildungsforschung 14. Bonn/Berlin.

Pfaff, Heiko u.a. (2012): Lebenslagen der behinderten Menschen. Ergebnis des Mikrozensus 2009. Wiesbaden: Statistisches Bundesamt. Online unter: https://www.destatis.de/DE/Publikationen/WirtschaftStatistik/Sozialleistungen/Lebenslagenbehinderte032012.pdf?__blob=publicationFile, (Abrufdatum: 07.03.2017)

Pfahl, Lisa (2011): Techniken der Behinderung. Der deutsche Lernbehinderungsdiskurs, die Sonderschule und ihre Auswirkungen auf Bildungsbiografien. Bielefeld: transcript. http://dx.doi.org/10.14361/transcript.9783839415320

Pimminger, Irene (2012): Junge Frauen und Männer im Übergang von Schule in den Beruf. 2. akt. Aufl. Berlin: Agentur für Gleichstellung in der ESF. Online unter: http://www.esf-gleichstellung.de/fileadmin/data/Downloads/Aktuelles/expertise_uebergang_schule_beruf_aktualisiert2011.pdf, (Abrufdatum: 07.03.2017)

Pschyrembel, Willibald (2014): Pschyrembel Klinisches Wörterbuch 2015. 266. akt. Aufl. Berlin: de Gruyter.

Römisch, Kathrin (2011): Entwicklung weiblicher Lebensentwürfe unter Bedingungen geistiger Behinderung. Bad Heilbrunn: Klinkhardt.

Schramme, Sabrina (2015): Institutionelle Übergänge. Schule – Ausbildung – Beruf in der Rückschau behinderter Frauen und Männer mit schulischen Integrationserfahrungen. In: Vierteljahresschrift für Heilpädagogik und ihre Nachbargebiete, 84., 299-308. http://dx.doi.org/10.2378/vhn2015.art34d

Schulze, Theodor (2010): Zur Interpretation autobiographischer Texte in der erziehungswissenschaftlichen Biographieforschung. In: Friebertshäuser, Barbara/Langer, Antje/Prengel, Annedore (Hrsg.): Handbuch Qualitative Forschungsmethoden in der Erziehungswissenschaft. 3. überarb. Aufl. Weinheim: Juventa, 413-436.

Schumann, Brigitte (2007): „Ich schäme mich ja so!" Die Sonderschule für Lernbehinderte als „Schonraumfalle". Bad Heilbrunn: Klinkhardt.

Schütze, Fritz (1983): Biographieforschung und narratives Interview. In: Neue Praxis 13, 283-293.

Stauber, Barbara (2013): Doing gender in Übergängen in den Beruf. In: Schröer, Wolfgang; Stauber, Barbara/Walther, Andreas/Bönisch, Lothar/Lenz, Karl. (Hrsg): Handbuch Übergänge. Weinheim: Beltz Juventa, 141-157.

Völter, Bettina/Dausien, Bettina/Lutz, Helma/Rosenthal, Gabriele (2005): Einleitung. In: Völter, Bettina/Dausien, Bettina/Lutz, Helma/Rosenthal, Gabriele. (Hrsg.): Biographieforschung im Diskurs. Wiesbaden: VS, 7-20 http://dx.doi.org/10.1007/978-3-663-09432-6_1

Christine Demmer: Ein Schritt nach vorn – ein Blick zurück. Biografieanalytische und intersektionale Betrachtungen von institutionellen Übergängen nach der Schule. In: Vierteljahresschrift für Heilpädagogik und ihre Nachbargebiete (VHN), Nr. 01/2017, S. 13-25 © 2017 Verlag Ernst Reinhard

Lara-Joy Rensen und Marc Thielen

Ausbildungsrelevantes Verhalten als Mitgliedschaftsbedingung des Ausbildungssystems: Die Herstellung von Differenz in der betrieblichen Berufsvorbereitung

Zusammenfassung

Angesichts der Debatten um Inklusion in der Berufsbildung gerät zunehmend auch der betriebliche Lernort in den Fokus. Sollen mehr junge Menschen Zugang zur Regelausbildung erhalten, folgt daraus, dass Ausbildungsbetriebe „inklusiv werden, und dass die Stärken und Fähigkeiten und die Bedarfe jedes und jeder Einzelnen in den Arbeits- und Ausbildungsalltag einbezogen werden" (Hohn 2012, 135). Tatsächlich ist der Zugang zur betrieblichen Berufsausbildung durch Passungsprobleme gekennzeichnet, die dazu beitragen, dass eine beachtliche Zahl an jungen Menschen keinen (direkten) Zugang zu beruflicher Erstausbildung findet und in Bildungsgänge des sogenannten Übergangssystems einmündet (vgl. BMBF 2016). Hohe Erwartungen werden an betriebsnahe Maßnahmen der Berufsvorbereitung gerichtet, da „Klebeeffekte" in Gestalt der Übernahme in Ausbildung antizipiert werden. Ein Beispiel stellt die betriebliche Einstiegsqualifizierung (EQ) dar. Für die Übergangsforschung erweist sich der Bildungsgang als besonders interessant, da hier der betriebliche Umgang mit als benachteiligt markierten Jugendlichen, die kaum Chancen auf einen regulären Ausbildungsplatz haben, im Vollzug betrachtet werden kann.[1] Die dem Beitrag zugrundeliegende Studie nimmt eine ethnografische Forschungsstrategie ein und beleuchtet in einer praxeologischen Perspektive, wie die teilnehmenden Jugendlichen am betrieblichen Lernort adressiert und welche Differenzen dabei relevant gemacht werden (vgl. Rensen/ Thielen 2016).[2] Nach erläuternden Hinweisen zum Feld der betrieblichen EQ

---

1 Der Beitrag folgt einem weiten Inklusionsverständnis, das alle beim Zugang zur beruflichen Bildung benachteiligten jungen Menschen und nicht nur solche mit einer Beeinträchtigung erfasst (vgl. Enggruber et al. 2014).

2 Die von 01/2015 bis 12/2017 durchgeführte Studie wird von der Zentralen Forschungsförderung der Universität Bremen als „Fokusprojekt" gefördert.

und zur Forschungsmethodologie verdeutlicht der Beitrag, dass die geförderten Jugendlichen aufgrund des von ihnen gezeigten Verhaltens in deutlicher Abweichung zu betrieblichen Normalitätserwartungen positioniert werden. Letztere begrenzen damit die im Kontext von Inklusion geforderte Akzeptanz von Heterogenität.

Summary

Given the far-reaching debate on inclusive vocational education, the operational place of learning comes into focus. If more young people should have access to regular vocational training schemes, training companies have to become inclusive, as they have to integrate strength, abilities and needs of everyone into the work- and vocational everyday life (Hohn 2021, 135). Actually the access to vocational training is characterized by fitting-problems, which lead to a considerable number of young adults who don't find (direct) access to initial vocational training and therefore discharge into pre-vocational training measures belonging to the so-called "transition system" (cf. BMBF 2016). High expectations are directed towards operational-training measures of pre-vocational training, since "adhesive effects" in the shape of acquisition into vocational training are anticipated. The so-called "Einstiegsqualifizierung" (EQ) can be cited as an example. This pre-vocational training is of particular importance for transition-research, as the operational handling with young people, marked as "disadvantaged", which hardly have the chance to get a regular training place, can be observed in its practical application. The study, which is the basis for the article, conveys an ethnographic research strategy and illuminates in a praxeological perspective, how the participating young adults are addressed at the operational place of education and which differences are made relevant (cf. Rensen/Thielen 2016). After explanatory indications regarding the EQ and research-methodology the article illustrates that the supported youth, due to the behaviour shown by them, significantly deviate from the operational expectations of normality. Therefore, the latter limit the acceptance of heterogeneity, demanded in the context of inclusion.

1 Die berufsvorbereitende Maßnahme der betrieblichen Einstiegsqualifizierung

Ungeachtet der im Zuge von Inklusion geforderten Öffnung des Berufsbildungssystems für Heterogenität (vgl. Biermann 2015) ist der Übergang in die berufliche Bildung durch regional und branchenspezifisch variierende Passungsprobleme gekennzeichnet. Während einerseits Ausbildungsplätze unbesetzt bleiben, münden gleichzeitig jährlich noch immer nahezu 270.000

Jugendliche in Maßnahmen des sog. Übergangssystems (vgl. BMBF 2016). Da die Ausbildungsplatzvergabe keineswegs nur meritokratischen Prinzipien folgt, sondern durch das Zusammenwirken von leistungsbezogener und sozialer Selektion konstituiert wird (vgl. Nickolaus 2012), überrascht es nicht, dass Jugendliche ohne einen mittleren Schulabschluss sowie junge Menschen mit Migrationshintergrund überrepräsentiert sind (vgl. Beicht/Eberhard 2013; Scherr et al. 2015).

Um die Ausbildungschancen von Jugendlichen zu erhöhen und möglichst reale Lernerfahrungen zu ermöglichen, nutzen berufsvorbereitende Bildungsgänge zunehmend betriebliche Lernorte. Einen hohen Praxisbezug eröffnet die 2004 eingeführte EQ, die mit mindestens 70 % der Maßnahmenzeit überwiegend im Betrieb stattfindet. Sie verfolgt das Ziel „der Vermittlung und Vertiefung von Grundlagen für den Erwerb beruflicher Handlungsfähigkeit" (§54a SGB III). Während der sechs- bis zwölfmonatigen Maßnahme erhalten die Teilnehmenden eine Vergütung, die ebenso wie die Sozialversicherungsbeiträge von der Bundesagentur für Arbeit erstattet werden. Jährlich gibt es zwischen 26.000 und 32.000 Neueintritte in die EQ, die Platzvergabe erfolgt über die Bundesagentur für Arbeit (vgl. Popp et al. 2012). Adressiert ist die EQ an junge Menschen mit „eingeschränkten Vermittlungsperspektiven" (§54a SGB III). Als förderungsfähig gelten neben Jugendlichen ohne Ausbildungsstelle junge Menschen, die (noch) nicht über die „erforderliche Ausbildungsreife" verfügen, „lernbeeinträchtigt" oder „sozial benachteiligt"[3] sind (ebd.).

Untersuchungen zur EQ belegen eine vergleichsweise hohe Vermittlungsquote: Rund zwei Drittel der Jugendlichen münden in ein Ausbildungsverhältnis. Allerdings finden junge Menschen mit Migrationshintergrund etwas seltener eine Lehrstelle (vgl. Beicht 2009; Christe 2011). Die wissenschaftliche Begleitung konstatiert, dass die Maßnahme den besonderen Voraussetzungen von nicht „ausbildungsreifen" und sozial benachteiligten Jugendlichen nicht hinreichend gerecht wird. Immerhin nahezu jede dritte EQ wird vorzeitig beendet, wobei aus Sicht der ArbeitgeberInnen insbesondere Probleme im Sozialverhalten und in der Zuverlässigkeit ausschlaggebend sind (vgl. Popp et al. 2012). Offenbar entspricht ein Teil der Jugendlichen nicht den betrieblichen (Normalitäts-)Erwartungen (vgl. Thielen 2016). Vor diesem Hintergrund nimmt das dem Beitrag zugrundeliegende Forschungsprojekt den betrieblichen Lernort genauer unter der Fragestellung in Blick, wie die teilnehmenden Jugendlichen von den AkteurInnen adressiert werden und wie und nach welchen Kriterien Differenzen zu betrieblichen Erwartungen artikuliert und prozessiert werden.

---

3 Als „benachteiligt" in der beruflichen Bildung gelten junge Menschen, deren Zugang zur Berufsausbildung im Vergleich zu Gleichaltrigen erschwert ist. Die Benachteiligung kann mit der Familiensituation, dem sozialen Umfeld, der ethnisch-kulturellen Herkunft oder dem Geschlecht zusammenhängen (vgl. BIBB 2010, 251).

2 Beschreibung von Untersuchungsfeld und Methode

Die dem Beitrag zugrundeliegende Studie beleuchtet den Umgang mit Heterogenität am betrieblichen Lernort im Kontext der Berufsvorbereitung. Für jenes pädagogische Feld ist kennzeichnend, dass „Risikogruppen" (Biermann/ Bonz 2011, 4) konstruiert werden, deren „besondere" Merkmale als Ursache der Übergangsschwierigkeiten betrachtet werden. Mit Budde (2012) lässt sich problematisieren, dass die zu fördernden jungen Menschen im Vergleich zu den vermeintlichen „Standardgruppen" (Biermann/Bonz 2011,4) in der beruflichen Bildung von vornherein als „gegensätzlich und „besonders" markiert werden, während die der Differenzierung zugrunde liegende implizite Norm zumeist de-thematisiert und unkenntlich gemacht wird" (Budde 2012, 527). Wir betrachten Heterogenität nicht einfach als eine unabhängig vom betrieblichen Lernort vorhandene Tatsache, sondern rekonstruieren sie empirisch als einen Prozess der Anwendung von Differenzierungspraktiken im Vollzug des pädagogischen Geschehens (vgl. Budde 2015).

Hierzu verwirklichen wir eine ethnografische Forschungsstrategie, die auf teilnehmender Beobachtung in zwei Unternehmen – eines im Bereich Logistik und eines im Bereich Metalltechnik – fußt (vgl. Breidenstein/Hirschauer/ Kalthoff 2013). Die Beobachtung fokussiert Praktiken und Routinen, in denen Differenzen hergestellt werden. Anknüpfend an praxistheoretische Überlegungen gehen wir davon aus, dass in Praktiken – definiert als „typisierte, routinierte und sozial „verstehbare" Bündel von Aktivitäten" (Reckwitz 2003, 289) – implizites und explizites Wissen zu betrieblichen Normalitätserwartungen im Sinne von Mitgliedschaftsbedingungen des Ausbildungssystems zum Ausdruck kommt. Ergänzend zu den Beobachtungen werden Interviews mit dem Ausbildungspersonal geführt. Im Zuge der Auswertung kombinieren wir das Kodierverfahren der Grounded Theory (vgl. Glaser/Strauss 2010) mit sequenzanalytischen Verfahren, mit denen die Zeitlichkeit von Lehr- und Lernsituationen im Betrieb erfasst und deren prozessualer Ablauf Schritt für Schritt analysiert werden kann (vgl. Bergmann 2001; Deppermann 2008). Die im nächsten Schritt analysierten Daten entstammen der Teilstudie im Logistikunternehmen, in dem vier Jugendliche – allesamt mit Migrations- bzw. Fluchthintergrund – gefördert wurden. Die EQ war hier auf elf Monate angelegt und sah zwei wöchentliche Praxistage im Betrieb vor. An den übrigen Tagen waren die Jugendlichen in der Berufsschule und erhielten Deutschunterricht. In unregelmäßigen Abständen fand innerbetrieblicher Unterricht zu ausgewählten Ausbildungsinhalten statt. Die pädagogische Förderung wurde insbesondere von zwei Ausbildern und der Personalverantwortlichen wahrgenommen.

3 Die Verortung der EQ-Jugendlichen in Differenz zu betrieblichen Normalitätserwartungen

Die Ethnografie zeigt, dass die EQ-Jugendlichen in den beiden untersuchten Unternehmen an betrieblichen Normalitätserwartungen gemessen und insbesondere am Maßnahmenbeginn in einer ausgeprägten Differenz zu Auszubildenden verortet werden. Die von den AkteurInnen angewandten Differenzierungsmodi rekurrieren insbesondere auf überfachliche Kompetenzen im Bereich des Arbeitsverhaltens, die im Diskurs um „Ausbildungsreife" gegenwärtig als besonders relevant erscheinen. Im Verlauf der EQ hängt die Einschätzung der Jugendlichen davon ab, inwiefern es ihnen gelingt, sich am betrieblichen Lernort als „ausbildungsreif" *verhaltende* Subjekte darzustellen (vgl. Rensen/Thielen 2016). Im Logistikunternehmen bezieht sich die Diskrepanz zwischen den betrieblichen Erwartungen und jugendlichen Eigenschaften vor allem auf das Verstehen betrieblicher Anweisungen und Arbeitsprozesse, wobei unklar bleibt, inwiefern mangelnde Deutschkenntnisse und/oder andere Gründe als ursächlich betrachtet werden.

In folgendem Interviewausschnitt rekapituliert ein Ausbilder jene Schwierigkeiten:

> „Die haben bei null angefangen, die wussten von nichts. […] Man hat denen das erklärt. Die haben es meistens anfangs nicht sofort verstanden." (Interview)

Die TeilnehmerInnen werden als eine homogene Gruppe adressiert (*„ die "*), der durchgängig negative Merkmale zugeschrieben werden. Der Ausbilder argumentiert in einer Entwicklungsperspektive und verortet die Jugendlichen retrospektiv auf der untersten Position einer entsprechenden Skala (*„ bei null "*). Demnach verfügten die Jugendlichen aus seiner Sicht über keinerlei Ressourcen, an die das pädagogische Handeln hätte anschließen können (*„ die wussten von nichts "*). Unterstrichen wird die Defizitsicht durch den Hinweis, dass auch die Hilfestellungen des Ausbildungspersonals wenig effektiv waren. Angesichts der zugeschriebenen Defizite und dem entsprechend erhöhten Unterstützungsbedarf verortet der Ausbilder die TeilnehmerInnen in Differenz zu den Auszubildenden im Betrieb, die ihm als Vergleichsgruppe dienen:

> „Dann erst mal denen alles zu erklären, hat etwas anfangs etwas länger gedauert als wie bei den anderen Auszubildenden." (Interview)

Der Ausbilder konkretisiert die Differenz im Rückgriff auf den Normalitätsbegriff:

> „Wollte ich halt, dass die auch alles können wie auch die normalen Auszubildenden." (Interview)

Die Teilnehmer werden damit einerseits pädagogisch wie *„normale"* Auszubildende adressiert, mit dem Verweis auf das Scheitern der entsprechenden

Gleichbehandlung zugleich jedoch außerhalb des Normalbereichs der betrieblichen Erwartungen verortet. Mit Blick auf die Frage von Inklusion erweist sich der in beiden Unternehmen offensichtlich gewordene Befund bedeutsam, dass die TeilnehmerInnen unmittelbar nach dem Eintritt in die betriebliche Berufsvorbereitung an Standards gemessen werden, die üblicherweise an Auszubildende angelegt werden.

4 Differenzierungspraktiken und -logiken im betrieblichen Alltag der Einstiegsqualifizierung

Die aufgezeigte spezifische Adressierung der Jugendlichen begünstigte, dass das in der Ausbildung übliche Anforderungsniveau gesenkt wurde und den Teilnehmern zunächst weniger komplexe Aufgaben übertragen wurden. Die Frage der Komplexität der den Teilnehmern übertragenen Aufgaben erweist sich den Beobachtungen folgend als ein entscheidender Modus der Differenzierung. Wurden sie zu Beginn der Maßnahme noch als eine homogene Personengruppe adressiert, änderte sich dies im weiteren Maßnahmenverlauf: Es ließen sich nun vermehrt Situationen beobachten, in denen die Jugendlichen hinsichtlich des Niveaus der ihnen zugewiesenen Aufgaben unterschieden werden. Verdeutlichen möchten wir dies am Beobachtungsprotokoll zu einer Szene, in der eine Übung vorbereitet wird, die auf das Erlernen der Verladung von Gütern auf einen Ladungsträger zielt. Wenngleich dieses Thema laut Rahmenlehrplan für den Ausbildungsberuf der Fachkraft für Lagerlogistik erst im zweiten Ausbildungsjahr vorgesehen ist (vgl. KMK 2004, 7), wird die entsprechende Übung im ethnografierten Betrieb regelmäßig mit Auszubildenden des ersten Lehrjahres und nun auch mit ausgewählten EQ-Teilnehmern durchgeführt:

> „Im Leitstand unterhalten sich Herr Jakob, ein Teamleiter, und der Ausbilder Herr Lösch darüber, mit wem sie heute die Verladung von Gütern auf einen Ladungsträger für Lastkraftwagen üben werden. Sie beziehen in ihre Auswahl von Beginn an lediglich zwei Jugendliche ein: Bennett, einer der EQ-Teilnehmer, und Aidan, ein Auszubildender im ersten Lehrjahr, der zeitgleich mit den vier EQ-Teilnehmern in den Betrieb eingemündet ist. Der Ausbilder und der Teamleiter entscheiden sich für Bennett, da Aidan heute in einem anderen Aufgabenbereich im Logistiklager eingesetzt werden soll. Als die Teilnehmer Bennett und Farrah in den Leitstand kommen, informiert Herr Lösch Bennett darüber, dass sie heute um 14 Uhr gemeinsam das Verladen üben werden. Während Bennett lediglich mit ‚Okay‘ auf die Ankündigung reagiert, erkundigt Farrah sich bei Herrn Lösch, ob auch er an der Übung teilnehmen wird. Der Ausbilder, der zuvor freundlich wirkte, als er Bennett über die geplante Übung informiert hat, antwortet nun in einem abweisenden Tonfall ‚Du nicht!‘ und gibt dem Jugendlichen somit zu verstehen, dass er nicht an der heutigen Verladung beteiligt sein wird. Auf Farrahs Nachfrage, wann auch er denn das Verladen das erste

Mal üben werde, antwortet Herr Lösch forsch mit einen knappen ,Nächste Woche!'
(Beobachtungsprotoll)

Im Vorgespräch von Teamleiter und Ausbilder wird in Abwesenheit der Jugendlichen eine Vorauswahl derjenigen getroffen, die an der für nachmittags
geplanten Übung zum Verladen von Ware auf eine sog. Wechselbrücke teilnehmen können. Die Auswahl wird den Jugendlichen eher beiläufig und ohne Erläuterung bzw. Begründung mitgeteilt. Demzufolge werden auch die Kriterien,
nach denen die Auswahl erfolgt, nicht transparent. Erst auf Nachfrage erfährt
Farrah, dass er nicht an der Übung teilnehmen wird (*„Du nicht!"*). Sein in der
Szene beschriebenes Nachhaken signalisiert, dass er gerne an der Übung teilge-
nommen hätte. Er wird vom Ausbilder auf einen nicht näher terminierten späteren Zeitpunkt (*„Nächste Woche!"*) vertröstet. Interessant ist die ausgewählte
Beobachtungsszene deshalb, da sie exemplarisch für vergleichbare Situationen
steht. In der Zusammenschau der Szenen wird sichtbar, dass wiederholt eine
Unterscheidung der Teilnehmer entlang der Teilnahme bzw. Nichtteilnahme
an komplexeren Übungen erfolgt. Der Lernort Betrieb erweist sich damit als
ein Lernarrangement, an dem Differenzen zwischen Jugendlichen hergestellt
werden, denen weitergehende Lernerfahrungen eröffnet werden, und solchen,
die von ebensolchen Lernmöglichkeiten ausgeschlossen bleiben. In ebenfalls
protokollierten ethnografischen Gesprächen mit dem Ausbilder im Anschluss
an die Beobachtung deutet sich die Logik der sichtbar gewordenen Differenzierungspraktiken an:

> „Herr Lösch äußert mir gegenüber, dass Bennett sich aus seiner Sicht deutlich po-
> sitiv von den anderen Teilnehmern unterscheide, da er häufig Rückfragen stelle und
> sich somit interessiert an der Arbeit zeige. Ein solches interessiertes, motiviertes
> Verhalten erwarte er generell von den Jugendlichen im betrieblichen Alltag und for-
> dere sie auch regelmäßig dazu auf." (Beobachtungsprotokoll)

Der Gesprächsausschnitt zeigt, dass die Auswahl von Bennett für die beschrie-
bene Übung in einer überaus positiven Wahrnehmung durch den Ausbilder
gründet. Der Jugendliche wird in deutlicher Differenz zu den übrigen Jugendlichen verortet, indem ihm ausbildungsrelevante Eigenschaften zugeschrieben
werden, die der Ausbilder den anderen Teilnehmenden abspricht. Als Diffe-
renzierungsmodus erweist sich das Arbeitsverhalten – häufiges Rückfragen –,
das der Ausbilder als Ausdruck von Interesse und Motivation interpretiert. Im
Gesprächsausschnitt wird demzufolge eine wesentliche Normalitätserwartung
des Betriebs offensichtlich: Von ausbildungswilligen Jugendlichen wird ein
hohes Maß an Selbstständigkeit – einer wesentlichen Dimension im berufspädagogischen Diskurs um „Ausbildungsreife" – erwartet (vgl. BA 2009, 48).
Konkret angesprochen ist das von den Jugendlichen erwartete und eingefor-

derte selbständige und gezielte Nachfragen zu Arbeitsprozessen.[4] In der Beobachtung wird deutlich, dass sich die Unterscheidung von interessierten und nichtinteressierten Jugendlichen in differenten pädagogischen Adressierungen niederschlägt:

> „Zu einem späteren Zeitpunkt der Beobachtung schildert mir der Ausbilder in diesem Zusammenhang, dass er aus dem aus seiner Sicht unterschiedlich interessiertem Verhalten der Teilnehmer die Konsequenz gezogen hat, nur denjenigen zu fördern, der interessiert sei, und die anderen ,links liegen' zu lassen. Herr Lösch äußert mir gegenüber allerdings Zweifel, ob dieses Vorgehen richtig sei." (Beobachtungsprotokoll)

Nur die Jugendlichen, die vom Ausbilder vor dem Hintergrund des von ihnen gezeigten Verhaltens als interessiert wahrgenommen werden, erhalten eine pädagogische Förderung. Demgegenüber werden die als nichtinteressiert qualifizierten Jugendlichen von der Förderung ausgeschlossen. Aus der Deutung des Ausbilders resultiert, dass nur den Teilnehmern, die den betrieblichen Normalitätserwartungen entsprechen, betriebliche Lernmöglichkeiten offeriert werden. Wenngleich der Ausbilder selbst Zweifel an jenem pädagogischen Konzept äußert, erweist sich die Differenz von interessiert und nichtinteressiert als folgenreich für den Verlauf der EQ. Auf einer allgemeineren Ebene lässt sich eine paradoxe Situation feststellen: In der betrieblichen Berufsvorbereitung werden nur diejenigen Jugendlichen in ihrer beruflichen Handlungsfähigkeit gefördert, die sich in ihrem Verhalten bereits vor Ausbildungsbeginn als mehr oder weniger „ausbildungsreif" zeigen (können).

5   Fazit und Ausblick

Die im Rahmen des Beitrags fokussierte Untersuchung zeigt, dass sich an der Maßnahme der betrieblichen EQ relevante Fragen diskutieren lassen, die mit Blick auf den Diskurs um inklusive Berufsbildung bedeutsam sind. Einerseits öffnen sich Ausbildungsbetriebe mit der Bereitstellung von Praktikumsplätzen im Rahmen der EQ für Jugendliche, die im regulären Rekrutierungsverfahren ausgeschlossen wären. Insofern kann von einer Akzeptanz eines höheren Maßes an Heterogenität gesprochen werden (vgl. Biermann 2015). Im Fall des Logistikunternehmens waren es (neu-)eingewanderte Jugendliche mit Fluchthintergrund, die angesichts von unterbrochenen Bildungskarrieren und begrenzten Deutschkenntnissen nur eingeschränkte Chancen am Ausbildungsmarkt hätten. In dem ebenfalls ethnografierten metalltechnischen Betrieb wa-

---

4   Der Kriterienkatalog zur Ausbildungsreife nennt beim Merkmal Selbstständigkeit u.a. als Indikator: „Sie/er erledigt Aufgaben aus eigenem Antrieb und beschafft sich die erforderlichen Informationen und Hilfsmittel." (BA 2009, 48)

ren es vor allem Jugendliche mit Hauptschulbildung, die an den üblicherweise angelegten Zugangshürden zur betrieblichen Ausbildung scheitern würden. Mit der Öffnung durch die Teilnahme an der EQ geht jedoch nun keineswegs eine grundsätzliche Abkehr von betrieblichen Unterscheidungspraxen einher. Vielmehr zeigen die Beobachtungen, dass die Jugendlichen im Zuge des Maßnahmenverlaufs an den institutionalisierten Normalitätserwartungen als den entscheidenden Mitgliedschaftsbedingungen gemessen wurden. Als besonders prägnant erweisen sich in beiden Unternehmen Erwartungen im Bereich des Arbeitsverhaltens (vgl. Rensen/Thielen 2016). Der Lernort Betrieb erscheint in unserer Untersuchung folglich als ein Lernarrangement, an dem die Jugendlichen Verhaltensstandards zeigen müssen, die auch beim Eintritt in die Ausbildung erwartet werden. In den hier analysierten Beispielen handelte es sich um Selbstständigkeit und Motivation. Jugendlichen, die das von ihnen erwartete Verhalten nicht zeigen, werden in den professionellen Deutungen und pädagogischen Praktiken in deutlicher Differenz zu Jugendlichen verortet, die den betrieblichen Erwartungen entsprechen. Insofern wird die Selektion beim Zugang zur Berufsausbildung im Verlauf der Berufsvorbereitung in Form von Differenzierungspraktiken prozessiert. Im Ergebnis können sich diejenigen Jugendlichen, denen es gelingt, sich im betrieblichen Alltag wiederholt und kontinuierlich als sich „ausbildungsreif" verhaltende Subjekte zu zeigen, einen Ausbildungsplatz in den untersuchen Betrieben sichern. Im Vergleich der beiden Unternehmen wird deutlich, dass das Logistik-Unternehmen, das größere Schwierigkeiten hat, Ausbildungsplätze zu besetzen, am Ende der EQ eher bereit ist, auch solche Jugendliche in Ausbildung zu übernehmen, die nur sehr bedingt den Normalitätserwartungen entsprechen. Hier deuten sich in der Tat Tendenzen an, die Zugangshürden zu senken. In dem von uns untersuchten metalltechnischen Betrieb, der aus einem großen Bewerberpool auswählen kann, ließ sich eine solche Tendenz hingegen nicht beobachten. Hier wurde an den hohen Zugangshürden festgehalten, weshalb letztlich auch nur ein kleiner Teil der EQ-Jugendlichen in Ausbildung übernommen wurde.

Literatur

Beicht, Ursula (2009): Verbesserung der Ausbildungschancen oder sinnlose Warteschleife? Zur Bedeutung und Wirksamkeit von Bildungsgängen am Übergang Schule – Berufsausbildung. BIBB-Report 11/09. Bonn.

Beicht, Ursula/Eberhard, Verena (2013): Ergebnisse empirischer Analysen zum Übergangssystem auf Basis der BIBB-Übergangsstudie 2011. In: Die Deutsche Schule, 105 (1), 10-27.

Bergmann, Jörg (2001): Das Konzept der Konversationsanalyse. In: Brinker, Klaus/Antos, Gerd/ Heinemann, Wolfgang/Sager, Sven (Hrsg.): Text- und Gesprächslinguistik. Ein internationales Handbuch zeitgenössischer Forschung, Teilband 2. Berlin: Walter de Gruyter, 919-927.

Bundesagentur für Arbeit, BA (2009): Nationaler Pakt für Ausbildung und Fachkräftenachwuchs in Deutschland. Kriterienkatalog zur Ausbildungsreife. Nürnberg.

Bundesinstitut für Berufsbildung, BIBB (Hrsg.) (2006): Lernort Betrieb. Berufliche Qualifizierung von benachteiligten Jugendlichen. Methodische Ansätze für Ausbilder und Ausbilderinnen. Bonn.

Bundesinstitut für Berufsbildung, BIBB (Hrsg.) (2010): Datenreport zum Berufsbildungsbericht 2010. Informationen und Analysen zur Entwicklung der beruflichen Bildung. Bonn. URL: https://datenreport.bibb.de/media2010/a12voe_datenreport_bbb_2010.pdf. (Abrufdatum: 10.02.2016).

Bundesministerium für Bildung und Forschung, BMBF (2015): Berufsbildungsbericht 2015. Bonn. URL: https://www.bmbf.de/pub/Berufsbildungsbericht_2015.pdf. (Abrufdatum: 10.02.2016).

Biermann, Horst (Hrsg.) (2015): Inklusion im Beruf. Stuttgart: Kohlhammer.

Biermann, Horst/Bonz, Bernhard (2011): Risikogruppen in der Berufsbildung – zugleich eine Einführung zu diesem Band. In: Biermann, Horst/Bonz, Bernhard (Hrsg.): Inklusive Berufsbildung. Didaktik beruflicher Teilhabe trotz Behinderung und Benachteiligung. Baltmannsweiler: Schneider Hohengehren, 4-11.

Breidenstein, Georg/Hirschauer, Stefan/Kalthoff, Herbert (2013): Ethnographie. Die Praxis der Feldforschung. Konstanz/München: UTB.

Budde, Jürgen (2012): Problematisierende Perspektiven auf Heterogenität als ambivalentes Thema der Schul- und Unterrichtsforschung. In: Zeitschrift für Pädagogik, 58 (4), 522-539.

Budde, Jürgen (2015): Heterogenitätsorientierung. Zum problematischen Verhältnis von Heterogenität, Differenz und sozialer Ungleichheit im Unterricht. In: Budde, Jürgen/Blasse, Nina/ Bossen, Andrea/Rißler, Georg (Hrsg.): Heterogenitätsforschung. Empirische und theoretische Perspektiven. Weinheim/Basel: Beltz Juventa, 21-38.

Christe, Gerhard (2011): Notwendig, aber reformbedürftig! Die vorberufliche Bildung für Jugendliche mit Migrationshintergrund. Expertise im Auftrag des Gesprächskreises Migration und Integration der Friedrich-Ebert-Stiftung. Bonn.

Deppermann, Arnulf (2008): Gespräche analysieren. Eine Einführung. Wiesbaden: VS-Verlag für Sozialwissenschaften.

Deutscher Industrie- und Handelskammertag, DIHK (2014): Ausbildung 2014. Ergebnisse einer Online-Unternehmensbefragung. Bonn/Brüssel.

Enggruber, Ruth/Gei, Julia/Lippegaus-Grünau, Petra/Ulrich, Joachim (2014): Inklusive Berufsausbildung. Ergebnisse aus dem BIBB-Expertenmonitor 2013. Bonn: Bundesinstitut für Berufsbildung.

Glaser, Barney/Strauss, Anselm (2010): Grounded Theory. Strategien qualitativer Forschung. Bern: Huber.

Hohn, Kirsten (2012): Inklusionsstandards für Schulen für den Bereich Übergang Schule – Beruf. In: Moser, V. (Hrsg.): Die inklusive Schule. Standards für die Umsetzung. Stuttgart: Kohlhammer, 135-149.

Kultusministerkonferenz, KMK (2004): Rahmenlehrplan für den Ausbildungsberuf Fachkraft für Lagerlogistik.

Montada, Leo (2008): Kapitel I. Fragen, Konzepte, Perspektiven. In: Oerter, Rolf/Montada, Leo (Hrsg.): Entwicklungspsychologie. Weinheim/Basel: Beltz, 3-48.

Nickolaus, Reinhold (2012): Erledigen sich die Probleme an der ersten Schwelle von selbst? Strukturelle Probleme und Forschungsbedarfe. In: Zeitschrift für Berufs- und Wirtschaftspädagogik, 108 (1), 5-17.

Popp, Sandra/Grebe, Tim/Becker, Carsten/Dietrich, Hans (2012): Weiterführung der Begleitforschung zur Einstiegsqualifizierung im Auftrag des Bundesministeriums für Arbeit und Soziales. Abschlussbericht. Berlin.

Reckwitz, Andreas (2003): Grundelemente einer Theorie sozialer Praktiken. Eine sozialtheoretische Perspektive. In: Zeitschrift für Soziologie, 32 (4), 282-301.

Rensen, Lara-Joy/Thielen, Marc (2016): Betriebliche Normalitätserwartungen als Barrieren am Übergang in die berufliche Bildung. Ethnographische Einsichten in eine betriebliche Einstiegsqualifizierung. In: Sonderpädagogische Förderung heute, 61 (2), 179-191.

Scherr, Albert/Janz, Caroline/Müller, Stefan (2015): Diskriminierung in der beruflichen Bildung. Wie migrantische Jugendliche bei der Lehrstellenvergabe benachteiligt werden. Wiesbaden: Springer VS.

Thielen, Marc (2016): Die Debatte um inklusive Berufsbildung im Spannungsfeld von Heterogenität und Standardisierung. In: Bylinski, Ursula/Rützel, Josef (Hrsg.): Inklusion als Chance und Gewinn für eine differenzierte Berufsbildung. Bielefeld: Bertelsmann, 113-123.

Silvia Pool Maag

„Man muss es einfach finden, bei jedem ist es etwas anders" – Förderliche Bedingungen für inklusive Ausbildungen im ersten Arbeitsmarkt

Zusammenfassung

In der Schweiz sind Jugendliche, die nach besonderem Lehrplan unterrichtet werden, im Übergang Schule Beruf nach wie vor benachteiligt. Sie besuchen öfter eine oder mehrere Zwischenlösungen oder bleiben langfristig ausbildungslos. Jugendliche mit besonderem Förderbedarf wählen auch mehrheitlich Berufe mit einem tiefen Anforderungsniveau und sind überdurchschnittlich oft von Lehrvertragsauflösungen betroffen. Diese Evidenz rückt die Merkmale des Arbeitsplatzes und die Ausbildungsqualität in den Fokus. In der vorliegenden explorativen Studie wird im Rahmen von Gruppendiskussionen mit 20 Berufs-bildenden, die Jugendliche mit besonderem Förderbedarf ausbilden, der Fra-ge nachgegangen, „Was es braucht, damit inklusive Ausbildungen gelingen". Die Ergebnisse verweisen auf verschiedene förderliche Bedingungen in den vier Dimensionen Person, Interaktion, Betrieb/Institution und Gesellschaft. Im Zentrum stehen die inklusive Haltung und die ausbildungsbezogenen Fähig-keiten der Berufsbildenden. Sie sind bereit, in schwierigen Situationen nach dem „gemeinsam Möglichen" zu suchen und die Lösungen mit pädagogisch-fachlichem Geschick in die Praxis umzusetzen.

Summary

Young people in Switzerland who are taught according to a special curriculum are still disadvantaged in the transition from school to work. They often visit one or more interim solutions or remain in the long term without vocational training. Adolescents with special educational needs choose often professions with a low level of qualification and they are more often affected by contract termination. This evidence focuses on the characteristics of the workplace and the quality of training. This exploratory study examines the question of "what is needed for succeeding in inclusive training settings", in group discussions with 20 vocational trainers who train young people with special educational needs. The results point to different conducive conditions in the four dimensions person, interaction, training company/institution and society. The focus is on the inclusive attitude and the vocational skills of the trainers. They are ready to look for the "common opportunities" in difficult situations and to implement the solutions with pedagogical and professional skills.

1 Ausgangslage

Im Nachgang zu PISA rückten in den 2000er Jahren im Zusammenhang mit der Frage nach Chancengerechtigkeit im Bildungssystem die systemimmanenten Übergänge zwischen den Bildungsstufen in ihrer selektiven Funktion vermehrt in den Fokus. Dazu gehört auch die Nahtstelle I zwischen obligatorischer und nachobligatorischer Bildung. Dieser Übergang sowie die damit verbundenen Transitions- und Zuweisungsprozesse werden in der Schweiz gerade in Bezug auf Chancengerechtigkeit seither bildungspolitisch hinterfragt (EDK 2011) sowie intensiv beforscht (Keller/Moser 2013; Häfeli et al. 2015). Die UN-BRK wurde in der Schweiz 2014 ratifiziert, wodurch die Weiterentwicklung eines inklusiveren Bildungssystems noch am Anfang steht. Die Berufsbildung zeichnet sich jedoch seit der Umsetzung des neuen Berufsbildungsgesetztes 2004 durch eine hohe Durchlässigkeit zwischen verschiedenen Ausbildungsangeboten aus, die funktioniert und in Zukunft weiter ausgebaut werden soll. Auf Bundesebene wird eine „Balance zwischen Exzellenz und Integration" angestrebt, die in Zusammenarbeit mit der Wirtschaft und den Kantonen zu entwickeln ist (Lüthi 2017).

Die Daten der schweizerischen Bildungsstatistik bestätigen ein gutes Funktionieren des Übergangssystems an der Nahtstelle I: Von der Schulabgangskohorte 2012 (83.000 Jugendliche) traten 95 % der Abgängerinnen und Abgänger innerhalb von zwei Jahren in eine zertifizierende Ausbildung auf der Sekundarstufe II über, 65 % wählten eine berufliche Grundbildung[1] und 29 % eine allgemeinbildende Ausbildung an Gymnasien oder Fachmittelschulen (BFS 2016, 17). Das ist ein erfreuliches Ergebnis, das u.a. auf die Bedeutung der dualen Berufsbildung in der Schweiz verweist. Gleichzeitig beeinflussen Merkmale wie Schulabschluss (besonderer Lehrplan, Schultyp mit Grundanforderung oder mit erweiterten Anforderungen), Geschlecht, Migrationshintergrund, soziale Herkunft, Sprachregion und Gemeindetyp (Land, Stadt, Agglomeration) diese Anteile. Vor allem SchülerInnen, die nach besonderem

---

1 Zweijährige Grundbildungen werden mit einem eidgenössischen Berufsattest (EBA) abgeschlossen, drei- und vierjährige Grundbildungen mit einem eidgenössischem Fähigkeitszeugnis (EFZ).

Lehrplan unterrichtet wurden, gehören vor und nach der Nahtstelle I zu einer Risikogruppe: Sie besuchten (wie AbgängerInnen Niveau Grundansprüche) mit höherer Wahrscheinlichkeit (38 %) eine Übergangslösung (BFS 2016, 18) und am seltensten eine zertifizierende Ausbildung der Sekundarstufe II. Das bedeutet, dass Schullaufbahnen mit Sondermaßnahmen sowie ein Schultyp mit Grundansprüchen starke Prädiktoren für Ausbildungslosigkeit sind (Keller/Moser 2013).

2 Problemstellung

Der Übertritt in eine qualifizierende Ausbildung auf der Sekundarstufe II ist ein erster wichtiger Schritt, der Verbleib in Ausbildung und ein erfolgreicher Ausbildungsabschluss sollten daran anschließen. Gerade in Lehrberufen mit tiefem Anforderungsniveau (z.B. zweijährige Grundbildung, EBA) zeigt sich jedoch seit Jahren ein Anstieg von Lehrvertragsauflösungen auf über 30 % (Stalder/Schmid 2006; Hasler 2014). Davon betroffen sind auch Jugendliche mit besonderem Förderbedarf, denn die Wahrscheinlichkeit, dass sie ihre zweijährige Grundbildung abbrechen, ist mit 34 % am höchsten (BFS 2016, 19). Branchenunabhängig sind ausländische Jugendliche von einem Lehrabbruch häufiger betroffen als schweizer Jugendliche.

Die Bemühungen und Erfolge an der Nahtstelle I sind zu würdigen und mit Blick auf inklusive Bildungsziele und den Verbleib in Ausbildung dennoch kritisch zu hinterfragen. Bezüglich Verbleib zeigen Studien, dass eine mangelnde Passung zwischen Anforderungen am Arbeitsplatz und Voraussetzungen der Jugendlichen vermehrt zu Lehrvertragsauflösungen führt (Neuenschwander 2011). Diese Schwierigkeit akzentuiert sich bei Jugendlichen mit besonderem Förderbedarf, da sie besondere Bildungsbedürfnisse haben und meist in Lehrberufen mit tiefem Anforderungsniveau und hohen Lehrvertragsauflösungsquoten ausgebildet werden. Der Verbleib in Ausbildung ist demnach auch von Arbeits- und Ausbildungsbedingungen abhängig, wodurch Merkmale des Arbeitsplatzes und die Ausbildungsfähigkeit der Lehrbetriebe in den Fokus des Forschungsinteresses rücken (Fasching 2012). Die vorliegende explorative Studie zu berufsintegrativen Ausbildungskompetenzen in Lehrbetrieben des ersten Arbeitsmarkts (AgiL)[2] untersucht in diesem Kontext die Fragestellung, *„Was braucht es, damit inklusive Ausbildungen gelingen?"*, mit folgenden Unterfragestellungen:

---

2 Projekt unter der Leitung von Prof. Dr. S. Pool Maag in Kooperation mit der Universität Zürich (Doktorand) und einem Praxispartner (Stiftung), der die berufliche Integration von Jugendlichen mit besonderem Bildungsbedarf begleitet (Job Coaching).

1) Was motiviert Berufsbildende, Jugendliche mit besonderem Förderbedarf auszubilden? (*Fokus Ausbildungsbereitschaft*)

2) Wie gestalten Berufsbildende mit Jugendlichen mit besonderem Förderbedarf erfolgreiche Ausbildungen? (*Fokus Ausbildungskompetenzen*)

3) Was brauchen Lehrbetriebe, um Jugendliche mit besonderem Förderbedarf erfolgreich auszubilden? (*Fokus Rahmenbedingungen*)

„Erfolgreich" sind Ausbildungen dann, wenn sie den Verbleib über notwendige betriebliche und professionelle Anpassungsprozesse fördern, die zu einem Ausbildungsabschluss führen. Die Studie beabsichtigt Wissen zu generieren, das zum einen die Ausbildungsbereitschaft der Lehrbetriebe im niederschwelligen Ausbildungsbereich stärkt und zum anderen die Tragfähigkeit der Lehrbetriebe sowie die Fähigkeit zur beruflichen Inklusion fördert.

3 Arbeitsplatzbezogene Merkmale

An dieser Stelle folgt eine Zusammenstellung der wichtigsten theoretischen und empirischen Bezüge, die der Studie zugrunde liegen (ausführlich in Pool Maag/Jäger 2016). In der Schweiz, wie in Deutschland, bilden zwischen drei bis acht Prozent der Lehrbetriebe Menschen mit Behinderungen aus – in Österreich sind es elf Prozent. Das ist trotz der gestiegenen Anzahl an diesbezüglich engagierten Lehrbetrieben immer noch zu wenig. Deuchert et al. (2011) zeigen, dass die *Ausbildungsbereitschaft* in Bezug auf unterschiedliche Behinderungsformen stark variiert: Am seltensten werden in der Schweiz Jugendliche mit einer geistigen Behinderung ausgebildet (3 %).

Bezogen auf den *Verbleib am Ausbildungsplatz* gibt es eine etwas breitere empirische Basis, die auf verschiedene förderliche Faktoren verweist: Wichtig sind gute soziale Beziehungen am Arbeitsplatz, abwechslungsreiche und herausfordernde Aufgabenstellungen, die das selbstorganisierte Lernen fördern sowie Erfolgserlebnisse (Häfeli/Schellenberg 2009, 30). Unterstützend sind ebenso eine ressourcenorientierte Haltung der Berufsbildenden, ihre kontinuierliche Weiterbildung sowie die Zusammenarbeit mit der Berufsfachschule (Gurtner/Schumann 2015). Im Bereich der Supported Education haben sich eine direkte fachliche Anleitung, das Job Coaching sowie der Einbezug der Familie bewährt (Fasching 2012, 50ff.).

Auf der Ebene der *Ausbildungskompetenzen* folgen wir der Annahme, dass erfolgreiche Berufsbildende fähig sind, in schwierigen Ausbildungssituationen Strategien zu entwickeln und Lösungen zu finden, die die Passung fördern und dadurch den Verbleib in Ausbildung unterstützen. Wir stützen uns hierbei auf das Konzept der Handlungs- und Bewältigungsfähigkeit, das diese Berufsbildenden auszeichnet: Sie fühlen sich zuständig (betrieblich definierte Verant-wortlichkeit), sind bereit (individuelle Motivation) und fähig (Qualifikation), Herausforderungen anzunehmen, diese zu verstehen und nach gemeinsamen Möglichkeiten mit den Auszubildenden zu suchen (Staudt/Kriegesmann 2002). Reiser et al.. (1986) sprechen in diesem Zusammenhang von „Einigungspro-zessen", die stattfinden müssen. Das zentrale Prinzip ist „der Verzicht [der] Verfolgung des Andersartigen und stattdessen die Entdeckung des gemeinsam Möglichen (...)." (120). Diese Haltung – so die Annahme – ermöglicht berufs-integrative Prozesse.

4 Methodisches Vorgehen und Stichprobe

Die Stichprobe der Studie besteht aus Lehrbetrieben im ersten Arbeitsmarkt, die diese Praxis bereits erfolgreich umsetzen. Aus einer Grundgesamtheit von 60 Lehrbetrieben in einem Schweizer Kanton wurden 20 entlang definierter Kriterien wie Branche, Betriebsgröße, Ausbildungsangebot und -erfahrung sowie Förderbedarf der Auszubildenden ausgewählt und befragt. Drei Vier-tel dieser Betriebe sind Kleinst- (1-9 Mitarbeitende) und Kleinbetriebe (10-49 Mitarbeitende) aus den Bereichen Detailhandel, Elektro, Dienstleistung, Ver-kauf, Baugewerbe, Gastronomie, Hotellerie, Technik/Hauswartung, Logistik. In jedem dieser zwanzig Betriebe wird eine Person mit besonderem Förder-bedarf ausgebildet. Über 60 % dieser Jugendlichen hat Schwierigkeiten im Bereich des Lernens und der Konzentration (kognitive/psychische Beeinträch-tigung, Lernschwierigkeiten, ADHS, Trisomie 21), etwas mehr als ein Drittel hat gesundheitliche oder motorische Beeinträchtigungen. Die Mehrheit der Ju-gendlichen (60 %) absolviert eine Praktische Ausbildung nach INSOS (PrA)[3], ein Drittel eine zweijährige Grundbildung (EBA) und eine Minderheit (6,6 %) eine dreijährige Grundbildung (EFZ). Mit den Berufsbildenden wurden Grup-pen- (90-120‘) und Einzelinterviews (30-40‘) geführt, die aufgezeichnet, tran-skribiert und mit MAXQDA 11 inhaltsanalytisch ausgewertet wurden. Die Ka-tegorienbildung erfolgte deduktiv und induktiv entlang des Gesprächsverlaufs. Es werden im Folgenden Ergebnisse aus den Gruppendiskussionen berichtet.

---

3 Der Nationale Branchenverband der Institutionen für Menschen mit Behinderung (INSOS) hat die ein- bis zweijährige Praktische Ausbildung für Jugendliche mit besonderem Förderbe-darf geschaffen, die Teilqualifikationen ermöglicht und durch ein individualisiertes Qualifika-tionsverfahren abgeschlossen wird. Ein Anschluss an eidgenössisch anerkannte Grundbildun-gen ist noch ausstehend.

5 Ergebnisse

Bevor wir ins Gespräch einstiegen, wurden die Berufsbildenden gebeten, die Qualität der aktuellen Ausbildungssituation im Betrieb entlang einer sechsstufigen Skala einzuordnen (1=sehr gut/6=überfordernd). Drei Viertel der Befragten schätzte die aktuelle Situation „gut" bis „sehr gut" ein, ein Viertel „schwierig". Dadurch konnten neben guten auch schwierige Erfahrungen in die Diskussion einfließen. Die Ergebnisse werden im Folgenden entlang der erarbeiteten Kategorien als „qualitative Gewichtungen" sowohl prozentual dargestellt als auch numerisch als Anzahl Nennungen (NE). Die Zitate dienen der Konkretisierung.

5.1 Ausbildungsmotive und -erfahrungen

Entlang der Leitfrage *„Erzählen Sie, wie es dazu gekommen ist, dass Sie Jugendliche mit besonderem Förderbedarf ausbilden?"*, berichteten Berufsbildende ihre Beweggründe. Es zeigt sich, dass zwei Drittel der Aussagen persönliche Aspekte (46 %, 38 NE) oder direkte Anfragen von Verbundpartnern[4], Eltern oder Jugendlichen (20 %, 16 NE) betreffen. Auch gute Erfahrungen an Schnuppertagen und in Praktika sind für die Vergabe einer Lehrstelle ausschlaggebend (13 %, 11 NE), wie auch betriebliche Aspekte (günstige Rahmenbedingungen, tragfähiges Team) (11 %, 9 NE) oder der Anspruch, einen Beitrag zu mehr Chancengerechtigkeit in der Gesellschaft zu leisten (10 %, 8 NE).

Die *persönlichen Aspekte* lassen sich in verschiedene Facetten auffächern, wobei sich die gute Erfahrung mit den Auszubildenden als wichtigstes Motiv zeigt (34 %, 13 NE):

„Also ich muss auch sagen, es ist kein Tag vergangen, wo ich mir selber gesagt hätte, warum, warum haben wir das gemacht, nicht? Es ist wirklich, es ist gut gegangen mit ihm (…). Er hat es eigentlich perfekt gemacht" (1_210-214).

Ein weiteres Motiv ist das Bedürfnis, diesen Jugendlichen eine Chance zu geben (21 %, 8 NE) sowie die soziale Ader, die sich die Befragten zuschreiben (19 %, 7 NE): „Ich habe gedacht, man muss den Jugendlichen auch mal eine Chance geben. (…). Und bis jetzt ist eigentlich...ich bin superbegeistert sogar" (1_178-181). Es braucht auch Mut und Bereitschaft, diese Herausforderung anzunehmen (18 %, 7 NE): „Die Motivation eben, erst mal einem solchen Jugendlichen eine Stelle zu geben, damit er nachher mal in irgendeinem Betrieb arbeiten kann" (1_201-208).

---

4 Gemeinnützige Institution/Stiftung, die Leistungsaufträge der öffentlichen Hand wahrnimmt wie z.B. die Platzierung von Auszubildenden mit besonderem Förderbedarf im ersten Arbeitsmarkt (inkl. Job Coaching).

Ausbildungserfahrungen: Da die Stichprobe aus erfahrenen Berufsbildenden bestand, forderten wir die Befragten auf, einen Vergleich der Ausbildungserfahrung bezogen auf Jugendliche mit und ohne Förderbedarf und eine Bewertung allfälliger Unterschiede vorzunehmen:

1) 30 der 61 Nennungen beziehen sich auf *positive Erfahrungen* mit Jugendlichen mit besonderem Förderbedarf wie: Dankbarkeit für die Ausbildungschance (4 NE), Person ist entscheidend nicht der Ausbildungstyp (6 NE), keine Unterschiede (9 NE), weniger außerbetriebliche Probleme (11 NE).

2) 17 Nennungen beziehen sich auf *notwendige Anpassungen*, die vorgenommen werden müssen: Feste Vorgaben vs. individuelles Justieren (4 NE), individuelles Programm (5 NE), mehr Betreuung (7 NE).

3) Neun Nennungen beziehen sich auf *Herausforderungen*: Nicht flexibel einsetzbar (3 NE), tieferes Leistungsniveau (6 NE).

5.2 Dimensionen berufsintegrativer Kompetenz

Entlang der beiden Leitfragen „*Was läuft mit Blick auf die Auszubildenden gut und was trägt zu diesem guten Gelingen bei?* ", und „ *Wann zeigen sich im Ausbildungsalltag Herausforderungen und wie gehen Sie in dieser Situation gewöhnlich vor?* ", berichteten die Berufsbildenden aus ihrer Praxis. Die Analyse verweist auf fünf Dimensionen, die für inklusive Ausbildungen relevant sind: 1. Ausbildungsgestaltung (48 %, 233 NE), 2. Betriebliche Voraussetzungen (27 %, 129 NE), 3. Ausbildungspartner (Job Coaching) (12 %, 59 NE), 4. Lernende (10 %, 50 NE), 5. Gesellschaftliche Haltung (3 %, 13 NE).

Ausbildungskompetenzen: Das Gelingen hängt maßgeblich von der Ausbildungsgestaltung ab. Hier setzen Berufsbildende am meisten auf individualisierende Maßnahmen (26 %, 61 NE), Empowerment (motivierendes Klima, Fehlertoleranz) (20 %, 47 NE) und pädagogische Affinität (Beziehung, Wertschätzung, Anerkennung, Feedback) (23 %, 52 NE):

> „Man muss es einfach finden, bei jedem ist es etwas anders (…). Ich habe Zeit investieren müssen. Ich bin mit ihm spazieren gegangen ums Haus herum, um das zu erklären, schau es ist so und nicht so...es hat genützt" (4_A855-861).

Hinzu kommen die Organisation und Planung des Lernens (Lernstruktur/-schritte) (13 %, 31 NE), transparente Leistungsanforderungen und Regeln (10 %, 24 NE) sowie das fachlich-pädagogische Geschick (Arbeitsabläufe erklären, Verständnis fördern) (8 %, 18 NE):

> „...weil sie wollen dann natürlich gleich beginnen [Keilriemen bei Lüftungsanlage wechseln] und dort sind jeweils die Schwierigkeiten. (…). Ich mache es so, dass ich es eben vorzeige, wir machen es dann miteinander und dann dürfen sie es zwei drei

Mal alleine unter meiner Aufsicht machen und dann können sie es alleine machen, wirklich von A bis Z" (4_C381-386).

Zum Gelingen der Ausbildung tragen auch persönliche Aspekte der Lernenden bei:

1) Persönliche Ressourcen (35 NE): Positive Eigenschaften wie Ehrlichkeit, Pünktlichkeit, Freude und Interesse (12 NE), Motivation (10 NE), Entwicklungsfähigkeit (5 NE), Kritikfähigkeit (3 NE),.

2) Arbeitsrelevante Aspekte (8 NE): Eignung für den Beruf (4 NE), Berufswahl aus Eigeninteresse (4 NE).

3) Privater Lebensbereich (7 NE): Familiäre Unterstützung (5 NE), stabile Wohnsituation (2 NE).

Rahmenbedingungen: Zu den Rahmenbedingungen gelingender Ausbildungsprozesse zählen maßgeblich betriebliche Voraussetzungen, dann aber auch die Leistungen des Job Coaching sowie die gesellschaftliche Haltung, die die berufliche Integration von Menschen mit Behinderung positiv bewertet und unterstützt.

Die *betrieblichen Ressourcen* wie Zeit, Fachlichkeit und Personal sind wichtige Voraussetzungen für gelingende inklusive Ausbildungen (43 %, 53 NE). Genauso bedeutend sind das Commitment der Mitarbeitenden zum Ausbildungsverhältnis und ihr Informationsgrad (20 %, 25 NE). Hinzu kommt die Bereitschaft, im Betrieb Anpassungen vorzunehmen und sich weiterzubilden (34 %, 42 NE):

> „Also am Anfang hat es sehr viel Zeit und Geduld gebraucht, und ich meine, das kann auch nicht jeder Betrieb, das konnten wir vielleicht, aber in einem Produktionsbetrieb wird es wahrscheinlich schwierig sein. (…). Oder auch das ganze Team, weil es ist nicht so extrem abhängig gewesen, ob man das um 11 Uhr oder um 11.15 Uhr macht …" (1/SE,RÜ_35)

Auch das Angebot der *Supported Education* (Job Coaching) das jedem befragten Betrieb zur Verfügung steht, trägt wesentlich zum Gelingen der Ausbildung bei. In den Gesprächen waren diese Leistungen zwar weniger oft Thema wie die eigenen Ausbildungsleistungen, trotzdem wurde das Job Coaching ohne konkret nachzufragen angesprochen und als notwendige Unterstützung beschrieben. Gewürdigt werden einerseits die *Leistungen des Anbieters* (nimmt Verantwortung ab, Ansprechpartner, professionelle Unterstützung, Informationen vor Lehrbeginn, Interventionen bei Bedarf, klare Kommunikation, Semestergespräche), andererseits die Leistungen der *Job Coaches*, die die Jugendlichen und Berufsbildenden im Lehrbetrieb aufsuchen und unterstützen (individuell angepasste und wirksame Betreuung, Unterstützung, nimmt sich Zeit, erste Anlaufstelle bei Problemen, Tipps, direkte Ansprechperson). Herausforderungen können durch unvollständige Fallinformationen entstehen (biographische Lücken, unvollständige Angaben), durch die Komplexität der Zuständigkeiten in der Kooperation mit mehreren Lernorten (unklare Kommunikationsabläufe) oder durch ungleiche Vorstellungen von Erfolg. Gefordert wird von den Berufsbildenden eine Folgebegleitung der Jugendlichen im Übergang ins Erwerbsleben.

6 Diskussion

Was braucht es, damit inklusive Ausbildungen gelingen? Diese Frage war Ausgangspunkt der Studie. Eine zentrale These der Studie bezieht sich auf die Notwendigkeit, in herausfordernden Ausbildungssituationen nach dem „Gemeinsam Möglichen" zu suchen (vgl. Kap. 3). Diese Grundhaltung erfordert in unerwarteten Situationen, wenn etwas nicht geht, zu eigenen Vorstellungen und Absichten in Distanz zu gehen und sich auf die Lernenden und ihre Bedürfnisse einzulassen. Dieser *gedankliche Wechsel von der Absicht zur Einsicht etwas ändern zu müssen und nach dem Möglichen zu suchen*, haben die Berufsbildenden in den Gesprächen intensiv diskutiert (vgl. Kap. 5.2). Die Ergebnisse zeigen, dass die Umsetzung inklusiver Ausbildungen voraussetzungsreich ist und viele unterschiedliche Aspekte in eine Passung gebracht werden müssen. Diese Voraussetzungen sind grundsätzlich bekannt. Es ist aber anspruchsvoll, die Elemente so miteinander zu verbinden, dass letztlich eine gute Passung und eine erfolgreiche Ausbildung resultieren. Erkenntnisse der Studie zeigen sich in zwei Bereichen:

1) Es konnten vier Dimensionen berufsintegrativen Handelns erarbeitet werden, die den Ausbildungserfolg unter erschwerten Bedingungen fördern.

2) Es konnten innerhalb dieser vier Dimensionen förderliche Bedingungen erarbeitet werden, die in Bezug auf das Gelingen der Ausbildung unterschiedlich wichtig sind.

Dimensionen: Der Ausbildungserfolg, so zeigen die Ergebnisse, konstituiert sich aus einem Zusammenspiel verschiedener Dimensionen: 1. Haltung der Berufsbildenden (Person); 2. Qualität der Abstimmungen und Interaktionen zwischen den am Ausbildungsprozess beteiligten Personen (Interaktion); 3. betriebsbezogene Strukturen und Job Coaching (Institution/Betrieb); 4. gesellschaftliche Haltung (Gesellschaft). Insofern bestätigen die Ergebnisse die Bedeutung der vier idealtypischen Ebenen integrativer Prozesse für die Berufsbildung, die Reiser u. a. bereits in den 1980er Jahren beschrieben haben (auf der Ebene der Institution sind aufgrund der drei Lernorte konzeptuelle Erweiterungen notwendig). Wir sprechen in diesem Zusammenhang von *Di-*

mensionen berufsintegrativer Kompetenz und verstehen darunter das Ausmaß berufsintegrativen Handelns.

Gewichtung der Gelingensbedingungen: Zur Unterscheidung von notwendigen und wichtigen Gelingensbedingungen für inklusive Ausbildungen greifen wir auf die qualitativen Gewichtungen innerhalb der vier Dimensionen zurück:

Person: Die Mehrheit der Berufsbildenden nennt Aspekte einer sozialen und solidarischen Grundhaltung, die sie veranlasst haben, ein Arbeitsverhältnis unter erschwerten Bedingungen einzugehen. Berufsbildende mit dieser Grundhaltung sind eine Notwendigkeit für inklusive Ausbildungen! Zur Förderung der Ausbildungsbereitschaft sind direkte Anfragen durch gemeinnützige Institution, Eltern und Jugendliche sinnvoll sowie Schnuppertage und Praktika, die in hohem Masse motivbildend wirken. Zu den notwendigen ausbildungsbezogenen Fähigkeiten gehören neben der Fachlichkeit die Entwicklung individualisierender Maßnahmen und die Organisation und Planung des Lernens. Passung kann dann erreicht werden, wenn „Anpassungen" an die Leistungsfähigkeit und an die besonderen Lernbedürfnisse der Jugendlichen vorgenommen werden.

Interaktion: Im Bereich der Interaktionen im Ausbildungsalltag ist die pädagogische Grundhaltung, aber auch das fachlich-pädagogische Geschick für das Gelingen ausschlaggebend. Förderliche Interaktionen sind auch durch positive Eigenschaften der Auszubildenden bedingt wie Motivation, Pünktlichkeit, Freude und Interesse, aber auch durch ihre berufliche Eignung und das Ausmaß familiärer Unterstützung. Nicht zu vergessen sind an dieser Stelle die Mitarbeitenden, die über ihren Informationsgrad und die Bereitschaft zur Mithilfe zum Gelingen beitragen.

Betrieb/Institution: Diese Dimension wurde von den Befragten weniger differenziert diskutiert. Möglicherweise deshalb, weil die betrieblichen Voraussetzungen in der Mehrheit der Fälle der Notwendigkeit entsprachen. Trotzdem wurde deutlich, dass eine Ausbildung unter erschwerten Bedingungen ohne betriebliche Ressourcen wie Zeit, Fachlichkeit, Personal und die Bereitschaft Anpassungen vorzunehmen und sich weiterzubilden nicht gelingen kann. Noch seltener wurde über den Beitrag des Job Coaching gesprochen und doch waren sich fast alle Befragten einig, dass diese Begleitung einer Notwendigkeit entspricht. Die meisten Befragten hätten sich ohne diese Unterstützung nicht auf das Ausbildungsverhältnis eingelassen (vgl. „direkte Anfrage"). Insofern fördert diese Dienstleistung auch die Ausbildungsbereitschaft der Betriebe.

Gesellschaft: Diese wichtige Dimension der Normen und Werte einer Gesellschaft und der gesellschaftlichen Bewertung von Leistung und Leistungsdifferenz ist als „gesellschaftliche Haltung" ebenfalls ein (Rand-)Thema. Den

Berufsbildenden ist dieser Verweis auf die gesellschaftliche Verantwortung wichtig, denn sie leisten mit ihrem Engagement einen Beitrag und fordern von der Gesellschaft darin anerkannt zu werden.

Mit Blick auf die qualitativen Gewichtungen der Analyse kann gefolgert werden, dass die Berufsbildenden, ihre Mitarbeitenden und die Auszubildenden das Epizentrum des Gelingens inklusiver Ausbildungen darstellen. Der Lehrbetrieb, das Job Coaching und die gesellschaftliche Haltung nähren und unterstützen diese vielfältigen Interaktionen.

Wie geht es weiter? Auf politischer Ebene wurde in der Schweiz zu Beginn des Jahres 2017 unter der Leitung des Bundesrats die erste *Nationale Konferenz zur Arbeitsmarktintegration* von Menschen mit Behinderung einberufen, zwei weitere Konferenzen werden folgen. Eingeladen waren AkteurInnen der beruflichen Integration (Arbeitgebende, Gewerkschaften, ÄrztInnen, Fachpersonen aus Schule und Ausbildung, Verantwortliche aus dem Sozialbereich und der Invalidenversicherung, kantonale Behörden, Bundesstellen sowie Behindertenverbände und Menschen mit Behinderung). Ziel ist die Erarbeitung eines gemeinsamen Masterplans durch alle Beteiligten bis Ende des Jahres. Diese Entwicklung ist sehr erfreulich. Sie stärkt das Konzept der inklusiven Bildung und schafft Perspektiven sowohl für Berufsbildende und Lehrbetriebe wie auch für Auszubildende mit besonderem Förderbedarf und ihre Familien. Seitens der Forschung müsste der Entwicklungsbedarf der Lehrbetriebe entlang der dargestellten Dimensionen und Gelingensbedingungen an einer repräsentativen Stichprobe umfassender untersucht werden, um bedarfsgerechte Unterstützungsangebote für inklusive Ausbildungen entwickeln zu können.

Literatur

Bundesamt für Statistik, BFS (2016): Längsschnittanalysen im Bildungsbereich. Der Übergang am Ende der obligatorischen Schule. Themenbereich Bildung und Wissenschaft. URL: http://www.statistik.ch (Abrufdatum: 20.12.2016).

Deuchert, Eva/ Kauer, Lukas/Meisen Zannol, Flurina (2013): Would you train me with my mental illness? Evidence from a discrete choice experiment. The Journal Of Mental Health Policy And Economics, 16 (2), 67-80.

EDK (2011): Empfehlungen Nahtstelle obligatorische Schule – Sekundarstufe II. Verabschiedet von der Plenarversammlung am 28. Oktober 2011 URL: http://edudoc.ch/record/99773/files/Nahtstelle_d.pdf (Abrufdatum: 20.12.2016).

Fasching, Helga (2012): Berufliche Teilhabe junger Frauen und Männer mit intellektueller Beeinträchtigung am allgemeinen Arbeitsmarkt. Eine qualitative Untersuchung zur nachhaltigen beruflichen Integration aus der Perspektive der Arbeitnehmer und Arbeitgeber. Zeitschrift für Heilpädagogik, 63., 48-53.

Gurtner, Jean-Luc/Schumann, Stephan (2015): Forschungsbericht STABIL: Stabile Lehrverträge – die Rolle des Ausbildungsbetriebs. Schlussbericht. Bern: SBFI.

Häfeli, Kurt/Schellenberg, Claudia (2009): Erfolgsfaktoren in der Berufsbildung bei gefährdeten Jugendlichen. EDK-Bericht. Bern. EDK.

Häfeli, Kurt, Neuenschwander, Markus P./Schumann, Stephan (2015): Berufliche Passagen im Lebenslauf. Berufsbildungs- und Transitionsforschung in der Schweiz. Heidelberg: Springer.

Hasler, Patrizia (2014): Projekt Lehrvertragsauflösungen im Bauhauptgewerbe – erste quantitative Auswertungen. Zürich: SBV. URL: http://www.baumeister.ch/fileadmin/media/2_Kernthemen/Berufsbildung/140602_lehrvertragsaufloesung_kurz_d.pdf (Abrufdatum: 01.07.2014).

Keller, Florian/Moser, Urs (2013): Schullaufbahnen und Bildungserfolg. Auswirkungen von Schullaufbahn und Schulsystem auf den Übertritt ins Berufsleben. Zürich, Chur: Rüegger Verlag.

Lüthi, Jean-Pascal (2017): Bildungspolitische Herausforderungen und Perspektiven, Sicht des Staatssekretariats für Bildung Forschung und Innovation (SBFI), 27. Januar 2017, SGAB Tagung, Solothurn: Fachhochschule Nordwestschweiz (FHNW).

Neuenschwander, Markus P. (2011): Determinanten der Passungswahrnehmung nach dem Übergang in die Sekundarstufe II. In: Revue Suisse des Sciences de l'education, 33., 401-419.

Pool Maag, Silvia/Jäger, Reto (2016): Berufsintegrative Ausbildungskompetenzen in Lehrbetrieben des ersten Arbeitsmarkts. Zeitschrift für Berufs- und Wirtschaftspädagogik, 30. http://www.bwpat.de/ausgabe30/pool_maag_jaeger_bwpat30.pdf (Abrufdatum: 16.08.2015).

Reiser, Helmut, Klein, Gabriele, Kreie Gisela, Kron, Maria (1986): Integration als Prozess. In: Sonderpädagogik, 16 (3), 115-122.

Stalder, Barbara E./Schmid, Evi (2006): Lehrvertragsauflösungen, ihre Ursachen und Konsequenzen Ergebnisse aus dem Projekt LEVA. Bern: Erziehungsdirektion. URL: http://www2.unine.ch/files/content/sites/gpa/files/shared/documents/03%20pdf%20des%20articles%20collaborateurs/Stalder/StalderSchmid_2006_leva_ursachen_konsequenzen.pdf (Abrufdatum: 16.08.2015).

Staudt, Erich/Kriegesmann, Bernd (2002): Kompetenzentwicklung und Innovation. Münster: Waxmann.

Lena Bergs

Inklusive Berufsbildung aus den Blickwinkeln von Auszubildenden mit Behinderung und UnternehmensvertreterInnen – Ergebnisse aus der Projektevaluation von !nkA

Zusammenfassung

Entsprechend der UN-Behindertenrechtskonvention sollen Jugendliche mit Behinderung den gleichberechtigten Zugang zur betrieblichen Berufsausbildung erhalten. Da diese Zielsetzung bislang nicht zufriedenstellend umgesetzt werden konnte, sind Veränderungen auf verschiedenen Ebenen notwendig. Praxisprojekte und Forschung, die nachhaltig zu einer Verbesserung der Voraussetzungen für inklusive Berufsausbildungen führen, sind vonnöten. Dies ist auch Ziel des ‚Inklusionsprojekts zur gemeinsamen Ausbildung von Jugendlichen mit und ohne Behinderung' (!nkA) des UnternehmensForums e. V. Im Rahmen der wissenschaftlichen Begleitforschung wurden die Erfahrungswerte mit den Herausforderungen und Lösungsstrategien einer inklusiven Ausbildung aus den Perspektiven der UnternehmensvertreterInnen sowie der Auszubildenden durch qualitative Interviews erhoben. Insgesamt wurde eine hohe Zufriedenheit hinsichtlich der Rahmenbedingungen des Projektes sowie des Verlaufs der Ausbildungen deutlich. Von Unternehmensseite wurde dennoch der mangelnde Eingang von Bewerbungen Ausbildungssuchender mit Behinderung, der Bürokratieaufwand gerade zu Beginn der Ausbildung sowie die unzureichende Zusammenarbeit mit anderen Institutionen beanstandet. Ebenso wurden eine inklusionsunfreundliche Unternehmenskultur sowie eine aufwändigere Personalführung als herausfordernd benannt. Seitens der Auszubildenden mit Behinderung wurden die Anforderungen der Berufsschule, Vorurteile der Beteiligten sowie eigene Bedenken als ausbildungserschwerend beschrieben. Als entscheidende Lösungsstrategien zeigten sich aufgrund der Erfahrungswerte der Befragten, dass Interesse und Offenheit von Unternehmensseite gegenüber Jugendlichen mit Behinderung demonstriert wird und gleichzeitig die offene Kommunikation seitens der Auszubildenden mit

Behinderung eine hohe Relevanz hat. Maßgeblich ist auch das Wissen um kompetente Ansprechpersonen für beide Seiten. Bei erhöhten Bedarfen der Auszubildenden wurden sehr positive Erfahrungen mit der Umwandlung der Vollzeitausbildung in Teilzeit gemacht.

Summary

In accordance with the UN Convention on the Rights of Persons with Disabilities, young people with disabilities are to be granted equal access to in-company apprenticeships. This objective has not yet been satisfactorily implemented, changes at various levels are necessary. Research and interventions on inclusive vocational training are necessary in order to make a lasting improvement. The „Inclusive project for the joint training of adolescents with and without disability" (!nkA) of the UnternehmensForum e. V. aims at improving the prerequisites for inclusive vocational training. In the course of the accompanying academic research, experiences of both company representatives and apprentices with the challenges and solution strategies related to inclusive apprenticeships were examined through qualitative interviews. Overall, there was a high degree of satisfaction on both sides regarding the framework conditions of the project as well as the course of the apprenticeships. Nevertheless, company representatives reported a shortage of applications from job candidates with disabilities, the administrative burden of bureaucracy at the very beginning of training and a lack of cooperation with other institutions. An inclusion-unfriendly business culture as well as a more elaborate personnel management were identified as challenging. The apprentices with disabilities described the requirements of the vocational school, prejudices and their own concerns as challenging. Findings suggest that organizational communication of interest in and openness toward hiring apprentices with disabilities as well as open communication by apprentices with disabilities are highly relevant to solve the challenges. Identifying competent contact persons for both parties is also important. In addition, transforming full-time to part-time apprenticeships was found to help apprentices with increased needs.

1 Hintergrund

Durch die Ratifizierung der UN-BRK in Deutschland im Jahre 2009 ist Inklusion zur politischen Verpflichtung geworden. Für die berufliche Bildung ist insbesondere Artikel 24 (5), entscheidend: Menschen mit Behinderung sollen „gleichberechtigt mit anderen Zugang zu allgemeiner Hochschulbildung, Berufsausbildung, Erwachsenenbildung und lebenslangem Lernen" erhalten. Bisher ist der Übergang von der Schule in die berufliche Bildung für Jugendliche mit Behinderung allerdings weiterhin durch viele Hürden gekennzeichnet. Nur ein kleiner Anteil der SchulabgängerInnen mit Behinderung beginnt eine reguläre betriebliche Ausbildung; viele absolvieren dagegen in Sonder-Einrichtungen, wie in Berufsbildungswerken, eine außerbetriebliche Ausbildung o.ä. (Niehaus et al. 2012; Euler/Severing 2014). Grund dafür ist der traditionelle Leitgedanke, dass der besondere Schutz von Menschen mit Behinderung im Vordergrund steht und Sondereinrichtungen durch zusätzliche Unterstützung Entlastung bieten (Euler 2016). Dementsprechend geben Unternehmen in Befragungen auch vielfach an, dass sich kaum Ausbildungssuchende mit Behinderung bei ihnen bewerben (Niehaus et al. 2011; Enggruber/Rützel 2014; Metzler et al. 2015).

Zur Erhöhung der Anzahl von inklusiven Ausbildungsplätzen wird im bildungs- und berufspädagogischen Diskurs gefordert, dass Herausforderungen sowie Lösungsstrategien der inklusiven Ausbildung untersucht werden müssen (Bylinski/Rützel 2016; Euler 2016). Studien, die sich bislang diesem Thema widmeten, haben in repräsentativen Stichproben die Unternehmenssicht auf die Herausforderungen der inklusiven Ausbildung fokussiert (Enggruber/Rützel 2014; Metzler et al. 2015) oder qualitativ Herausforderungen und Lösungsstrategien, vornehmlich aus Unternehmenssicht und ausschließlich bezogen auf den Rekrutierungsprozess, herausgestellt (Niehaus et al. 2011).

In diesen Studien haben sich ganz ähnliche Herausforderungen und Hindernisse, Auszubildende mit Behinderung einzustellen, herauskristallisiert: Als entscheidend wurden die geringe Anzahl der Bewerbungen, die eingehen (s. o.), der antizipierte Mehraufwand bzw. zu wenig Kenntnisse oder zu geringe Transparenz hinsichtlich der staatlichen Unterstützungsmöglichkeiten sowie eine zu unflexible Ausbildungsgestaltung gewertet. Neben der Unternehmenssicht sind jedoch weitere Perspektiven sowie konkretes Ableiten von Lösungsstrategien nötig, um im Sinne der Handlungsforschung hilfreiche Konzepte für die Praxis darzulegen.

2 Projekt !nkA

Eine mehrperspektivische und lösungsorientierte Herangehensweise soll durch die wissenschaftliche Begleitforschung des Praxisprojektes !nkA (Inklusionsprojekt zur gemeinsamen Ausbildung von Jugendlichen mit und ohne Behinderung) umgesetzt werden. !nkA wurde 2013 von dem Unternehmensforum e.V., einem branchenübergreifendem Zusammenschluss von Unternehmen, die sich für die berufliche Teilhabe von Menschen mit Behinderung einsetzen, initiiert (Grote 2015, 87 ff.). Durch die Förderung des Bundesministeriums für Arbeit und Soziales, der Bundesagentur für Arbeit, des Ministeriums für Soziales, Arbeit Gesundheit und Demographie in Rheinland-Pfalz sowie des

Hessischen Ministeriums für Soziales und Integration wurden im Rahmen des Projektes 38 inklusive Ausbildungsplätze in zwölf Unternehmen oder Behörden geschaffen: Über eine zentrale Stellenausschreibung wurden 38 Auszubildende mit einer Schwerbehinderung (Köper-, Sinnesbehinderung, psychische Beeinträchtigung oder chronische Erkrankung) rekrutiert und wurden (13 Ausbildungen wurden bereits erfolgreich abgeschlossen) bzw. werden derzeit noch – vorwiegend im kaufmännischen Bereich – ausgebildet.

Besonderheiten des Projektes sind zum ersten die Unterstützung durch ein Netzwerk der beteiligten Unternehmen untereinander sowie weiterer Kooperationspartner, wie einem Berufsbildungswerk oder Institutionen der Blindenhilfe; zum zweiten der Einbezug der Auszubildenden (u.a. durch regelmäßig angebotene Auszubildenden-Seminare) und zum dritten der ,direkte Draht' zu der unternehmensnahen Projektkoordinatorin, die langjährige Erfahrung im Bereich der Inklusion im Arbeitsleben vorweisen kann.

3 Begleitforschung

Ziel der wissenschaftlichen Begleitforschung durch den Lehrstuhl Arbeit und berufliche Rehabilitation (Prof. Dr. Mathilde Niehaus) der Universität zu Köln ist, neben der Evaluation der Zielerreichung, das Herausarbeiten der Herausforderungen und deren Lösungsstrategien anhand von Best-Practice-Beispielen. Unter anderem wurden qualitative Leitfadeninterviews mit 16 UnternehmensvertreterInnen sowie 20 Auszubildenden im Zeitraum 2015/2016 persönlich oder telefonisch durchgeführt. Dabei wurden u.a. die jeweils erfahrenen Herausforderungen sowie darauffolgend die dafür erfolgreichen Lösungsstrategien erfragt und anhand der qualitativen Inhaltsanalyse von Mayring (2015) ausgewertet.

4 Ergebnisse

4.1 Herausforderungen aus Unternehmensperspektive

Mehrfach wurde von UnternehmensvertreterInnen (MitarbeiterInnen aus den Sektoren Personalwesen, Ausbildung, Schwerbehindertenvertretung u.a.) benannt, dass der Rekrutierungsprozess erschwert war, da es insgesamt zu *wenige Bewerbungen* von Ausbildungssuchenden mit Behinderung gab. Als Hindernis während der Ausbildung wurde der vermehrte *Bürokratieaufwand* genannt: Häufig wurde der Zeitaufwand für die Beantragung von Nachteilsausgleichen und die Organisation von technischen Hilfsmitteln, durch unklare Zuständigkeiten und Regelungen unnötig verlängert, beanstandet. Weitere Schwierigkeiten ergaben sich aus einer *unzureichenden Zusammenarbeit* mit anderen Institutionen, insbesondere mit Berufsschulen und -kammern: Nachteilsausgleiche, wie die Möglichkeit, die Prüfung in einem separaten Raum zu schreiben, wurden von einer Schule nicht gestattet, da nicht genügend Räume zur Verfügung standen; eine Berufskammer akzeptierte diesen Nachteilsausgleich erst gar nicht. Als weitere Herausforderung wurde die *Unternehmenskultur* herausgestellt: Neben Vorurteilen und Bedenken Auszubildenden mit Behinderung gegenüber, wurde generell eine geringe Bereitschaft der Beteiligten, inklusiv auszubilden, wahrgenommen.

Einige UnternehmensvertreterInnen benannten die *Personalführung* als aufwändig, insbesondere bei Auszubildenden mit einer Autismus-Spektrum-Störung oder bei selbstunsicheren Auszubildenden. Generell wurde ein offenerer Umgang mit der Behinderung und behinderungsspezifischen Bedarfen erwünscht. Teils wurde der Betreuungsaufwand aus dem Grunde beanstandet, dass das schulische Vorwissen für die Ausbildung nicht ausreiche, insbesondere wenn die Auszubildenden vorab eine Förderschule besuchten:

> „Wenn er in einer ‚vernünftigen‘ Regelschule gewesen wäre, was er wahrscheinlich gekonnt hätte, denn so stark ist seine Behinderung nicht, hätte er weniger Schwierigkeiten in der Ausbildung gehabt, gerade am Anfang der Ausbildung" (Aus1, 20).

4.2 Herausforderungen aus Auszubildendenperspektive

Auch von Seiten einiger Auszubildenden wurden die *Rahmenbedingungen der Berufsschulen*, insbesondere bei vorherigem Förderschulbesuch, als erschwerend genannt. So wurden die schulischen Anforderungen als zu hoch und die Klassen als zu groß beschrieben. Neben allgemeinen Schwierigkeiten während der Ausbildung, wurden darüber hinaus auch *Vorurteile* und Ausgrenzung bzw. zu wenig Verständnis seitens der MitschülerInnen, der LehrerInnen oder der AusbilderInnen erlebt. So fühlte sich beispielsweise ein Auszubildender stereotyp in allem, das er tat, als ‚Autist‘ betrachtet. Eine Auszubildende hatte Sorge, den Anforderungen der Ausbildung aufgrund von häufigen *Krankheitsausfällen* nicht gerecht werden zu können.

4.3 Lösungsstrategien

Als große Unterstützung für die aus Unternehmenssicht erörterten Rekrutierungsschwierigkeiten und bürokratischen Hemmnisse wurde die Beratung und Begleitung durch die Projektkoordination bewertet: Durch die erfahrenen *Ansprechpersonen für die UnternehmensvertreterInnen* konnten einige Prozesse beschleunigt werden. Als sehr hilfreich wurde auch die von der Projektkoordination ausgegebene Checkliste mit Zeitplan empfunden. Darin waren Informationen über Fördermöglichkeiten, wie Leistungen zur Teilhabe, dargeboten: Beispielsweise wurde aufgezeigt, dass vor Abschluss eines Ausbildungsvertrages die Beantragung für Ausbildungszuschüsse nach § 73 SGB III erfolgen muss.

Eine gute Kommunikation und Zusammenarbeit zwischen den unterschiedlichen Institutionen, wie Unternehmen und Berufsschule, wurde beispielsweise durch die *Kontaktaufnahme vor Ausbildungsbeginn* gewährleistet: So konnten frühzeitig wichtige Informationen an die Berufsschulen bezüglich Auszubildenden und Ansprechperson im Unternehmen gegeben werden. Im weiteren Verlauf konnten durch einen regelmäßigen Austausch von BerufschullehrerInnen und AusbilderInnen auftretende Schwierigkeiten in der Berufsschule frühzeitig erkannt werden, um adäquat gegenzusteuern, z.b. mit Nachhilfe im Rahmen von ausbildungsbegleitenden Hilfen nach § 75 SGB III.

Entscheidend für die Sensibilisierung aller AkteurInnen und den Abbau von Vorurteilen waren Mittel, die eine *Verbesserung des Verständnisses* von Behinderung bezweckten, beispielsweise durch unternehmensinterne Schulungen zum Umgang mit bestimmten Behinderungen sowie der Erfahrungsaustausch im Netzwerk mit den Unternehmen und den weiteren Kooperationspartnern. Um bei den anderen Auszubildenden oder MitschülerInnen die Akzeptanz zu steigern, wurden allgemeine Schulungen zur Kommunikation und behinderungsspezifische Schulungen als sinnvoll erfahren.

Insgesamt wurde in den Befragungen beider Seiten deutlich, dass die *Offenheit* gegenüber den Auszubildenden sowie der Auszubildenden gegenüber den jeweiligen Ansprechpersonen im Unternehmen eine große Bedeutung hatte. Zum einen wurde die *proaktive Kontaktaufnahme* zu Ausbildungssuchenden mit Behinderung als sehr hilfreich hinsichtlich des Rekrutierungsprozesses benannt: Durch die Kontaktaufnahme über (Förder-)Schulen oder Auszubildenden-Messen konnte für eine Ausbildung in dem jeweiligen Unternehmen geworben werden. Längerfristig verbesserten sich darüber die Kenntnisse und die Sensibilität der UnternehmensvertreterInnen einerseits sowie die Bekanntheit der Unternehmen hinsichtlich der Offenheit gegenüber der Ausbildung von Menschen mit Behinderung in der Region andererseits.

Die Herausforderungen, die von den Auszubildenden genannt wurden, wurden mehrheitlich überwunden; entscheidend war dafür allerdings, dass sie die Schwierigkeiten kommuniziert hatten und offen mit der Behinderung und diesbezüglichen zusätzlichen Bedarfen umgingen. Einige Auszubildende gaben ihren Unterstützungsbedarf erst bei konkreter Nachfrage an. Diesem konnte durch engagierte und geeignete *Ansprechpersonen für die Auszubildenden* entgegengekommen werden: Entweder durch die jeweiligen AusbilderInnen oder Schwerbehindertenvertretungen, bestenfalls zusätzlich durch innerbetriebliche Mentoren-Patenmodelle. Als geeignet im Umgang mit selbstunsicheren Auszubildenden wurde beispielsweise auch die Erfahrung berichtet, dass durch die

Thematisierung eigener Erkrankungen oder Beeinträchtigungen die Kommunikation und der Vertrauensaufbau verbessert wurden.
Auch in diesem Zusammenhang wurde immer wieder die Wichtigkeit, Selbstsicherheit und *Empowerment* der Auszubildenden zu fördern, seitens der Auszubildenden sowie UnternehmensvertreterInnen herausgestellt. Als hilfreich dafür hat sich auch die Förderung des Austausches der Auszubildenden durch regelmäßige Auszubildende-Treffen erwiesen: Dort wurde informiert, beispielsweise über die jeweiligen Rechte, wie bei der Nennung der Behinderung in einer Bewerbung; aber auch über politische Aktivitäten für die inklusive Ausbildung geworben, beispielsweise durch ein Treffen mit der Arbeitsministerin, bei dem die Auszubildenden ihr Anliegen verdeutlichten.
Abschließend sei noch auf eine Lösungsstrategie hingewiesen, die von einem Unternehmen erfolgreich praktiziert wurde und bei anderen UnternehmensvertreterInnen bislang unbekannt bezüglich der inklusiven Ausbildung war. In ein paar Fällen, in denen die Ausbildungsverhältnisse aufgrund erhöhter Bedarfe, die sich infolge einer Behinderung oder chronischen Erkrankung ergaben, gefährdet waren, wurde eine Umgestaltung der Vollzeitausbildung in eine *Teilzeitausbildung* nach § 8 BBiG vorgenommen: Die Reduktion der wöchentlichen Arbeitszeit im Betrieb war eine maßgebliche Hilfe, um die Ausbildung weiterzuführen und um längere Krankheitsausfälle zu umgehen.

5   Fazit

Deutlich wurde in den Interviews mit UnternehmensvertreterInnen und Auszubildenden insgesamt, dass die Rahmenbedingungen des Projektes als hilfreich bewertet wurden. Die Gewissheit über die zentralen Ansprechpersonen und die Netzwerkstrukturen waren zum Teil die Ursache dafür, erstmalig einen Menschen mit Behinderung auszubilden. Darüber wurden Informationen eingeholt, die vor oder während einer Ausbildung mit Behinderung wichtig sind. So wurde entgegen der Ergebnisse der Studien von Enggruber/Rützel (2014), Metzler et al. (2015) und Niehaus et al. (2011), in denen der Informationsmangel seitens der UnternehmensvertreterInnen beanstandet wurde, mangelnde Informiertheit bei den vorliegenden Interviews nicht als Schwierigkeit während der inklusiven Ausbildung angeführt, da durch Ansprechpersonen und Netzwerk des Projektes Informationen zeitnah eingeholt und ausgetauscht werden konnten.
Dafür wurde dem ‚learning by doing' von UnternehmensvertreterInnen auch ein großer Stellenwert eingeräumt:

> „Wir sind definitiv positiv überrascht, wie gut alles verlaufen ist, obwohl wir unsere Bedenken hatten. Das bleibt. Also werden wir viel weniger Bedenken haben, wenn

es vielleicht mal wieder darum geht, jemanden mit einer Schwerbehinderung einzustellen" (U4, 31).

Kenntnisse über beratende Angebote, wie Integrationsfachdienste oder Reha-Team der Bundesagentur für Arbeit, kommen außerhalb der Projektstrukturen häufig erst dadurch zustande, dass eine inklusive Ausbildung begonnen wurde und damit die Erfahrungswerte zukünftiger inklusiver Ausbildungsverhältnisse und Unterstützungsmöglichkeiten dieser gewonnen wurden. Dabei ist es gerade, wenn wenig Vorerfahrungen bestehen, sinnvoll, Institutionen wie der Integrationsfachdienst als externe ExpertInnen miteinzubeziehen, damit während der Ausbildung auch gewährleistet ist, dass AnsprechpartnerInnen mit entsprechender Expertise für AusbilderInnen und insbesondere auch für die Auszubildenden zugegen sind.

Zur Förderung des Selbstwertes und des Empowerments, das vonnöten ist, um den Vorbehalten, die von den Auszubildenden bezogen auf ihre Behinderung erlebt wurden, entgegenzutreten, scheinen auch weitere Strukturen, wie in dem Projekt durch Auszubildenden-Seminare und Vernetzung über soziale Medien umgesetzt, wichtig. Dazu wäre eine Interessensvertretung für die Auszubildenden mit Behinderung denkbar, die öffentlich über soziale Medien zugänglich ist.

Entscheidend dafür, dass sich überhaupt potentielle Auszubildende mit Behinderung bewerben bzw. ihre Behinderung in der Bewerbung angeben, scheint zu sein, dass die Unternehmen Verantwortung dafür übernehmen, eine offene Haltung demonstrieren und proaktive Rekrutierungsstrategien verfolgen (s. auch Niehaus et al. 2011). Dies sollte zusammen mit unternehmensinternen Maßnahmen, die das Verständnis für Menschen mit Behinderung verbessern, und gezielter Netzwerkarbeit maßgeblich dafür sein, dass Schwierigkeiten aufgrund mangelnder Kommunikation und Vorurteilen vorgebeugt werden.

Wie sinnvoll zudem flexible Ausbildungsstrukturen, wie auch in den anderen Studien gefordert, sind, lässt sich durch den Erfolg, den die Umstrukturierung in eine Teilzeitausbildung brachte, ablesen: Die Forderung nach Individualisierung von Strukturen muss auch neben der schulischen Umsetzung im Rahmen der inklusiven Berufsausbildung Eingang finden.

Die Evaluation der Projektidee, -struktur und -realisierung zeigte, dass sich in vielen Ausbildungsverhältnissen keine Schwierigkeiten oder Besonderheiten und die große Mehrheit der Auszubildenden und UnternehmensvertreterInnen die Ausbildung als positiv bewerten und Vorteile einer inklusiven Ausbildung, wie die Stärkung der sozialen Kompetenz aller Beteiligten, benennen. Zu beachten ist auch, dass neben individuellen Merkmalen der Auszubildenden und weiterer Einflussfaktoren auch bezogen auf die Behinderungsform vermutlich unterschiedliche Lösungsstrategien besonders relevant sind. Nicht alle Formen einer Behinderung oder Beeinträchtigung wurden bei dem Projekt berücksichtigt, was mit der Finanzierung aus dem Ausgleichfond sowie der von den Unternehmen vorausgesetzten schulischen Qualifikation zusammenhing. Trotz anerkanntem, meist mittlerem Schulabschluss, wurden von beiden Seiten häufig Schwierigkeiten aufgrund der Rahmenbedingungen von Berufsschulen benannt – die Optimierung dieser scheint dringend angezeigt zu sein.

Weiterer Forschungsbedarf besteht im Hinblick auf die inklusive Ausbildung hinsichtlich repräsentativer mehrperspektivischer Studien, die auch Lösungsstrategien systematisieren. Denn, wie Bylinski (2015) beschreibt, müssen auf verschiedenen Ebenen, von den staatlich-rechtlichen Rahmenbedingungen bis hin zur Unternehmenskultur, Inklusionsstrategien umgesetzt werden. Individuelle Unterstützung darf dabei ebenso wenig übersehen werden, wie konsequente praxisorientierte Ableitungen, die Unternehmen und Auszubildende mit Behinderung unterstützen, die Berufsausbildung erfolgreich inklusiv umzusetzen.

Literatur

Bylinski, Ursula (2015): Vielfalt als Ressource und Chance für gemeinsames Lernen und Entwicklung. In: Bylinski, Ursula/Vollmer, Kirsten (Hrsg.): Wege zur Inklusion in der beruflichen Bildung. Bonn: Bundesinstitut für Berufsbildung, 7-30.

Bylinski, Ursula/Rützel, Josef (2016): Zur Einführung. Inklusion in der Berufsbildung: Perspektivwechsel und neue Gestaltungsaufgabe. In: Bylinski, Ursula/Rützel, Josef (Hrsg.): Inklusion als Chance und Gewinn für eine differenzierte Berufsbildung. Bielefeld: Bertelsmann, 9-24.

Enggruber, Ruth/Rützel, Josef (2014): Berufsausbildung junger Menschen mit Behinderungen. Eine repräsentative Befragung von Betrieben. Gütersloh: Bertelsmann.

Euler, Dieter (2016): Inklusion in der Berufsausbildung. Bekenntnisse – Erkenntnisse –Herausforderungen – Konsequenzen. In: Zoyke, Andrea/Vollmer, Kirsten (Hrsg.): Inklusion in der Berufsbildung: Hinführung, Überblick und diskursive Zusammenführung. Bielefeld: Bertelsmann, 27-42.

Euler, Dieter/Severing, Eckart (2014): Inklusion in der Berufsbildung. Daten, Fakten, offene Fragen. Gütersloh: Bertelsmann.

Grote, Annetraud (2015): !nkA – Gleichberechtigter Zugang zur dualen Berufsausbildung von Jugendlichen mit und ohne Behinderung. In: Erdsiek-Rave, Ute/John-Ohnesorg, Marei: Inklusion in der beruflichen Ausbildung. Berlin: Friedrich-Ebert-Stiftung, 89-94.

Mayring, P. (2015): Qualitative Inhaltsanalyse. Grundlagen und Techniken. Weinheim: Beltz Verlag.

Metzler, Christoph/Pierenkemper, Sarah/Seyda, Susanne (2015): Menschen mit Behinderung in der dualen Ausbildung. Begünstigende und hemmende Faktoren. Köln: Institut der deutschen Wirtschaft Köln.

Niehaus, Mathilde/Kaul, Thomas/Friedrich-Gärtner, Lene/Klinkhammer, Dennis/Mentzel, Frank (2012): Zugangswege junger Menschen mit Behinderung in Ausbildung und Beruf. Band 14 der Reihe Berufsbildungsforschung. Bundesministerium für Bildung und Forschung (Hrsg.): Bielefeld: Bertelsmann.

Niehaus, Mathilde/Kaul, Thomas/Marfels, Britta/ Menzel, Frank (2011): Automobil – Ausbildung ohne Barrieren. Partizipative Handlungsforschung in der Rekrutierung von betrieblichen Ausbildungsplätzen für Jugendliche mit Behinderung in Unternehmen der deutschen Automobilindustrie. Ein Projekt im Rahmen der Initiative „job - Jobs ohne Barrieren". Köln: Universität zu Köln.

III

Intersektionale Perspektiven auf Übergänge

Markus P. Neuenschwander, Simone Frey und Christof Nägele

Brückenangebote nach dem 9. Schuljahr – Effekte von Geschlecht, sozioökonomischem Status und Migrationshintergrund

Zusammenfassung

Mit dem Austritt aus der obligatorischen Schule steigt das Risiko, dass Jugendliche frühzeitig aus dem Bildungssystem fallen (Exklusion). Beim Übergang von der Sekundarstufe I in die Sekundarstufe II bieten in der Schweiz schulische und berufliche Brückenangebote den Jugendlichen, die keinen qualifizierenden Ausbildungsplatz gefunden haben, eine Übergangslösung. Brückenangebote unterstützen Jugendliche bei Verzögerungen im Berufswahlprozess, bei der schulischen Nachqualifikation, bei der Integration nach einer Migration oder der Vorbereitung auf einen spezifischen Beruf. Es wird postuliert, dass Jugendliche aufgrund geringer Leistungsmotivation (motivationstheoretische Hypothese), aufgrund sozialer Stereotype gegenüber Geschlecht, Schicht, Migrationshintergrund oder Schulniveau (Diskriminierungshypothese) oder einer Verbindung dieser Gründe (Mediationshypothese) ein Brückenangebot besuchen.

Diese Hypothesen wurden pfadanalytisch mit Fragebogendaten von 483 SchülerInnen aus dem 9. Schuljahr (ca. 16jährig) verschiedener Deutschschweizer Kantone überprüft.

Die Ergebnisse stützen die Motivationshypothese, insofern Bildungsabschlusserwartungen und Bildungswert nach Kontrolle von Schulniveau und Deutschnoten die Wahrscheinlichkeit des Besuchs eines Brückenangebotes vorhersagen. Die Ergebnisse belegen die Diskriminierungshypothese, wonach Jugendliche aus Schulniveaus mit Grundansprüchen bzw. mit Migrationshintergrund ein höheres Risiko für den Besuch eines Brückenangebotes haben. Sie stützen teilweise die Mediationshypothese, wonach der Effekt von Schulniveau, Deutschnoten, sozioökonomischer Status und Geschlecht teilweise über Bildungswerte und Bildungserwartungen vermittelt wird.

Die Ergebnisse zeigen erstmals, dass die Bildungsabschlusserwartung den Einfluss des Schulniveaus und des Geschlechts auf die Wahrscheinlichkeit, ein Brückenangebot zu besuchen, mediiert. Das Schulniveau beeinflusst auch direkt die Wahrscheinlichkeit des Besuchs eines Brückenangebots. Obwohl die Leistungen der SchülerInnen zwischen den Schulniveaus deutlich überlappen und das Schulniveau keine eindeutigen Rückschlüsse auf die schulischen Leistungen der Jugendlichen zulassen, sind sie Signale im Lehrstellenmarkt, die die Chance auf eine qualifizierende Ausbildung reduzieren und Jugendliche diskriminieren. Der Effekt des Migrationshintergrunds wird aber durch Bildungsabschlusserwartung und Bildungswert nicht mediiert. Hier scheinen andere Diskriminierungsprozesse abzulaufen, die nicht mit Leistungsmotivation erklärt werden können. Die Prozesse dieser Diskriminierung sollten in zukünftigen Studien genauer identifiziert werden.

Summary

The risk of dropping out of the educational system early is increased after leaving compulsory school (exclusion). During the transition from school to further education on the upper secondary level, transitional options support adolescents without any form of qualifying education. Transitional options support adolescents who are yet to make a vocational choice or need further qualification. They assist immigrants in getting access to further education and training, or adolescents that want to prepare for a specific job for which one does not automatically qualify for after school. It is hypothesized that adolescents are more likely to attend a transitional option because of a low achievement motivation (motivation hypothesis), the social stereotypes regarding their gender, social class, or migrant background, their track of schooling (discrimination hypothesis), or due to a combination of these reasons (mediational hypothesis). The three hypotheses were tested by means of path analysis that is based on questionnaire data from a study on the vocational choices of a Swiss-German sample. The sample consists of data on 483 students at the end of compulsory school (grade 9, age 16).

The results support the motivational hypothesis, as a low educational attainment expectation and a low educational value ascribed to education, increases the likelihood of attending a transitional option when controlling for school track and school grades in German. The results also support the discrimination hypothesis, as adolescents that finish compulsory school at a lower track and with a migrant background are more likely to attend a transitional option. The mediational hypothesis is partly supported by the data. The effect of a student's school track, school grades, socio-economic status and gender on the risk of attending a transitional option is partly mediated by educational attainment expectation and the value ascribed to education. The results show for the first time that educational attainment expectation and the value ascribed to education partly mediates the effects of a student's school track, school grades, socio-economic status and gender on the risk attending a transitional option. Adolescents from a lower school track have a higher risk of attending a transitional option. Although there is a considerable overlap of the educational achievement of students from both low and high school tracks on the lower secondary level, all in all, students that attended a low school track have a lower chance of finding a qualifying further education on the upper secondary level immediately after compulsory school. The effect of immigration on the chance of visiting a transitional option is not mediated by educational attainment expectation or the value a student ascribes to education. Immigrants are confronted with a type of discrimination that cannot be explained by educational attainment expectation and expectations regarding educational attainment and the value ascribed to education. The process behind the discrimination of immigrants should be investigated in future.

1 Einleitung

Mit dem Austritt aus der obligatorischen Schule steigt das Risiko, dass Jugendliche vor Erreichen eines Abschlusses auf der Sekundarstufe II aus dem Bildungssystem fallen (Exklusion). Beim Übergang von der Sekundarstufe I in die Sekundarstufe II bieten in der Schweiz schulische und berufliche Brückenangebote den Jugendlichen, die keinen qualifizierenden Ausbildungsplatz gefunden haben, eine Übergangslösung (Brahm et al. 2012). Brückenangebote führen nicht direkt zu einer Weiterqualifikation, auch wenn manche Formen von Brückenangeboten Teil des Berufsbildungssystems sind. Es stellen sich die Fragen, ob das Geschlecht, der sozioökonomische Status, der Migrationshintergrund und das Schulniveau der Sekundarstufe I Sozialisationserfahrungen indizieren, die erklären, dass direkt nach der Sekundarstufe I keine qualifizierende Anschlusslösung gefunden wird (temporäre oder permanente Exklusion aus dem Qualifikationssystem). Gibt es im Sinne der Intersektionalität Diskriminierungen von Individuen, die die Wahrscheinlichkeit des Besuchs von Brückenangeboten erhöhen? Mit Analysen zu diesen Fragen soll zur Erklärung beigetragen werden, wie Geschlecht, sozioökonomischer Status, Migrationshintergrund und Schulniveau in einer wichtigen Transitionssituation dazu beitragen, dass sich Jugendliche vorübergehend nicht mehr weiterqualifizieren.

1.1 Brückenangebote

SchülerInnen absolvieren in der Schweiz im Unterschied zu Deutschland bei Austritt aus der Pflichtschule keine Prüfungen. Gemäss einer Analyse von Populationsdaten von Babel und Lagana (2016) traten Jugendliche im Jahr 2011 nach dem 9. Schuljahr direkt in die berufliche Grundbildung (ca. 46 %), in ein Gymnasium (ca. 24 %), eine Fachmittelschule (ca. 4 %), ein Brückenangebot (ca. 21 %) über oder wiederholten das 9. Schuljahr (z.b. bei Übertritt ins Gymnasium, ca. 5 %). Mit Ausnahme der Brückenangebote führen die genannten Ausbildungen direkt zu einer Qualifikation auf Niveau der Sekundarstufe II. Es gibt sehr vielfältige, auf die individuellen Bedürfnisse zugeschnittene Brückenangebote. Diese ermöglichen eine institutionelle Flexibilisierung des Austritts aus der Pflichtschule, abgestimmt auf den Entwicklungsstand der Jugendlichen. Sie haben unterschiedliche Funktionen: Sie unterstützen bei Verzögerungen im Berufswahlprozess, bei der schulischen Nachqualifikation, bei der Integration von MigrantInnen oder der Vorbereitung auf einen spezifischen Beruf (vgl. Neuenschwander et al. 2012). Brückenangebote nehmen Jugendliche auf, die gefährdet wären, ohne Abschluss auf Niveau Sekundarstufe II aus dem Bildungssystem zu fallen. Sie vermitteln Jugendlichen Unterstützung im Berufswahlprozess und beim Finden eines Ausbildungsplatzes. Sie dauern in der Regel bis zu einem Jahr. Die Zugangsregelungen unterscheiden sich kantonal und je nach Art des Brückenangebots (IDES Informationszentrum 2012). Sie werden von Kanton, Bund oder Privaten organisiert. Gemäss Landert und Eberli (2015) blieb die Zahl der Jugendlichen in Brückenangeboten in den Jahren 2010 bis 2012 stabil. Der Anteil Jugendlicher in Brückenangeboten variiert zwischen den Kantonen stark (zum Beispiel Basel-Stadt: 55 %, Appenzell-Innerhoden: 4 %). Rund 54 % der Jugendlichen in Brückenangeboten sind Frauen und 38 % der Jugendlichen haben einen Migrationshintergrund. Rund 85 % der Jugendlichen in Brückenangeboten besuchen ein öffentliches Angebot.

In einer Befragung aller Jugendlichen in Brückenangeboten des Kantons Bern wurden die Anschlusslösungen erfasst (Neuenschwander/Bleisch 2003). Eine neuere Studie ist nicht bekannt. Rund 90 % der Jugendlichen treten gemäss dieser Studie nach dem Brückenangebot in die berufliche Grundbildung über. Auf diesem Hintergrund wird der Besuch eines Brückenangebots als nicht formal qualifizierend charakterisiert. Damit ist jedoch keine permanente Exklusion aus dem Bildungssystem verbunden.

1.2 Erklärungsmodelle

1.2.1 Leistungsmotivation

Kanadische Studien (z.B. Janosz et al. 2008) belegen die hohe Bedeutung geringer Motivation für den Schulausschluss. Eccles et al. (1983) postulieren, dass die Leistungsmotivation, d.h. Bildungsabschlusserwartung und Bildungswert, von Jugendlichen erklärt, wie frühe Sozialisationserfahrungen zu Bildungsentscheidungen führen. Die Bildungserwartung basiert auf der

Einschätzung, ob die Anforderungen einer Aufgabe bzw. von Ausbildungsgängen erfüllt werden können. Die Bildungsabschlusserwartung bildet einen spezifischen Aspekt der Bildungserwartung und beschreibt, welchen höchsten Ausbildungsabschluss Jugendliche voraussichtlich in ihrem Leben erreichen werden. Der Bildungswert beschreibt, wie wichtig, interessant und nützlich Ausbildungsgänge eingeschätzt werden. Nach dieser Argumentation treten Jugendliche, die sich die Bewältigung anspruchsvoller Ausbildungen zutrauen und denen eine Ausbildung als wichtig, interessant, nützlich erscheint, eher in eine qualifizierende Anschlusslösung als in ein Brückenangebot über (vgl. Neuenschwander/Garret 2008; *motivationstheoretische Hypothese*). Diese motivationspsychologische Sicht korrespondiert mit der eingeführten Konzeption von Brückenangeboten.

1.2.2 Diskriminierung

Allerdings könnte der Besuch eines Brückenangebots auch das Ergebnis von Diskriminierung darstellen (*Diskriminierungshypothese*). Diskriminierung beschreibt eine Benachteiligung von Menschen aufgrund von Vorurteilen oder institutionellen Regelungen. Beim Übergang in die Sekundarstufe II besteht das Risiko von Diskriminierung insofern, als dass Jugendliche mit Migrationshintergrund, mit tiefem sozioökonomischem Status, weiblichen Geschlechts und aus Schulformen mit Grundanforderungen eine höhere Wahrscheinlichkeit haben, ein Brückenangebot zu besuchen (Babel/Lagana 2016). Migrationshintergrund, sozioökonomischer Status, Geschlecht und Schulniveau widerspiegeln spezifische Sozialisationserfahrungen, die mit Diskriminierungserfahrungen beim Übergang in die Sekundarstufe II einhergehen können und das Risiko von temporärer oder permanenter Exklusion aus dem Bildungssystem erhöhen.

Viele Jugendliche mit *Migrationshintergrund* verfügen über wenig Informationen über das Schweizer Ausbildungssystem und kennen die Strategien der Berufsfindung und der Lehrstellensuche nur beschränkt, insbesondere wenn sie einen tieferen sozioökonomischen Status aufweisen (Neuenschwander et al. 2016). Sie haben oft reduzierte Sprachkompetenzen in der Landessprache (Tuncer/Sahrai 2011) und werden daher unter den gegebenen Strukturen benachteiligt. Aus der Sicht der Signaltheorie wurden Namen und Aussehen dieser Jugendlichen als Signale an die Personalverantwortlichen der Betriebe interpretiert, welche Vorurteile ansprechen und die Chancen auf einen Ausbildungsplatz in der dualen beruflichen Grundbildung je nach Herkunftsland unabhängig von den Kompetenzen reduzieren (Bills 2003; Imdorf 2007).

Eltern spielen im Berufswahl- und Lehrstellensuchprozess von Jugendlichen eine zentrale Rolle (Bryant et al. 2006). Eltern motivieren, beraten, stellen materielle Ressourcen bereit und vermitteln ein soziales Netzwerk bei der Lehrstellensuche (Neuenschwander et al. 2016). Eltern mit tiefem *sozioökonomischen Status* können im Berufswahl- und Lehrstellensuch-Prozess ihrer Kinder weniger Unterstützung bieten (Neuenschwander et al. 2016), weshalb diese bei gleicher Leistungsmotivation und Schulleistung mit höherer Wahrscheinlichkeit unter den gegebenen institutionellen Bedingungen ein Brückenangebot besuchen.

Die Schülerinnen sind im Vergleich zu den Schülern in der Schule erfolgreicher (Neuenschwander et al. 2012): Sie sind in der Sekundarstufe I häufiger in Schulniveaus mit hohen Anforderungen zu finden als Schüler und sie treten häufiger in eine allgemeinbildende Ausbildung (Gymnasium, Fachmittelschule) über. Umgekehrt bietet die Berufsbildung ausdifferenziertere Ausbildungsgänge in Berufen an, die häufig von Männern gewählt werden. Insbesondere (leistungsschwächere) Schülerinnen, die die Voraussetzungen für die Zulassung in allgemeinbildende Ausbildungsgänge nicht erfüllen, sind daher unsicherer, welchen Beruf sie wählen möchten und treten eher in ein Brückenangebot als Schüler (*Geschlecht*).

Jugendliche mit *geringen Leistungen* in der Schule (Schulniveaus mit Grundanforderungen oder tiefe Noten in der Umgangssprache Deutsch) finden mit geringerer Wahrscheinlichkeit direkt nach der Pflichtschule eine Lehrstelle und treten häufiger in ein Brückenangebot ein (Babel/Lagana 2016). Die Deutschnoten im Vergleich zu den Noten in anderen Fächern spielen bei der Lehrstellenvergabe eine besonders zentrale Rolle (Neuenschwander et al. 2012). Die Sprache ist für die Zusammenarbeit im Betrieb, aber auch für die Ausführung von Aufträgen (Lese- und Schreibkompetenz) zentral und spielt daher bei der Vergabe von Ausbildungsplätzen eine zentrale Rolle. Wir vermuten zusammenfassend, dass aufgrund entsprechender Einstellungen der Personalverantwortlichen Jugendliche in der Berufsbildung aus Schulniveaus mit Grundanforderungen und mit tiefen Deutschnoten mit höherer Wahrscheinlichkeit ein Brückenangebot besuchen.

1.2.3 Mediation

Die eingeführte motivationspsychologische Hypothese (vgl. Kapitel 1.2.1) kann mit der Diskriminierungshypothese kombiniert werden. Migrations-, status-, geschlechts- und schulniveauspezifische Sozialisationserfahrungen führen zu Bildungsabschlusserwartung und Bildungswerten, welche die Wahl einer Ausbildung der Sekundarstufe II erklären. Diskriminierung kann sich einerseits direkt auf die Wahrscheinlichkeit, ein Brückenangebot zu besuchen, auswirken, oder indirekt über die Reduktion der Leistungsmotivation. Ausgehend von Eccles et al. (1983) wird vermutet, dass migrations-, status-, geschlechts- und schulniveauspezifische Erfahrungen die Bildungsabschlusserwartung und den Bildungswert beeinflussen, was sich in der Wahrscheinlichkeit des Besuchs eines Brückenangebots zeigt. Damit bildet die motivationspsychologische Hypothese eine mögliche Erklärung, wie sich Diskriminierung beim Übergang in die Sekundarstufe II auswirkt. Daraus werden die Hypothesen abgeleitet, dass Bildungsabschlusserwartung und Bildungswert den Effekt von migrations-, status- und geschlechtsspezifischer Sozialisation sowie von Schulniveau und Noten auf die Wahrscheinlichkeit, in ein Brückenangebot überzutreten, mediieren (*Mediationshypothese*).

2 Methode

2.1 Stichprobe

Die motivationstheoretische Hypothese, die Diskriminierungshypothese und die Mediationshypothese werden mit Daten des Forschungsprojekts „Determinanten von Berufsbildungsentscheidungen beim Übergang in den Arbeitsmarkt" (BEN[1]) untersucht. Es wurde eine standardisierte Online-Befragung von Jugendlichen vor Eintritt in die Berufsausbildung am Ende des 9. Schuljahrs durchgeführt.

Jugendliche im 9. Schuljahr wurden im Mai 2012 in sechs Deutschschweizer Kantonen (Schwyz, St. Gallen, Graubünden, Luzern, Nidwalden und Wallis) aus Schulniveaus mit erweiterten Anforderungen und mit Grundanforderungen in ihren Schulklassen befragt. Die Stichprobe schließt 234 Schülerinnen und 237 Schüler (12 ohne Geschlechtsangabe) im Alter zwischen 14 und 17 Jahren ein (Durchschnittsalter 16 Jahre). 34 % der befragten Schülerinnen und Schüler verfügen über einen Migrationshintergrund bzw. sind Doppelbürger, 30 % stammen aus einem Schulniveau der Sekundarstufe I mit Grundanforderungen.

2.2 Instrumente

Die *Deutschnoten* wurden mit der Frage erfasst: „Welche Note hatten Sie im letzten Zeugnis in Deutsch?" Die Notenskala bestand aus halben Notenschritten von 6 (sehr gut) bis 1 (sehr schlecht). Noten über 4 sind genügend.

Das *Schulniveau* wurde mit der kantonalen Begrifflichkeit erfasst. „Welches Schulniveau besuchen Sie zurzeit?" Es folgten die kantonsspezifischen Antwortkategorien zum Ankreuzen. Die Ausprägungen des Schulniveaus wurden in zwei Kategorien zusammengefasst: Grundansprüche und erweiterte Ansprüche.

---

1 Wir danken dem Staatssekretariat für Bildung, Forschung und Innovation (SBFI) für den finanziellen Beitrag an die Untersuchung.

Der *sozioökonomische Status* wurde auf der Basis der Berufe der beiden Elternteile ermittelt. Die Berufe wurden nach dem internationalen Standard Klassifikationssystem der Berufe (ISCO-08) kodiert und in den internationalen sozioökonomischen Index des beruflichen Status (ISEI) transformiert (Ganzeboom/Treimann 2010), der einen Wertebereich von 0-100 aufweist. Wenn der Beruf von beiden Elternteilen vorlag, wurde der höhere ISEI-Wert verwendet. Der *Migrationshintergrund* wurde mit folgender Frage erfasst: „Welche Staatsangehörigkeiten bzw. Nationalitäten haben Sie (Pässe oder Identitätskarten)?" Es folgte eine Länderliste. Die genannten Länder wurden in die Kategorien Schweiz vs Nicht-Schweiz/Doppelbürgerschaft gruppiert.

In Weiterführung zu früherer Forschung (Chow et al. 2012; Englund et al. 2004) wurden die *Bildungsabschlusserwartung* mit einem Item gemessen: „Welches ist die höchste Ausbildung, die Sie später in Ihrem Leben einmal abschließen wollen?" Es lagen sieben Antwortkategorien vor: (1) Abschluss der Grundbildung mit Berufsattest (EBA), Berufslehrabschluss (EFZ), (2) Maturität/Abitur oder Berufsmaturität[2], (3) Abschluss einer höheren Fach- oder Berufsausbildung, (4) Abschluss des Studiums an einer Fachhochschule oder Pädagogischen Hochschule, (5) Abschluss des Studiums an einer Universität oder Eidgenössische Technische Hochschule.

Für die Skala *Bildungswert* wurden drei Items (Eccles et al. 2004; Chow et al. 2012) wie beispielsweise „Im Vergleich zur Berufstätigkeit erachte ich eine rein schulische Ausbildung für mich als nützlich" verwendet (α = .85; M = 4.67; SD= 1.08). Die Faktoranalyse erklärte 68 % der Varianz.

Die Jugendlichen wurden zu der *Anschlusslösung* nach Abschluss ihrer Schulbildung befragt. Die Antworten wurden in die zwei Kategorien qualifizierende Anschlusslösung vs. Brückenangebot gruppiert.

Die fehlenden Werte wurden zehn Mal mit SPSS imputiert. Der Anteil fehlender Werte je Variable variierte zwischen 0 % (Sozioökonomischer Status) und 5 % (Anschlusslösung). Graham (2009) zeigte, dass Analysen mit imputierten Daten robustere Koeffizienten erzeugen als mit Daten ohne Imputation. Die Pfadanalysen wurden mit MPlus 7.3 durchgeführt. Es wird der Akaike Index (AIC) für Modellvergleiche angegeben. Modelle mit tiefem AIC passen besser zu den Daten als Modelle mit hohem AIC.

---

2   Die Berufsmaturität ermöglicht Studierenden in einer dualen beruflichen Ausbildung, die Hochschulzugangsberechtigung bereits während der Lehre zu erwerben. Die Studierenden erhalten mit dem Abschluss eine doppelte Qualifikation: Eidgenössisches Fähigkeitszeugnis und Berufsmaturität. Die Berufsmaturität eröffnet den Zugang zu Fachhochschulen und über eine Passerelle zu den universitären Hochschulen.

3 Ergebnisse

3.1 Deskriptive Befunde

Im ersten Schritt werden die gewählten Anschlusslösungen der Jugendlichen in der vorliegenden Stichprobe beschrieben. Von den 483 Jugendlichen traten 80 % in eine duale Berufslehre, 6 % in ein Gymnasium bzw. Fachmittelschule und 14 % in ein Brückenangebot ein. Der Anteil Direktübertritte in die Berufsbildung ist höher als in der Population, weil die Jugendlichen in Langzeitgymnasien[3] nicht befragt worden sind. Die Jugendlichen gaben in 90 % der Fälle an, dass diese Anschlusslösung definitiv sei. In 9 % der Fälle war die Zusage noch unsicher und 1 % der befragten Jugendlichen gab an, noch keine Ahnung über die Anschlusslösung zu haben.

Im ersten Schritt wurden die Korrelationen zwischen den Variablen aus dem Modell berechnet (Tabelle 1). Bildungsabschlusserwartung und Bildungswert korrelierten nicht miteinander. Die Deutschnoten korrelierten erwartungsgemäss mit dem Geschlecht.

Tab. 1: Interkorrelationsmatrix

	2	3	4	5	6	7	8
1. Sozioökonomischer Status (ISEI)	-.03	-.04	-.20***	.20***	-.04	.00	-.14**
2. Geschlecht (männlich: 1, weiblich: 0)	1	-.23***	.08	.05	-.22***	-.19***	.01
3. Deutschnoten		1	-.02	.14 **	.01	-.07	-.16***
4. Schulniveau (Grundansprüche: 1; erweiterte Ansprüche: 0)			1	-.26***	.06	.21***	.11*
5. Bildungsabschlusserwartung				1	.05	-.17***	-.03
6. Bildungswert					1	.11*	.08
7. Anschlusslösung (1: Brückenangebot, 0: Ausbildung)						1	.15***
8. Migrationshintergrund (Schweiz: 0, Ausland/ Doppelbürger: 1)							1

Anmerkungen: ***: p<.001, **: p<.01, *: p<.05.

---

3 In einigen Kantonen können die Schülerinnen und Schüler bereits nach der 6. Klasse (8. Schuljahr) in die Maturitätsschule eintreten (Langgymnasium). In den meisten Kantonen erfolgt der Übertritt nach der 8. Klasse (10. Schuljahr, Kurzgymnasium). Schüler/innen, die nach der 9. Klasse (11. Schuljahr) in eine Maturitätsschule eintreten, wiederholen in vielen Fällen ein Jahr. Diese Schülerinnen und Schüler wurden in der vorliegenden Studie befragt.

3.2 Determinanten von Brückenangeboten

Die eingeführten Hypothesen zur Erklärung des Besuchs von Brückenangeboten wurden pfadanalytisch überprüft. Im ersten Schritt wurde zur Prüfung der Diskriminierungshypothese eine Probit-Regression zur Erklärung der Wahrscheinlichkeit des Besuchs des Brückenangebots im Vergleich zu einer qualifizierenden Anschlusslösung geschätzt (Modell 1). Das Schulniveau (Grundansprüche: β=.31, p<.001), Migrationshintergrund (nicht Schweiz: β =.17, p<.05) und das Geschlecht (männlich: β =-.36, p<.001) erklärten die Wahrscheinlichkeit, ein Brückenangebot zu besuchen, signifikant, die Variablen Deutschnoten (β =-.14, ns) und sozioökonomischer Status (β =.08, ns), nicht.

Im zweiten Schritt wurde zur Prüfung der Mediationshypothese ein Modell definiert, in welchem Schulniveau, Deutschnoten, sozioökonomischer Status (ISEI), Geschlecht und Migrationshintergrund die Bildungsabschlusserwartung und den Bildungswert erklärten (Modell 2). Diese wiederum erklärten die Wahrscheinlichkeit eines Brückenangebots im Vergleich zum Besuch einer qualifizierenden Anschlusslösung. Die Wahrscheinlichkeit für den Besuch eines Brückenangebots wurde mit einer Probit-Regression geschätzt. Dieses Modell erreichte einen Akaike-Index (AIC) von 3239. Bildungsabschlusserwartung und Bildungswert erklärten die Wahrscheinlichkeit eines Brückenangebots signifikant. Die Pfade vom Migrationshintergrund auf die Bildungsabschlusserwartung sowie von Migrationshintergrund, Schulniveau, Deutschnoten, sozioökonomischem Hintergrund auf den Bildungswert erwiesen sich als nicht signifikant und wurden auf null gesetzt (Modell 3: neuer AIC=3237).

Im dritten Schritt wurde zur Prüfung einer partiellen Mediation das Modell 2 (2. Analyseschritt oben) übernommen und zusätzlich die direkten Effekte von Schulniveau, Deutschnoten, sozioökonomischem Hintergrund, Geschlecht und Migrationshintergrund auf die Wahrscheinlichkeit des Besuchs eines Brückenangebots geschätzt (Modell 4: AIC=3204). Der Effekt der Deutschnoten und des sozioökonomischen Status waren nicht signifikant und wurden auf null fixiert. Das Modell wurde neu geschätzt (Modell 5: AIC=3205). Weil es sparsamer und gemäss AIC etwa gleich gut (Modell 4: AIC=3204, Modell 5: AIC=3205) wie Modell 5 ist, wird Modell 5 in Abbildung 1 dargestellt.

Die Ergebnisse des Modells 5 zeigen, dass Jugendliche mit hoher Bildungsabschlusserwartung in Übereinstimmung mit der motivationstheoretischen Hypothese eher kein Brückenangebot besuchen. Der Effekt des Bildungswerts ist aber im finalen Modell nicht mehr signifikant. Der Bildungswert wurde durch das Geschlecht erklärt. Es finden sich signifikante direkte Effekte des Schulniveaus, des Migrationshintergrunds und des Geschlechts im Sinne der Diskriminierungshypothese. Die Bildungsabschlusserwartung wurde durch das Schulniveau, die Deutschnoten, den sozioökonomischen Status sowie das

Geschlecht erklärt. Im Vergleich zu Modell 1 nehmen die Koeffizienten des Schulniveaus und des Geschlechts nach Einbezug der Bildungsabschlusserwartung und des Bildungswerts deutlich ab. Der Effekt dieser Variablen auf die Wahrscheinlichkeit, ein Brückenangebot zu besuchen, wird durch die Bildungsabschlusserwartung partiell mediiert.

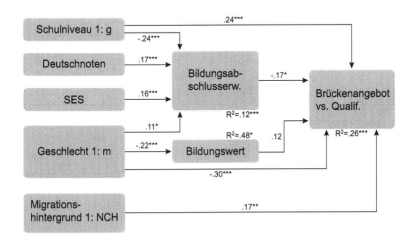

Abb. 1: Pfadanalyse Brückenangebot (standardisierte Pfade) (Akaike=3205, N=483)
Legende: *: p<.05, **: p<.01, ***: p<.001; Bei dichotomen Variablen (1/0) sind Referenzkategorien angegeben: Schulniveau: 1: erweitert, 0: Grundansprüche; Geschlecht 1: männlich, 0: weiblich, Migrationshintergrund: 1: Nicht-Schweiz (NCH), 0: Ausland/Doppelbürgerschaft; SES: Sozioökonomischer Status; Qualif: Qualifizierende Anschlusslösung

4 Diskussion

Insgesamt finden sich Belege für die motivationstheoretische Hypothese, die Diskriminierungshypothese und die Mediationshypothese. Im Sinne der Motivationshypothese sagen Bildungsabschlusserwartung und Bildungswert die Wahrscheinlichkeit vorher, ein Brückenangebot zu besuchen. Die Ergebnisse zeigen erstmals die partiell mediierende Bedeutung der Bildungsabschlusserwartung zwischen Schulniveau bzw. Geschlecht und der Wahrscheinlichkeit, ein Brückenangebot zu besuchen, was ausgehend von Eccles et al (1983) und der Mediationshypothese erwartet wurde (Neuenschwander/Garrett 2008). Jugendliche aus Schulniveaus mit Grundanforderungen und tiefen Deutschnoten haben geringere Bildungsabschlusserwartungen, weshalb sie eher in ein Brückenangebot übertreten. Auch der Geschlechtereffekt kann partiell durch die Bildungsabschlusserwartungen erklärt werden: Männliche Jugendliche haben höhere Bildungsabschlusserwartungen, weshalb sie mit geringerer Wahrscheinlichkeit in ein Brückenangebot übertreten. Der Effekt des Migrationshintergrunds wird aber durch Bildungsabschlusserwartung und Bildungswert nicht mediiert. Hier scheinen andere Diskriminierungsprozesse zu wirken, die nicht mit Leistungsmotivation erklärt werden können. Entsprechend tragen beispielsweise Brückenangebote zur Integration von Personen mit Migrationshintergrund bei, indem sie Jugendliche bei der Suche einer Lehrstelle unterstützen. Jugendliche sollten gemäss der Funktion der Brückenangebote aufgrund individueller Besonderheiten und nicht aufgrund des sozioökonomischen Status oder des Geschlechts ein Brückenangebot besuchen.

Allerdings zeigen sich im Sinne der Diskriminierungshypothese direkte Effekte des Schulniveaus und des Geschlechts auf die Wahrscheinlichkeit, ein Brückenangebot zu besuchen. Jugendliche aus Schulniveaus mit Grundanforderungen treten unabhängig von ihrer Leistungsmotivation eher in ein Brückenangebot über. Obwohl die Leistungen der Schülerinnen und Schüler zwischen den Schulniveaus deutlich überlappen und das Schulniveau keine eindeutigen Rückschlüsse auf die schulischen Leistungen der Jugendlichen zulassen (Kronig 2007), sind sie Signale im Lehrstellenmarkt, die die Chance auf eine qualifizierende Ausbildung reduzieren und entsprechend Jugendliche diskriminieren. Auch das Geschlecht hat einen signifikanten direkten Effekt auf die Wahrscheinlichkeit, ein Brückenangebot zu besuchen, unabhängig vom Schulniveau und der Deutschnoten. Schülerinnen, die nicht in eine allgemeinbildende Ausbildung aufgenommen werden, werden offenbar im Lehrstellenmarkt tendenziell diskriminiert. Die Prozesse dieser Diskriminierung sollten in zukünftigen Studien genauer identifiziert werden.

Einschränkend ist festzuhalten, dass die Analysen auf Querschnittsdaten basieren und die Realisation der angegebenen Entscheidungen der Jugendlichen überprüft werden muss. Neuenschwander, Nägele und Frey (in Vorbereitung) zeigen, dass Jugendliche am Ende der Pflichtschule die Ausbildungsintentionen mit hoher Wahrscheinlichkeit umsetzen und diese daher valide sind. Offen geblieben ist die Frage, welche weiteren Variablen den Effekt von sozioökonomischem Status, Migrationshintergrund, Geschlecht und Schulniveau auf die Wahrscheinlichkeit, ein Brückenangebot zu besuchen, vermitteln. Damit könnte umfassender erklärt werden, wie Geschlecht, sozioökonomischer Status, Migrationshintergrund und Schulniveau den Besuch von Brückenangeboten erklären.

Literatur

Babel, Jacques/Lagana, Francesco (2016): Der Übergang am Ende der obligatorischen Schule. Neuchâtel: Bundesamt für Statistik.

Bills, David B. (2003): Credentials, Signals, and Screens: Explaining the Relationship between Schooling and Job Assignment. In: Review of Educational Research, 73 (4), 441-469.

Brahm, Taiga/Euler, Dieter/Steingruber, Daniel (2012): «Brückenangebote» in der Schweiz: Versorgung in Warteschleifen oder Chance zur Resilienzförderung? In: Zeitschrift für Berufs- und Wirtschaftspädagogik, 108 (2), 194-216.

Bryant, Brenda K./Zvonkovic, Anisa M./Reynolds, Paula (2006): Parenting in relation to child and adolescent vocational development. In: Journal of Vocational Behavior, 69., 149-175.

Chow, Angela/Eccles, Jacquelynne S./Salmela-Aro, Katriina (2012): Task value profiles across subjects and aspirations to physical and IT-related sciences in the United States and Finland. In: Developmental Psychology, 48 (6), 1612-1628. doi:10.1037/a0030194

Eccles, Jacquelynne/Adler, Terry F./Futterman, Robert/Goff, Susan B./Kaczala, Caroline M./ Meece, Judith L./Midgley, Carol (1983): Expectancies, Values, and academic Behaviours. In: Spence, Janet Taylor (Hrsg.): Achievement and achievement motives. San Francisco: Freeman, 75-146.

Eccles, Jacquelynne S./Vida, Mina N./Barber, Bonnie (2004): The relation of early adolescents' college plans and both academic ability and task-value beliefs to subsequent college enrollment. In: Journal of Early Adolescence, 24 (1), 63-77. doi:10.1177/0272431603260919

Englund, Michelle M./Luckner, Amy E./Whaley, Gloria J. L./Egeland, Byron (2004): Children's achievement in early elementary school: Longitudinal effects of parental involvement, expectations, and quality of assistance. In: Journal of Educational Psychology, 96 (4), 723-730.

Ganzeboom, Harry B. G./Treiman, Donald J. (2010): International stratification and mobility file: Conversion Tools. In: Department of Social Research Methodology, Amsterdam. URL: www.harryganzeboom.nl/ismf/index.htm (Abrufdatum: 06:03.2017).

IDES Informationszentrum (2012): Brückenangebote in den Kantonen. Bern: Schweizerische Konferenz der kantonalen Erziehungsdirektoren (EDK).

Imdorf, Christian (2007): Weshalb ausländische Jugendliche besonders grosse Probleme haben, eine Lehrstelle zu finden. In: Grundmann, Hans-Ulrich/von Mandach, Laura (Hrsg.): Auswählen und ausgewählt werden — Integration und Ausschluss von Jugendlichen und jungen Erwachsenen in Schule und Beruf. Zürich: Seismo, 100-111.

Janosz, Michel/Archambault, Isabelle/ Morizot, Julien/Pagani, Linda S. (2008): School engagement trajectories and their differential predictive relations to dropout. In: Journal of Social Issues, 64 (1), 21-40.

Kronig, Winfried (2007): Die systematische Zufälligkeit des Bildungserfolgs. Bern: Haupt.

Landert, Charles/Eberli, Daniela (2015): Bestandsaufnahme der Zwischenlösungen an der Nahtstelle I. Bericht im Auftrag des SBFI. Zürich: Landert Brägger Partner.

Neuenschwander, Markus P./ Bleisch, Daniela (2003): Evaluation Neuorganisation 10. Schuljahr. Bern: PH Bern.

Neuenschwander, Markus P./Garrett, Jessica L. (2008): Causes and consequences of unexpected educational transitions in Switzerland. In: Journal of Social Issues, 64 (1), 41-57.

Neuenschwander, Markus P./Gerber, Michelle/Frank, Nicole/Rottermann, Benno (2012): Schule und Beruf: Wege in die Erwerbstätigkeit. Wiesbaden: VS-Verlag.

Neuenschwander, Markus P./Nägele, Christof/Frey, Simone (submitted): Motivation to Follow an Educational or Vocational Pathway.

Neuenschwander, Markus P./Rösselet, Stephan/Benini, Sara/Cecchini, Amaranta (2016): Die Begleitung und Unterstützung sozial benachteiligter Eltern bei der Berufswahl ihrer Kinder. Ein Leitfaden für erfolgreiche Angebote. Bern: Bundesamt für Sozialversicherung.

Tuncer, Hidayet/Sahrai, Diana (2011): Bildungspfade und Berufsorientierung von Jugendlichen mit geringen Schriftsprachkompetenzen im Übergangssystem. Duisburg-Essen: Universität.

Hannelore Faulstich-Wieland

Paradoxien des gendergerechten Übergangs von der Schule in die Berufsausbildung am Beispiel des Berufsorientierungsunterrichts

Zusammenfassung

Schulische Berufsorientierung soll das geschlechtsbezogen eingeengte Spektrum der Berufswahlen erweitern – so die bildungspolitischen Vorgaben. Zugleich zeigen Studien, dass solche Wahlen durchaus rational sind, wenn man die Einmündungschancen in Ausbildung in Betracht zieht – eine Orientierung auf „untypische" Berufe also in gewisser Weise paradox ist. Wie wird im Unterricht mit der Anforderung nach Ausweitung des Spektrums und in diesem Zusammenhang mit dem Paradoxon umgegangen? Anhand von Ergebnissen aus Hamburger Forschungsprojekten zu „Berufsorientierung und Geschlecht" zeigt sich, dass das Spektrum der Berufe eher eingeschränkt wird und sich dabei stärker an den Interessen der Jungen als an denen der Mädchen orientiert. Die Thematik von Frauen- bzw. Männerberufen wird bestenfalls kurz angesprochen, aber nicht aufgearbeitet – schon gar nicht in einer Weise, die den Jugendlichen Perspektiven eröffnen würde. Eine im Projekt erarbeitete Handreichung soll gendersensiblen Unterricht ermöglichen – und damit auch eine Klärung der paradoxen Anforderung ermöglichen.

Summary

It is expected that career education should help to widen the range of career choices – at least educational policies postulate this goal. At the same time we can cite empirical studies showing that career choices are rational if one takes a look at the chances of finding a place in an apprenticeship program. This means that an orientation towards an "atypical" apprenticeship is in a way "paradoxical". What does this mean for teaching career education? How can schools deal with the paradox? Using empirical data from the research project "career education and gender" in Hamburg, we find that the curriculum deals with a rather narrow range of occupations and is much more oriented to the interests of boys. The problem of "men's jobs" and "women's jobs" is not really part of the lessons – at least not in such a way that young people would be able to find their own path. A handout has been produced to facilitate gender-sensitive career education and might also deal with the paradoxical challenges.

1 Einleitende Bemerkungen

Die allgemeinbildenden Schulen in der Bundesrepublik Deutschland sollen inzwischen alle Berufsorientierung vermitteln – in Hamburg lautet das Motto dazu: „Eine kluge Stadt braucht alle Talente" (Behörde für Schule und Berufsbildung, Hamburg 2009). In den Richtlinien für die Stadtteilschulen, die zwar auch zum Abitur führen, aber auch Schülerinnen und Schüler mit dem ersten oder dem mittleren Schulabschluss in die berufliche Bildung entlassen, wird als einer der Eck- und Zielpunkte festgelegt, dass die Jugendlichen in die Lage versetzt werden sollen, „geschlechtsspezifisches Berufswahlverhalten zu hinterfragen und sich geschlechtsunabhängig das breite Spektrum der Berufswelt zu erschließen" (Freie und Hansestadt Hamburg 2013, 2). Ich möchte im Folgenden zunächst kurz auf die geschlechterdifferenten Einmündungen in Berufsausbildungen eingehen, um nach einer ebenfalls kurzen berufswahltheoretischen Einordnung zu fragen, ob und wie im Berufsorientierungsunterricht mit diesem Eck- und Zielpunkt umgegangen wird. Das Ergebnis vorwegnehmend kann ich schon jetzt sagen, dass wir es nur sehr bedingt mit einer gendergerechten Gestaltung des Unterrichts zu tun haben. Hier gäbe es folglich noch viel Potenzial für Veränderungen. Allerdings zeigt eine neuere Studie des Bundesinstituts für Berufsbildung (BIBB), dass „geschlechtstypische" Berufswahlen durchaus rational sind, wenn man die Einmündungschancen in Betracht zieht. Was aber heißt das für die schulische Berufsorientierung? Mit einigen Vorschlägen dazu will ich dann schließen.

2 Übergänge von Schule in Berufsbildung in Hamburg

Betrachtet man die vorhandenen Statistiken aus dem Bildungs- bzw. Berufsbildungsbereich, so zeigen sie einige bemerkenswerte Differenzierungen zwischen den Geschlechtern. Mehr Jungen verlassen die Schulen mit dem ersten oder dem mittleren Schulabschluss, während mehr Mädchen sie mit der Hochschulreife abschließen. Von jenen, welche die Schule mit einem ersten oder mittleren Abschluss verlassen, sind 56 % Jungen, während von jenen, welche den Hochschulabschluss erreichten, nur 46 % Jungen sind. Mädchen sind also im allgemeinbildenden Schulwesen die Bildungserfolgreicheren.
Schaut man auf die Einmündungen in die berufliche Bildung, so finden wir auch hier deutliche Geschlechtsdifferenzierungen. Im Übergangsbereich fin-

den wir mehr junge Männer – in diesen Bereich münden Jugendliche ein, die noch keine qualifizierende Berufsausbildung absolvieren und auch nicht in die gymnasiale Oberstufe übergehen. Im schulischen Berufsbildungssystem, d.h. in den Berufen, die vollzeitschulisch ausgebildet werden, sind deutlich mehr junge Frauen, während in der dualen Ausbildung ihr Anteil an den neuabgeschlossenen Verträgen nur um die 40 % beträgt. Vollzeitschulische Berufsbildung findet vor allem für Berufe im Gesundheits- und im Erziehungsbereich statt – insbesondere sind hier die Krankenpflegeberufe sowie die Erziehungsberufe zu nennen. Betrachtet man die am stärksten besetzten Ausbildungsberufe im dualen System, dann gibt es zwar mittlerweile im kaufmännischen Bereich deutliche Überschneidungen, aber die medizinischen Fachangestellten auf der einen Seite und die gewerblich-technischen Berufe auf der anderen Seite sind nach wie vor von jeweils nur einem Geschlecht nennenswert besetzt. Insgesamt haben wir es damit also immer noch mit einem segregierten Bildungsbereich zu tun. Auf diese Differenzierungen bezieht sich denn auch die Aufforderung an die schulische Berufsorientierung – die „Geschlechtstypik" von Berufen sollte mit den Jugendlichen reflektiert werden.

3 Berufswahltheoretische Annahmen

Die Aufforderung, „alle Talente" auszuschöpfen und „geschlechtsunabhängig" eine Berufswahl zu treffen, zielt primär darauf, die Jugendlichen zu ermuntern, eine berufliche Bildung in einem Beruf in Erwägung zu ziehen, in dem ihr Geschlecht bisher unterrepräsentiert ist. Für den Berufseinmündungsprozess wird unterstellt, dass eine weitgehende Passung von Interessen und Fähigkeiten zu den Anforderungen des Berufs erfolgen sollte. Nimmt man das Berufsorientierungsmodell von Linda Gottfredson, dann wird im Prozess der Berufseinmündung eine zunehmende Eingrenzung und Kompromissbildung vorgenommen (Gottfredson 1981, 2002), die auch vom Geschlecht bestimmt wird. Interessen, Fähigkeiten, aber auch das Geschlecht entscheiden über die „Zone der akzeptablen Berufe". Diese Zone wird auf der vertikalen Ebene begrenzt durch das Prestige und die Anforderungen eines Berufs: Das Prestige darf nicht so niedrig sein, dass man es für sich selbst nicht mehr für akzeptabel hält. Die Anforderungen dürfen aber auch nicht so hoch sein, dass man sie sich nicht zutraut. Auf der horizontalen Ebene wird die Zone durch die „Geschlechtstypik" eines Berufs begrenzt: er darf jeweils nicht zu „männlich" für die Schülerinnen bzw. zu „weiblich" für die Schüler konnotiert sein. Beide Grenzziehungen sollten also im Berufsorientierungsunterricht bearbeitet werden.

4 Wie sieht die schulische Berufsorientierung aus?

An der Universität Hamburg haben wir von 2013 bis 2016 Forschungsprojekte zu „Berufsorientierung und Geschlecht" durchgeführt, die von der Max-Traeger- und der Hans-Böckler-Stiftung finanziert wurden. In dem Rahmen haben wir u.a. an drei Hamburger Stadtteilschulen den Berufsorientierungsunterricht im 8. und 9. Jahrgang teilnehmend beobachtet. Alle drei Schulen waren mit dem Siegel für vorbildliche Berufsorientierung ausgezeichnet und hatten auf ihren Homepages ausgewiesen, dass sie gendergerecht arbeiten. Resümiert man die Auswertungen unserer Beobachtungen (vgl. Faulstich-Wieland 2016, Faulstich-Wieland et al. 2016, Faulstich-Wieland/Scholand 2017), dann zeigt sich jedoch, dass ein Reflexionsangebot im Blick auf „geschlechtsspezifisches Berufswahlverhalten" weitgehend fehlt und die Möglichkeit, „sich geschlechtsunabhängig das breite Spektrum der Berufswelt zu erschließen", kaum angeboten wird. Um sich ein „breites Spektrum" erschließen zu können, bedarf es Formen, dieses überhaupt kennen zu lernen, d.h. es muss den Schülerinnen und Schülern eine Systematik der Berufswelt und ihrer Bildungswege aufgezeigt werden. Das haben wir jedoch im Unterricht so gut wie nicht gefunden. Vielmehr wurden viele einzelne Berufe mehr oder weniger zufällig angesprochen – entweder von den Lehrkräften selbst genannt oder von den Schülerinnen oder den Schülern in den Unterricht eingebracht, weil sie diese kannten oder sich dafür interessierten. Systematisiert man die Nennungen der Berufe, dann werden zunächst einmal weitgehend die Studienberufe ausgeklammert. Die besseren Bildungsabschlüsse von Schülerinnen und ihre damit korrespondierenden Ambitionen, das Abitur zu erreichen, werden damit ignoriert. Auch die vollzeitschulischen beruflichen Ausbildungen, die in der Regel einen mittleren Schulabschluss erfordern, finden kaum Erwähnung. Es erfolgt eine Konzentration auf Berufe aus dem dualen Ausbildungssystem und hier ein Schwerpunkt auf das Handwerk. Das heißt der große Bereich der kaufmännischen Berufe, für den sich Mädchen wie Jungen interessieren, wie der Dienstleistungsbereich insgesamt, in dem sich deutlich mehr Frauen finden, werden mehr oder weniger vernachlässigt. Die zahlenmäßige Verteilung von Männern und Frauen in den Berufen wird gelegentlich angesprochen, aber in keiner Weise diskutiert – was eine Voraussetzung wäre, um ihre Bedeutung für die eigenen Entscheidungen abwägen zu können. Auch die praktischen Erfahrungen, die den Schülerinnen und Schülern durch Werkstatttage oder Berufsfindungsaktionstage ermöglicht werden, bilden kaum Anlass, über „geschlechtsspezifische Berufswahlen" nachzudenken oder sie in Frage zu stellen. Insgesamt bleiben die Geschlechterdifferenzierungen eher die unhinterfragte Hintergrundfolie, vor der Informationen gegeben oder abgerufen werden, zugleich zeigt sich eine stärkere Orientierung an den Berufsperspektiven der Jungen.

5 Einmündungschancen in „geschlechtstypische" Berufe liegen höher als in „geschlechtsuntypische"

Bevor wir nun danach fragen, wie Berufsorientierungsunterricht anders gestaltet werden könnte, bedarf es noch einmal der Überlegung, warum Jugendliche „geschlechtsuntypische" Berufswahlen treffen sollten. Greift man dazu das Passungsproblem auf, so könnten Potenzialanalysen z.b. zu Selbsterkenntnissen führen, die im Abgleich mit dem Berufssystem Hinweise auf Berufsbereiche geben, die von den Jugendlichen bisher aus ihrer Zone der akzeptablen Berufe ausgeklammert wurden, weil sie die Geschlechtsgrenze überschritten. Was aber passiert, wenn sie sich dann tatsächlich dazu entscheiden, eine „untypische" Berufswahl zu treffen? Die Frage betrifft vor allem die Chancen, einen entsprechenden Schul- oder Ausbildungsplatz zu erhalten. Wie die aussehen, haben Studien des Bundesinstituts für Berufsbildung (BIBB) erforscht: Es findet regelmäßig eine gemeinsam vom BIBB mit der Bundesagentur für Arbeit durchgeführte Befragung statt von allen bei der Bundesagentur gemeldeten Personen, die eine Ausbildungsstelle suchen. Ich beziehe mich im Folgenden auf die Befragung von 2012 (Beicht/Walden 2014), die letzte, deren Ergebnisse unter der Genderfrage ausgewertet wurde. Es handelt sich dabei um eine schriftlich-postalische Repräsentativbefragung, bei der von 3.102 Ausbildungsstellenbewerbern und -bewerberinnen detaillierte Informationen vorlagen über ihre schulischen Qualifikationen sowie über ihr Such- und Bewerbungsverhalten in Bezug auf die konkreten Berufe, in die sie einmünden wollten bzw. ggfls. in der Nachvermittlungsphase eingemündet sind (ebd., 4). Betrachtet man die 25 am stärksten besetzten Ausbildungsberufe hinsichtlich ihrer Chancen, einen Ausbildungsplatz zu bekommen, so zeigen sich gute wie schlechte Marktverhältnisse sowohl bei den von Frauen wie bei den von Männer präferierten, aber auch bei von beiden Geschlechtern angestrebten Berufen. So ist die Lage besonders günstig z.B. bei den Fachverkäufern bzw. -verkäuferinnen im Lebensmittelhandwerk, den Anlagenmechanikern bzw. -mechanikerinnen für Sanitär-, Heizungs-, Klimatechnik oder den Kaufleuten im Groß- und Außenhandel. Am ungünstigsten ist sie bei den Bürokaufleuten, aber auch beim Maler- und Lackierhandwerk oder bei Kaufleuten im Einzelhandel (ebd., 6). Betrachtet man, welche Berufsbereiche von den sich um Ausbildungsstellen Bewerbenden präferiert werden, so zeigen sich nur bei einem guten Drittel keine Favorisierungen eines Bereichs. Bei Frauen stehen Berufe im Bereich von „Unternehmensorganisation, Buchhaltung, Recht und Verwaltung" (24,7 % der Bewerberinnen), „kaufmännische Dienstleistungen, Warenhandel, Vertrieb, Hotel und Tourismus" (17,7 %) sowie „Gesundheit, Soziales, Lehre und Erziehung" (12,9 %) an der Spitze (ebd., 7). Bei Männern sind es Berufe aus dem Bereich „Rohstoffgewinnung, Produktion, Fertigung (Metall, Maschinen, Mechatronik, Elektro)" (27,9 %) (ebd.). Betrachtet man die Einmündungsquoten in die verschiedenen Bereiche, dann liegen sie nur für die wenigen Frauen, die sich für den von Männern primär favorisierten Bereich interessieren, mit 60,6 % etwas günstiger als für die Männer (Quote bei den Männern: 56,5 %). Berücksichtigt man jedoch alle Einflussfaktoren – nicht nur die präferierte Berufswahl, sondern auch schulische Qualifikationen (Abschluss, Noten), das Such- und Bewerbungsverhalten, die allgemeine Konkurrenzsituation auf dem regionalen Arbeitsmarkt sowie persönliche Merkmale wie Migrationshintergrund, Alter und gesundheitliche Beeinträchtigungen –, dann zeigt sich: Junge Frauen haben

> „erheblich bessere Übergangschancen ..., wenn sie frauendominierte Berufe bevorzugen als wenn sie andere Berufe anstreben. Ein ausgeprägtes Interesse an männerdominierten Berufen bringt ihnen dagegen keinen Vorteil, die Chancen sind allerdings auch nicht signifikant schlechter (...). Junge Männer haben umgekehrt besonders günstige Aussichten bei der Ausbildungssuche, wenn sie einen männerdominierten Beruf erlernen wollen.... Die Ergebnisse legen damit insgesamt den Schluss nahe, dass es sowohl für Frauen als auch für Männer derzeit die erfolgversprechendste Strategie darstellt, wenn sie sich bei der Ausbildungssuche auf Berufsbereiche konzentrieren, die jeweils ihre ‚Domänen' darstellen" (Beicht/Walden 2014, 12).

Haben wir es also mit einer paradoxen Anforderung hinsichtlich eines gendergerechten Übergangs von der Schule in die Berufsausbildung zu tun, wenn es Ziel des Berufsorientierungsunterrichts u.a. sein soll, die Jugendlichen zu motivieren, ihre „Domänen" zu verlassen? Tun sie das, so verringern sich gleichzeitig damit u.U. ihre Chancen, einen Ausbildungsplatz zu finden.

6 Wie könnte ein gendersensibler schulischer Berufsorientierungsunterricht aussehen?

Nimmt man die Berufswahltheorie von Linda Gottfredson ernst, dann bildet das „Geschlecht" eines Berufs eine wichtige Komponente im Berufsorientierungsprozess. Es ist also sehr wohl sinnvoll, in den bildungspolitischen Dokumenten zur Ausgestaltung der schulischen Berufsorientierung vorzusehen, die Genderdimension von Berufseinmündungen zu bearbeiten. Allerdings lassen sowohl diese Dokumente wie auch die meisten der Handreichungen und Materialien offen, wie dies geschehen könnte. Die Beobachtungen aus dem Unterricht zeigen folglich auch, dass wir es hier mit einem bisher wenig gelösten Problem zu tun haben. Ein Grund dafür liegt darin, dass ein gendersensibler Unterricht bei den Lehrkräften eine entsprechende Genderkompetenz erfordert. Wenn man dazu mindestens die beiden Komponenten des Wollens und des Könnens für erforderlich hält (vgl. Kunert-Zier 2005), dann zeigen unsere Forschungsergebnisse, dass wir bei einer Reihe von Lehrkräften, die Berufsorientierungsunterricht erteilen, durchaus den „Willen" zur Behandlung von Genderfragen finden. Es fehlt aber offenbar an Voraussetzungen, dies auch so tun zu können, dass es zur Reflexion bei den Schülerinnen und Schülern führt. Können impliziert zum einen das Wissen um Gendertheorien, zum anderen aber auch die Kenntnisse über Berufsentwicklungen und deren geschlechtsbezogene historische und gesellschaftliche Veränderungen. Wenn diese Kenntnisse nicht vorhanden sind, dann besteht die Gefahr, dass Lehrkräfte durch das Thematisieren von Geschlecht eher Alltagsvorstellungen reproduzieren statt diese zu reflektieren. Um Möglichkeiten für einen genderkompetenten Unterricht zu eröffnen, haben wir auf der Basis der Erkenntnisse aus den Forschungsprojekten eine Handreichung erstellt, die entsprechende Kenntnisse ebenso wie Anstöße für Unterricht zur Verfügung stellen will (Faulstich-Wieland & Scholand 2017). Nach Informationen über bestehende Geschlechterdifferenzierungen in Bildung, Ausbildung, Beruf und Familie werden relevante Berufswahltheorien vorgestellt und auf Basis empirischer Forschungen Kenntnisse zur Gendersozialisation vermittelt. Eine Systematik von Berufsbereichen stellt Bezüge zu Anforderungen, Fähigkeiten, Interessen sowie Schulfächern her. Sie zeigt auch, dass es innerhalb der – gemessen an quantitativen Verteilungen – „männlichen" bzw. „weiblichen" Domänen immer auch Berufe gibt, in denen eine größere Anzahl des jeweils anderen Geschlechts tätig ist. Ausführungen über die historische Entwicklung von Berufen zeigen an Beispielen aus der Medizin und dem Bürobereich „Geschlechtswechsel" von Berufen auf – und können so die Annahme, „Männer-" oder „Frauenberufe" seien „natürlich", irritieren. Das wird noch einmal an konkreten Berufen verdeutlicht, indem deren Vergeschlechtlichung als soziale Konstruktion herausgearbeitet wird. Berufswünsche kollidieren möglicherweise mit den erreichbaren Schulabschlüssen. Um dennoch keinen cooling out-Prozess in Gang zu setzen, wird anhand von ausgewählten Wünschen gezeigt, welche Wege es über verschiedene Stationen von Bildung, Ausbildung und Weiterbildung zum Ziel geben kann. Die Frage der Lebensplanung und damit der Einbettung von Erwerbstätigkeit in den Alltag wird bearbeitbar anhand von Interviews mit Erwerbstätigen, die zwischen 30 und 40 Jahren sind. Schließlich bietet die Handreichung noch ausgewählte Hinweise auf andere Handreichungen und auf Links zu Informationen und Materialien, die für eine gendersensible Berufsorientierung geeignet sind.

Was aber machen wir mit dem angesprochenen Paradoxon, durch die Entwicklung „geschlechtsuntypischer" Wünsche geringere Ausbildungschancen zu haben als durch die Orientierung an der traditionellen Geschlechtersegregation? Begreift man Berufsorientierung und Berufseinmündung als einen Prozess, der nicht (mehr) durch eine einmalige Wahl eines Berufs bestimmt wird, den man dann ein Leben lang ausfüllt, sondern als einen ersten Einstieg in ein Berufsleben, das auf lebensbegleitendes Lernen ausgerichtet ist, so eröffnet eine solche Sichtweise Optionen für eine Verbeiterung der in Frage kommenden Berufe. Es kann dabei jedoch nicht primär darum gehen, innerhalb der Zone der akzeptablen Berufe nun solche zu wählen, die jenseits der bisherigen Geschlechtergrenze liegen. Vielmehr sollte es darum gehen, die horizontale Dimension zu erweitern und die Potenziale auszuloten, die sich zeigen, wenn man sie nicht auf „genderadäquate" Anforderungen begrenzt. Auf dieser Basis ließen sich dann Berufswünsche entwickeln, deren (erste) Realisierung zwar abhängig bleibt vom Markt der Ausbildungsmöglichkeiten, aber durch vielfältigere Optionen auch größere Chancen erhalten.

Literatur

Behörde für Schule und Berufsbildung, Hamburg (2009): Rahmenkonzept für die Reform des Übergangssystems Schule – Beruf. Hamburger Bildungsoffensive. Hamburg.

Beicht, Ursula/Walden, Günter (2014): Berufswahl junger Frauen und Männer: Übergangschancen in betriebliche Ausbildung und erreichtes Berufsprestige. Forschungs- und Arbeitsergebnisse aus dem Bundesinstitut für Berufsbildung, 4/2014.

Faulstich-Wieland, Hannelore (Hrsg.) (2016): Berufsorientierung und Geschlecht. Weinheim: Beltz Juventa.

Faulstich-Wieland, Hannelore/Lucht, Anna Therese/Wallraf, Birgid (2016): Berufsorientierung in praktischer Erprobung: Berufsfindungsaktionstage und Schülerfirmen als Möglichkeiten zur Erweiterung des Berufswahlspektrums? In: bwp@ Berufs- und Wirtschaftspädagogik – online, Spezial 12. URL: http://www.bwpat.de/spezial12/faulstich-wieland_etal_bwpat_spezial12.pdf (Abrufdatum: 07.01.2017).

Faulstich-Wieland, Hannelore/Scholand, Barbara (2016): Beobachtungen schulischer Berufsorientierung: Be- und Entgrenzung der Statuspassage Schule – Beruf. In: bwp@ Berufs- und Wirtschaftspädagogik – online, Spezial 12. URL: http://www.bwpat.de/spezial12/faulstich-wieland_scholand_bwpat_spezial12.pdf (Abrufdatum: 07.01.2017).

Faulstich-Wieland, Hannelore/Scholand, Barbara (Hrsg.) (2017): Gendersensible Berufsorientierung - Informationen und Anregungen. Eine Handreichung für Lehrkräfte, Weiterbildner/innen und Berufsberater/innen. Forschungsförderung Working Paper, Nr. 34. Düsseldorf: Hans-Böckler-Stiftung, https://www.boeckler.de/pdf/p_fofoe_WP_034_2017.pdf.

Freie und Hansestadt Hamburg (2013): Berufs- und Studienorientierung in den Jahrgangsstufen 8, 9 und 10 in der Stadtteilschule. Hamburg. URL: http://hibb.hamburg.de/wp-content/uploads/sites/33/2015/12/Berufs-und-Studienorientierung.pdf (Abrufdatum: 07.01.2017).

Gottfredson, Linda S. (1981): Circumscription and Compromise: A Developmental Theory of Occupational Aspirations. In: Journal of Counseling Psychology, 28(6), 545-579.

Gottfredson, Linda S. (2002): Gottfredsons's Theory of Circumscription, Compromise and Self-Creation. In: Brown, Duane (Hrsg.): Career choice and development. 4th ed. San Francisco, CA: Jossey-Bass, 85-148.

Kunert-Zier, Margitta (2005): Erziehung der Geschlechter. Wiesbaden: VS Verlag für Sozialwissenschaften.

Sigrid Haunberger und Elena Makarova

Warum wählen so wenige Männer das Studienfach Soziale Arbeit? Einblicke in ein aktuelles Forschungsprojekt

Zusammenfassung

Der Beitrag greift die Problematik der horizontalen Geschlechtersegregation bei der Berufs- und Studienwahl auf und geht der Frage nach, warum so wenige junge Männer das Studium Soziale Arbeit wählen. Dabei werden Determinanten einer für Männer geschlechtsuntypischen Berufswahl im Forschungsprojekt, das in einem mixed-method Design angelegt ist, analysiert. Der Beitrag stützt sich auf die Daten des quantitativen Teilprojekts, in dem MaturandInnen in Deutschschweizer Kantonen online befragt wurden. Die Ergebnisse der Datenanalyse des ersten Befragungszeitpunktes zeigen, dass der Bildungsstand der Eltern, individuelle Interessens- und Fähigkeitsprofile, das soziale Netzwerk sowie die Vorstellung über Studieninhalte die Studienfachwahl Soziale Arbeit von jungen Männern beeinflussen.

Summary

The contribution addresses the issue of horizontal gender-based segregation in career and subject choices and explores why so few men choose social work as a subject. This research project, which collected data within the framework of a mixed-method design, aimed to explore what causes young men to choose a gender-atypical profession in the field of social work. This article is based on the quantitative data for a subproject in which high school graduates in Swiss German cantons were surveyed online. The results of the data analysis show that parental education level as well as a young men's individual interests and skills profiles, their social network and their ideas about subject-related content all influence young men's choice of social work as a study field.

1 Ausgangslage und Problemstellung

Bisherige bildungspolitische Anstrengungen, mehr junge Frauen für naturwissenschaftliche und technische Berufe zu gewinnen, waren ebenso beschränkt erfolgreich wie Versuche, mehr junge Männer in frauentypische Pflege- und Erziehungsberufe zu bewegen (Schwiter et al. 2014). Geschlechtsspezifische Ungleichheiten lassen sich nach wie vor nachweisen (BFS 2011) und die Geschlechtersegregation bei der Berufs- und Studienfachwahl bleibt nahezu unverändert (Leemann/Keck 2005; Hadjar/Hupka-Brunner 2013; Aeschlimann et al. 2015; Hadjar/Aeschlimann 2015). Das damit angesprochene Problem der fehlenden Fachkräfte bedarf einer genauen Analyse der Mechanismen, die für das Fortbestehen der beruflichen Geschlechtersegregation verantwortlich sind (Makarova/Herzog 2013; Schwiter et al. 2014). Besonders auffällig sind die großen fachbereichsspezifischen Unterschiede des zahlenmässigen Geschlechterverhältnisses: Frauen dominieren den Fachbereich Soziale Arbeit, während Männer im Studium und in Handlungsfeldern der Sozialen Arbeit[1] deutlich untervertreten sind (Klein/Wulf-Schnabel 2007; BFS 2010, 2011). Doch gerade aus Sicht der Praxis wie auch aus professionstheoretischen und handlungsbezogenen Überlegungen ist eine Erhöhung des Männeranteils im Fachbereich Soziale Arbeit anzustreben (Klein/Wulf-Schnabel 2007; Budde 2009a). Empirische Studien, die sich mit der beruflichen Geschlechtersegregation beschäftigen, legen die Annahme nahe, dass die Ursachen der beruflichen Geschlechtersegregation als komplexe Verschränkung verschiedener Einflussfaktoren auf institutionell/struktureller sowie individuell/subjektiver Ebene betrachtet werden muss (Buchmann/Kriesi 2009). Trotz zahlreicher Forschung zur Erklärung geschlechtsspezifischer Ungleichheit im Bildungssystem und Erwerbsleben bleiben noch einige der Mechanismen (Hedström/ Swedberg 1998) geschlechtersegregierter Studiengänge und Arbeitsmärkte im Verborgenen.

2 Forschungsstand

2.1 Geschlechts(un)typische Studienfach- und Berufswahl

Wenn es um die Erklärung einer geschlechts(un)typischen Ausbildungs- und Berufswahl ging, standen bisher überwiegend Frauen (häufig in Zusammenhang mit den sog. MINT-Fächern) im Zentrum des Forschungsinteresses (e.g. Aeschlimann et al. 2015; Stöger et al. 2012). Vernachlässigt wurde bis anhin

---

1 Gemäss Bundesamt für Statistik waren in der Schweiz im Jahr 2010 80,4 % Fraueneintritte ins BA-Studium der Sozialen Arbeit und 77,6 % BA-Abschlüsse von Frauen im Studiengang Soziale Arbeit zu verzeichnen.

die *Perspektive der Studienfachwahl von Männern*. Vereinzelt wurde in letzter Zeit den Fragen nachgegangen, warum Männer nicht Primarlehrer werden (Bieri-Buschor et al. 2014) oder Pflegefachmänner nach wie vor selten sind (Schwiter et al. 2014). Die erstgenannte Forschungsarbeit zeigt, dass die Übereinstimmung des Studiums mit Fähigkeiten und Interessen angehender Primarlehrer, eine hohe Affinität junger Männer zum Lehrerberuf sowie ihre Rollenvorbilder in Form von Kontakten zu Lehrpersonen im eigenen sozialen Netzwerk (Familie, Freundeskreis) ausschlaggebend für ihre Studienfachwahl waren (Bieri-Buschor 2014, 10). Dass familiären Vorbildern im Berufswahlprozess insgesamt eine hohe Bedeutung zukommt, zeigte eine Studie die sich mit der geschlechtsuntypischen Berufswahl junger Frauen beschäftigte. So wählten die jungen Frauen mit erhöhter Wahrscheinlichkeit einen frauenuntypischen Beruf, wenn deren Eltern einen männertypischen oder geschlechtsneutralen Beruf ausübten (Makarova/Herzog 2014). Zudem zeigte die Studie, dass auch weitere Personen aus dem familiären Umfeld, aber auch andere Sozialisationsinstanzen wie die Schule und die Peer-Group Einfluss auf den Berufswahlprozess von Jugendlichen nehmen (Makarova et al. 2016). Im Weiteren stützen Ergebnisse der Jugendlängsschnittstudie COCON die Annahme, dass

„geschlechterstereotype Vorstellungen in die elterlichen Begabungsattributionen einfliessen. Diese lösen Lenkungsprozesse in Richtung geschlechterkonformer Ausbildungsberufe aus und vermitteln darüber entsprechende Selbstselektionsprozesse" (Buchmann/Kriesi 2012, 276).

Die Ergebnisse einer schweizer Studie bestätigen, dass geschlechtsuntypische Ausbildungs- und Berufsverläufe bei beiden Geschlechtern nur selten zu Stande kommen. Zudem lohnt es sich für Männer weniger als für Frauen, einen geschlechtsuntypischen Beruf auszuüben. Weiterhin erweist sich die antizipierte spätere Familiengründung für Frauen und Männer schon frühzeitig als relevanter Faktor für die Berufswahl (Schwiter et al. 2014, 422). Dennoch unterscheiden sich Männer und Frauen in Bezug auf ihre beruflichen und Lebensziele: Männer weisen einem hohen Einkommen und sozialem Prestige mehr Bedeutung zu, für Frauen scheint das soziale Engagement bedeutsamer (BFS 2010, 32ff.).

2.2 Genderperspektive der Studienfachwahl Soziale Arbeit

Eher dürftig wird die Datenlage, wenn es um Determinanten zur Erklärung der Studienfachwahl Soziale Arbeit im Allgemeinen oder der geschlechts(un)typischen Studienfachwahl Soziale Arbeit im Speziellen geht (Graf et al. 2015). Auf der Basis von Gruppendiskussionen mit studienberechtigten Jugendlichen und Zivildienstleistenden wurde in einem Forschungsprojekt von Budde et al. (2009a) herausgearbeitet, dass bei den Jugendlichen kaum Professionswissen vorhanden ist und sie nur wenig zwischen einander ähnelnden beruflichen Feldern und Tätigkeiten differenzieren können (Hinderungsgrund Informationsmangel) und dass der Sozialen Arbeit ein geringer gewinnbringender Beitrag zur eigenen geschlechtlichen Aussendarstellung zugeschrieben wird (Hinderungsgrund geringes Berufsimage). Institutionalisierte Einblicke in Arbeitsfelder der Sozialen Arbeit erhöhten nicht zwangsläufig die Bereitschaft der männlichen Jugendlichen, sich im beruflichen Feld Sozialer Arbeit zu verorten (auch Budde et al. 2009b). Als ausschlaggebende Faktoren für die Studienfachwahl Soziale Arbeit von Männern konnten in einem weiteren Projekt biographische Faktoren (z.b. eigene Sucht- oder Krisenerfahrung) sowie das persönliche Umfeld bestehend aus Familie, Freunde oder Bekannte aus dem Bereich der Sozialen Arbeit identifiziert werden (Schmid et al. 2010).

Die Ergebnisse der qualitativen Studie von Ganß (2011) verweisen insgesamt auf eine Aufrechterhaltung der intraberuflichen Geschlechtersegregation im Berufsfeld Soziale Arbeit. Aus den Interviews mit ausbildungs-/berufserfahrenen Studenten wird ersichtlich, dass „Männlichkeit" als Ressource der Bedeutungsgenerierung und Strukturbildung im Berufsbereich – auch für den „Weg nach oben" betrachtet wird. Zudem wird eine Frauendominanz als Defizitsituation gedeutet, die durch männliche Kollegen kompensiert bzw. bereichert wird („Expertentum qua Geschlecht"). Vor dem Hintergrund der Forschungsergebnisse von Ganß (2011) erscheint es angebracht, die pauschale Forderung, den Männeranteil im Berufsfeld Soziale Arbeit zu erhöhen, kritisch zu reflektieren und weiterführende Forschung anzuregen.[2]

3 Fragestellung und Forschungsdesign der Studie

Die referierten Forschungsbefunde enthalten vielfältige Erklärungsansätze zur Geschlechtersegregation bei der beruflichen Orientierung, wecken aber zugleich den Bedarf an weiteren Studien, die sich insbesondere mit der Studienfachwahl Soziale Arbeit auseinandersetzen. Vor diesem Hintergrund, geht das Forschungsprojekt „Warum studieren so wenige Männer das Studienfach Soziale Arbeit?" der Frage nach, aufgrund welcher Faktoren Maturanden die Studienfachwahl Soziale Arbeit treffen.

---

2 Ähnlich argumentiert Budde (2009a) gegen die pauschale Forderung nach mehr Männern in den Bildungs- und Erziehungsinstitutionen. Zum einen ist die These bisher umstritten, dass männliche Sozialpädagogen positive Effekte auf ihre männliche Klientel hätten. Es wird auf die Gefahr hingewiesen, dass Männer durch Komplizenschaft bei Jungen stereotype Männlichkeit eher verstärken können. Zum anderen würde in der Forderung nach mehr Männern eine Abwertung der pädagogischen/sozialen Arbeit mitschwingen, die bisher von Frauen geleistet wurde.

Das Forschungsprojekt wird in einem mixed-method Design, welches quantitative und qualitative Forschungsmethoden kombiniert, durchgeführt (Mayring 2001). Damit wird es möglich, die Erkenntnisse über den Forschungsgegenstand aus mehreren Perspektiven zusammenzuführen (Kelle 2008). Zahlreiche Autoren der empirischen Bildungsforschung weisen auf eine gewinnbringende Verbindung beider Forschungstraditionen hin (z.b. Schwiter et al. 2014).

Im qualitativen Teilbereich des Projekts bieten problemzentrierte Interviews mit Quereinsteigerinnen und -einsteigern ins Studium der Sozialen Arbeit eine Möglichkeit, die Mechanismen, die innerhalb verschiedener Sozialisationsinstanzen wirken und die geschlechtsuntypische Berufswahl von Männern begünstigen, herauszuarbeiten.

Im quantitativen Teilbereich des Projekts handelt es sich um eine prospektive Längsschnittstudie mit zwei Befragungszeitpunkten von Maturandinnen und Maturanden in der deutschsprachigen Schweiz. Im Folgenden werden ausschließlich Ergebnisse des ersten Befragungszeitpunktes vorgestellt.

3.1 Stichprobe

Die Grundgesamtheit des Projektes stellen alle zur Maturität führenden Schulen in sieben Deutschschweizer Kantonen dar. Die Stichprobe setzt sich zur Hälfte aus MaturandInnen von Gymnasien (43 %) und BerufsmaturandInnen (53 %) zusammen, die restlichen 4 % entfallen auf andere zur Maturität führende Schulformen. Von den insgesamt 940 Befragten, die die Onlineumfrage bis zum Schluss ausgefüllt haben, sind 43 % männlich (N=401) und 57 % weiblich (N=537). Die (Berufs-)MaturandInnen sind im Durchschnitt 21 Jahre alt, bei einer Spannweite von 17 bis 49 Jahren.

3.2 Datenanalyse

Zur Datenanalyse werden OLS-Regressionen verwendet, deren Anwendung dann angemessen ist, wenn linearisierbare Effekte zwischen mindestens zwei Variablen vermutet werden, und die Werte der abhängigen Variablen annäherungsweise kontinuierlich verteilt sind. In der Forschungspraxis hat sich gezeigt, dass als metrisch zu definierende Variablen ab fünf Ausprägungen für eine sinnvolle OLS-Regression geeignet sind (Urban/Mayerl 2011, 14). Mit dem Statistikprogramm SPSS 23 werden OLS-Regressionen berechnet, bei denen die unabhängigen Variablen in Blöcken in das Modell eingeführt werden („blockwise regression", Methode Enter/Einschluss). Es werden modellgestützt mehrere Variablengruppen (Blöcke) vorgegeben, die von SPSS nacheinander in das Modell aufgenommen werden, wobei für jede Variablengruppe ein eigenständiges Regressionsmodell ausgegeben wird. Die Variablengruppen, die im Modell berücksichtigt wurden, sind: Soziodemographische

Merkmale, Ermutigung soziales Netzwerk, Motive der Berufs- und Studienfachwahl, Ermutigung Lehrpersonen und Schulnoten, Geschlechterrollenstereotype, Interessensprofile und Erfolgserwartungen.[3]

3.3 Operationalisierung

3.3.1 Abhängige Variablen

Studienfachwahl

Für die Analysen kommen zwei abhängige Variablen in Betracht. Einerseits
wurden die MaturandInnen in einer offenen Abfrage direkt nach dem Studienfach gefragt, welches sie studieren möchten (1. bis 3. Präferenz). Nur 3.2 %
(N=40) gaben direkt an, Soziale Arbeit studieren zu wollen, davon nur fünf
Männer.

Zusätzlich wurden die (Berufs-)MaturandInnen gefragt, wie wahrscheinlich es
für sie ist, unabhängig von ihrer eigentlichen Entscheidung, ein Studienfach
im sozialen Bereich (Soziale Arbeit, Pädagogik, Psychologie) zu wählen (vgl.
Abbildung 1).

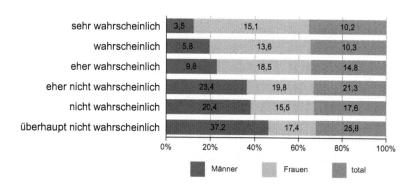

Abb. 1: Wahrscheinlichkeit für ein Studium im sozialen Bereich, N=398 Männer,
N=553 Frauen

---

3   Da das Modell mit den Variablen mit dem grössten Erklärungsgehalt gesucht wird, werden
    zusätzlich OLS-Regressionen mit Vorwärts-Selektion (Methode Forward) berechnet. Dabei
    werden die einzelnen Variablen sequentiell in das Modell aufgenommen. Zunächst wird die
    Variable in das Modell aufgenommen, die am stärksten mit der abhängigen Variable korreliert.
    Aus den verbleibenden Variablen wird weiterhin jene Variable hinzugefügt, die die höchste
    partielle Korrelation mit der abhängigen Variable aufweist. Dieses Vorgehen wiederholt sich
    so lange bis sich die Modellgüte (R²) nicht mehr signifikant erhöht oder alle Variablen ins
    Modell eingeschlossen wurden (Urban/Mayerl 2011).

Ein Studienfach im sozialen Bereich zu wählen, ist für die Befragten insgesamt eher unwahrscheinlich (eher nicht wahrscheinlich bis überhaupt nicht wahrscheinlich zusammengefasst 65 %), nur 35 % halten ein Studienfach im sozialen Bereich für wahrscheinlich (sehr wahrscheinlich bis eher wahrscheinlich zusammengefasst). Deutlicher wird dieser Unterschied, wenn die Geschlechterverteilung betrachtet wird. Männer können sich ein Studienfach im sozialen Bereich signifikant weniger vorstellen, als Frauen (Mann-Whitney-U-Test, p≤.000). So geben beispielsweise 37,2 % der befragten Männer und nur 17,4 % der befragten Frauen an, dass ein Studium im sozialen Bereich für sie überhaupt nicht wahrscheinlich ist.

3.3.2 Unabhängige Variablen

Die im Forschungsprojekt verwendeten *Skalen* wurden mittels Faktoren- und Reliabilitätsanalysen überprüft und werden im Folgenden in einer Tabelle dargestellt (vgl. Tabelle 1).[4]

Tab. 1: Übersicht der verwendeten Skalen

Operationalisierung	Cronbach's α	N (Items)
Motive der Studienfachwahl (Zwick/Renn 2000) Antwortskala: überhaupt nicht wichtig (1) bis sehr wichtig (6)		
Wichtigkeit von Einkommen und Prestige	.791	3
Wichtigkeit fachliche Interessen	.442	3
Einfluss soziales Netzwerk	.754	3
Wichtigkeit einer sicheren Stellung	.605	3
Wichtigkeit einer Work-Life-Balance	.638	3
Wichtigkeit Teamarbeit/ mit anderen Menschen arbeiten	.638	3
Wichtigkeit, die gesellschaftliche Zukunft mitzugestalten	.580	3
Ermutigung soziales Netzwerk (Eigenkonstruktion) Antwortskala: trifft überhaupt nicht zu (1) bis trifft voll und ganz zu (6)		
Ermutigung der Eltern für einen Beruf im sozialen Bereich	.918	4
Ermutigung der Freunde für einen Beruf im sozialen Bereich	.950	4
Freunde wollen im sozialen Bereich tätig sein	.774	2

---

4   Eine ausführliche Skalendokumentation kann hier aus Platzgründen nicht angegeben werden, kann aber auf Wunsch bei der Erstautorin angefordert werden.

Operationalisierung	Cronbach's α	N (Items)
Ermutigung Lehrpersonen (in Anlehnung an: Makarova et al. 2012) Antwortskala: trifft überhaupt nicht zu (1) bis trifft voll und ganz zu (6)		
Ermutigung der Lehrperson für einen Beruf im sozialen Bereich	.825	4
Individuelle Unterstützung der Pädagogik/Psychologie/ Philosophie Lehrperson im Unterricht	.910	5
Unterstützung der Fachlehrperson Berufswahl[5]	.910	7
Geschlechterrollenstereotype (O'Neil 2008) Antwortskala: stimme überhaupt nicht zu (1) bis stimme voll und ganz zu (6)		
Traditionelles Rollenbild	.662	3
Gleichgestelltes Rollenbild	.883	6
Fähigkeits- und Interessensprofile (Holland 1997; VERB-Interessenstest aus: Hell et al. 2013) Antwortskala: das interessiert mich gar nicht (1) bis das interessiert mich sehr (5)		
Handwerklich-technische Berufe (realistische Orientierung)	.877	8
Untersuchend-forschende Berufe (forschende Orientierung)	.842	8
Künstlerisch-kreative Berufe (kreative Orientierung)	.754	8
Erziehend-pflegerische Berufe (soziale Orientierung)	.821	8
Führend-verkaufende Berufe (unternehmerische Orientierung)	.869	8
Ordnend-verwaltende Berufe (traditionelle Orientierung)	.880	8

Im Weiteren wurden in der Studie die folgenden Variablen berücksichtigt:

- *Soziodemographische Merkmale: Bildungsstand der Eltern* (ISCED): Neben dem Geschlecht und Alter der Befragten wird der höchste Bildungsstand beider Elternteile in die Analysen eingeschlossen. Die Kategorien wurden gemäss der International Standard Classification of Education (ISCED) klassifiziert. Korrelationsanalysen ergeben, dass sich die Eltern tendenziell als bildungshomogen erweisen (Spearman's rho .453, p≤.05).

- *Schulnoten der (Berufs-)MaturandInnen:* Zusätzlich wurden die Befragten gebeten ihre letzten Schulnoten in den Fächer Mathematik, Deutsch, erste Fremdsprache, Physik und Chemie anzugeben.

- *Geschlechtstypik der Berufe:* Weiterhin sollten die Befragten verschiedene Studienfächer (Betriebs- und Volkswirtschaft, Soziale Arbeit, Naturwissenschaften, Pflegewissenschaft, Ingenieurwissenschaft) hinsichtlich verschiedener Kriterien einschätzen. Zu diesen Kriterien gehörte, ob es sich

---

5   Diese Frage konnte nur von BerufsmaturandInnen beantwortet werden.

um einen Frauen- oder Männerberuf (Antwortskala von um einen Frauenberuf (1) bis um einen Männerberuf (6)) handelt.

• *Erfolgserwartungen:* Weiterhin gehörte zu diesen Kriterien, ob das entsprechende Studium als schwierig eingeschätzt wird (Antwortskala von
überhaupt nicht schwierig (1) bis extrem schwierig (6)) und ob Vorstellungen von den Studieninhalten vorhanden sind (Antwortskala von trifft
überhaupt nicht zu (1) bis trifft voll und ganz zu (6)) (Zwick/Renn 2000).

4 Ergebnisse

4.1 Explorative Ergebnisse

Im Folgenden werden nur die signifikanten Ergebnisse einer explorativen Analyse der Determinanten der Wahl eines Studienfachs im sozialen Bereich, die
für die männlichen Befragten ermittelt wurden, beschrieben.

Für die Variablengruppe *Geschlechterrollenstereotype* ergibt sich, dass Männer mit einem gleichgestellten Rollenbild wahrscheinlicher ein Studienfach
im sozialen Bereich wählen würden (Beta .140, p≤.05) als Männer mit einem
stereotypen, traditionellen Rollenbild. Eine ähnliche Tendenz ergibt sich für
die Einschätzung der *Geschlechtstypik der Berufe* im Bereich Soziale Arbeit
(Frauen- versus Männerberuf). Männer, die die Soziale Arbeit als geschlechtsneutralen Beruf bzw. Richtung Männerberuf einschätzen, können sich ein Studium im sozialen Bereich signifikant wahrscheinlicher vorstellen (Beta .165,
p≤.05).

Während die *Einschätzung der antizipierten Schwierigkeiten* des Studiums
der Sozialen Arbeit für Männer keinen Effekt zeigt, spielen die antizipierten
Studieninhalte eine Rolle. Je besser sich Männer (Beta .367, p≤.05) die Studieninhalte Soziale Arbeit vorstellen können, desto wahrscheinlicher wird ein
Studium im sozialen Bereich in Betracht gezogen.

Für die Variablengruppe *Ermutigung soziales Netzwerk* gilt Folgendes. Die
Ermutigung der Eltern, ein Studium im sozialen Bereich zu ergreifen, spielt für
Männer (Beta .225, p≤.05) eine entscheidende Rolle. Einen stärkeren Effekt
auf die Wahrscheinlichkeit ein Studium im sozialen Bereich zu ergreifen, hat
jedoch die Ermutigung des Freundeskreises (Männer Beta .458, p≤.05). Zudem
zeigt sich im Modell für Männer unter Kontrolle der Netzwerkeinflüsse auf die
Studienfachwahlentscheidung ein signifikanter Effekt für den Bildungsstand
der Mutter (Beta -.103, p≤.05). Je höher der Bildungsstand der Mütter, desto
unwahrscheinlicher ergreifen deren Söhne ein Studium im sozialen Bereich.

Die *Unterstützung der Lehrperson im sozialwissenschaftlichen Unterricht*
wirkt sich wenig förderlich auf die Wahrscheinlichkeit aus, dass Männer ein
Studium im sozialen Bereich ergreifen (Beta -.456, p≤.05). Im Weiteren liegt

für männliche Befragte mit guten *Deutschnoten* die Wahrscheinlichkeit eines Studiums im sozialen Bereich höher als für Männer mit geringeren Schulleistungen in Deutsch (Beta .121, p≤.05).

Für die Variablengruppe *Interessensprofile* können folgende Effekte festgestellt werden. Männer mit einer realistischen Orientierung (handwerklich-technische Berufe) geben weniger wahrscheinlich an, ein Studium im sozialen Bereich ergreifen zu wollen (Beta -.145, p≤.05). Der gleiche Effekt gilt für Männer mit einer traditionellen Orientierung (ordnend-verwaltende Berufe) (Beta -.172, p≤.05). Das Vorhandensein einer sozialen Orientierung (erziehend-pflegerische Berufe) macht für Männer (Beta .578, p≤.05) ein Studium im sozialen Bereich wahrscheinlicher.

Für männliche Befragte erweisen sich unterschiedliche *Studienfachwahlmotive* als ausschlaggebend, ob ein Studium im sozialen Bereich für sie in Frage kommt. Dies ist für Männer wahrscheinlicher, wenn sie weniger an einer sicheren Arbeitsstelle und Aufstiegsmöglichkeiten interessiert sind (Beta -.233, p≤.05), eine Work-Life-Balance für wertvoll erachten (Beta .134, p≤.05), einen Beruf anstreben, der die gesellschaftliche Zukunft mitzugestalten ermöglicht (Beta .185, p≤.05) und im Team arbeiten möchten (Beta .239, p≤.05).

Von allen Blöcken weist die Variablengruppe *Ermutigung soziales Netzwerk* für das Gesamtmodell mit einem angepassten R^2 von 41 % die höchste Erklärungskraft auf, gefolgt von der Variablengruppe *Interessensprofile* (R^2 von 39 %), der Variablengruppe *Studienfachwahlmotive* (R^2 von 23 %), der Variablengruppe *Erfolgswahrscheinlichkeiten* (R^2 von 22 %) und der Variablengruppe *Unterstützung verschiedener Lehrpersonen* (R^2 von 13 %). Die geringste Erklärungskraft weisen die Variablengruppe *Geschlechterrollenstereotype* (R^2 von 3 %) und *Schulnoten* (R^2 von 1 %) auf.

4.2 Multivariate Ergebnisse

Im Folgenden werden Ergebnisse des Gesamtmodells referiert (vgl. Tabelle 2). Das Gesamtmodell berücksichtigt jene Determinanten der Studienfachwahl der männlichen Befragten, die sich in den explorativen Analysen als signifikant auf die Wahrscheinlichkeit, ein Studienfach im sozialen Bereich zu wählen, erwiesen haben (vgl. Kapitel 4.1).

Tab. 2: OLS-Regression (blockwise, Methode Enter) Gesamtmodell für Männer

	Modell 1			Modell 2		
	B	Beta	Sig.	B	Beta	Sig.
Konstante	2,424		0,004	1,572		0,092
Alter		0,105	0,068		0,112	0,054

	Modell 1			Modell 2		
	B	Beta	Sig.	B	Beta	Sig.
Schulische Herkunft_BMS		-0,299	0,126		-0,440	0,034
Schulische Herkunft_ Gymnasium		-0,375	0,056		-0,486	0,018
Bildungsstand_Vater		-0,022	0,718		-0,017	0,788
Bildungsstand_Mutter		-0,030	0,627		-0,024	0,701
Mathematik					0,031	0,609
Deutsch					0,123	0,043
N/angepasstes R^2	319	0,018		319	0,028	

	Modell 3			Modell 4		
	B	Beta	Sig.	B	Beta	Sig.
Konstante	0,198		0,799	-0,623		0,472
Alter		0,061	0,204		0,054	0,255
Schulische Herkunft_BMS		-0,173	0,309		-0,174	0,305
Schulische Herkunft_ Gymnasium		-0,235	0,165		-0,249	0,140
Bildungsstand_Vater		0,027	0,592		0,030	0,553
Bildungsstand_Mutter		-0,075	0,143		-0,087	0,092
Mathematik		-0,416	0,678		-0,016	0,744
Deutsch		2,458	0,015		0,102	0,040
Ermutigung Eltern		0,210	0,005		0,179	0,017
Ermutigung Freundeskreis		0,482	0,000		0,485	0,000
Freundeskreis strebt sozialen Beruf an		-0,127	0,051		-0,132	0,047
Traditionelles Rollenbild					0,030	0,563
Gleichgestelltes Rollenbild					0,121	0,020
Soziale Arbeit Frauen-versus Männerbeuf					0,055	0,245
N/angepasstes R^2	319	0,353		319	0,362	

	Modell 5			Modell 6		
	B	Beta	Sig.	B	Beta	Sig.
Konstante	0,244		0,769	0,223		0,815
Alter		0,048	0,274		0,041	0,357
Schulische Herkunft_BMS		-0,120	0,449		-0,079	0,620
Schulische Herkunft_ Gymnasium		-0,214	0,172		-0,172	0,274

		Modell 5			Modell 6	
	B	Beta	Sig.	B	Beta	Sig.
Bildungsstand_Vater		0,050	0,284		0,043	0,358
Bildungsstand_Mutter		-0,104	0,033		-0,115	0,028
Mathematik		0,014	0,773		0,013	0,780
Deutsch		0,032	0,498		0,037	0,444
Ermutigung Eltern		0,090	0,206		0,060	0,414
Ermutigung Freundeskreis		0,415	0,000		0,393	0,000
Freundeskreis strebt sozialen Beruf an		-0,108	0,080		-0,097	0,118
Traditionelles Rollenbild		0,025	0,608		0,003	0,947
Gleichgestelltes Rollenbild		0,071	0,145		0,040	0,419
Soziale Arbeit Frauen-versus Männerbeuf		0,029	0,507		0,010	0,817
Realistische Orientierung		-0,161	0,000		-0,149	0,001
Kreative Orientierung		0,009	0,863		-0,015	0,759
Soziale Orientierung		0,348	0,000		0,290	0,000
Verwaltende Orientierung		-0,136	0,002		-0,118	0,012
Einkommen, Arbeitsmarktchancen, Ansehen					-0,010	0,853
Sichere Stellung, Aufstiegsmöglichkeiten					-0,068	0,209
Work-Life-Balance					0,075	0,108
Gesell. Zukunft					0,067	0,187
Teamarbeit, gesell. Nutzen					0,023	0,683
Soziale Arbeit_Schwierigkeiten					-0,024	0,614
Soziale Arbeit_Inhalte					0,103	0,048
N/angepasstes R^2	319	0,452		319	0,461	

Im Gesamtmodell (vgl. Tabelle 2) erweisen sich die folgenden Variablen als (durchgehend) erklärungskräftig für die Studienfachwahl im sozialen Bereich von Maturanden. Je höher der *Bildungsstand der Mutter*, desto unwahrscheinlicher wird ein Studienfach im sozialen Bereich in Betracht gezogen (Beta -.115, p≤.05). Die *Ermutigung durch den Freundeskreis* erweist sich als förderlich für die Wahl eines Studienfaches im sozialen Bereich (Beta .393, p≤.05). Für Maturanden mit einem handwerklich-technischen (realistische Orientierung; Beta -.149, p≤.05) oder ordnend-verwaltenden *Interessensprofil* (Beta -.118, p≤.05) ist ein Studium im sozialen Bereich unwahrscheinlicher. Wahrscheinlicher ist ein Studium im sozialen Bereich dagegen bei Maturanden mit einem erzieherisch-pflegenden Interessensprofil (soziale Orientierung, Beta .290, p≤.05). Schließlich spielt es eine Rolle, ob sich Maturanden *Studieninhalte des Studienfachs* Soziale Arbeit vorstellen können. Ist dies gegeben, ist die Wahl eines Studienfachs im sozialen Bereich wahrscheinlicher (Beta .103, p≤.05). Die Erklärungskraft liegt mit einem angepassten R^2 bei .461, d.h. die ins Gesamtmodell einbezogenen Variablen erklären insgesamt 46 % der Varianz der Studienfachwahl im sozialen Bereich von Maturanden.[6]

5 Zusammenfassung, Schlussfolgerungen und Ausblick

Im vorliegenden Beitrag stand die Frage im Zentrum, welche Faktoren für die Studienfachwahl Soziale Arbeit von Männern ausschlaggebend sind. Hierfür wurde auf Daten der ersten Befragungswelle von (Berufs-)MaturandInnen im Rahmen der Studie „Warum studieren so wenige Männer das Studienfach Soziale Arbeit?" zurückgegriffen.

Das Gesamtmodell einer OLS-Regression zeigt, dass Faktoren, die die Studienfachwahl Soziale Arbeit von Männern beeinflussen vermögen, vor allem in den Bereichen Familie, Peer Gruppe, Interessensprofile und Schule zu verorten sind.

Im familiären Bereich geht ein tiefer Bildungsstand der Mutter mit einer erhöhten Wahrscheinlichkeit einher, dass Maturanden ein Studienfach im sozialen Bereich wählen. Das Studienfach Soziale Arbeit ist damit vor allem für (Berufs-)Maturanden mit einem Bildungsaufstieg verbunden, ein Befund der sich mit dem bisherigen Forschungstand gut vereinbaren lässt (Becker et al. 2010).

Als einflussreicher Faktor hat sich die Ermutigung des Freundeskreises für ein Studium im sozialen Bereich erwiesen. Dass den Peers ein vergleichsweise großer Einfluss im Prozess der beruflichen Orientierung zukommt, geht mit den Befunden der Studie zur geschlechtsuntypischen Berufswahl junger Frauen einher. Es zeigte sich, dass „vor allem Gespräche über einen favorisierten Beruf und die damit verbundene Bestärkung durch Freunde und Bekannte" eine geschlechtsuntypische Berufswahl begünstigen können (Makarova et al. 2016). Im Weiteren legt auch das Wisconsin Modell (Saltiel 1988) nahe, dass Bildungsentscheidungen neben kognitiven Fähigkeiten und schulischen

---

6 In beiden Verfahren, der OLS-Regression (blockwise) wie auch der OLS-Regression mit Vorwärts-Selektion werden in den Gesamtmodellen für Maturanden die gleichen Variablenkombinationen, von einer Ausnahme abgesehen, ausgewählt. Die Modelle können damit insgesamt als robust angesehen werden. Im Modell mit Vorwärts-Selektion hatte die schulische Herkunft einen signifikanten Einfluss auf die Wahrscheinlichkeit ein Studienfach im sozialen Bereich zu wählen und war für Berufsmaturanden stärker ausgeprägt als für die Gymnasiasten. Das kann auf die bereits institutionell-strukturell vorgespurte Richtungen der Studienfachwahl hinweisen.

Leistungen in besonderem Maße vom sozialen Kontext abhängig sind. Das Vorhandensein und die Nutzung von Netzwerk-Ressourcen kann zur Verbesserung von Handlungsmöglichkeiten und damit Bildungsentscheidungen beitragen, indem Netzwerkmitglieder einen Bezugsrahmen dafür bieten, welcher Ausbildungsabschluss bzw. welches Studienfach als adäquat angesehen wird, zur Stärkung der Identität beiträgt und Zugang zu wichtigen Informationen gewährleisten (Roth et al. 2010, 183).

Dass die Vorstellung über die Studieninhalte dazu beiträgt, ob ein Studienfach im sozialen Bereich gewählt wird, lässt hochschulinterne Informationsveranstaltungen, die fachspezifische Studienberatung oder spezielle Aktionstage (Boys Day) in einem einflussreichen Licht erscheinen. Aus empirischer Sicht dürften die genannten Informationsquellen allerdings nur einen kleinen Beitrag zur Studienfachwahl beitragen. Der Befund wirft weitere Fragen danach auf, wie ein gendergerechtes Curriculum im schulischen Unterricht und in Studiengängen, die nach dem Geschlecht segregiert sind, zu gestalten ist. Ansätze dazu finden sich in der Forschung zur geschlechtsuntypischen Berufs- und Studienwahlen junger Frauen. Diese stützt die Annahme, dass pädagogische Interventionen „geschlechtersensibel sein [sollten], womit eine Sensibilität gemeint ist, die die Umstände in Rechnung stellt, unter denen das Geschlecht verhaltensbestimmend wird" (Aeschlimann et al. 2015b, 47).

Schließlich konnte in der vorliegenden Studie gezeigt werden, dass bestimmte Fähigkeits- und Interessensprofile in bedeutungsvoller Weise mit einer Studienfachwahl im sozialen Bereich zusammenhängen; Personen mit ähnlichen Fähigkeits- und Interessensprofilen ordnen sich in bestimmte akademische und berufliche Umwelten ein, d.h. die im Studiengang Soziale Arbeit versammelten Männer würden eine relativ hohe Kohärenz in ihren Abneigungen und Präferenzen sowie ihren spezifischen Schwächen und Stärken aufweisen (Nagy et al. 2012, 94). Dieses Ergebnis ist übereinstimmend mit den Forschungsbefunden zu Studienwahlmotiven der Gymnasiastinnen und Gymnasiasten, die zeigen, dass sowohl das fachliche Interesse als auch die fachliche Leistung für die Studienwahl sowohl junger Frauen als auch junger Männer eine hohe Relevanz besitzen (Aeschlimann et al. 2015a, 11). Zu den Gelingensbedingungen erfolgreicher gendergerechter Übergänge zählt damit ein ausgewogenes Passungsverhältnis zwischen individuellen Interessen und dem Curriculum des Studienganges.

In diesem Beitrag wurden ausschließlich Ergebnisse aus der ersten quantitativen Befragungswelle berichtet. In weiterführenden Analysen werden die Daten der ersten und zweiten quantitativen Befragungswelle zusammengespielt sowie der quantitative Längsschnitt mit den qualitativen Daten in einer Methodentriangulation konsequent miteinander verschränkt (Mayring 2001). Weiterhin ermöglichen es die Daten auch Netzwerkanalysen voranzutreiben, die den

Einfluss des sozialen Netzwerkes auf Berufswahlprozesse besser beleuchten vermögen (Roth et al. 2010, 183). Somit verspricht die vorliegende Studie einige Desiderate in der Forschung zur Berufs- und Studienwahl zu erfüllen.

Literatur

Aeschlimann, Belinda/Herzog, Walter/Makarova, Elena (2015a): Studienpräferenzen von Gymnasiastinnen und Gymnasiasten: Wer entscheidet sich aus welchen Gründen für ein MINT-Studium? In: Schweizerische Zeitschrift für Bildungswissenschaften, 37 (2), 285-300.

Aeschlimann, Belinda/Herzog, Walter/Makarova, Elena (2015b): Frauen in MINT-Berufen: Retrospektive Wahrnehmung des mathematisch-naturwissenschaftlichen Unterrichts auf der Sekundarstufe I. In: Zeitschrift für Bildungsforschung, 5 (1), 37-49.

Becker, Rolf/Haunberger, Sigrid/Schubert, Frank (2010): Studienfachwahl als Spezialfall der Ausbildungsentscheidung und Berufswahl. In: Zeitschrift für Arbeitsmarktforschung. 42., 292-310.

Bieri-Buschor, Christine/Bergweger, Simone/Keck Frei, Andrea/Kappler, Christa (2014): Geschlechts(un)typische Studienwahl: Weshalb Frauen Ingenieurwissenschaften studieren und Männer Primarlehrer werden. Projektbericht Pädagogische Hochschule Zürich, aktualisierte Version.

Buchmann, Marlis/Kriesi, Irene (2012): Geschlechtstypische Berufswahl: Begabungszuschreibungen, Aspirationen und Institutionen. In: Becker, Rolf/Solga, Heike (Hrsg.): Soziologische Bildungsforschung. Sonderheft 52 der Kölner Zeitschrift für Soziologie und Sozialpsychologie. Wiesbaden: Springer VS, 256-280.

Budde, Jürgen/Böhm, Maika/Willems, Katharina (2009a): Wissen, Image und Erfahrungen mit Sozialer Arbeit – relevante Faktoren für die Berufswahl junger Männer? In: Zeitschrift für Sozialpädagogik, 7 (3), 264-283.

Budde, Jürgen/Willems, Katharina/Böhm, Maika (2009b): „Ich finde das gehört einfach zum Leben dazu, anderen Leuten zu helfen". Positionierungen junger Männer zu Berufsfeldern Sozialer Arbeit. In: Budde, Jürgen/Willems, Katharina (Hrsg.): Bildung als sozialer Prozess. Heterogenität, Interaktionen, Ungleichheiten. Weinheim, München: Juventa Verlag, 193-210.

Bundesamt für Statistik (2010): Studieren unter Bologna. Hauptbericht der Erhebung zur sozialen und wirtschaftlichen Lage der Studierenden an den Schweizer Hochschulen 2009. Unveröffentlichtes Manuskript. Neuchâtel.

Bundesamt für Statistik (2011): Frauen und Männer an den Schweizer Hochschulen. Indikatoren zu geschlechtsspezifischen Unterschieden. Unveröffentlichtes Manuskript. Neuchâtel.

Ganß, Petra (2011): Männer auf dem Weg in die Soziale Arbeit – Wege nach oben? Die Konstruktion von „Männlichkeit" als Ressource der intraberuflichen Geschlechtersegregation. Opladen & Farmington Hills MI: Budrich UniPress.

Graf, Ursula/Schmid, Gabriella/Knill, Thomas/Stiehler, Steve (2015) (Hrsg.): Männer in der Sozialen Arbeit - Schweizer Einblicke. Berlin: Frank & Timme GmbH.

Hadjar, Andreas/Aeschlimann, Belinda (2015): Gender stereotypes and gendered vocational aspirations among Swiss secondary school students. In: Educational Research. 57 (1), 22-42.

Hadjar, Andreas/Hupka-Brunner, Sandra (2013): Überschneidungen von Bildungsungleichheiten nach Geschlecht und Migrationshintergrund. Eine theoretische und empirische Hinführung. In: Hadjar, Andreas/Hupka-Brunner, Sandra (Hrsg.): Geschlecht, Migrationshintergrund und Bildungserfolg. Weinheim und Basel: Beltz Juventa, 7-35.

Hell, Benedikt/Wetzel, Eunike/Päßler, Katja (2013): Verb-Interessenstest (VIT). Konstanz: Universität Konstanz.

Kelle, Udo (2008): Die Integration qualitativer und quantitativer Methoden in der empirischen Sozialforschung: Theoretische Grundlagen und methodologische Konzepte. Bd. 2. Auflage. Wiesbaden: VS Verlag für Sozialwissenschaften.

Klein, Uta/Wulf-Schnabel, Jan (2007): Männer auf dem Weg aus der Sozialen Arbeit. In: WSI Mitteilungen, 3., 138-144.

Leemann, Regula J./Keck, Andrea (2005): Der Übergang von der Ausbildung in den Beruf. Die Bedeutung von Qualifikation, Generation und Geschlecht. Neuchâtel: BFS.

Lörz, Markus/Schindler, Steffen (2011): Geschlechtsspezifische Unterschiede beim Übergang ins Studium. In: Hadjar, Andreas (Hrsg.): Geschlechtsspezifische Bildungsungleichheiten. Wiesbaden: VS Verlag für Sozialwissenschaften, 99-122.

Makarova, Elena/Aeschlimann, Belinda/Herzog, Walter (2016): „Ich tat es ihm gleich" – Vorbilder junger Frauen mit naturwissenschaftlich-technischer Berufswahl. In: bwp@ Berufs- und Wirtschaftspädagogik – online. URL: http://www.bwpat.de/spezial12/makarova_etal_bwpat_spezial12.pdf (Abrufdatum 09.01.2017).

Makarova, Elena/Herzog, Walter (2013): Geschlechtersegregation bei der Berufs- und Studienwahl von Jugendlichen. In: Brüggemann, Tim/Rahn, Sylvia (Hrsg.): Lehr- und Arbeitsbuch zur Studien- und Berufsorientierung. Münster: Waxmann, 175-184.

Makarova, Elena/Herzog, Walter (2014): Geschlechtsuntypische Berufswahlen bei jungen Frauen: Muss das Vorbild weiblich sein? In: Zeitschrift für Soziologie der Erziehung und Sozialisation. 34 (1), 38-54.

Makarova, Elena/Herzog, Walter/Ignaczewska, Julia/Vogt [Aeschlimann], Belinda (2012): Geschlechtsuntypische Berufs- und Studienwahlen bei jungen Frauen: Dokumentation der Projektphase 1 (Forschungsbericht Nr. 42). Bern: Universität Bern, Institut für Erziehungswissenschaft, Abteilung Pädagogische Psychologie.

Mayring, Philipp (2001): Kombination und Integration qualitativer und quantitativer Analyse Forum quantitative Sozialforschung. Bd. 2 (1). URL: http://www.qualitative-research.net/index. php/fqs/article/view/967/2110 (Abrufdatum 22.04.2015).

Nagy, Gabriel/Trautwein, Ulrich/Maaz, Kai (2012): Fähigkeits- und Interessensprofile am Ende der Sekundarstufe I: Struktur, Spezifikation und der Zusammenhang mit Gymnasialzweigwahlen. In: Zeitschrift für Pädagogische Psychologie, 26 (2), 79-99.

O'Neil, Jim M. (2008): Using the gender role conflict scale: New research paradigms. Summarizing 25 years of research on men's gender role conflict and clinical implications. In: The Counseling Psychologist, 36., 358-445.

Roth, Tobias/Salikutluk, Zerrin/Kogan, Irena (2010): Auf die „richtigen" Kontakte kommt es an! Soziale Ressourcen und die Bildungsaspirationen der Mütter von Haupt- Real- und Gesamtschülern in Deutschland. In: Becker, Birgit/Reimer, David (Hrsg.): Vom Kindergarten bis zur Hochschule. Die Generierung von ethnischen und sozialen Disparitäten in der Bildungsbiographie. Wiesbaden: VS Verlag für Sozialwissenschaften, 179-212.

Saltiel, John (1988): The Wisconsin Model of Status Attainment and the Occupational Choice Process. Applying a continuous-choice model to a discrete choice situation. In: Work and Occupations, 15 (3), 334-355.

Schmid, Gabriela/Stiehler, Steve/Graf, Ursula/Kessler, Rita (2010): Projekt „Mehr Männer in die Studiengänge und Praxisfelder der Sozialen Arbeit". 1. Zwischenbericht. Rorschach: Fachhochschule St. Gallen.

Schwiter, Karin/Hupka-Brunner, Sandra/Wehner, Nina/Huber, Eveline/Kanji, Shireen/ Maihofer, Andrea/Bergmann, Manfred Max (2014): Warum sind Pflegefachmänner und Elektrikerinnen nach wie vor selten? Geschlechtersegregation in Ausbildungs- und Berufsverläufen junger Erwachsener in der Schweiz. In: Swiss Journal of Sociology, 40 (3), 401-428.

Stöger, Heidrun/Ziegler, Albert/Heilemann, Michael (2012): Mädchen und Frauen in MINT: Bedingungen von Geschlechtsunterschieden und Interventionsmöglichkeiten. Bd. Vol. 1. Münster: LIT Verlag.

Urban, Dieter/Mayerl, Jochen (2011): Regressionsanalyse: Theorie, Technik und Anwendung. 4. überarbeitete und erweiterte Auflage. Wiesbaden: VS Verlag für Sozialwissenschaften.

Zwick, Michael M./Renn, Ortwin (2000): Die Attraktivität von technischen und ingenieurwissenschaftlichen Fächern bei der Studien- und Berufswahl junger Frauen und Männer. Stuttgart: Akademie für Technikfolgenabschätzung in Baden-Württemberg.

Katja Driesel-Lange

Förderung gendergerechter Übergänge von der Schule in den Beruf

Zusammenfassung

Der Blick auf die (berufs-)biographische Entwicklung von Mädchen und Jungen macht deutlich, dass Benachteiligungen aufgrund des Geschlechts zu ungleichen Chancen in Schule und nachschulischen Ausbildungswegen führen. Jungen verlassen die Schule mit weniger guten Zertifikaten als dies bei Mädchen der Fall ist. Jungen beziehungsweise Männer sind jedoch in langfristiger Perspektive beruflich erfolgreicher, können also ihre Nachteile durchaus ausgleichen. Mädchen und Jungen entscheiden sich aus unterschiedlichen Gründen für bestimmte berufliche Laufbahnen. In diesen Kriterien spiegeln sich teilweise auch durch Stereotypen geprägte Werte und Lebensziele wider, die Heranwachsende in der Konsequenz in ihrer beruflichen Entwicklung einschränken. Berufswahlen sind im Idealfall geprägt durch eine gut begründete Entscheidung, welche ihren Ausgangspunkt in der Reflexion der eigenen Interessen, Fähigkeiten, Werte und Ziele hat, die sich in beruflichen Perspektiven verwirklichen lassen. Das Herbeiführen dieser Entscheidung ist ein langfristiger Prozess, in dessen Verlauf Jugendliche begleitet werden sollen. Zum einen, weil Mädchen und Jungen Lerngelegenheiten benötigen, in denen sie die notwendigen Kompetenzen zur Gestaltung ihrer Berufsbiographie erwerben können. Zum anderen, weil sie Unterstützung benötigen, ihr berufliches Selbstkonzept und ihre beruflichen Pläne in Bezug auf stereotype Zuschreibungen kritisch zu reflektieren. Ein Ansatzpunkt zur Begleitung Jugendlicher liegt im Konzept der gendergerechten Berufsorientierung, das aufbauend auf theoretischen Konzepten und empirischen Befunden zu Geschlechtsunterschieden, pädagogische Angebote initiiert, welche in reflexiver Weise mögliche geschlechtsbezogene Beschränkungen sichtbar machen. Zugleich soll Mädchen und Jungen der Zugang zu einem breiten beruflichen Spektrum so ermöglicht werden, dass sie auch geschlechtsuntypische Perspektiven erfahren und an ihren Interessen und Fähigkeiten jenseits geschlechtsstereotyper Zuschreibungen spiegeln können. Die Konzeption und Gestaltung gendergerechter berufsorientierender Begleitung setzt ein hohes Maß an Kompetenz voraus, das in geeigneten Qualifizierungsangeboten für AkteurInnen angebahnt und gefördert werden soll.

Summary

Looking at the (vocational) development of girls and boys makes it clear that discrimination on the basis of gender leads to unequal chances in school and post-school pathways. Boys leave school with poorer certificates than it is the case with girls. Boys and men, however, are more successful in their careers in a long-term perspective. They can compensate for their disadvantages. Girls and boys choose certain career paths for different reasons. These criteria partly reflect stereotyped values and life goals, which in turn have the effect of restricting adolescents in their career development. In the ideal case, career choices are characterized by a well-founded decision. This decision has its starting point in the reflection of one's own interests, abilities, values and goals, which can be realized in professional perspectives. The adoption of this decision is a long-term process in which young people are to be accompanied. On the one hand, girls and boys need learning opportunities to acquire the necessary competencies to design their careers. On the other hand, they need support to critically reflect their vocational self-concept and their occupational plans with regard to stereotypical attributions. A point of origin for the guidance of young people is the concept of career guidance in due consideration of gender equality. This idea, on the basis of theoretical concepts and empirical findings on gender differences, initiates educational offers, which excogitate gender-specific limitations. At the same time, girls and boys should be given access to a broad range of occupations in such a way that they can experience career perspectives apart from gender stereotypes. It is desirable they reflect their interests and abilities beyond gender stereotypical attributions. The conception and design of career guidance, which is sensitive to gender, requires a high degree of competence. This should be promoted in suitable qualification programs for actors.

1 Einleitung

Der Übergang von der Schule in nachschulische Bildungswege bedarf einer fokussierten Unterstützung durch eine konsequent individuelle Berufsorientierung, um Einschränkungs- bzw. Ausgrenzungsprozesse zu verringern. Nach wie vor ist der deutsche Ausbildungs- und Arbeitsmarkt, trotz aller bildungspolitischen und pädagogischen Anstrengungen, vor allem durch eine starke Geschlechtertrennung gekennzeichnet. Geschlechterstereotype Berufswahlen schränken die Perspektiven von Mädchen und Jungen ein, indem sich ihre beruflichen Entscheidungen möglichweise weniger an ihren Interessen, Fähigkeiten, Werten und Zielen orientieren als an der Frage, welcher Beruf denn typischerweise für ein Mädchen oder einen Jungen geeignet sei.

> „...weil die meisten denken, dass es typische Männerberufe und Frauenberufe gibt, aber auch daran, dass Frauen besser mit Kindern umgehen können und Männer besser mit mechanischen Dingen; das heißt aber nicht, dass Männer nicht mit Kindern umgehen können oder Frauen nicht mit mechanischen Dingen."

Die zitierte Antwort eines Schülers der siebten Jahrgangsstufe, die im Rahmen einer Studie zur Förderung geschlechtergerechter Berufswahl (Driesel-Lange 2011) auf die Frage „Warum arbeiten deiner Meinung nach in Kindergärten, Horten und Grundschulen überwiegend Frauen, während man in technischen Berufen fast nur Männer findet?" gegeben wurde, zeigt eine stark ausgeprägte Reflexionsfähigkeit, die jedoch eher die Ausnahme als die Regel in der Sicht von Jugendlichen darstellt. Vor diesem Hintergrund wird die Frage aufgeworfen, wie Berufsorientierung sowohl konzeptionell als auch in ihrer pädagogischen Gestaltung aufgestellt sein muss, um individuelle, nicht geschlechtsstereotype Berufswahlprozesse zu unterstützen.

Ausgangspunkt der Auseinandersetzung mit Anforderungen an evidenzbasierte, gendergerechte Berufsorientierung, die das Individuum konsequent in den Mittelpunkt rückt, sind aktuelle Befunde zu Geschlechterdifferenzen in der schulischen und beruflichen Entwicklung sowie mögliche Erklärungsansätze über deren Zustandekommen. Ein entsprechendes Konzept in der Berufsorientierung ist reflexiv angelegt; empirische Erkenntnisse und theoretische Bezüge fundieren die konzeptionellen Überlegungen.

Gendergerechte, individuumsbezogene Berufsorientierung basiert nicht nur auf der Berücksichtigung der jeweiligen Berufswünsche und Lebensentwürfe von Mädchen und Jungen jenseits von Geschlechterstereotypen. Vielmehr werden Geschlechtsrollenorientierungen und damit verbundene Zuschreibungen sowie deren Konsequenzen bewusst in den Blick genommen. Heranwachsende benötigen dem folgend Lerngelegenheiten, in denen sie die Entstehung ihrer individuellen Wünsche kritisch reflektieren und gegebenenfalls erweitern sowie Folgen antizipieren können.

Es soll fortführend diskutiert werden, wie mithilfe der Erkenntnisse über Merkmale lernförderlicher Settings, die vor allem in der pädagogisch-psychologischen Lehr-Lernforschung im Kontext der Lernmotivation beschrieben worden sind, neue theoretische Grundlagen für eine evidenzbasierte, gendergerechte Berufsorientierung nutzbar gemacht werden können. Dabei sind zwei Aspekte von herausragender Bedeutung: Erstens die Entwicklung gendergerechter, berufsorientierender Aktivitäten selbst und zweitens die personelle

Sicherung gendergerechter Berufsorientierung, das heißt die Qualifizierung genderkompetenter BegleiterInnen im Berufswahlprozess.

2 Geschlechterdifferenzen in der Entwicklung: Frühzeitige Vorbereitung inklusiver Übergänge

Geschlechtsunterschiede, deren Erklärung und Implikationen für die pädagogische Arbeit mit Heranwachsenden prägen den sozialwissenschaftlichen Diskurs seit Jahrzehnten (vgl. Bischof-Köhler 2006; Kubandt 2016). Zahlreiche Befunde zu Geschlechtsunterschieden in der (schulischen) Entwicklung von Mädchen und Jungen untermauern die Einschätzung, dass eine dichotome Einteilung in „GewinnerInnen" und „VerliererInnen" des Bildungssystems allein nicht hilfreich ist (Stöger/Sonntag 2009) und nach einer Prüfung der vorliegenden Erkenntnisse, zum Beispiel aus den Schulleistungsstudien, auch nicht nachvollziehbar (vgl. im Überblick Latsch 2014). Eine differenzierte Betrachtung der Unterschiede ist vonnöten, vor allem mit Blick auf den hier relevanten Kontext der Berufswahl, denn Unterschiede in schulbezogenen Verhaltensweisen, Interessen, Einstellungen und Fähigkeiten erklären die unterschiedlichen beruflichen Entwicklungen und Entscheidungen von Mädchen und Jungen beziehungsweise Frauen und Männern (vgl. Steffens/Ebert 2016).

Im Folgenden werden ausgewählte Geschlechterdifferenzen dargestellt, die unter einer Bildungsperspektive und damit für eine Förderung geschlechtergerechter Berufsorientierung von Bedeutung sind. Denn

„Jugendliche wählen berufliche Bildungswege in engem Zusammenhang nicht nur mit persönlichen Neigungen und Erfahrungen, sondern auch aufgrund der bisherigen Erfahrungen mit institutionalisierter Bildung, sei es durch Fächerpräferenzen, aber auch durch ihren bildungsbezogenen Habitus" (Budde 2013, 121).

2.1 Mädchen, Jungen und der Blick auf Schule

Für Mädchen ist die Schule eher positiv konnotiert als dies bei Jungen der Fall ist: Mädchen geben sowohl in der Primar- als auch in der Sekundarstufe eine positivere affektive Einstellung zur Schule an als Jungen (van Ophuysen 2008).

Mädchen und Jungen unterscheiden sich in Bezug auf die für das Lernen wichtige Selbstregulation. Mädchen zeigen nach Angaben der Lehrpersonen stärker selbstreguliertes Lernen bzw. selbstdiszipliniertes Verhalten. Dies gilt sowohl in der Primar- als auch in der Sekundarstufe (Duckworth/Seligman 2006; Trautwein/Baeriswyl 2007; Anders et al. 2010; Kuhl/Hannover 2012). Jungen investieren weniger Zeit in Hausaufgaben. In einer Untersuchung von Spiel, Wagner und Fellner (2002) konnte gezeigt werden, dass Mädchen in der zehnten Klasse im Gymnasium im Schnitt drei Stunden pro Woche mehr mit Hausaufgaben verbringen als Jungen. Zudem ist die Chance, bei Problemen Hilfe anzunehmen, bei Mädchen stärker ausgeprägt: Jungen geben weniger lernförderliche Einstellungen zum Hilfesuchen in der Schule an (Kessels/ Steinmayr 2013).

2.2 Domänenspezifische Leistungen, Einstellungen und Interessen von Mädchen und Jungen

Die Unterschiede nehmen in Domänen und Schulfächern, die für geschlechtsuntypische Berufswahlen entscheidend sind, von der Kindheit bis zum Jugendalter zu (Stöger/Sontag 2009).

Im mathematischen Selbstkonzept von Mädchen und Jungen finden sich in den ersten beiden Jahrgangsstufen keine Unterschiede. Unterschiede bestehen im Fach Deutsch nur im affektiven Leseselbstkonzept, das heißt in Bezug auf das Leseinteresse und das Gefühl, angesprochen zu sein (Wolter/Hannover 2013).

Im weiteren Verlauf der Grundschule und weiterführenden Schule zeigen differenzierte Befunde der Schulleistungsstudien Geschlechtsunterschiede in den Domänen Lesen, Mathematik und Naturwissenschaften (OECD 2007; Prenzel et al. 2007; vbw 2009; Quaiser-Pohl 2012).

Der internationale Vergleich der Leistungen zeigt jedoch die mögliche Veränderbarkeit der Unterschiede, denn die Differenzen zwischen den Geschlechtern in Deutsch, Mathematik und Naturwissenschaften sind in Deutschland stärker ausgeprägt als im OECD-Durchschnitt (vgl. z.B. Hannover 2008, 2010; vwb 2009).

Geschlechtsunterschiede in den Einstellungen zur Technik sind schon im Grundschulalter nachweisbar. In einer Studie mit Mädchen und Jungen der dritten und vierten Jahrgangsstufe wurde gezeigt, dass Mädchen eine geringe Selbstwirksamkeitsüberzeugung im Bereich der Technik haben. Ihre selbsteingeschätzte Kompetenz im Umgang mit Technik, zum Beispiel einen Computer zu bedienen oder mit Werkzeugen zu arbeiten, ist weniger ausgeprägt als dies bei Jungen der Fall ist (Endepohls-Ulpe et al. 2010).

2.3 Leistung, Schulerfolg und berufliche Entwicklung von Mädchen und Jungen

Die Unterschiede in den Noten und auch in den Übergangsempfehlungen zugunsten der Mädchen sind größer als die Unterschiede in standardisierten fachlichen Kompetenztests (vgl. Bos et al. 2007). Die geringfügig schlechteren Leistungen von Jungen (vgl. Voyer/Voyer 2014) führen zu erheblichen Nachteilen mit Blick auf den Bildungsabschluss. Jungen erreichen seltener ein Abitur als Mädchen. Jungen haben häufiger einen Hauptschulabschluss oder keinen Schulabschluss vorzuweisen als Mädchen. Der geringere schulische Erfolg von Jungen zeigt sich auch im internationalen Vergleich. Er lässt sich jedoch nicht allein mit geringerer Leistungsfähigkeit erklären (vgl. im Überblick Heyder/Kessels 2013; Latsch 2014).

Ein differenzierter Blick darauf, was Mädchen und Jungen in die „Waagschale" für ihre weitere berufsbiographische Entwicklung einbringen (vgl. Abb. 1) zeigt, dass Mädchen trotz der Kompetenznachteile in ausgewählten Fächern insgesamt mit besseren schulischen Zertifikaten ausgerüstet in den nachschulischen Übergang starten. Dort können sie ihren Vorsprung jedoch nicht in erfolgreiche berufliche Perspektiven übersetzen. Sie münden häufiger in unsicherere und niedriger bezahlte Arbeitsverhältnisse ein. Die Kompetenznachteile der Jungen, beispielsweise im Fach Deutsch, die geringere Chance nach der Primarstufe den Übertritt in eine weiterführende Schule zu meistern, die eine Hochschulzugangsberechtigung ermöglicht, und auch die schlechteren schulischen Zertifikate sind insgesamt Ausdruck für eine ungünstige schulische Entwicklung. Dies steht jedoch im Widerspruch zum weiteren erfolgreichen Verlauf männlicher beruflicher Entwicklung. Einem großen Teil der jungen Männer gelingt es, Bildungsabschlüsse nachzuholen (Michel-Dittgen/ Appel 2013) und Arbeitsverhältnisse einzugehen, die mehr Aufstiegschancen bieten und besser entlohnt sind (vgl. z.B. Steffens/Ebert 2016).

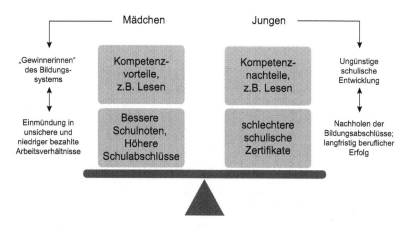

Abb. 1: Mädchen und Jungen in schulischer und beruflicher Entwicklungsperspektive

Neben dem Geschlecht ist die Leistung in bestimmten Fächern ein wichtiger Prädiktor für die Entwicklung eines Berufswunsches, vor allem im Hinblick auf damit verbundene nicht-geschlechtsstereotype Berufswahlen. Jungen mit guten Deutsch-Noten haben eher geschlechtsuntypische Berufswünsche. Eine schlechtere Deutsch-Note führt sowohl bei Mädchen als auch bei Jungen dazu, dass sie ihre Berufswünsche stärker am eigenen Geschlecht ausrichten. Gute Mathematik-Noten hingegen führen bei beiden Geschlechtern zu eher männlich konnotierten Berufswünschen (Schorlemmer 2015).

3 Geschlechtstypische Berufswahl als Ergebnis unterschiedlicher Entwicklung von Mädchen und Jungen

Die Berufswahl von Mädchen und Jungen beziehungsweise Frauen und Männern erfolgt sehr stark geschlechtstypisiert. In nur wenigen Berufsbranchen ist der Anteil von Frauen und Männern gleich verteilt (Steffens/Ebert 2016). Laut Berufsbildungsbericht (Bundesministerium für Bildung und Forschung (BMBF) 2016) entschieden sich drei Viertel aller Mädchen nur zwischen 25 von mehr als 350 möglichen Ausbildungsberufen. Auch bei den Jungen ist eine Einschränkung sichtbar: 60 Prozent wählten einen Beruf aus den Top 25. Nach wie vor favorisieren Mädchen eher einen Dienstleistungs- oder kaufmännischen Beruf. Es befindet sich nur ein Handwerksberuf unter den zehn am meisten gewählten Berufen: die Friseurin (Platz 7). Am beliebtesten bei Mädchen sind die Berufe der Kauffrau für Büromanagement, der medizinischen Fachangestellten und der Verkäuferin. Die Jungen bevorzugen am meisten gewerblich-technische Berufe, sie interessieren sich aber auch für kaufmännische und Dienstleistungsberufe. Die drei bei Jungen beliebtesten Ausbildungen sind Kraftfahrzeugmechatroniker, Elektroniker und Kaufmann im Einzelhandel. Mädchen schlossen weniger häufig Ausbildungsverträge im Bereich der dualen Ausbildung ab; zumeist entschieden sie sich für schulrechtlich geregelte Ausbildungsberufe, vor allem im Gesundheits-, Erziehungs- und Sozialwesen (BMBF 2016). Der Blick auf akademische Laufbahnen zeigt ebenso eine starke Geschlechtersegregation. Im Wintersemester 2015/2016 waren die fünf am stärksten besetzten Studienfächer bei Frauen Betriebswirtschaftslehre, Rechtswissenschaft, Germanistik/Deutsch, Medizin (Allgemein-Medizin) und Erziehungswissenschaft (Pädagogik). Männer studieren am häufigsten in den Fächern Betriebswirtschaftslehre, Maschinenbau/-wesen, Informatik, Elektrotechnik/Elektronik und Wirtschaftsingenieurwesen mit ingenieurwissenschaftlichem Schwerpunkt (Statistisches Bundesamt 2016). In mathematisch-technischen Fächern studieren nur wenige Frauen. Während sich 16 Prozent der studienberechtigten Männer für Maschinenbau entschieden, kam dieses Fach nur für drei Prozent der Frauen in Frage. Auch für Studienfächer in Richtung Mathematik/Informatik entschieden sich nur drei Prozent der studienberechtigten Frauen (Schneider/Franke 2014). Diese ungleiche Verteilung der Studienfachentscheidungen führt insgesamt zu niedrigen Anteilen studierender Frauen in den Ingenieurwissenschaften. Diese haben zwar seit einigen Jahren einen leichten Anstieg zu verzeichnen[1], sind mit ca. 20 Prozent weiblicher Studierender jedoch männerdominierte Studienfächer (Steffens/Ebert 2016). Solga und Pfahl (2009) sehen die geschlechtstypische Berufswahl als eine Folge der unterschiedlichen Entwicklung von Mädchen und Jungen in spezifischen Lebensbereichen, die zu geschlechtertypischen *Erfahrungen* mit Technik und daran anknüpfend mit Geschlechterunterschieden im Technik*wissen* führen. Mangelnde Erfahrungen, mangelndes Wissen sind verbunden mit unterschiedlichen Möglichkeiten des Kompetenzerlebens, was in der Folge auch die Entwicklung der Motivation, sich mit spezifischen Inhalten auseinanderzusetzen, beeinflusst. Dies führt wiederum zu Geschlechterunterschieden im Technik*interesse*. Insgesamt ist diese Entwicklung als *„leaking pipeline"* mit einem Verlust der Mädchen und Frauen in männertypischen Berufsfeldern zu sehen, die bereits zu einem frühen Zeitpunkt beginnt.

3.1 Frühe Weichenstellung: Berufsperspektiven von Mädchen und Jungen

Iris Baumgardt (2012) befragte über 400 Grundschulkinder der dritten und vierten Klasse zu ihren Wunschberufen. Bereits in diesem Alter sind sowohl eingeschränkte Berufswahlspektren als auch die Geschlechtersegregation sichtbar. Zwei Drittel der Mädchen und die Hälfte der Jungen konzentrieren sich auf die zehn am meisten genannten Berufe. Während Mädchen akademische Berufe favorisieren, kommen für die Jungen akademische Berufe und auch solche Berufe infrage, die eine betriebliche Ausbildung voraussetzen. Mädchen bekunden ihr Interesse in Bezug auf Berufe, die mit Tieren (insbesondere Pferden) zu tun haben beziehungsweise sind die Bühnenberufe für sie attraktiv. Beliebt sind die Ärztin, die Lehrerin und die Polizistin. Am beliebtesten bei den Jungen ist der Fußballspieler, gefolgt von Polizisten, Ingenieuren, Forschern und Erfindern. Nur 17 Mädchen wünschen sich klassische „Männerberufe". Jedoch kein Junge wählt einen klassischen „Frauenberuf". Die Schnittmenge der Berufe bei Mädchen und Jungen ist gering. Nur zwei Berufe (Ärztin/Arzt und Polizistin/Polizist) sind bei Jungen und Mädchen in den Top 10, jedoch ist die Häufigkeit der Nennungen unterschiedlich. Eine Tendenz zur Angleichung gibt es bei TierforscherIn und ArchitektIn. Der Lieblingsberuf der Mädchen – Tierärztin – wird nur von drei Jungen gewählt. Der Lieblingsberuf der Jungen – Fußballspieler – wird nur von zwei Mädchen in Betracht gezogen. Viele von den Jungen genannte Berufe wie Soldat, Kfz-Mechaniker, Pilot oder Kapitän werden von Mädchen nicht erwähnt.

---

1   Für eine detaillierte Übersicht zur Entwicklung der Anteile studierender Frauen und Männer in ausgewählten Ingenieurstudiengängen und der Informatik auf der Basis der Daten des Statistischen Bundesamts (vgl. Kompetenzzentrum Technik-Diversity-Chancengleichheit e.V. unter https://www.kompetenzz.de/Daten-Fakten/Studium/Studienanf-FG-Ing-Studienjahr-2015).

Dies gilt auch umgekehrt für die Berufe, die von Mädchen genannt werden wie Pflegeberufe, Anwältin, Bürokauffrau (Baumgardt 2012). Mädchen bleiben auch bis zur Sekundarstufe I bei ihren Favoriten in der Berufswahl und orientieren sich eher an Berufen, die, mit Ausnahme der Ärztin, stark vom weiblichen Geschlecht dominiert werden wie Erzieherin, Lehrerin oder Krankenschwester. Bis zum frühen Jugendalter bleiben bei Jungen Berufswünsche wie Polizist und Soldat, aber auch der des Fußballspielers erhalten. Ab der siebten Jahrgangsstufe gewinnen auch eher technisch orientierte Berufe an Bedeutung (Walper/Schröder 2002; Schmude 2009).

3.2 Kriterien der Berufswahl – was Mädchen und Jungen wichtig ist

Mädchen und Jungen ist gleichermaßen wichtig, einen sicheren Arbeitsplatz zu haben und ihren Interessen im Beruf nachzugehen (Schmidt-Koddenberg/ Zorn 2012). Sie wollen „Karriere machen" (Calmbach 2013). Besonders wichtige Kriterien der Berufswahl sind für Mädchen eine interessante Tätigkeit auszuüben, selbstständig arbeiten zu können, in einem guten Betriebsklima zu arbeiten, einen Beruf zu ergreifen, der einem genügend Zeit für die Familie lässt und einem Beruf nachzugehen, in dem Menschen geholfen werden kann. Weniger wichtige Kriterien sind für Mädchen ein hohes Einkommen, gute Aufstiegsmöglichkeiten sowie das Übernehmen von Leistungs- und Führungsaufgaben (Cornelißen/Gille 2005). Jungen legen Wert darauf, ihr Hobby im Beruf zu verwirklichen, mit modernen Maschinen umzugehen und möglichst viel Geld zu verdienen (Puhlmann et al. 2011). Zudem konnten Schmidt-Koddenberg und Zorn (2012) in einer Studie zeigen, dass für Jungen das gesellschaftliche Ansehen des Berufes eher von Bedeutung ist. Die individuelle Bedeutung dieser Kriterien ist abhängig von der besuchten Schulart und auch von der sozialen Herkunft. Für SchülerInnen, die die gymnasiale Oberstufe besuchen, ist es gleichermaßen bedeutsam, einen guten Verdienst für ihre berufliche Tätigkeit zu erlangen. Sowohl Mädchen als auch Jungen, die ein Abitur anstreben, ist die Vereinbarkeit von Beruf und Familie wichtig (Schmidt-Koddenberg/Zorn 2012).

Das Prestige und das Anforderungsniveau sind neben der Geschlechtstypik bedeutsam für die Berufswahl (Scholand 2016). Mädchen und Jungen entscheiden sich für bestimmte Berufe also aufgrund eines Images, das sie mit Berufen verbinden. Typisch weibliche Berufe werden von Mädchen positiver in Hinblick auf Prestige und gesellschaftlichen Nutzen eingestuft als von Jungen (Eberhard et al. 2009). Das Image von Berufen speist sich wiederum häufig aus stereotypen Annahmen über Tätigkeiten in diesen Berufen und Menschen, die in diesen Berufen arbeiten. Wenn Berufen dann ein Geschlechtsstereotyp zugeschrieben wird, welches mit dem eigenen Selbstbild eines Mädchens oder

Jungen konfligiert, erscheinen diese Berufe nicht mehr attraktiv. Diese „Ausgrenzungsprozesse", wie sie Gottfredson (2002) beschrieb, zeigen sich bereits im Grundschulalter. So lernen bereits Kinder, dass typische Männerberufe verbunden sind mit schwierigeren Aufgaben, einem hohen Status und Prestige (im Überblick Verwecken/Hannover 2015). Die eigenen Vorstellungen und Überzeugungen im Hinblick auf Berufsbilder prägen also – gleich einer „Visitenkarte" – die berufsbezogenen Überzeugungen (Krewerth et al. 2004; Hannover 2008). Insbesondere die mit Berufen verbundene Selbstdarstellung (vgl. Budde 2013) steht im Zusammenhang mit möglichen, erwartbaren Reaktionen der Peer-Group. Diese verbinden häufig geschlechteruntypische Entscheidungen mit Sanktionen (Hannover 2008; Kessels 2012).

Einen Einfluss auf die Wahrnehmung von Berufen und damit auch auf die Entscheidung, ob der Beruf zum eigenen Selbstbild passt, haben in besonderem Maße Medien. Jugendliche gleichen auf der Basis der Kriterien für ihre berufliche Entscheidung ihre Vorstellungen von Berufen auch mit medial vermittelten Informationen ab. Dieser Einfluss ist nicht zu unterschätzen und wurde in der Vergangenheit auch mehrfach empirisch belegt (vgl. im Überblick Weyer et al. 2016). Möglicherweise werden hier auch Stereotypen über weibliche und männliche Erwerbsbiographien weiter reproduziert.

4 Implikationen für eine gendergerechte Berufsorientierung

Für Scholand (2016, 80) ist „eine (gendersensible) berufsorientierende Didaktik erst in Ansätzen vorhanden". Überlegungen zur Konzeption und Gestaltung einer geschlechtergerechten, inklusiven Berufsorientierung sind vor dem Hintergrund der empirischen Befunde zu Geschlechterdifferenzen einerseits und individuellen Entwicklungsverläufen andererseits, die weniger durch Geschlecht, sondern durch andere Einflussfaktoren wie soziale und ethnische Herkunft bedingt sind, anzustellen. Damit wird auch die Komplexität des (notwendigen) Anspruchs an eine inklusive pädagogische Begleitung deutlich. Nichtsdestotrotz bilden diese beiden Perspektiven, Gendergerechtigkeit und Individualisierung, die konzeptionellen „Eckpfeiler" der Berufsorientierung, die sich an den Herausforderungen der Arbeit- und Berufswelt und den Bedürfnissen in jugendlichen Lebenswelten gleichermaßen orientieren. Dieses pädagogische Verständnis ist zugleich anschlussfähig an den aktuellen Diskurs zur Berufswahlforschung (vgl. Hirschi 2013). Vor diesem Hintergrund soll ebenso die Qualifikation der beteiligten AkteurInnen diskutiert werden.

4.1 Theoretische Bezüge inklusiver Berufsorientierung: Empfehlungen für die Individual- und die Systemebene

Die o.g. Perspektiven aufnehmend gilt es, berufsorientierende Angebote so zu konzipieren, dass Jugendliche individuelle Lernräume erhalten, in denen sie Berufsfelder und -tätigkeiten frei von geschlechterbezogenen Konnotationen erfahren können. Folgende Aspekte müssen dabei Berücksichtigung erfahren:

a) Lernangebote sprechen Interessen von Mädchen und Jungen in allen Domänen und Lebenswelten an,

b) Vorerfahrungen werden berücksichtigt,

c) Lernangebote ermöglichen ein angstfreies Sammeln von Erfahrungen in geschlechtsuntypischen, berufsbezogenen Situationen und

d) Erfahrungen werden systematisch angeregt (vgl. Kracke/Driesel-Lange 2016)

Die Konzeption einer gendergerechten, inklusiven Berufsorientierung nimmt Bezug auf die Individual- und auf die Systemebene.

Individualebene
Die individuelle Förderung von Heranwachsenden setzt an ihren Interessen und Stärken im Kontext des motivationsförderlichen Lernens an (Deci/Ryan 2002), indem zum Beispiel eine entsprechend interessengeleitete Themenwahl ermöglicht und das Erfahren der eigenen Kompetenz in einem wertschätzenden Lernkontext unterstützt wird. Dies impliziert die Förderung eines kompetenzförderlichen Attributionsstils (vgl. Möller 2010) unter Reflexion unrealistischer Leistungsselbstbilder und schönfärbender Misserfolgsverarbeitung, wie sie bei Mädchen und Jungen in unterschiedlicher Weise beobachtet werden kann: Mädchen schreiben Misserfolg häufig mangelnder Begabung zu. Erfolg erklären sie mit Glück und Zufall, während Jungen Misserfolg als Ergebnis eines Zufalls oder als Pech deuten. Ihren Erfolg sehen sie in den eigenen Kompetenzen begründet (Hannover 2008; Steins 2010).

Durch eine direkte, kompetenzorientierte Erfahrung in (noch) unbekannten Kontexten und das Beobachten erfolgreicher Modelle in diesen Kontexten kann die Selbstwirksamkeit (Bandura 1997; Rheinberg/Krug 2005) auch im Hinblick auf geschlechtsuntypische Berufsfelder gefördert werden. Unerlässlich sind ein kontinuierliches Feedback sowie die Ermunterung, sich Bereichen zuzuwenden, die bisher nicht erfahren wurden oder geschlechtsstereotyp gefärbt sind (vgl. Hannover 2008; Franzke 2010; Ludwig 2010; Grünewald-Huber 2011; Kracke/Driesel-Lange 2016). Diese theoretisch fundierten Überlegungen bilden den Ausgangspunkt möglicher pädagogischer Interventionen in der Berufsorientierung (Kracke/Driesel-Lange 2016; vgl. Kasten 1).

Motivationsförderung durch Kompetenzerleben, Autonomie und Wertschätzung
(Deci/Ryan 2002)

Ansätze pädagogischen Handelns:
* Jugendliche können ein Feld wählen
* Aufgaben knüpfen an Vorwissen und Fähigkeiten an
* Fehler sind erlaubt
* Positiver Umgang mit Ergebnissen
* Vermeiden: „Für einen Jungen / Mädchen hast du das toll gemacht!"

Förderung eines kompetenzförderlichen Attributionsstils
(im Überblick Möller 2010)

Ansätze pädagogischen Handelns:
* Detaillierte Rückmeldung zu Arbeitsergebnissen
* Fehler nicht als Bedrohung sehen, Erfolg ist erarbeitbar
  Beispiel:
  „Das war noch nicht richtig. Wir gucken einmal, woran es lag. Dann machst Du es noch einmal!"
* Zufall oder Pech, nicht mangelndes Können als Ursache des Misserfolgs in Erwägung ziehen
* Glück und Zufall nicht als Ursache des Erfolgs zuschreiben

Reflexion unrealistischer Leistungsselbstbilder und schönfärbender Misserfolgsverarbeitung
(im Überblick Steins 2010)

Ansätze pädagogischen Handelns:
* Förderung selbstwertdienlicher Attributionen besonders bei Mädchen „Da hast Du gezeigt, dass Du Mathematik beherrschst!"
* Unterstützung realistischer Selbsteinschätzung: „Nein, die schlechte Note hast Du nicht bekommen, weil Dich Dein Physiklehrer nicht leiden kann..."

Förderung der Selbstwirksamkeit
(Bandura 1997; Rheinberg/Krug 2005)

Ansätze pädagogischen Handelns:
* Immer verdeutlichen, dass es Zeit braucht, bis man Dinge lernt (am eigenen Beispiel: „Am Anfang habe ich das auch immer falsch gemacht...")
* Positive Rückmeldung zu Erreichtem (im Vergleich zu dem, was man vorher konnte und nicht zu den anderen)

Perspektivisch bedarf es der Erarbeitung von Konzepten für eine frühzeitige und langfristige geschlechtsbezogene Bildungs- und Berufsberatung, um schon in der Grundschule Geschlechterstereotypen entgegenzuwirken. Bereits zu diesem Zeitpunkt gilt es, die Frage nach weiblichen und männlichen (Berufs)Perspektiven kritisch zu reflektieren. Hier zeigen sich beispielsweise direkte Anknüpfungsmöglichkeiten im Sachunterricht (Scheller 2011). In der weiterführenden Schule eröffnen nicht nur explizite Berufsorientierungsangebote die Möglichkeit, sich mit geschlechtsuntypischen Berufsperspektiven auseinanderzusetzen. Auch der naturwissenschaftliche Fachunterricht bietet zum Beispiel ein Potential zur Erweiterung des Berufswahlspektrums. Dies gilt zwar in besonderem Maße für Mädchen, die sich häufig gegen MINT-Berufe entscheiden. Es stellt jedoch auch eine Möglichkeit dar, verstärkt Jungen für diesen Bereich zu gewinnen (Makarova et al. 2016).

Systemebene
Nicht nur auf der inhaltlich-konzeptionellen Ebene, also der Basis für die individuelle Förderung, sondern auch auf der Systemebene bedarf es einer weiteren Verankerung von Bedingungen, die eine gendergerechte, inklusive Berufsorientierung ermöglichen.

Die Qualitätsentwicklung schulischer Berufsorientierung ist in diesem Kontext ein wichtiges Aufgabengebiet. Die vielfach geforderte „didaktische Verzahnung" (Brüggemann 2015) von Angeboten der Berufsorientierung als ein bedeutsames Qualitätsmerkmal ist häufig noch keine Selbstverständlichkeit. Dass der „rote Faden" der Berufsorientierung nicht vorhanden ist, belegen verschiedene Studien zur Berufsorientierung (vgl. Driesel-Lange 2011; Brüggemann 2015). Am Beispiel einer Studie zur Potentialanalyse kann gezeigt werden, wie wenig mit den Ergebnissen von Interventionen häufig weiter gearbeitet wird: Nur ein Teil der SchülerInnen kommt mit ihren Lehrpersonen im Nachgang der Maßnahme ins Gespräch. Ein Drittel der Jugendlichen tauscht sich gar mit niemandem über dieses berufsorientierende Angebot aus (Driesel-Lange/Kracke im Druck). Zudem ist der Einfluss von Lehrpersonen, insbesondere im Zusammenhang mit der wahrgenommenen Unterstützung, auch in dieser Studie sichtbar geworden: Je stärker die Jugendlichen die Lehrpersonen als interessiert an berufswahlbezogenen Fragen wahrnehmen, desto eher wird die Potentialanalyse für Selbstwissen, berufliche Vorstellungen und Praktikumsauswahl als nützlich eingeschätzt (Driesel-Lange/Kracke im Druck).

Auf der Systemebene zu verorten ist auch die Auseinandersetzung mit den Weichen, die durch AkteurInnen in nachschulischen Bildungsinstitutionen gestellt werden. In einer Studie von Michel-Dittgen und Appel (2013) wurde der Frage nachgegangen, ob die Entscheidung für eine spezifische Ausbildung durch die Reproduktion von Stereotypen in Stellenausschreibungen für Auszubildende beeinflusst wird. Insgesamt werden in Stellenausschreibungen am häufigsten Sozialkompetenzen wie Teamfähigkeit, gute Umgangsformen und Kontaktfreudigkeit gefordert. Jedoch werden in den weiblich konnotierten Berufen eher geschlechtstypisch weibliche und in den männlich konnotierten Berufen eher geschlechtstypisch männliche Anforderungen benannt. Signifikant häufiger finden sich Anforderungen wie gute Umgangsformen, Spaß am Umgang mit Menschen, eine hohe Lernbereitschaft sowie gute Deutschkenntnisse in den Ausschreibungen für überwiegend von Frauen besetzten Ausbildungsberufen. In Bezug auf die mehrheitlich von jungen Männern besetzten Ausbildungsberufe ist in den Stellenausschreibungen eine signifikant häufigere Nennung von dem männlichen Geschlechtsstereotyp entsprechenden Fähigkeiten wie gute Kenntnisse in Mathematik/Naturwissenschaften sowie lösungsorientiertes Denken erkennbar.

Die Reproduktion von Geschlechterstereotypen ist breit im Alltag verankert und nicht nur ein Problem im Kontext der Berufsorientierung. Gerade aber das Sichtbarmachen von möglichen Beschränkungen durch einen unreflektierten Umgang mit Stereotypen gehört in die gemeinsame Arbeit am Übergang Schule – Beruf. Besonders im Kontext von Berufsorientierung als kooperative Aufgabe ist die stärkere kritische Reflexion der Auswirkungen von Geschlechterstereotypisierung im lokalen Lernumfeld der Jugendlichen wünschenswert.

4.2 Qualifizierung von AkteurInnen

Neben Aspekten der konzeptionellen und strukturellen Sicherung einer Berufsorientierung, die sich an einer geschlechtsunabhängigen und individuellen Begleitung beruflicher Entwicklung orientiert, ist die Frage der Qualifizierung der AkteurInnen bedeutsam. Dies schließt nicht nur die Ausbildung von LehrerInnen im Kontext der Berufsorientierung ein (vgl. Dreer 2013), sondern richtet auch das Augenmerk auf das Unterstützersystem insgesamt, vor allem mit Blick auf die Erhöhung der Sensibilisierung und Kompetenz für Geschlechterfragen. Stereotype werden häufig subtil reproduziert (Faulstich-Wieland 2016). Daher ist neben dem Erwerb von Wissensbeständen zu Ursachen von Geschlechtsunterschieden, zu möglichen Entwicklungsrisiken bei Mädchen und Jungen und Konsequenzen der Übernahme von Geschlechterstereotypen, auch eine vertiefte Reflexion über die eigenen Überzeugungen und Erfahrungen vonnöten (vgl. im Überblick Kracke/Driesel-Lange 2016). Genderkompetentes Handeln im Kontext der Berufsorientierung erfordert Gendersensibilität und das notwendige „Handwerkszeug" zur Gestaltung gendergerechter Lerngelegenheiten (vgl. Kunert-Zier 2005; Steins/Bitan 2014; Faulstich-Wieland 2016). Der Einsatz von Methoden zur Zusammenarbeit und Qualitätsentwicklung wie Kollegiale Beratung und Teamteaching gehören ebenso in das Programm zur Qualifizierung des Unterstützungssystems. Kracke und Driesel-Lange (2016) haben vor diesem Hintergrund ein theoretisch fundiertes Trainingskonzept entwickelt, das AkteurInnen befähigen soll, durch gendergerechte Berufsorientierung individuelle berufliche Entwicklung zu fördern. Ein solches Training initiiert immer auch einen langfristigen Entwicklungsprozess der AkteurInnen selbst. Nicht nur die Reflexion eigener Erfahrungen und die Erarbeitung persönlicher Entwicklungsziele werden angeregt, sondern es wird auch die Frage nach der Bereitschaft, sich für Gendergerechtigkeit einzusetzen, aufgeworfen. Dies erfordert teilweise ein mutiges und entschlossenes Auftreten beim Einbezug der sogenannten Sozialisationsagenten wie Eltern, Gleichaltrige, KollegInnen sowie der KooperationspartnerInnen. Es gilt das eigene Konzept gegenüber Eltern und anderen Lehrpersonen zu verdeutlichen und auch Eltern Mut zu machen, eigene Wege der Kinder zu unterstützen. Ein beherztes Eingreifen, wenn Gleichaltrige die eigenen Wege der Jugendlichen abwerten, setzt ein hohes Maß an Genderkompetenz voraus.

Literatur

Anders, Yvonne/McElvany, Nele/Baumert, Jürgen (2010): Die Einschätzung lernrelevanter Schülermerkmale zum Zeitpunkt des Übergangs von der Grundschule auf die weiterführende Schule. Wie differenziert urteilen Lehrkräfte? In Kai Maaz/Jürgen Baumert/Cordula Gresch/Nele Elvany (Hrsg.): Der Übergang von der Grundschule in die weiterführende Schule. Leistungsgerechtigkeit und regionale, soziale und ethnisch-kulturelle Disparitäten. Bonn: Bundesministerium für Bildung und Forschung, 313-330.

Bandura, Albert (1997): Self-efficacy: The exercise of control. New York: Freeman.

Baumgardt, Iris (2012): Der Beruf in den Vorstellungen von Grundschulkindern. Hohengehren: Schneider-Verlag.

Bischof-Köhler, Doris. (2006): Von Natur aus anders. Die Psychologie der Geschlechtsunterschiede. Stuttgart: Kohlhammer.

Bos, Wilfried/Hornberg, Sabine/Arnold, Karl-Heinz/Faust, Gabriele/Fried, Lilian/Lankes, Eva-Maria/Schwippert, Kurt/Valtin, Renate (Hrsg.) (2007): IGLU 2006. Lesekompetenzen von Grundschulkindern in Deutschland im internationalen Vergleich. Münster: Waxmann.

Brüggemann, Tim (2015): 10 Merkmale „guter" Berufsorientierung. In: Brüggemann, Tim/ Deuer, Ernst (Hrsg.): Berufsorientierung aus Unternehmenssicht – Fachkräfterekrutierung am Übergang Schule-Beruf. Bielefeld: Bertelsmann-Verlag, 65-79.

Budde, Jan (2013): Geschlechteraspekte beim Übergang von der Schule in den Beruf. In: Appel, Wolfgang/Michel-Dittgen, Birgit (Hrsg.): Digital Natives. Was Personaler über diese Zielgruppe wissen sollten. Wiesbaden: Springer, 119-137.

Bundesministerium für Bildung und Forschung (Hrsg.) (2016): Berufsbildungsbericht 2016. Berlin: BMBF. URL: https://www.bmbf.de/pub/Berufsbildungsbericht_2016.pdf (Abrufdatum: 29.1.2017).

Calmbach, Marc (2013): Berufliche Orientierung aus der Gender- und Lebensweltperspektive. In: Meuser, Michael/Calmbach, Marc/Kösters, Winfried/Melcher, Marc/Scholz, Sylka/Toprak, Ahmet (2013) (Hrsg.): Jungen und ihre Lebenswelten – Vielfalt als Chance und Herausforderung. Opladen: Barbara Budrich, 202-222.

Cornelißen, Waltraud/Gille, Martina (2005): Lebenswünsche junger Menschen und die Bedeutung geschlechterstereotyper Muster. In: Zeitschrift für Frauenforschung und Geschlechterstudien, 23., 52-67.

Deci, Edward/Ryan, Richard M. (2002) (Hrsg.): Handbook of self-determination research. Rochester: University of Rochester Press.

Dreer, Benjamin (2013): Kompetenzen von Lehrpersonen im Bereich Berufsorientierung. Beschreibung, Messung, Förderung. Wiesbaden: Springer VS.

Driesel-Lange, Katja (2011): Berufswahlprozesse von Mädchen und Jungen. Interventionsmöglichkeiten zur Förderung geschlechtsunabhängiger Berufswahl. Münster: Lit.

Driesel-Lange, Katja/Kracke, Bärbel (im Druck): Potentialanalysen als Instrumente der Förderung in der Berufs- und Studienorientierung. Besondere Herausforderungen der Begleitung von Jugendlichen mit Hochschulzugangsberechtigung. In: Brüggemann, Tim/ Driesel-Lange, Katja/ Weyer, Christian (Hrsg.): Instrumente der Berufsorientierung. Münster: Waxmann.

Duckworth, Angela/Seligman, Martin (2006): Self-discipline gives girls the edge: Gender in self-discipline, grades and achievement test scores. In: Journal of Educational Psychology, 98., 198-208.

Eberhard, Verena/Scholz, Selina/Ulrich, Joachim Gerd (2009): Image als Berufswahlkriterium. Bedeutung für Berufe mit Nachwuchsmangel. In: Berufsbildung in Wissenschaft und Praxis, 3., 9-13.

Endepohls-Ulpe, Martina/Stahl-von Zabern, Janine/Ebach, Judith (2010): Einflussfaktoren auf das Gelingen von Technikerziehung für Mädchen und Jungen im Primarbereich -Ergebnisse aus dem Projekt UPDATE. In: Quaiser-Pohl, Claudia/Endepohls-Ulpe, Martina (Hrsg.): Bildungsprozesse im MINT-Bereich. Münster: Waxmann, 29-47.

Faulstich-Wieland, Hannelore (2016): Berufsorientierung und Geschlecht. Eine Einleitung. In: Faulstich-Wieland, Hannelore (Hrsg.): Berufsorientierung und Geschlecht. Weinheim: Beltz Juventa, 7-22.

Franzke, Bettina. (2010): Vermittlung von Berufsbildern - Wirkung und Relevanz von Rollenmustern und Geschlechterstereotypen bei der Beratung junger Menschen. Konzeption eines Gendertrainings. HdBA-Bericht Nr. 2. Mannheim: Hochschule der Bundesagentur für Arbeit.

Gottfredson, Linda (2002): Gottfredson's theory of circumscription, compromise, and selfcreation. In: Brown, Duane (Hrsg.): Career choice and development (4). San Franscisco: Jossey-Bass, 85-148.

Grünewald-Huber, Elisabeth (2011): Was können wir aus den Befunden lernen? Empfehlungen für Lehrpersonen, Lehrpersonenausbildende und die Bildungspolitik. In: Hadjar, Andreas (Hrsg.): Geschlechtsspezifische Bildungsungleichheiten. Wiesbaden: VS, 441-447.

Hannover, Bettina (2008): Vom biologischen zum psychologischen Geschlecht: Die Entwicklung von Geschlechtunterschieden. In: Renkl, Alexander (Hrsg.): Lehrbuch Pädagogische Psychologie. Bern: Huber, 339-388.

Hannover, Bettina (2010): Sozialpsychologie und Geschlecht: Die Entstehung von Geschlechtsunterschieden aus der Sicht der Selbstpsychologie. In: Steins, Gisela (Hrsg.): Handbuch Geschlechterforschung und Psychologie. Wiesbaden: VS, 27-42.

Heyder, Anke/Kessels, Ursula (2013): Is School Feminine? Implicit Gender Stereotyping of School as a Predictor of Academic Achievement. In: Sex Roles, 69., 605-617.

Hirschi, Andreas (2013): Berufswahltheorien – Entwicklung und Stand der Diskussion. In: Rahn, Sylvia/Brüggemann, Tim (Hrsg.): Berufsorientierung. Ein Lehr- und Arbeitsbuch. Münster: Waxmann, 27-41.

Kessels, Ursula (2012): Selbstkonzept: Geschlechtsunterschiede und Interventionsmöglichkeiten. In: Stöger, Heidrun/Ziegler, Albert/Heilemann, Michael (Hrsg.): Mädchen und Frauen in MINT. Bedingungen von Geschlechtsunterschieden und Interventionsmöglichkeiten. Münster: Lit, 163-191.

Kessels, Ursula/Steinmayr, Ricarda (2013): Macho-man in school: Toward the role of gender role self-concepts and help seeking in school performance. In: Learning and Individual Differences, 23., 234-240.

Kracke, Bärbel/Driesel-Lange, Katja (2016): Gendersensibilität in der Berufsorientierung durch Individualisierung. In: Faulstich-Wieland, Hannelore (Hrsg.): Berufsorientierung und Geschlecht.Weinheim: Beltz Juventa, 164-185.

Krewerth, Andreas/Tschöpe, Tanja/Ulrich, Joachin Gerd/Witzki, Alexander (Hrsg.) (2004): Berufsbezeichnung und ihr Einfluss auf die Berufswahl von Jugendlichen. Theoretische Überlegungen und empirische Ergebnisse. Bielefeld: Bertelsmann.

Kubandt, Melanie (2016): Geschlechterdifferenzen: Gegeben oder gemacht. Konstruktionen von Eltern im Kontext frühpädagogischer Geschlechterdebatten in Kindertageseinrichtungen. In: Der Pädagogische Blick, 3., 134-145.

Kuhl, Poldi/Hannover, Bettina (2012): Differentielle Benotungen von Mädchen und Jungen Der Einfluss der von der Lehrkraft eingeschätzten Kompetenz zum selbstgesteuerten Lernen. In: Zeitschrift für Entwicklungspsychologie und Pädagogische Psychologie, 44., 153-162.

Kunert-Zier, Margitta (2005): Erziehung der Geschlechter. Entwicklungen, Konzepte und Genderkompetenz in sozialpädagogischen Feldern. Wiesbaden: VS.

Latsch, Martin (2014): „Schlaue Mädchen - dumme Jungs?!" Der Einfluss von negativen Stereotypen über Jungen auf Leistung, Motivation und Gruppenprozesse im Klassenzimmer. Dissertation. Berlin: Freie Universität Berlin.

Ludwig, Peter (2010): Schulische Erfolgserwartungen und Begabungsselbstbilder bei Mädchen. In: Matzner, Michael/Wyrobnik, Irit (Hrsg.): Handbuch Mädchen-Pädagogik. Weinheim: Beltz, 145-158.

Makarova, Elena/Aeschlimann, Belinda/Herzog, Walter (2016): Wenn Frauen in MINT-Studiengängen fehlen: Mathematisch-naturwissenschaftlicher Unterricht und die Studienwahl junger Frauen In: Faulstich-Wieland, Hannelore (Hrsg.): Berufsorientierung und Geschlecht. Weinheim: Juventa, 39-57.

Michel-Dittgen, Birgit/Appel, Wolfgang (2013): Mädchen sind anders! Jungen auch? In: Appel, Wolfgang/Michel-Dittgen, Birgit (Hrsg.): Digital Natives. Was Personaler über die Generation Y wissen sollten. Wiesbaden: Springer, 97-118.

Möller, Jens (2010): Attributionen. In: Rost, Detlef (Hrsg.): Handwörterbuch Pädagogische Psychologie (4). Weinheim: Beltz, 38-44.

Organisation for Economic Co-Operation and Development (OECD) (2007): PISA 2006. Science competencies for tomorrow's world. Volume 1: Analysis. Paris.

Prenzel, Manfred/Schütte, Kerstin/Walter, Oliver (2007): Interesse an den Naturwissenschaften. In: Prenzel, Manfred/Artelt, Cordula/Baumert, Jürgen/Blum, Werner/Hammann, Marcus/Klieme, Eckhard/Pekrun, Reinhard (Hrsg.): PISA 2006. Die Ergebnisse der dritten internationalen Vergleichsstudie. Münster: Waxmann, 107-124.

Puhlmann, Angelika/Gutschow, Katrin/Rieck, Andrea (2011): Berufsorientierung junger Frauen im Wandel. Abschlussbericht. Bonn: Bundesinstitut für Berufsbildung. URL: https://www2.bibb.de/bibbtools/tools/dapro/data/documents/pdf/eb_34302.pdf (Abrufdatum: 30.1.2017).

Quaiser-Pohl, Claudia (2012): Mädchen und Frauen in MINT: Ein Überblick. In: Stöger, Heidrun/Ziegler, Albert/Heilemann, Michael (Hrsg.): Mädchen und Frauen in MINT. Bedingungen von Geschlechtsunterschieden und Interventionsmöglichkeiten. Münster: Lit, 13-39.

Rheinberg, Falko/Krug, Siegbert (2005): Motivationsförderung im Schulalltag. Göttingen: Hogrefe.

Scheller, Anne (2011): Wir entdecken und erkunden: Berufe und Arbeitswelt. Buxtehude: AOL.

Schmidt-Koddenberg, Angelika/Zorn, Simone (2012): Zukunft gesucht! Berufs- und Studienorientierung in der Sek II. Opladen: Barbara Budrich.

Schmude, Corinna (2009): Entwicklung von Berufspräferenzen im Schulalter: längsschnittliche Analyse der Entwicklung von Berufswünschen. Habilitationsschrift. Berlin: Humboldt-Universität.

Schneider, Heidrun/Franke, Barbara (2014): Bildungsentscheidungen von Studienberechtigten. Studienberechtigte 2012 ein halbes Jahr vor und ein halbes Jahr nach Schulabschluss (Forum Hochschule 6|2014). Hannover.

Scholand, Barbara (unter Mitarbeit von Vanessa Carroccia) (2016): Undoing Circumscription? Berufsbezogene Interessen und Kenntnisse von Schülerinnen und Schülern im 8. Jahrgang. In: Faulstich-Wieland, Hannelore (Hrsg.): Berufsorientierung und Geschlecht Weinheim: Juventa-Verlag, 57-83.

Schorlemmer, Julia (2015): Typische und atypische Berufswünsche nach Geschlecht und sozioökonomischem Status – Die Bedeutung von Selbst, Leistung, Motivation und Volition für individuelle Passungsprozesse bei Kindern und Jugendlichen. Dissertation. Berlin: Freie Universität Berlin.

Solga, Heike/Pfahl, Lisa. (2009): Wer mehr Ingenieurinnen will, muss bessere Karrierechancen für Frauen in Technikberufen schaffen (WZBrief Bildung 07/April 2009). Berlin: Wissenschaftszentrum Berlin für Sozialforschung. URL: https://bibliothek.wzb.eu/wzbrief-bildung/WZBriefBildung072009_solga_pfahl.pdf (Abrufdatum: 31.1.2017).

Spiel, Christiane/Wagner, Petra/Fellner, Gabriele (2002): Wie lange arbeiten Kinder zu Hause für die Schule? Eine Analyse in Gymnasium und Grundschule. In: Zeitschrift für Entwicklungspsychologie und Pädagogische Psychologie, 34., 125-135.

Statistisches Bundesamt (2016): Bildung und Kultur. Studierende an Hochschulen. Wintersemester 2015/2016. Fachserie 11, Reihe 4.1. Wiesbaden: Statistisches Bundesamt. URL: https://www.destatis.de/DE/Publikationen/Thematisch/BildungForschungKultur/Hochschulen/Studierende-HochschulenEndg2110410167004.pdf?__blob=publicationFile (Abrufdatum: 29.1.2017).

Steffens, Melanie/Ebert, Irena (2016): Frauen – Männer – Karrieren. Eine sozialpsychologische Perspektive auf Frauen in männlich geprägten Arbeitskontexten. Wiesbaden: Springer.

Steins, Gisela (Hrsg.) (2010): Handbuch Psychologie und Geschlechterforschung. Wiesbaden: VS Verlag.

Steins, Gisela/Bitan, Kristin (2014): Genderkompetenz im Unterricht lohnt sich – für alle! In: Schulverwaltung, 2., 45-47.

Stöger, Heidrun/Sontag, Christine (2009): Geschlechtsdisparitäten im Bildungsbereich: Die Situation hochleistender und hochbegabter Mädchen und Frauen. In: News & Science, 23., 27-34.

Trautwein, Ulrich/Baeriswyl, Franz (2007): Wenn leistungsstarke Klassenkameraden ein Nachteil sind: Referenzgruppeneffekte bei Übergangsentscheidungen. In: Zeitschrift für Pädagogische Psychologie, 21., 119-133.

van Ophuysen, Stefanie (2008): Komponenten der Schulfreude am Ende der Grundschulzeit. In: Röhner, Charlotte/Henrichwark, Claudia/Hopf, Michaela (Hrsg.): Europäisierung der Bildung. Konsequenzen und Herausforderungen für die Grundschulpädagogik. Wiesbaden: VS, 301-305.

vbw–Vereinigung der Bayerischen Wirtschaft e.V. (Hrsg.) (2009): Geschlechterdifferenzen im Bildungssystem. Jahresgutachten 2009. Wiesbaden: VS.

Verwecken, Dries/Hannover, Bettina (2015): Yes I can! Effects of gender fair job descriptions on children´s perception of job status, job difficulty an vocational self-efficacy. In: Social Psychology, 46., 76-92.

Voyer, Daniel/Voyer, Susan (2014): Gender Differences in Scholastic Achievement: A Meta-Analysis. In: Psychological Bulletin, 140., 1174-1204.

Walper, Sabine/Schröder, Richard (2002): Kinder und ihre Zukunft. In: LBS-Initiative Junge Familie (Hrsg.): Kindheit 2001. Das LBS-Kinderbarometer. Was Kinder wünschen, hoffen und befürchten. Opladen: Leske + Budrich, 99-125.

Weyer, Christian/Gehrau, Volker/Brüggemann, Tim (2016): Der Einfluss von Medien auf die Entwicklung von Berufswünschen im Prozess der Berufsorientierung. In: Zeitschrift für Berufs- und Wirtschaftspädagogik, 112., 108-126.

Wolter, Ilka/Hannover, Bettina (2013): Kognitive und affektive Fähigkeitsselbstkonzepte zu Schulbeginn. Domänenspezifische Differenzierung und Geschlechtsunterschiede. In: Schulpädagogik heute, 8., 1-18.

Michelle Proyer, Tatjana Atanasoska und
Siriparn Sriwanyong

Forces in Non-Linear Transitions – On the Impact of Escape on Educational Pathways in Young Refugees' Lives

Summary

This paper explores educational transitions of young refugees from a global perspective. By introducing findings from interviews with young people having fled to Austria and Thailand, it sheds light on the non-linearity of many transitions in the area of education that follow the arrival in a new country. It focuses on the selectivity and arbitrariness of available services and aims to open a discussion on the relevance of looking at these impacting factors in a more global context. In both countries, it becomes clear that paths of schooling and education are difficult to pursue for these young people.

Zusammenfassung

Diese Publikation beleuchtet Übergänge von jungen Geflüchteten im Bereich Bildung. Dabei wird eine globale Perspektive eingenommen, denn Resultate aus Interviewstudien mit Geflüchteten in Österreich und Thailand werden vorgestellt. Dabei wird deutlich, dass viele dieser Übergänge im Bereich von Schule und Bildung nach der Ankunft in einem neuen Land nicht-lineare Übergänge darstellen. In dieser Publikation wird der Fokus insbesondere auf die Willkürlichkeit vorhandener Unterstützungsangebote gelegt. Dadurch möchten die AutorInnen eine Diskussion anstoßen, in der die Wichtigkeit dieser Einflussfaktoren aus einer globalen Perspektive heraus zielführend diskutiert werden. In beiden Ländern wird deutlich, dass es für geflüchtete junge Menschen schwierig ist, ihre Bildungsziele zu verfolgen.

1 Introduction

This paper investigates aspects that have an impact on young refugees' educational transitions. Considering that many of these teenagers and young people face unplanned or severe cuts in their educational biographies due to flight, this transition and often those following (Samarasinghe/Arvidsson 2002), can be referred to as non-linear (Backe-Hansen 2008). Furlong et al. (2003, 2) also describe the latter as risky transitions and pose:

> "The more risky routes were followed by many of those who were less advantaged; those from the lower social classes and especially those whose fathers had encountered long-term unemployment, those with poorer qualifications and those from disadvantaged neighbourhoods".

As the title of the paper by Samarasinghe/Arvidson (2002) suggests, "a different kind of war" has to be fought once arriving and settling in a new country. Structural challenges may arise in terms of lacking or inappropriate support service provision in relation to health (Samarasinghe/Arvidsson 2002), schooling (Wade 2011), material support such as teaching materials (Kirova 2010) or last not least economic provision.

As young refugees, may they be accompanied or not, navigate their way through a system that often marginalizes them, transitions – causing stress and challenges regardless of background or origin – become even more striking incidents (Backe-Hansen 2008). Of specific interest for this paper are transitions happening once arrived in a so-called secure host country.

This paper employs a global perspective not only in terms of its geographical focus, Austria and Thailand. This is specifically interesting in the wake of current data, suggesting that never have more people been on the go, fleeing from natural disasters, economic restraints and hardship of war etc., than now. Despite an uncontested focus on education, the kind of pathways taken following such a transitional phase are rather different in nature. These span from fast-track transitions from language and/or preparatory classes into academic secondary schools to a total dependence on non-formal education provision due to the lack in provision for lateral entrees of a certain age[1].

What is striking is the arbitrary nature of support structure that often depends on the involvement of specific, sometimes individual, often unofficial (NGO) stakeholders. The age of the group observed implies an additional level of complexity as many educational systems become more elitist and specialized around the children's ages ten to 16.

---

1 In both countries (Austria and Thailand), individual pathways are heavily dependent on whether and which support structures are available for the person.

The chapter will present some background information on the two nation-contexts, followed by a presentation of selected empirical findings and wrapped up by a global contextualization.

2 Methodology

The core of the studies in Austria and Thailand are the interviews that were conducted with young refugees. The data base for the empirical part of this paper stems from two different studies:

- "On the Brink of Education": A small-scale qualitative study aiming to explore the educational pathways of young people beyond the age of compulsory education in Austria.

- Postdoctoral lecture qualification of the first author of this paper focusing on the intersectionality and impact of life in borderlands as well as the impact of escape/migration on refugees with a disability. The geographical scope is currently focused on Thailand and Myanmar with plans on the way to include further countries.

In *Austria*, eleven interviews with refugee students aged 15-20 at the time of the interview were conducted. The students had arrived in Austria as refugees at the age of twelve to 16 years. Furthermore, two group discussions with four (in the first discussion) and three (in the second discussion) refugee students were conducted. Teachers and/or social workers in educational settings for refugees gave us the possibility to present our project and to ask the students who would be interested in taking part in the interview study. The group discussions lasted for about 45-60 minutes, the individual interviews took about 20 minutes. With some guiding questions, the young interviewees told us about their schooling in Austria and in their home countries. Interviewees were free to exclude experiences that they did not want to talk about. The interviewers had a very short interview guideline with few questions in order to help the interviewees to quite freely express themselves (problem centred interview, see Bortz/Döring 1995, Flick 2007). Individual interviews started with questions to the educational situation at the moment of the interview and went backwards in time.

As the first step in the analysis was to extract journey maps (see section "Visualizing Transitions using Journey Maps") for every individual interviewed person, the differences in the individual interviews (as they were not-standardised) was not a problematic issue. Instead, it showed the very individual educational pathways that young refugees are following here in Austria.

Research efforts in *Thailand* are focused on exploring the under-researched intersection of refugee-background, disability, and identity. The research employs a Grounded Theory Approach (Sheridan/Storch 2009) as well as a participatory research orientation (Ellis et al. 2007). Thus, the central research questions – after an initial phase of field research in summer 2016 – can only be outlined in an apparitional manner. Stakeholders in the area of refugees with disabilities and refugees – for the time being – without disabilities have been interviewed in order to get a first idea of research opportunities and indicators. The research team in Thailand even managed to get access to a temporary camp along the border between Myanmar and Thailand. Participant observations were also employed. The main interest at this stage of research development lies in the question of the role, disabilities play at the different stages of escape as well as whether and in which ways this affects identity, starting from the migratory decision, the physical movement as such, as well as the arrival and (non-)settling in a new context.

3   Background on the Situation in Austria and Thailand

School transitions in the *Austrian* school system can happen at several stages. Compulsory schooling starts at the age of six and ends at the age of 15 or after nine years of schooling[2]. All students in Austria[3] have to make their first school transition decision at the age of ten – after four years of schooling in primary school. This decision is partly dependent on the marks obtained in the last year of primary school. Children in Austria can choose between academic secondary school (lower level), and the New Middle School (NMS). The academic secondary school is not only seen by society as the school type with more focus on academic and advanced achievement, but is also statistically the school type where more students obtain so called Matura-certificate (see Statistik Austria 2016)[4].

Tracks after compulsory schooling are highly diverse. There is academic secondary school (upper level) with different orientations, there are different types of technical high schools, again with different specialisation opportunities, there are vocational schools, the possibility of starting an apprenticeship but also possibilities of following an educational path in adult education. Austria does also have a rather specific type of school, the polytechnical school, which

---

2   For an overview over the Austrian school system, see for example Thonhauser/Eder 2010.
3   There are some exceptions to this rule in private schools, like Waldorf schools for example.
4   The Matura-graduation takes place at the end of the 12th year in academic secondary school (upper level) or at the end of the 13th year of schooling in technical high schools. It entitles students for studies in tertiary education. It is not a school leaving certificate, as this is obtained before the Matura-tests start.

is one possibility to fulfil the age/school year limit of compulsory schooling. Here, one has to take into account that the school leaving certificate for compulsory schooling is based on the curriculum for the 8th year of schooling.

When deciding for students' educational possibilities but also their educational aspirations after compulsory schooling, parents and schools are heavily influenced by the marks obtained in the school leaving certificate for lower secondary level[5]. The minimum requirement is positive marks in all subjects. With negative marks in one or more subjects, students can only choose the polytechnical school, vocational training or courses in adult education/jobs without specialized qualifications.

For refugee students, but also other migrant students in the Austrian school system, the age restraints for compulsory schooling have a big impact on students' educational possibilities. As schooling is compulsory only for six to 15-year-old students, newly arrived students who are older have difficulties entering the school system. They often are referred to adult education instead. Even when refugees arrive before the end of compulsory schooling, the transition from compulsory schools to upper secondary schools is an obstacle[6]. Because of this specific Austrian "problem" in schooling, Austria will start a programme for "obligation to education" for all young people under the age of 18, starting in September 2017 (www.ausbildungbis18.at). It refers to all students not in school or other form of education, but it will exclude (for the time being) asylum seekers (who have not yet obtained a positive asylum decision).

In *Thailand*, the term 'it could not be more different' applies quite well. Due to Thailand's status, as one of the few countries not having signed the UNHCR's Refugee Convention (Huguet/Punpuing 2005), it denies to acknowledging the refugee status of those that have arrived from war-torn neighbouring countries.

> "Thailand is not a party to the key international conventions concerning international migration and its domestic policy development is not comprehensive; as a result, its migration policies and programmes are marked by omissions and ambiguities. (...). Although Thailand has long been providing sanctuary to groups fleeing conflict or political repression in nearby countries, it has not signed the 1951 Convention Relating to the Status of Refugees or its 1967 Protocol." (ibid. 2005, 7).

Nowadays, even rising numbers from countries such as Somalia and Syria (Urban Refugees n.d.) are encountered. This is a phenomenon that can be attribut-

---

5   There are different systems of marking in academic secondary school (lower level) and New Middle School. For entering academic secondary school (upper level) or technical high schools, students have to achieve positive marks in all subjects. Students from New Middle School have to fulfil further marking limits, otherwise they have to attend an admission test.

6   This specific difficulty has also been shown for the migrant student population as a whole, as shown for example in Bruneforth et al. 2016.

ed to the fact that many Western countries are fencing off unwanted migration. Along the Thai-Myanmar border – which is the current research focus – there are nine temporary camps (Vungsiriphisal et al. 2014).

Additionally, only Thai citizens are entitled to educational provision, leaving it up to the mercy of school authorities to accept students who are not Thai outside of the camps. Within the temporary camps educational provision has not been assessed in detail and is to be further explored. Thus, educational offers for young refugees are scarce and mostly limited to non-formal education provision. One of these non-formal settings will be outlined in a case-study below.

4 Forces Impacting Educational Transitions of Refugees in Austria

According to expectations of politics, students express the necessity of them knowing German very well. German as language of instruction at schools, as language of education, as language of work and as language of the society is widely accepted by these students. Therefore, shortcomings in possibilities for learning this language, are felt strongly by the young people. In many parts of Austria, it is still the case that asylum seekers do not have a right to attend a (official) German course. This is what Jasmine says about her situation when she arrived in Austria:

"It was so boring in the refugee camp. We were not allowed to take a German course. It was so late that I could start with German." (Jasmine, 19 years old, started German course at the age of 17 years, then started and finished the school certificate for lower secondary school at the age of 18 years. Now, she attends adult "gymnasium" in order to obtain the Matura)

This is especially the case for young people beyond the age of compulsory schooling, as it was for Jasmine. Younger refugees, who fulfil the requirements of compulsory schooling, are (normally) offered a place at a nearby school quite fast. It is not required for them to have an asylum decision, as is mostly the case for older students like Jasmine. She had to wait until the positive asylum decision to be able to start a German course. Nevertheless, different school types and different school locations deal very differently with the German requirements of newly-arrived (refugee) students. This is what Mesuda tells us about her time at the New Middle School in Styria, Austria:

"I was based in Styria. I was the only refugee in my classroom. Sometimes, my teacher taught me German in her room." (Mesuda, 17 years old, attended NMS until she was 15 years, at the moment attending courses for the school certificate of compulsory schooling)

In the group discussions, there were several times where the students discuss the chances/obstacles caused by different levels of English proficiency. Especially refugees who have been living in Pakistan or India, already have acquired a good knowledge of English while living (and attending school) there. Other refugees did not learn English while at school in their home country, or did not attend school at all. For passing the school certificate for compulsory schooling, positive marks in German and English are necessary. Students who have no or a low proficiency in English prior to arriving are struggling very hard with learning two languages at the same time.

The group of refugee students, who did not attend school prior to arriving, face specific difficulties. Often, they are not alphabetized, and even when they are, their schooling years and subjects in schooling are very limited. Except of German and English, also Mathematics and the other subjects present much new knowledge to them. Mathematics, nevertheless, presents difficulties even to refugee students who were very successful in their former schools of the home countries.

> "I have been the best in class. Now, I cannot do anything in mathematics. Everything is so different here." (Alisha, 21 years old, nine years of schooling in Pakistan prior to arrival, at the moment attending courses for the school certificate for compulsory schooling)

In this case, it is interesting to mention that the young women had learned much more topics of the mathematics curriculum in her home country[7]. Still, having to master mathematics next to German as a second language was difficult even for her. Much more difficulties, obviously, are encountered by young refugees that are alphabetized for the first time when entering the educational system in Austria.

Institutional discrimination (see for example Rose 2010) is discriminating specific groups of people, which is not necessarily associated with individual and purposeful discrimination by one or several persons, but emerges through the features of the educational system. This can be seen very well in the following situation, told by Bashira:

> "Bashira: When I started the polytechnical school, I thought, now finally I will have a German course. But I was not allowed to do the German course. My teacher said, I am too good for the German course.
> Interviewer: Which level did the German course have?
> Bashira: The teacher told me, it is only A2, you are better than A2.[8]" (Bashira, 16 years old, after half a year in the New Middle School without support in German she started at the polytechnical school).

---

7   For example trigonometry, which is not part of mathematics in the school certificate for compulsory schooling.
8   A2 indicates the level of language proficiency according to the CEFR, Council of Europe 2001.

5 Forces Impacting Educational Transitions in Thailand

The following insights focus on initial research and selective data collection regarding the educational situation of persons with disabilities entering Thailand as refugees. As described above, as there is no formal acknowledgement of the status "refugee", there is also no formal obligation to provide educational service for displaced persons, as e.g. Burmese asylum seekers are referred to (Vungsiriphisal et al. 2014) in Thailand. However, the term refugees will still be used in this publication. The authors quote UNHCR's estimations dating from statistics in 2010, where the number of documented population in the camps was 109.000 (Vungsiriphisal et al. 2014, 10). The actual educational practice has so far only been observed in selected institutions during a first visit to one of the nine temporary camps along the Thai-Myanmar border and neighbouring educational facilities in summer 2016. Thus, it is too early to draw conclusions at this stage.

As it was hard to get in touch with refugees with disabilities, initial interviews with refugees without disabilities were conducted. Contact was established in person via an NGO providing non-formal education for refugees in a bigger city in Thailand. It offers morning and afternoon classes in Thai, Burmese and English as well as vocational skills, focused on IT at different levels.

One of the interviews will be presented in more detail to introduce relevant topics related to education. The person interviewed, Nyan, was 24 years old and had arrived in Thailand around six years ago (actualized since the time of the interview in summer 2016), due to a lack in educational and vocational perspective in Myanmar, which is due to restricted opportunities there. The exact circumstances of border-crossing, procedures and arrival in a bigger city away from a camp structure will not be further reported at this point.

The wish to study faded before the actual physical transition from Myanmar to Thailand, as money was lacking and an ever-extending period away from school after nine years in formal education had led to the assumption that further education would remain a mere wish. After the arrival in Thailand, earning money became priority. Thai was picked up along the way as there was no formal offer or structure to provide language training.

The job at a fruit-packaging facility during six days of the week, left little or no time to consider education. The same holds true for acquiring sufficient levels of language knowledge which the interviewee had wished for in order to find Thai friends. Only recently was the interviewee introduced to the idea of adult education by some friends who had heard of the respective NGO facilitating these via friends and colleagues as well. The idea of receiving language training and learning computer skills appealed to the interviewee right away.

Despite the fact that it takes around two hours to reach the school on Sundays, his motivation to continue remains high, even impacting the idea of studying beyond the point of non-formal education and attending university.

6 Visualizing Transitions Using Journey Maps

For the purpose of representing the educational paths so far, a hands-on visual methodology used in customer satisfaction was borrowed and adapted (Howard 2014). Thus, young people could easily relate to how their journeys were to be represented. The figure below poses an example as to how the experience shared was transformed into a so-called journey map (see Følstad et al. 2013). The mapping includes the children's different stages, transitions, main stakeholders involved and challenges that the young people considered worthy of sharing.

In this case, Reshad told us about his education before fleeing to Austria and since his arrival in Austria. Reshad has attended school for nine years in Syria, which corresponds with his age. This is not true for all refugees, as war, but also other circumstances, do not allow children to attend school. Still, Reshad has a problem when he tried to enter the Austrian school system, as he does not have a school leaving certificate from Syria. Therefore, after attending a course in German, he is placed in an adult course to fulfil the school leaving certificate[9]. As his and his brother's asylum decision was positive very fast, the rest of the family came to Austria and the family settled down in Vienna. This move to Vienna was typical for all the young people that we interviewed – as soon as the asylum decision was positive, families moved to Vienna. Reshad started the adult educational course to fulfil the school leaving certificate afresh in Vienna. Before he left Salzburg, his German teacher in Salzburg had given him some advice whom to contact, which he did. Also, he is now mentored by a youth coach who gives him advice on what he could do next, after the school leaving certificate.

Reshad has difficulties in grasping the educational system here in Austria. Therefore, he relies on the advice he is given. On the one hand, he tried to pass the entry exam for doing vocational training in a pharmacy, on the other hand he is still motivated for studying at the university one day.

---

9 "Pflichtschulabschluss in der Erwachsenenbildung"

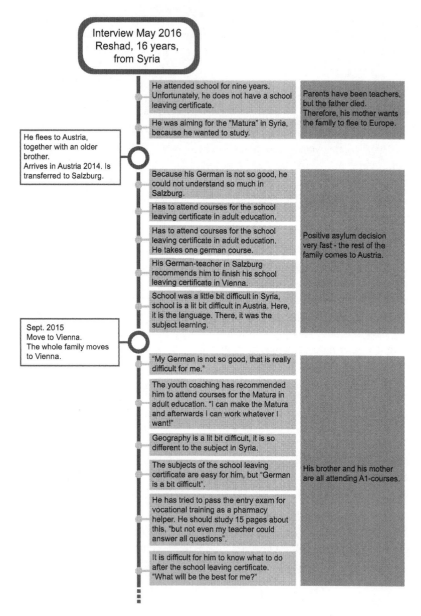

Fig. 1: Reshad's journey map, interview in Austria.

Part of our research project was the "reward" of giving counselling to the young people. After our interview and after the interviewer had explained the school system for upper secondary level to him and the role of the "Stadtschul-rat" (the Viennese Agency for Education), Reshad was able to find himself a school place in a school type of his liking (a technical school). All this was very typical for all the young people we interviewed – the school and educational system stayed quite unclear to them for a long time and they were dependent on the counselling they got. Furthermore, as parents speak much less German than their children, these young students search and apply for school places by themselves. Parents do, of course, sign the school entry form, but cannot assist their children in the actual search of a school place.

Here follows the journey map showing the educational and working journey of Nyan in Thailand who was presented in the previous chapter.

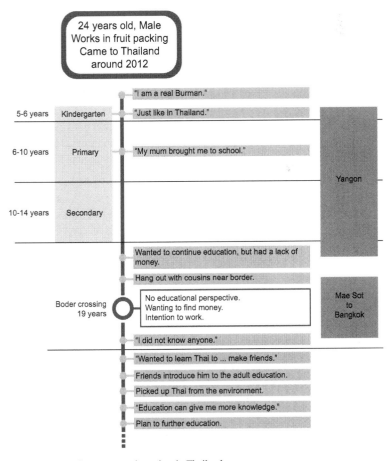

Fig. 2: Nyan's journey map, interview in Thailand

Looking at Nyan's map, the role of education offers an interesting perspective: Opportunities to further his education – a school system that he describes as just being the same as the one in Thailand – come to a sudden halt after secondary school. The initial intention to cross the border and at the same time to settle in, was finding a job an earning money. Only later does he get introduced to the idea of adult education, now planning to even further his education at the prospects of getting more knowledge.

The two examples offer an insight into the wide possibilities of visualization focus using journey maps enable. The method has also been tried in two group discussion settings with young refugees in Austria, providing pen and paper for them to visualize their own maps or one they had wished for. Further adjustments to initial trials using this methodology are needed to provide a valid assessment of its usability

7 Conclusion: Globalized Perspectives on Forces in Transition of Young Refugees

The question of education for refugees is a pressing one, considering the rise in restrictions for accessing the labour market and entrance into countries of the North or further developed ones as such. The distinction between refugees with professional background and total lack of education is evident in media coverage in Europe and the global North while work-force in lower paying jobs plays a role in the example of Thailand.

Right-wing parties around Europe and beyond use it as one of their favourite gate-keepers to underline the inability of countries of the North to longer cope with the current influx. Educational backgrounds of people arriving as refugees do vary to high degrees: ranging from total lack of formal education as such, implying severe weaknesses in basic writing, reading and calculating skills to those being trained in highly competitive settings with regular tests determining educational pathways and success. Matching this diversity with adequate schooling or schooling – as such in the case of Thailand – and further education, is not an easy task, but essential considering current economic and political developments. National regulations and especially a focus on the need to gain language proficiency before entering the "right" educational setting are only two of the impacting factors.

Also, as it is very clear with the case of Austria, the "luck" of having the right age for schooling has a major impact on students' possibilities. This, looking to the future, impacts heavily on educational pathways and job possibilities. Young refugees with the "wrong" age, even when they were high-achieving in the former schools of the home countries, cannot fulfil their wish for studying at university. It has to be mentioned that all interviewed students in Austria expressed gratitude for a situation where education (even at tertiary level) is free[10]. Understanding that the Austrian system poses different obstacles than money to them to fulfil their educational wish, is quite demotivating for these young people.

Despite the difference in location and background of the two regional contexts presented, what seems striking is the dependence on factors such as friends, non-formal education offers and engagement of civil society. Arbitrariness of service provision and its impact on educational transition can be described as another relevant factor despite differences in country contexts presented.

Countries throughout Europe try to meet these limitations with different approaches. With regard to the educational system, solutions differ. For example, in Germany, in many parts there is compulsory schooling up to the age of 18 years (see the example of Sachsen, Asylinformation Sachsen n.d.). Therefore, specific new school places were started to meet the needs of the arriving refugee students in that age group. Sweden, on the other hand, has a "right to schooling" up to the age of 21 (Skolverket 2016). In Sweden, as in Germany, schools for this age group have started new classes, even new programmes for these newly-arrived young people. Non-alphabetisation is a new challenge that teachers in upper secondary schools in Sweden and Germany, but also in Austria, have to deal with. Vienna, the capital city of Austria, on the other hand started a programme in adult education especially for refugees ("Jugend-college"), and special classes for refugees were opened even in secondary schools, upper level.

It would be far-fetched to extract hypotheses from such a sample of descriptive insight into single interviews, nevertheless the authors dare to raise the question whether young refugees' non-compulsory education is a mere matter of luck. Furlong et al. (2003) underline that in their study, not all of the young people entering a non-linear transition, are unlikely to ever leave this path. Thus, the importance of adequate educational services and support are to be offered at the earliest stage but this cannot be left to chance. Thailand's non-provision and Austria's limited offers stand example for a global challenge that is to be explored further. This study can be the stepping stone for similar studies where in the end a bigger picture of the (educational) situation of refugees globally can be developed.

---

10   There are fees for university, but many students are freed of them by different exceptions.

Literature

Asylinformation Sachsen (n.d.): Schulbesuch und Kitabetreuung. URL: https://www.asylinfo. sachsen.de/schulbesuch-und-kitabetreuung.html (Abrufdatum: 20.01.2017).

Backe-Hansen, Elisabeth (2008): Negotiating non-linear transitions: The case of marginalized youth. In: International Workshop on Impact of Poverty and Social Exclusion on Children's Lives and their Well-being, Bratislava, Slovakia, September (Vol. 8).

Bortz, Jürgen/Döring, Nicola (1995): Forschungsmethoden und Evaluation für Sozialwissenschaftler. Berlin: Springer.

Bruneforth, Michael/Eder, Ferdinand/Krainer, Konrad/Schreiner, Claudia/Seel, Andrea/Spiel, Christiane (Hrsg.). (2016): Nationaler Bildungsbericht Österreich 2015, Band 2: Fokussierte Analysen bildungspolitischer Schwerpunktthemen. Graz: Leykam.

Council of Europe (2001): Common European Framework of Reference for Languages: Learning, Teaching, Assessment. Strasbourg: Council of Europe.

Ellis, B. Heidi/Kia-Keating, Maryam/Yusuf, Siraad A./Lincoln, Alisa/Nur, Abdirahman (2007): Ethical research in refugee communities and the use of community participatory methods. In: Transcultural psychiatry, 44 (3), 459-481.

Flick, Uwe (2007): Qualitative Sozialforschung. Eine Einführung. Reinbek b. Hamburg: Rowohlt-Taschenbuch-Verlag.

Følstad, Asbjørn/Kvale, Knut/Halvorsrud, Ragnhild (2013); Customer Journey Measures: State of the Art Research and Best Practices. Oslo, Norway: Report A, 24488.

Furlong, Andy/Cartmel, Fred/Biggart, Andy/Sweeting, Helen/West, Patrick (2003): Youth transitions: Patterns of vulnerability and processes of social inclusion. Edinburgh: Scottish Executive Social Research. URL: http://217.35.77.12/archive/scotland/papers/youth/pdfs/ell8.pdf (Abrufdatum: 12.12.2016).

Howard, Tharon (2014): Journey mapping: A brief overview. Communication Design Quarterly Review, 2 (3), 10-13.

Huguet, Jerrold W./ Punpuing, Sureeporn (2005): International migration in Thailand. International Organization for Migration, Regional Office Bangkok, Thailand.

Kirova, Anna (2010): Children's representations of cultural scripts in play: Facilitating transition from home to preschool in an intercultural early learning program for refugee children. In: Diaspora, Indigenous, and Minority Education, 4 (2), 74-91.

Rose, Nadine (2010): Differenz-Bildung. Zur Inszenierung von Migrationsanderen im schulischen Kontext. In Broden, Anne/Mecheril, Paul (Hrsg.): Rassismus bildet. Bildungswissenschaftliche Beiträge zu Normalisierung und Subjektivierung in der Migrationsgesellschaft. Bielefeld: Transcript, 209-234.

Samarasinghe, Kerstin/Arvidsson, Barbro (2002): 'It is a different war to fight here in Sweden' – the impact of involuntary migration on the health of refugee families in transition. In: Scandinavian Journal of Caring Sciences, 16 (3), 292-301.

Sheridan, Vera/Storch, Katharina (2009): Linking the intercultural and grounded theory: Methodological issues in migration research. In Forum Qualitative Sozialforschung/Forum: Qualitative Social Research, 10 (1), n.p.

Skolverket (2016). Nyanlända elevers skolgång. URL: http://www.skolverket.se/skolutveckling/ larande/nyanlandas-larande (Abrufdatum: 18.01.2017).

Statistik Austria (2016): Schulen, Schulbesuch. URL: http://www.statistik.at/web_de/statistiken/ menschen_und_gesellschaft/bildung_und_kultur/formales_bildungswesen/schulen_schul besuch/index.html (Abrufdatum: 12. 01. 2017).

Thonhauser, Josef/Eder, Ferdinand (2010): Österreich. In: Döbert, Hans/Hörner, Wolfgang/von Kopp, Botho/Reuter, Lutz R. (Hrsg.): Die Bildungssysteme Europas. Baltmannsweiler: Schneider-Verlag Hohengehren, 543-564.

Urban Refugees (n.d.). Bangkok, Thailand. URL: http://urban-refugees.org/bangkok/ (Abrufdatum: 02.02.2017).

Vungsiriphisal, Premjai/Chusri, Dares/Chantavanich, Supang (Hrsg.) (2013): Humanitarian Assistance for Displaced Persons from Myanmar: Royal Thai Government Policy and Donor, INGO, NGO and UN Agency Delivery (Vol. 17). Springer Science & Business Media.

Wade, Jim (2011): Preparation and transition planning for unaccompanied asylum-seeking and refugee young people: A review of evidence in England. In: Children and Youth Services Review, 33 (12), 2424-2430.

IV

Methodische und methodologische Perspektiven auf Übergänge

Urs Haeberlin

Wertgeleitete Forschung – illustriert an einem Forschungsprogramm zur schulischen Inklusion und deren Wirkungen auf den Übertritt in berufliche Ausbildungen

Zusammenfassung

An Beispielen aus einem vom Autor während 25 Jahren geleiteten Forschungs-programm zu Fragen der inklusiven und exklusiven Bildung werden wissen-schaftstheoretische und methodologische Grundfragen bezüglich des Ver-hältnisses zwischen Standards empirischer Forschung und Erwartungen von Lehrpersonen und BildungspolitikerInnen illustriert. Empirische Forschung muss Kriterien wie Objektivität, Wertfreiheit, Generalisierbarkeit und trans-parentes und wiederholbares methodisches Vorgehen erfüllen. Lehrpersonen in der Schulpraxis sowie BildungspolitikerInnen erwarten häufig, dass For-schung die Unterrichtspraxis verbessert und dass richtige bildungspolitische Entscheidungen ermöglicht werden. Die Wissenschaftsposition des Kritischen Rationalismus gewährleistet zwar gute empirische Forschung, klammert aber die Frage der wertenden Einordnung von Forschungsfragen und -ergebnissen für Praxis und Politik aus. In diesem Beitrag wird eine Ausweitung der Po-sition skizziert, welche ethische, ideologiekritische und gesellschaftskritische Auseinandersetzungen mit Forschung in den Forschungsprozess einbezieht. Das entworfene Konzept „Wertgeleitete Forschung" fordert zum einen ein breites Spektrum von Forschungen mit optimalem und solchen mit minimalem Generalisierungsanspruch und zum andern den Einbezug der Wertedimension in den Forschungsprozess. Hierzu werden die vom Kritischen Rationalismus vorgegebenen Forschungsschritte um zusätzliche Schritte ergänzt. Sie zielen darauf ab, die Bedrohung jeder Forschung durch Ideologie und zeitgeist-geprägte Formulierungen der Forschungsfragen und Ergebnisse reflektierend zu erkennen. Solche Reflexionen könnten zur Einsicht führen, dass sich Inklu-sionsforschung künftig nicht mehr auf die „Integrationsfähigkeit" eines be-hinderten oder leistungsschwachen Individuums richten soll, sondern darauf, ob und wie die engere und weitere Umwelt Akzeptanz für diese Menschen entwickelt.

Summary

Based on examples from a research program, which focused on inclusive and exclusive education and was conducted by the author over 25 years, this article illustrates epistemological and methodological questions concerning the relationship between standards of empirical research and expectations of teachers and educational policy makers. Empirical research must meet criteria such as objectivity, value freedom, generalizability, and transparent and repeatable methodological approaches. Teachers as well as educational policy makers, however, often demand from research that it helps improving teaching practice and enabling proper educational policy decisions. The epistemological theory of critical rationalism, while assuring good empirical research, excludes the question of evaluative classifications of research questions and results for practice and policy. This article outlines an extension of the position that seeks to include ethical, ideological-critical, and socio-critical reflections in the research process. The concept of "value-based research" requires a broad spectrum of research with optimal and minimized generalization claims and the inclusion of the dimension of values in the research process. For this purpose, the research steps set by critical rationalism are supplemented by additional steps to reflect the threat by ideological and zeitgeisty formulations of research questions and results. Such reflections could lead to the realization that inclusion research should no longer focus on the "integration capability" of a disabled or under-performing individual, but on whether and how the closer and further environment can develop acceptance for these people.

1 Erläuterungen zur wissenschaftstheoretischen Problematik

In diesem Beitrag geht es um grundlegende wissenschaftstheoretische und forschungsmethodologische Fragen (vgl. Haeberlin 2005, 173ff.; Haeberlin 2016b), die sich in der gesamten Bildungsforschung stellen. Der Bezug zur Thematik „Inklusive Übergänge" ergibt sich daraus, dass die wissenschaftstheoretische Problematik mit Beispielen aus dem INTSEP-Forschungsprogramm illustriert wird. Dieses versteht sich als Serie von Forschungsprojekten zur Integration und Separation von Kindern, Jugendlichen und jungen Erwachsenen mit Schulschwächen und sozialer Benachteiligung. Es wurde ab 1986 vom Autor dieses Beitrags geleitet. Da der Begriff „Inklusion" zu Beginn des Programms noch kaum in Gebrauch war, haben wir durchgehend in allen Buchpublikationen den Begriff „Integration" verwendet. Die erste Buchpublikation mit Forschungsergebnissen erschien 1990 (Haeberlin et al. 2003, 4. Aufl.). Die letzte Buchpublikation „Langzeitwirkungen der schulischen Integration" (Eckhart et al. 2011) befasst sich ausführlich mit der „Bedeutung von schulischer Integration für die soziale und berufliche Situation im frühen Erwachsenenalter". Zwischen der ersten und der letzten Buchpublikation ist eine Reihe von weiteren Forschungsberichten in Buchform erschienen (Freiburger Projektgruppe 1993; Bless 1995; Riedo 2000; Haeberlin et al. 2004; Eckhart 2005; Kronig 2007; Kronig et al. 2007).

Ausgangspunkt meiner wissenschaftstheoretischen Überlegungen ist ein Dilemma, in welchem wir uns bei der empirischen Erforschung von pädagogischen und damit verbunden sozialwissenschaftlichen Fragestellungen befinden. Das Dilemma zeigt sich selbstverständlich auch bei der Erforschung von Übergängen aus der Allgemeinen Schule – sich als inklusiv verstehend oder auch nicht – in die anschließende berufliche Ausbildung. Die wissenschaftliche Qualität empirischer Forschung wird in der Regel nach Kriterien beurteilt wie Objektivität, Wertfreiheit, Generalisierbarkeit sowie transparentes und wiederholbares methodisches Vorgehen (Haeberlin 2002; 2003; 2005, 178ff.). Dem stehen oft Erwartungen von Personen in Praxis und Politik gegenüber und oft geradezu im Wege. Von Lehrpersonen, von BildungspolitikerInnen wie auch von weiteren an Bildung interessierten Personen werden oft Wünsche an Bildungsforschung gerichtet, welche die Wissenschaft nicht erfüllen kann. Oft wird nämlich gewünscht, dass durch Forschung die Unterrichtspraxis verbessert werden soll und dass Forschung bildungspolitische Entscheidungen ermöglichen soll. Damit sind wir im Wissenschafts-Praxis-Dilemma.

Für die Wissenschaftlichkeit von empirischer Forschung gelten Minimalkriterien, welche den Erwartungen von Praxis und Politik eher zuwiderlaufen (vgl. zum Folgenden Haeberlin 2005, 173ff.). Wissenschaftlichkeit bedeutet, dass von Theorien ausgegangen wird, welche nicht auf gefühlsmäßig wertenden Meinungen basieren sowie der rationalen Argumentation zugänglich sind (vgl. dazu Haeberlin/Oberholze-Stuber 2016). Die Theorien müssen sprachlich so klar dargestellt sein, dass sie rational nachvollziehbar und kritisierbar werden. Über Wissenschaftlichkeit entscheiden nicht die Ergebnisse allein, sondern ebenso die Offenlegung des Weges zu den Ergebnissen. Der Weg muss systematisch, in allen Entscheidungen begründet und rational nachvollziehbar und durch andere ForscherInnen wiederholbar sein. Die Forschung muss von anderen ForscherInnen mit den gleichen Methoden wiederholt werden können. Zur Illustration ein einfaches Beispiel aus Hans Posers Einführung in die Wissenschaftstheorie (Poser 2001): Ein Fischer besitzt ein Netz von fünf Zentimetern Maschenweite und geht damit zum Fischfang.

„Zurückgekehrt misst er die Länge der Fische, die ihm ins Netz gegangen sind, und findet, dass alle länger als fünf Zentimeter sind. Er stellt deshalb das Naturgesetz auf: Es gibt keine Fische, die kleiner als fünf Zentimeter sind. – und seine späteren Fänge bestätigen sein Gesetz aufs Beste." (ebd. 18).

Die Schlussfolgerung, dass es keine Fische gibt, die kleiner als fünf Zentimeter sind, hat die Methode der Erkenntnisgewinnung nicht reflektiert. Es wird vom Fischer nicht die Frage gestellt, wie er eigentlich zu seiner Meinung gekommen ist.

„Drei charakteristische Standpunkte kann man dem Fischer und seinem Gesetz gegenüber einnehmen. Der erste ist ein ganz lapidares ‚Was kümmert's mich, ich mag sowieso keinen Fisch'. Der zweite sieht etwa so aus: ‚Wie großartig ist doch die Natur eingerichtet, denn welche Mühe hätten Hausfrauen und Hausmänner mit Fischen, die kleiner als fünf Zentimeter wären!.' Der dritte Standpunkt schlägt sich nieder in einer Frage, nämlich: ‚Wie hat der Fischer sein Gesetz gewonnen?'" (ebd. 18).

Übertragen auf die Bildungsforschung heißt dies, dass der von Personen aus Praxis und Politik oft heraufbeschworene „gesunde Menschenverstand" bei genauerem Hinsehen sich als ein Netz von Urteilen und Vorurteilen über Erziehbarkeit, Bildbarkeit, Erziehungsmittel u.a.m. erweisen kann (vgl. Haeberlin 2003, 58ff.). Erich Weniger (1952) hatte die im Alltag intuitiv angewendeten Meinungen als „Theorien ersten Grades" und die theorieartigen Meinungsgefüge, welche das Alltagshandeln durchdringen, als „Theorien zweiten Grades" bezeichnet.

„Mit der Theorie zweiten Grades kommen alle einmal durchdachten, gelernten und später gewohnheitsmäßig angewandten Erziehungsprinzipien ins Spiel; als oft rezeptologisch gehandelte ‚Erziehungslehren' sind sie in der Ratgeberliteratur verbreitet." (Bleidick 1999, 92)

Wir können auch von „Alltagstheorien" sprechen, die sich von wissenschaftlichen Theorien unterscheiden. (vgl. Haeberlin 1996, 165ff.). Analog zu Posers Hinweis, dass erst mit der Frage „Wie hat der Fischer sein Gesetz gewonnen?" der Schritt zur Wissenschaftlichkeit gemacht ist, geht es auch in der Bildungsforschung in erster Linie um die Offenlegung der Methode, welche zur Überprüfung einer behaupteten Gesetzmäßigkeit geführt hat. In Gefühl und Vorliebe verankerte Wertungen im Sinne von „Theorien ersten und zweiten Grades" haben keinen Wissenschaftsstatus. Dieser ist erst erreicht, wenn der Anspruch auf rationale Diskutierbarkeit und empirische Widerlegbarkeit erfüllt ist, die Forschung objektiv und wertfrei durchgeführt wird und die Ergebnisse verallgemeinerbar sind.

Was mit wissenschaftlicher „Objektivität" gemeint ist, wird allerdings oft missverstanden. Es geht nicht um ein Abbild der letzten Wahrheit und nicht um Beweise für die richtige Praxis. Es geht ausschließlich um die Offenlegung der methodischen Regeln, mit welchen geforscht wird. Dies ist die Voraussetzung für Nachvollziehbarkeit und Wiederholbarkeit von Forschung. Die Wendung „intersubjektive Überprüfbarkeit des forschungsmethodischen Vorgehens" wäre weniger missverständlich. „Wertfreiheit" bezieht sich nur darauf, dass die Richtigkeit von wertenden Aussagen (Soll-Aussagen, moralische Aussagen über Gut und Böse usw.) nicht empirisch überprüft werden kann. Es handelt sich um nicht mehr als ein methodologisches Prinzip, das in Erziehungslehren und bildungspolitischen Programmen mit Wertungen dazu, was falsch und was richtig ist, häufig verletzt wird. Dass etwas so oder so sein soll oder dass etwas moralisch gut oder schlecht ist, lässt sich nicht in eine empirisch überprüfbare Formulierung bringen. Beispielsweise ist

> „der Satz ‚Schwache Schüler sollen nicht separiert werden.' ein wertender, aber kein empirisch überprüfbarer Satz. Überprüfbar ist nur eine Aussage ohne Sollensforderung: ‚Wenn schwache Schüler nicht in eine Sonderschule eingewiesen werden, finden sie nach der Schule eher einen beruflichen Ausbildungsplatz.'" (Haeberlin 2003, 62)

Schließlich gehört zu einem wissenschaftlichen Forschungsergebnis auch, dass es auf eine größere Zahl von Situationen und Fällen verallgemeinerbar ist. Ohne Verallgemeinerungen von Beobachtungen an Einzelfällen kann man nicht von sinnvoller empirisch-analytischer Forschung sprechen. Dies unterscheidet bildungswissenschaftliche Erkenntnis vom Schulalltag. In diesem gilt – für mich unbestritten – das Ernstnehmen der Einmaligkeit eines Kindes und eines Jugendlichen. Im Unterschied zur Verallgemeinerung im Wissenschaftsbetrieb ist aus dem Schulalltag die Bedeutung von Lebenserfahrung, Intuition, Kreativität und Empathie nicht wegzudenken (Haeberlin/Oberholzer-Stuber 2016).

2 Forschung auf der Basis des Kritischen Rationalismus

Die von Karl R. Popper begründete Position des Kritischen Rationalismus (Popper 1935) halte ich nach wie vor für angemessen, wenn wir empirisch forschen. Die Position dürfte den LeserInnen gut bekannt sein, wenn auch in einer jüngst erschienenen „Wissenschaftstheorie für Sonderpädagogen" ein explizites Kapitel zum Kritischen Rationalismus aus unerfindlichen Gründen fehlt (Stein/Müller 2016; Haeberlin 2016c, 360). Zur Erinnerung seien die fünf Forschungsschritte erwähnt, nach welchen gemäß Poppers Kritischem Rationalismus Forschung vorzugehen hat: 1) Formulieren einer allgemeinen Hypothese (allgemeine Behauptung eines Zusammenhanges); 2) Operationalisierung der Begriffe in der Hypothese (Festlegung von beobachtbaren Indikatoren für die abstrakten Begriffe); 3) Systematischer Versuchsplan zur logisch einwandfreien Widerlegung der Hypothese; 4) Entscheidung über die Beibehaltung der Hypothese (nach wahrscheinlichkeitstheoretischen Kriterien, Inferenzstatistik); 5) theoriebezogene Interpretation und eventuell Umformulierung und Differenzierung der allgemeinen Hypothese. In diesem Rahmen verzichte ich auf weitere Erläuterungen zum Kritischen Rationalismus.

3 Erweiterung zur Wertgeleiteten Forschung

Ich habe meine Erweiterung des Kritischen Rationalismus erstmals 1990 dargestellt (Haeberlin et al. 2003, 159ff.; zuletzt in Haeberlin 2016b). Wenn meine Suche nach wertgeleiteter Forschung als Gegnerschaft gegen die „empirischanalytische Tradition" dargestellt wird (Stein/Müller 2016, 14), kann ich dies nur als Zeichen für oberflächliche und gedankenlose Rezeption meiner expliziten Aussagen hierzu (z.b. Haeberlin 2005, 226-234) deuten (Haeberlin 2016b, 343). Zunächst fasse ich zusammen, was ich am Kritischen Rationalismus sehr schätze und für empirische Forschung als notwendig erachte: Sie muss der Kritik durch die wissenschaftliche Gemeinschaft ausgesetzt werden sowie intersubjektive Nachvollziehbarkeit und Wiederholbarkeit des Forschungsvorgehens durch andere ForscherInnen gewährleisten. Meine Kritik richtet sich jedoch darauf, dass die ethische, ideologiekritische und gesellschaftskritische Auseinandersetzung mit Forschungsfragen und mit Forschungsergebnissen den Forschenden nicht verpflichtend vorgeschrieben ist. Forschende müssen ihre forschungsleitende Weltanschauung und ihre daraus erklärbaren Grundwerte nicht zwingend reflektieren und offen legen. Der emotional wertende Hintergrund, welcher die Auswahl von Fragestellung und Hypothesen, die Art der Operationalisierungen wie auch die Interpretation der Forschungsergebnisse allenfalls als ideologieabhängig erhellen könnte, darf ausgeklammert bleiben. Es müssen deshalb Lösungen für zwei zentrale Probleme in der Bildungsforschung in die Position des Kritischen Rationalismus eingebaut werden. Es ist erstens das Problem des Widerspruchs zwischen wissenschaftlicher Erkenntnis und praktischem wie politischem Handeln. Und damit verbunden ist zweitens das Problem des Widerspruchs zwischen dem Postulat der wissenschaftlichen Wertfreiheit und der notwendigen Werteverankerung von Praxis und Politik, wo Forschungsergebnisse erwartet, aufgegriffen und angewendet werden (vgl. Haeberlin 2016a, 286f.).

3.1 Dialektik von Erkenntnis und Handeln

Die wissenschaftstheoretische Grundlegung des INTSEP-Programms basiert auf dem Postulat, den Widerspruch zwischen wissenschaftlicher, objektivierter Erkenntnis mittels empirischer Forschung einerseits und unmittelbarem, subjektiv-spontanem Handeln in Praxis und Politik andererseits als zwei Pole zu verstehen, zwischen welchen sich Teilprojekte eines Forschungsprogramms auf einem Kontinuum ansiedeln lassen. Dies hatten wir 1990 in einer Abbildung (Haeberlin et al. 2003, 163) dargestellt.

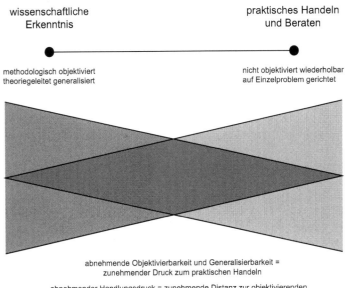

Abb. 1: Das dialektische Verhältnis zwischen Erkenntnis und Handeln (Haeberlin et. al. 2003, 163)

Auf dem Kontinuum zwischen den beiden Polen bedeutet Entfernung vom linken Pol hin näher zum rechten Pol abnehmende Wissenschaftlichkeit im Sinne von Generalisierbarkeit und Objektivierbarkeit sowie gleichzeitig zunehmenden Druck zum spontanen, einmaligen Handeln. Entfernung vom rechten Pol hin näher zum linken Pol ermöglicht zunehmende Distanznahme zwecks objektivierender Forschung und generalisierender Theoriebildung. Dauernde einseitige Konzentration der Forschung auf einen der Pole kann zu zwei Fehlentwicklungen der Forschung führen: Einerseits kann Beschränkung von „Forschung" auf praktisches Handeln zu theoretischer und ideologiekritischer Blindheit führen und unbemerkt ideologisierend wirken. In diesem Zusammenhang ist an die weit zurückgehenden Diskussionen über „Handlungsforschung" zu erinnern (Haeberlin 1975). Seither findet man im pädagogischen Bereich bis heute immer wieder eine Auffassung von Forschung, die das Postulat des individuumzentrierten Handelns und der Einmaligkeit jeder pädagogischen Situation und jedes menschlichen Tuns verabsolutiert und folglich die empirische Forschung mit standardisierten und quantifizierenden Erhebungsinstrumenten ablehnt. Wenn dies zur alleingültigen Forschungsdoktrin gemacht wird, droht die Gefahr des unreflektierten Abdriftens in Ideologien als verfestigte Meinungen, weil aus Einmaligem unkontrolliert generalisiert wird. Andererseits kann aber eine rigide Beschränkung auf objektivierende, möglichst experimentelle Erforschung von Wirkungen schulischer Einflüsse und auf theoriegeleitete Generalisierungen Blindheit für die Nöte der einzelnen Menschen als nicht aus Durchschnitten prognostizierbare Subjekte zur Folge haben. Bei einer solchen verabsolutierten Forschungsdoktrin droht die Gefahr, Menschen als prognostizierbare und manipulierbare Objekte zu sehen. Auch dies kann zu einer für die Gestaltung der pädagogischen Praxis verhängnisvollen Ideologie führen. Um beiden Gefahren zu begegnen, wurden im INTSEP-Forschungsprogramm Teilprojekte geplant und durchgeführt, die unterschiedliche Bereiche des Kontinuums abdecken können.

Ich gehe auf einige Beispiele von Teilprojekten ein, die in der Nähe zum linken Pol sind und somit einen hohen Anspruch auf Objektivierung und Generalisierung haben. Das erste große derartige Teilprojekt (Haeberlin et al. 2003) war auf Schule bezogen. Die erstmals 1990 publizierten Forschungsergebnisse werden bis heute sowohl von VerfechterInnen der inklusiven Schule als auch von GegnerInnen als Belege herangezogen. Die Ambivalenz bei der Rezeption von empirischen Forschungsergebnissen hat mich später zunehmend zur ideologiekritischen Reflexion veranlasst. Neben Anderem wurden Schulleistungen (mittels standardisierter Tests) von vergleichbar schwachen Kindern in Sonderklassen für Lernbehinderte und in Regelklassen verglichen. Sie wurden auch mit den Testergebnissen von Nicht-Schulleistungsschwachen verglichen. Das Interesse von Medien und Politik richtete sich fast ausschließlich auf folgendes Ergebnis: Vergleichbar schwache SchülerInnen machen die geringsten Fortschritte, wenn sie eine Sonderklasse für Lernbehinderte besuchen. Der Leistungsanstieg vergleichbar schwacher SchülerInnen, die jedoch in einer Regelschulklasse verblieben sind, ist weitaus größer, dies sogar auch dann, wenn keine zusätzliche sonderpädagogische Hilfe angeboten wird. Die Aufmerksamkeit von Medien und Politik richtete sich äußerst selten auf andere von uns untersuchte Variablen wie emotionales Wohlsein und Anderes.

Im Teilprojekt „Langzeitwirkungen der schulischen Integration" (Eckhart et al. 2011) erforschten wir neben Anderem die Frage, ob sich Unterschiede zwischen den erreichten nachschulischen Ausbildungszugängen bei Jugendlichen mit Sonderklassenvergangenheit und vergleichbar schwachen Jugendlichen, die in Regelklassen (mit integrierter sonderpädagogischer Förderung) belassen wurden, zeigen. Die Ausbildungszugänge hatten wir anhand von Klassifikationen des schweizerischen Bundesamtes für Statistik und einer Differenzierung der Lehrberufe von Stalder (2005, 2ff.) eingeteilt. Für etliche statistische Analysen wurde das ausdifferenzierte Kategoriensystem zu einer dreistufigen Skala zusammengefasst: „kein und sehr niedriger Zugang", „niedriger Zugang" „mittlerer/hoher Zugang" (Eckhart et al. 2011, 21ff.). Bezüglich des erreichten Ausbildungszugangs ergaben sich interessante Ergebnisse zu Ungunsten einer Sonderklassenvergangenheit (vgl. zur Problematik auch Imdorf 2007): Nach einem ersten Zwischenjahr im Anschluss an die Schulpflicht gelingt den jungen Erwachsenen mit vergleichbarer Schulschwäche, aber ohne Sonderklassenvergangenheit ein besserer Zugang in berufliche Ausbildungen. Junge Erwachsene, die in ihrer Schulzeit eine Sonderklasse für Lernbehinderte besucht haben, erreichen im zweiten und im dritten Jahr nach Abschluss der obligatorischen Schulzeit signifikant niedrigere Ausbildungszugänge als junge Erwachsene, die während der Schulzeit bezüglich Intelligenz, Schulleistung, soziale und ethnische Herkunft und Geschlecht vergleichbar sind, jedoch statt einer Sonderklasse eine inklusive Regelklasse besucht haben. Auch bezüglich Häufigkeit des Wechsels der beruflichen Ausbildung nach der obligatorischen Schulzeit zeigt sich ein Bild zu Ungunsten von jungen Erwachsenen, die in ihrer Schulzeit eine Sonderklasse für Lernbehinderte besucht haben. Sie weisen signifikant mehr Wechsel in ihren Ausbildungswegen auf als junge Erwachsene, die in der Schulzeit über vergleichbare Voraussetzungen bezüglich Intelligenz, Schulleistungen und Herkunft verfügten, jedoch keine Sonderklasse, sondern eine Regelklasse besucht haben.

Ich gehe auch auf einige Beispiele von Teilprojekten ein, die in der Nähe zum linken Pol sind und ein nur sehr geringes Mass an Objektivierbarkeit und Generalisierbarkeit bieten. In der Dokumentation „Heilpädagogische Begleitung in Kindergarten und Regelschule" (Freiburger Projektgruppe 1993) wird zwar optimale Transparenz angestrebt; aber notwendigerweise bleibt sie weit unter den Ansprüchen der empirisch-analytischen Forschungsmethodologie. Um Erfahrungen zu sammeln, wie eine inklusive Schule praktisch gestaltet werden könnte, motivierten wir eine Freiburger Schule dazu, ForscherInnen als Lehrpersonen für sonderpädagogische Förderung in ihr Team aufzunehmen. Diese versuchten, mit regulären Lehrpersonen zusammen die Schule inklusiv zu gestalten. Ihre Erfahrungen stellten sie in einer Dokumentation zusammen. Bis zu deren Abschluss war das Projekt mit Mitteln aus einer Stiftung finanziert und in der alleinigen Verantwortung des forschenden INTSEP-Teams. Nachdem das Projekt als Forschungsprojekt ausgelaufen war und die erreichten Veränderungen in der Schule vom Staat übernommen und den Anforderungen der Schulbürokratie angepasst worden waren, sahen wir mit der damit verbundenen Klassifizierung und Sichtbarmachung der Kinder mit Anspruch auf Finanzierung ihrer sonderpädagogischen Förderung unsere Grundidee einer inklusiven Schule ohne sichtbare Aussonderung von Einzelnen weitgehend zerstört.

Mit dem Teilprojekt „Ich war früher ein sehr schlechter Schüler ..." (Riedo 2000) bezogen wir erstmals auch Jugendliche in unsere Forschung mit ein, welche die Pflichtschulzeit erfüllt haben und einen Weg ins Berufsleben suchen. Einfühlsam und teilnehmend suchte ein Forscher das Gespräch mit während der Schulzeit von uns untersuchten jungen Erwachsenen. Mit der oft sehr persönlichen Teilnahme am Schicksal dieser Jugendlichen musste sich dieses Projekt zwingend von kritisch-rational geforderter Objektivität und Generalisierbarkeit ein gutes Stück weit entfernen. Dafür ist die Darstellung der Lebens- und Bildungsbiographien von ehemals schulleistungsschwachen Jugendlichen nahe an der von jedem einzelnen Betroffenen erlebten Realität.

Im Teilprojekt „Langzeitwirkungen der schulischen Integration" (Eckhart et al. 2011) finden sich über die bereits dargestellten empirischen Untersuchungen hinaus auch Teile, die auf die subjektive Sicht von Betroffenen fokussieren. Es wurden Interviews im Hinblick auf subjektive Erklärungen von Betroffenen für Selektion und soziale Ungleichheit qualitativ interpretiert. Wie bewerten und erklären ehemalige SchülerInnen aus Sonderklassen und vergleichbar schwache ehemalige SchülerInnen aus Regelklassen (Bildungs-)Ungleichheiten, von welchen sie sich selbst als negativ betroffen erfahren könnten? Auch wenn man sich bei solchen Textinterpretationen um Systematik bemüht, bleiben die kritisch-rationalen Kriterien der Objektivität und Generalisierbarkeit notwendigerweise unzulänglich erfüllt. Die Aussagen aus den Interviews geben den abstrakten Forschungsteilen allerdings dafür vermehrten Realitätsbezug.

3.2 Wertfreiheit der Wissenschaft vs. Wertgebundenheit in Praxis und Politik

Wie kann man die weltanschauliche Verankerung in einer Grundlage von Werten auch beim Forschen berücksichtigen? Hierfür müssen die vom Kritischen Rationalismus vorgegebenen Schritte empirischer Forschung durch weitere Schritte ergänzt werden. Diese müssen in die methodologischen Regeln für empirische Forschung aufgenommen werden. Die Gesamtheit der Forschungsschritte umfasst: 1) Thematik, Problematik; 2) Forschungs- und interpretationsleitende Wertentscheidungen; Soll-Vorstellungen; richtungweisende Visionen; 3) Theoretischer Rahmen zur Interpretation von Ist-Zuständen; 4) Entscheidung über den Grad der anzustrebenden Verallgemeinerung und Objektivierung; 5) Hypothesen über systematische Zusammenhänge im Ist-Zustand; 6) Operationalisierung der Begriffe in der Hypothese (= Festlegung von beobachtbaren Indikatoren für die Begriffe); 7) Systematischer Versuchsplan zur logisch einwandfreien Widerlegung der Hypothese; 8) Entscheidung über die Beibehaltung der Hypothese; 9) Einordnung der Ergebnisse in die Theorie(n) zum Ist-Zustand; 10) Beurteilung der Ergebnisse mittels Bezug auf die Soll-Vorstellungen; 11) Ideologiekritik am Forschungsprozess und den Schlussfolgerungen; 12) Entscheidungen über praktisches und politisches Handeln. Die Schritte 5 bis 9 entsprechen jenen des Kritischen Rationalismus. Ich illustriere die Schritte an Beispielen aus dem INTSEP-Programm: Die Thematik (1) ist einerseits „Inklusion und Separation" und andererseits „Chancengerechtigkeit". Zu Beginn bezog sie sich auf Kinder und Jugendliche mit Bildungsbenachteiligungen aus meist einheimischen Arbeiterfamilien, nach wenigen Jahren aber zunehmend auf Kinder, Jugendliche und junge Erwachsene aus Immigrantenfamilien. Beim nächsten Schritt (2) muss transparent gemacht werden, auf welchen wertenden Soll-Vorstellungen bzw. Visionen Fragestellung und Verwendung der Ergebnisse basieren sollen. Unser Programm ist auf die Vision der integrationsfähigen Schule (synonym verstanden zum aktuellen Begriff der „inklusiven Bildung") festgelegt:

> „In dieser werden Kinder unterschiedlichster Leistungsfähigkeit als gleichwertige Partner in das Beziehungsnetz der schulischen Bezugsgruppe (Klasse) aufgenommen; es gibt keine Geringschätzung wegen unterdurchschnittlicher Schulleistungsfähigkeit. Diese Schule wäre getragen vom Wunsch nach dem Prinzip des Dialogischen, welches durch folgende Merkmale charakterisiert ist: Annahme jedes Schülers als Partner, Vertrauen in das Potential des Partners, Echtheit." (Haeberlin et al. 2003, 151f.)

In dieser Vision ist ein Perspektivenwechsel von der Integrationsfähigkeit des Kindes zur Integrationsfähigkeit der Schule notwendig:

> „Die zentrale Voraussetzung für den Perspektivenwechsel von der Integrationsfähigkeit des Kindes zur Integrationsfähigkeit der Schule wäre unseres Erachtens eine allgemeine Absage an die negative Bewertung von Menschen durch Mitmenschen nach Leistungsfähigkeit, Intelligenz und anderen Ausgrenzungsmerkmalen." (Haeberlin et al. 2003, 152)

Soll-Vorstellungen bzw. Wertentscheidungen sind zwar der Empirie nicht zugänglich. Aber sie haben Einfluss darauf, mit welchem theoretischen Rahmen (Schritt 3) Gesetzmässigkeiten behauptet und überprüft werden, die das Schulwesen aktuell prägen. Insbesondere in den Anfangsstudien haben wir die Bezugsgruppentheorie (vgl. Ulich 1972) ins Zentrum der Hypothesenbildung gestellt: Kinder befinden sich zu einem grossen Teil des Tages in der Bezugsgruppe Schulklasse und sehen sich hier gezwungen, sich mit den andern Kindern zu vergleichen und sich an schulischen Normen zu messen. Die Bezugsgruppentheorie auf „Lernbehinderung" angewendet veranlasst vorerst zu einer eher günstigen Beurteilung der Sonderschule: Wenn ein schulschwaches Kind in eine Sonderklasse wechselt, trifft es in der Regel eine Bezugsgruppe, in der es sich weniger negativ einschätzen muss als in einer Regelklasse. Aber je näher der Übertritt ins Berufsleben kommt, umso mehr verkleinert sich die positive Selbsteinschätzung und beginnt sich wieder ins Negative zu drehen. Denn der Jugendliche merkt, dass der Schonraum bald zu Ende geht. Ein anderes Beispiel ist die Kontakttheorie, die wir insbesondere bei Studien zur Situation von Jugendlichen aus Immigrantenfamilien verwendet haben (Eckhart 2005, Eckhart et. al. 2011). Sie geht von der Annahme aus, dass Einstellungen gegenüber Angehörigen anderer ethnischer Gruppen in Abhängigkeit von den direkten Kontakten stehen, welche jemand zu solchen Menschen hat. Die Theorie ist in neuerer Zeit in dem Sinne ausdifferenziert worden, dass die positive Wirkung von Kontakten von deren Qualität abhängig ist (vgl. Eckhart 2005, 72ff.). Auf die Aufzählung weiterer von uns verwendeten Theorien (vgl. z.B. Eckhart et al. 2011, 19ff., 43f., 71f., 87f.) wird in diesem Rahmen verzichtet. Zu Schritt 4 finden sich in Abschnitt 3.1 Erläuterungen. Schritt 5 entspricht Schritt 1 beim kritisch-rational verstandenen Forschungsprozess; Verallgemeinerung ist nur in Forschungsprojekten möglich, die sich eng an die empirisch-analytische Forschungsmethodologie halten. Schritt 6 entspricht im Forschungsprozess des Kritischen Rationalismus Schritt 2. Operationalisierung bedeutet, dass Begriffe selbst nicht beobachtbar und messbar sind, sondern dass für diese eindeutig beobachtbare und messbare Indikatoren definiert werden müssen. Beispielsweise mussten wir Lernbehinderung so definieren, dass ein betroffenes Kind eindeutig identifizierbar wird. Die operationale Definition lautet: „Erstens liegen seine Schulleistungen im letzten Sechstel der Stichprobe. Zweitens hat er einen IQ zwischen 70 und 100." (Haeberlin et al. 2003, 23) Schritt 7 (bzw. Schritt 3 gemäß Kritischem Rationalismus) bedarf in diesem Rahmen keiner Erläuterung. Bezüglich Schritt 8 (bzw. Schritt 4 gemäß Kritischem Rationalismus) ist daran zu erinnern, dass je geringer die Messbarkeit der Daten ist, sich umso weniger Entscheide treffen lassen. Mit sogenannten „qualitativen" Studien sind kaum je Entscheide über die Beibehaltung einer Hypothese möglich. Bei Schritt 9 (bzw. Schritt 4 gemäß Kritischem Rationalismus) geht es um die Frage, inwieweit die Ausgangstheorie gültig ist, oder ob die Theorie vielleicht weiter ausdifferenziert werden muss. Beispielsweise gilt die Kontakttheorie nicht in ihrer einfachsten Form, sondern sie muss differenzierter formuliert werden. Darauf deutet das Ergebnis, dass AusländerInnen gegenüber bestimmten AusländerInnen anderer Herkunft höhere Distanzwerte zeigen als SchweizerInnen gegenüber diesen AusländerInnen (Eckhart et al. 2011, 64). Nach Vorliegen der empirisch gewonnenen Forschungsergebnisse sollen Forschende diese auf die wertgeleitete Vision beziehen und Aussagen dazu machen, was mit Blick darauf in Schule und Gesellschaft geändert werden sollte. Eine Verpflichtung zu den Forschungsschritten 10, 11 und 12 verknüpft in gewissem Sinne den Kritischen Rationalismus mit der Kritischen Theorie. Ideologiekritik am eigenen Forschungsprozess und den eigenen Schlussfolgerungen lässt uns kritisch gegenüber unseren eigenen verfestigten wertenden Meinungen und damit der Gefahr des unbemerkten Gefangenseins in einer Ideologie werden.

4 Ideologiekritische Schlussbemerkungen

Unsere Forschungsergebnisse haben sich beim Bezug auf die Vision der inklusiven Schule häufig als widersprüchlich erwiesen. Dies ist zu erwarten, wenn wir an den grundsätzlichen Widerspruch zwischen marktwirtschaftlich durchformter Realität und idealistisch gedachter inklusiver Schule und Gesellschaft denken. So gesehen sind kleine Verbesserungen der Schulleistungen von „Lernbehinderten" in Regelklassen kaum als Indikator für einen Schritt zur inklusiven Schule zu werten. Deshalb haben wir neben Schulleistungen stets auch andere Variablen in die Untersuchungen miteinbezogen. Beispielsweise haben wir in den Studien zur Situation von „Lernbehinderten" neben den Schulleistungstests Instrumente anderer Art eingesetzt: Ein Integrationsmaß basierend auf erlebten Interaktionshäufigkeiten (Haeberlin et al. 2003, 171ff.), je eine Skala „Einschätzung der Beziehung zu den Mitschülern" als Indikator für „Soziales Integriertsein" (ebd. 175f.), „Subjektives Befinden in der Schule" als Indikator für „emotionales Integriertsein" (ebd. 176f.) und „Einschätzung des eigenen Befindens in der Schule" als Indikator für „Leistungsmotivationales Integriertsein" (ebd. 177f.). Von Medien und Bildungspolitik sind jedoch diese Teile unserer Forschung weitgehend stillgeschwiegen worden. Mir ist lange nicht bewusst geworden, dass dies durch Fokussierung und Reduktion auf Chancengleichheit erklärbar ist. Wir benötigen in Zukunft eine Inklusionsforschung,

> „die sich von der Verkürzung auf Chancengerechtigkeit löst und sich auf Fragen nach dem sich gegenseitig wertschätzenden Zusammenleben in einer Gemeinschaft von schulisch und beruflich gar nicht bis sehr Erfolgreichen konzentriert. .... Wir haben damit signalisiert, dass man sich in Zukunft auf neue, möglicherweise dem bildungspolitischen Zeitgeist zuwiderlaufende Forschungsfragen einlassen muss." (Eckhart et al., 114)

Ohne feste Verpflichtung auf Ideologiekritik drohen Forschende – mich selbst eingeschlossen – kritikmüde zu werden und der Gefahr des unbemerkten Gefangenseins in einer Ideologie zu erliegen. Meist ist es eine Ideologie, welche der Zeitgeist und das Schielen auf Forschungsmittel von Auftraggebern mit ihren bildungspolitischen Absichten vorgeben.

Zum Schluss versuche ich eine kurze und unvollständige ideologiekritische Einordnung unserer Forschungsergebnisse und deren Verwendung. Der Geltungsbereich unserer Ergebnisse ist beschränkt auf Personen, die während ihrer Schulzeit in eine Sonderklasse für Lernbehinderte eingewiesen oder als einer entsprechenden integrierten Förderung Bedürftige diagnostiziert worden sind. Eine Übertragung der Ergebnisse auf Personen mit geistiger Behinderung, mit Sinnesschädigungen, mit psychischen Störungen oder gar mit schweren und schwersten Mehrfachbehinderungen ist nicht zulässig. Dennoch werden unsere Ergebnisse oft auf solche Menschen angewendet. Man findet sogar Forschungen, in welchen die auf Schulleistung reduzierte Fragestellung ohne Skrupel auf schwer Geistig- und Mehrfachbehinderte angewendet wird, wobei aus sog. „forschungstechnischen" Gründen jene, die nicht über Sprachfähigkeiten verfügen, aus den Stichproben ausgeschieden werden, was ja schon Verrat an der Inklusionsidee ist.

Mir ist lange nicht richtig bewusst geworden, dass wir eigentlich Forschungen zur Chancen*un*gerechtigkeit durchgeführt haben und damit im Widerspruch zur Inklusionsidee stehen könnten. Viele unserer Forschungsergebnisse sprechen dafür, dass Chancengerechtigkeit die Abschaffung der Sonderschulen für Lernbehinderte verlangt. Daraus kann aber kein Fortschritt zur inklusiven Schule und Gesellschaft abgeleitet werden (Haeberlin 2011). Weil sich der Anteil an Arbeitsplätzen insgesamt und natürlich auch in der oberen Hälfte der Berufshierarchie nicht beliebig vergrößern lässt, wird es in Zukunft keineswegs nur noch berufliche Aufsteiger und keine Absteiger mehr geben. So gesehen wird sich der „Run" auf Wege zu hohen schulischen und beruflichen Chancen laufend intensivieren; und unsere gesellschaftliche Wettkampfrealität wird sich verschärfen. Dies entspricht nicht den Werten, auf welchen die Vision der inklusiven Schule und Gesellschaft basieren müsste. Ein Fortschritt zur inklusiven Schule und Gesellschaft droht als Folge der politischen Verwertung unserer Forschungen verhindert zu werden. Die mit Chancengerechtigkeit begründete schulische Inklusion ist nicht *mehr* als eine Umverteilung in der Sozialstruktur. Wegen Schulschwäche gemiedene Kinder und Jugendliche wird es aber weiterhin geben. Schule wird für diese keineswegs zum inklusiven Paradies auf Erden werden. Wenn ich dies vor dem Hintergrund der selektionistischen Merkmale unserer Kultur sehe (Haeberlin 2013, 2016d), dann komme ich zu eher pessimistisch stimmenden Fragen: Wie wird die sich zuspitzende Wettkampfrealität im Bildungs- und im Berufswesen in Zukunft den Umgang mit schulschwachen Kindern und Jugendlichen und mit beruflich erfolglosen Erwachsenen prägen? Ich mache bedenkliche Beobachtungen (Haeberlin 2011), wie viele Eltern von schulkonform funktionierenden Kindern schon ab der ersten Klasse auf den zukünftigen Wettkampf fixiert sind. Sie unterstützen und fördern die Entwertung von Schulschwachen – auch in angeblich inklusiven Schulen. So befürchte ich, dass wir infolge der fatalen bildungspolitischen Vermischung von Inklusion mit Chancengleichheit unmerklich weiter in die Kultur der Leistungsstarken abdriften. In einer solchen Kultur drohen Versagende verachtet und entwertet zu werden. Mit ideologiekritischem Eifer habe ich zunehmend realisiert, dass wir und viele andere vermeintliche Inklusionsforschende der Inklusionsvision möglicherweise einen Bärendienst erwiesen haben. Noch schwerwiegender wird es, wenn die inklusive Bildung für Kinder und Jugendliche mit schwerer geistiger Behinderung oder mit schweren Mehrfachbehinderungen mit Chancengleichheit begründet wird (Haeberlin 2011). Wenn man die Situation dieser Menschen reflektiert, wird die Verbindung zwischen Inklusion und Chancengerechtigkeit völlig desolat. Diese Menschen haben mit zunehmender Behinderungsschwere eine lebenslange Abhängigkeit (Hahn 1994) von besonderen Einrichtungen bis hin zur Abhängigkeit von einem sehr großen Pflegepotenzial zu ertragen (Haeberlin 2005, 63ff.). Zum Verhältnis zwischen derartiger Abhängigkeit und der Inklusionsvision finde ich bisher kaum befriedigende Antworten oder gar Forschungsergebnisse. Die zentralen Fragestellungen in der zukünftigen Inklusionsforschung muss lauten: Ändert sich das Verhalten der engeren und weiteren Umwelt der nicht von Exklusion Betroffenen so, dass ihre zunehmende Akzeptanz und Bereitschaft zur Partnerschaft für Behinderte aller Schweregrade und für alle Versagenden und Benachteiligten erkennbar werden kann (vgl. Haeberlin 2010)? Bisher hat man sich immer wieder unkritisch darauf eingelassen, die „Integrationsfähigkeit" der von Exklusion Betroffenen zu erforschen. Solange wir Forschenden den Blick nicht konsequent auf deren Umwelt richten, bedeutet die aktuelle Inklusionseuphorie noch lange nicht, dass diese sich im späteren Rückblick als berechtigt erweisen wird (vgl. auch Haeberlin/Doblmaier 2012; Haeberlin 2013; Haeberlin 2016d).

Literatur

Bleidick, Ulrich (1999): Behinderung als pädagogische Aufgabe. Behinderungsbegriff und behindertenpädagogische Theorie. Stuttgart: Kohlhammer.

Bless, Gerard (1995): Zur Wirksamkeit der Integration. Bern: Haupt.

Eckhart, Michael (2005): Anerkennung und Ablehnung in Schulklassen. Bern: Haupt.

Eckhart, Michael/Haeberlin, Urs/Sahli Lozano, Caroline/Blanc, Philippe (2011): Langzeitwirkungen der schulischen Integration. Bern: Haupt.

Freiburger Projektgruppe (1993): Heilpädagogische Begleitung in Kindergarten und Regelschule. Bern: Haupt.

Haeberlin, Urs (1975): Empirische Analyse und pädagogische Handlungsforschung. In: Zeitschrift für Pädagogik. 21., 653-676.

Haeberlin, Urs (1996): Heilpädagogik als wertgeleitete Wissenschaft. Bern: Haupt.

Haeberlin, Urs (2002): Wissenschaftstheorie, heilpädagogische. In: Bundschuh, Konrad/Heimlich, Ulrich/Krawitz, Rudi (Hrsg.): Wörterbuch Heilpädagogik (2. Aufl.). Bad Heilbrunn: Klinkhardt, 317-322.

Haeberlin, Urs (2003): Wissenschaftstheorie für die Heil- und Sonderpädagogik. In: Leonhardt, Annette/Wember, Franz B. (Hrsg.): Grundfragen der Sonderpädagogik. Weinheim: Beltz, 58-80.

Haeberlin, Urs (2005): Grundlagen der Heilpädagogik. Einführung in eine wertgeleitete erziehungswissenschaftliche Disziplin. Bern: Haupt.

Haeberlin, Urs (2010): Das Menschenbild für die Heilpädagogik. 6. Aufl., Bern: Haupt.

Haeberlin, Urs (2011): Behinderte integrieren – alles klar? In: Vierteljahrsschrift für Heilpädagogik und ihre Nachbargebiete VHN, 80., 278-283.

Haeberlin, Urs (2013): Inklusion als Vision und Exklusion als Realität. Reflexionen zur Inklusion und Exklusion von Benachteiligten in unserer Kultur und in unserem Bildungswesen. In: Schwab, Susanne/Gebhardt, Markus/Ederer-Fick, Elfriede M./Gasteiger-Klicpera, Barbara (Hrsg.): Theorien, Konzepte und Anwendungsfelder der inklusiven Pädagogik. Wien: Facultas. wuv, 11-23.

Haeberlin, Urs (2016a): Ein subjektiv gefärbter Rückblick des scheidenden VHN-Herausgebers. In: Vierteljahrsschrift für Heilpädagogik und ihre Nachbargebiete VHN, 85., 277-289.

Haeberlin, Urs (2016b): Empirisch Forschen! – Aber wertgeleitet! In: Vierteljahrsschrift für Heilpädagogik und ihre Nachbargebiete VHN, 85., 342-345.

Haeberlin, Urs (2016c): Die ausführliche Rezension zu Stein, Roland/Müller, Thomas (2016): Wissenschaftstheorie für Sonderpädagogen. Ein Arbeitsbuch zu Theorie und Methoden. Klinkhardt: Bad Heilbrunn. In: Vierteljahrsschrift für Heilpädagogik und ihre Nachbargebiete VHN, 85., 360-364.

Haeberlin, Urs (2016d): Vergangenheit – Gegenwart – Zukunft. Heilpädagogik im Dilemma zwischen Visionen und Realitäten. In: Berufs- und Fachverband Heilpädagogik BHP (Hrsg.): Heilpädagogik – Sinn, Struktur, Perspektiven. Berlin: BHP-Verlag.

Haeberlin, Urs/Doblmair, Michael (2012): Inklusive Bildung? – Ein spontaner Gedankenaustausch. In: Vierteljahrsschrift für Heilpädagogik und ihre Nachbargebiete VHN, 81., 328-334.

Haeberlin, Urs/Oberholzer-Stuber, Esther (2016): Rationalität und Intuition – vereinbar oder nicht? In: Vierteljahrsschrift für Heilpädagogik und ihre Nachbargebiete VHN, 85., 346-348.

Haeberlin, Urs/Bless, Gerard/Moser, Urs/Klaghofer, Richard (2003): Die Integration von Lernbehinderten (1. Aufl. 1990). Bern: Haupt.

Haeberlin, Urs/Kronig, Winfried/Imdorf, Christian (2004): Von der Schule in die Berufslehre: Untersuchungen zur Benachteiligung von ausländischen und von weiblichen Jugendlichen bei der Lehrstellensuche. Bern: Haupt.

Hahn, Martin (1981): Behinderung als soziale Abhängigkeit. Zur Situation schwerbehinderter Menschen. München: Reinhardt.

Imdorf, Christian (2007): Die Bedeutung sonderpädagogischer Bildungstitel bei der Lehrstellenvergabe in KMU. In: Vierteljahresschrift für Heilpädagogik und ihre Nachbargebiete VHN, 76., 165-167.

Kronig, Winfried (2007): Die systematische Zufälligkeit des Bildungserfolgs. Bern: Haupt.

Kronig, Winfried/Haeberlin Urs/Eckhart, Michael (2007): Immigrantenkinder und schulische Selektion: Pädagogische Visionen, theoretische Erklärungen und empirische Untersuchungen zur Wirkung integrierender und separierender Schulformen in den Grundschuljahren (3. Aufl.). Bern: Haupt.

Popper, Karl R. (1935): Logik der Forschung. Wien: Springer. URL: https://monoskop.org/images/e/ec/Popper_Karl_Logik_der_Forschung.pdf (Abrufdatum 14.10.2016)

Poser, Hans (2001): Wissenschaftstheorie. Eine philosophische Einführung. Stuttgart: Reclam.

Riedo, Dominicq (2000): „Ich war früher ein sehr schlechter Schüler...": Schule, Beruf und Ausbildungswege aus der Sicht ehemals schulleistungsschwacher junger Erwachsener. Bern: Haupt.

Stalder, Barbara E. (2005): Das intellektuelle Anforderungsniveau von 105 Berufslehren. Arbeitspapier aus der TREE-Längsschnittstudie. Bern.

Stein, Roland/Müller, Thomas (2016): Wissenschaftstheorie für Sonderpädagogen. Ein Arbeitsbuch zu Theorien und Methoden. Bad Heilbrunn: Klinkhardt.

Ulich, Klaus (1972): Soziale Systeme als Bezugssysteme für Soziales Handeln. Bern: Lang.

Weniger, Erich (1952): Die Eigenständigkeit der Erziehung in Theorie und Praxis. Probleme der akademischen Lehrerbildung. Weinheim: Beltz.

Matthias Huber

Emotion and Decision Making in Transition Research: A Mixed Methods Approach

Summary

Emotions as well as decision-making processes are both central elements in life. Usually, we link decisions to rational considerations of an informed and knowledgeable person. The emphasis on rationality and rational choices disguises the process of decision making and with it the impact of emotions and feelings to that: Perception, memory, learning and especially decision making are dependent on emotions and emotional markers. In transition research the significance of emotions for educational career choices is often discussed, but hardly empirically explored. This paper presents a specific research project that emphasises the relevance of emotions for educational career choices of students, who are in transition from school to the tertiary educational sector: decisions are no longer seen as purely rationale, but are – based on emotional markers – understood as the conscious and nonconscious emotional evaluation of mental images, representations and experiences. Moreover, the project aims to clarify how the professionally guided sensitization of emotionality in transition processes may help students to evaluate and to approach problems and/or situations differently. It will be shown that using a complex mixed methods research design opens up the possibility to trace emotional evaluations within the process of decision-making and – as a consequence – provides an innovative access for transition and mixed methods research and challenges traditional considerations by utilizing new forms of knowledge production.

Zusammenfassung

Emotionen und Gefühle sind ein wesentlicher Bestandteil des Lebens, ebenso wie das Treffen von Entscheidungen. Normalerweise verbindet man mit Entscheidungsprozessen die Vorstellung eines rationalen, logisch denkenden Menschen. Diese Gewichtung von Vernunft bzw. Rationalität verschleiert allerdings die enorme Relevanz von Emotionen: Wahrnehmung, Gedächtnis,

Lernen und im Besonderen das Treffen von Entscheidungen sind von Emotionen und emotionalen Markierungen abhängig. In der Übergangsforschung wird der Stellenwert von Emotionen für Bildungslaufbahnentscheidungen zwar diskutiert, jedoch finden sich diesbezüglich kaum empirische Ansätze. Der vorliegende Beitrag stellt ein Forschungsprojekt vor, das sich der Bedeutung von Emotion für Bildungslaufbahnentscheidungen von SchülerInnen, die sich gerade im Übergang von der Schule in den tertiären Bildungssektor befinden, widmet. Entscheidungen werden dabei nicht als rein rationale Phänomene gedeutet und erklärt, sondern – basierend auf und abhängig von emotionalen Markierungen –, als die bewusste und nicht-bewusste emotionale Bewertung von Vorstellungsbildern, Repräsentationen und Erfahrungen der eigenen Lebens- und Lerngeschichte verstanden. Darüber hinaus wird im Projekt der Frage nachgegangen, in welcher Weise die professionell angeleitete Sensibilisierung der eigenen Emotionalität in Übergangsprozessen SchülerInnen zukünftig helfen kann, alltäglichen Problemen oder Situationen differenzierter zu begegnen. Des Weiteren wird veranschaulicht, wie sich anhand eines komplexen und eigens dafür entwickelten Mixed-Methods-Designs die Bedeutung von Emotionen und emotionalen Markierungen für Entscheidungsfindungsprozesse in der Bildungsforschung empirisch untersuchen lässt. Dies geht mit einem neuen und innovativen Zugang im Kontext der Übergangsforschung und der Mixed-Methods-Forschung einher.

1 Transition Research and Educational Career Choices

In recent years, empirical educational research has increasingly addressed the question of the significance of transition processes in the educational system and how to organize them best (Baumert et al. 2009; Lin-Klitzing et al. 2010; Datler et al. 2012; Bellenberg/Forell 2013; Schröer et al. 2013). Equally, the importance of educational career choices in different contexts (like school, universities or labour market) and from different perspectives (like students, parents, teachers or councilors) have been discussed and empirically explored. There are several studies that illustrate the tremendous importance of this topic for education policy, like the reproduction of social inequality, the value of the effects of social origin, or the need for pre- and intervention strategies concerning these matters. Well researched are on the one hand the role of the environment on these educational career choices (Wiedenhorn 2011; Kramer/ Helsper 2013) and on the other hand the consequences of these decisions on the personal life and the social and professional development (Trautwein 2013, Geppert 2017). There are quite a few empirical studies on parental educational decision making at the transition from primary to secondary school (Kleine et al. 2010; Gresch 2012; Bellenberg 2012; Kleine 2014) and from lower secondary to upper secondary school (van Ackeren et al. 2009; Maaz/Nagy 2010; im Brahm 2013) as well as studies on the genesis of social inequality and on the significance of the (social) background at the transition to tertiary education (Bornkessel 2015; Merkel 2015). The individual decision-making processes from the perspective of these students, who are in transition at the moment, have rarely been addressed empirically until now, although there are plenty of studies that underline this problem and demand clarification, especially at the transition to higher education.

The relevance of emotion and feeling for transition processes is mainly emphasized by theories in the context of lifelong learning, especially their relevance for educational career choices taking into consideration educational biography developments. In addition, there are a few authors who call attention to the significance of emotion and feeling for decision-making processes in the field of education in general, and to the significance of emotional evaluations and markers for educational career choices in particular (Gieseke 2007, 2014; Huber 2013; Kohlmeyer 2013; Zimmermann 2013). Incidentally, previous education policies (e.g. reforms of the upper secondary schools, academic preparatory courses, dual education, career guidance programs, open door days at colleges and universities, information events at and for schools) still assume that the problem of decision-making processes can be solved by additional information and impartation (Trautwein 2013). This assumption, however, cannot be upheld with regard to explanations of subject-related decision-making processes provided by emotion theory: Decision making is dependent on emotional processes. For this reason, Gieseke (2007, 216) emphasizes the need for further studies on the significance of emotion for educational career choices in consideration of individual educational biographies. Having this in mind, the current research project takes various possible transitions into account, since it is focused on the significance of emotion for decision-making processes at the end of high school in general.

The assumption, that decision-making processes are commonly based on emotional markers, has been supported by multiple experimental studies, with regard to the decision-making theory of neuro- and cognitive sciences (Bachera et al. 1997; Brand 2008; Chiu et al. 2008; Rolls 2014). Emotional markers can be understood as the conscious and nonconscious emotional evaluation of mental images, representations and experience of our own learning and life history. These markers work like an anticipatory intuition and allow a preselection of decision options, independent of the complexity and scope of the decision-making situation (Damasio 2010; Rolls 2014). A common example in the context of educational career choices is avoidance behavior because of a negative emotional marker, for example fear of failure concerning personal performance, at the beginning of university studies. While the significance of emotional markers for decision-making processes has long been acknowledged in areas such as product management, leadership coaching and advertisement (e.g. Schmidt-Atzert et al. 2014), this topic has begun to capture attention in education only in recent years. From the educational point of view especially the implicit knowledge that goes hand in hand with the emotional markers and evaluations is emphasized (Arnold 2009). This implicit knowledge corresponds with the competence for adaptive decision making and problem-solving competence (Cozolino 2013). Emotional markers can be understood as a necessary precondition of:

1) specific processes of perception (e.g. Colombetti 2014),

2) the mechanisms of regulation and control (e.g. von Scheve 2011) as well as the mechanism of formation and development of norms and values (see e.g. Smetana/Killen 2008),

3) specific processes of encoding (e.g. Murphy/Isaacowitz 2008), consolidation (Markowitsch 2004) and decoding (e.g. Kim/Diamond 2002),

4) decision-making processes (e.g. Huber 2015) and educational careers choices (Gieseke 2007, 2014; Arnold/Pachler 2013), accordingly,

5) the transfer and application of knowledge and problem solving competence (e.g. Immordino-Yang/Damasio 2007), and

6) adaptive, social behavior (e.g. Lieberman 2007).

Nevertheless, there are still hardly any reliable data and empirical investigations that devote the significance of emotional markers and evaluations for educational career choices and, closely related to this, the transfer of the insights of emotion theory to research in education – especially in terms of methodological considerations. Summing up, the following research desiderata can be identified:

a) the significance of subject-oriented decision-making processes, referring to the perspective of students who are in transition at the moment;

b) the significance of emotional markers for educational career choices; that is the relevance of emotional markers for the individual decision in the context of tertiary education;

c) the dynamic and constitution of these emotional markers, respectively the question concerning the subjectively experienced factors of influence and perceptions, that co-create the emotional markers, and

d) the design possibilities of educational policy for the conceptualization of guidance programs and the support of students' educational careers.

As a consequence the central research question of the research project is: What relevance do emotional markers have for educational career choices of students at the transition from upper secondary schools to tertiary education and which causes, factors of influence and perceptions of one's own (educational) biography do these emotional markers constitute?

2 Methodological Design: Data Collection and Data Analysis

In order to comprehensively address the research question, various layers of data collection and data analysis are taken into consideration and are combined in a multi-methodological, highly participatory research design. The mixed methods approach developed here is oriented towards the idea of the "fully integrated mixed design" described by Teddlie and Taschakkori (2009), a complex design form that allows a combination of both skeins of data during the analysis, as well as the dynamic and interactive integration of single methods. Despite their simultaneous implementation during the data collection phase, the inductive, qualitative analysis takes priority over the deductive, quantitative one. The research design follows the tradition of the "dialectic pluralism" (Johnson 2012), whose open mixed method design corresponds to the project's epistemological framework and its theoretical and empirical interest. Accordingly it fits with the idea of the "performative paradigm" (Schoonenboom 2017), especially in terms of temporary knowledge development and the connection of qualitative and quantitative data.

Data collection will be done in five workshops with two groups of students attending two academic secondary schools in Vienna. The students are close to their school leaving exam and, hence, at a point of transition to the tertiary sector. The sample will therefore consist of two groups of eight to twelve eleventh graders, aged around 17, attending two different schools. These students will be involved in the data analysis, as they simultaneous form two focus groups. This underlines the highly participatory character of the research approach. It is necessary to add that the selection of participants and the theoretical sampling go hand in hand with specific problems of research ethics, especially referring to the methodological design like the multi-level declaration of consent and the informed consent concerning teachers, student and parents (Wiles et al. 2007), a clear and distinguished introduction of all participants, the disclosure of the research aims and the research procedure and the clarification of questions concerning data protection, privacy and anonymity (Narimani 2014). Furthermore, it is very important to ensure the precondition of voluntary participation (von Unger 2014) as well as the possibility of emotional vulnerability. Therefore the students will receive comprehensive support including supervision and after-session-reflections.

The content-related design and orientation of the workshop sessions was conceptualized during a complex pilot study in collaboration with experts of adult education, counselling research and mixed methods research. The workshop sessions' content is structured along five interwoven but chronologically separated phases:

1) In the sensitization phase, the free empathizing, the goal is to question the authenticity of the intentional content of one's own emotionality.

2) In the realization phase, the empathizing structuring, the aim is to make the students conscious of ambivalences regarding daily educational, learning and socialization processes.

3) In the reconstruction phase, the structuring reflection, students should develop a differentiated understanding of intrinsic and extrinsic motives of previous educational career choices.

4) In the imagination phase, the deconstructive anticipation, the main focus is on a differentiated reflection of emotional markers for future educational career decisions.

5) And finally, in the contextualizing phase, the final self-reflection of the personal learning outcome, the goal is the reflection of the learning processes through reconstruction of each single phase before.

The five consecutive workshop sessions will take place at a specifically equipped observation room at the University of Vienna. A multi-perspective setup with four synchronized, high resolution cameras and two highly sensitive directional microphones, which can be operated from a control room behind a one-way mirror, will allow the observation of single sequences and document them in great detail and will capture processes of group-dynamic at the same time. Using this digital 4-channel video network will make it possible to gain information through four separate video channels including the two audio channels on one track, which will make the data corpus of the study manageable.

The data set will consist of (A) the audio and video recordings of each workshop session, whereby specific video sequences for the data analysis and the work with the focus groups will be selected. As a sequential comparing reference (Kuckartz 2014) the study will also focus (B) on the materials and products from each single workshop session (like timetables, drawings, texts, etc.) and (C) on the students' research journals, in which the group discussions and the work of the focus groups are autonomously documented and evaluated. This data will be analysed according to the following three complementary methods: (1) The interpretative video analysis will use the documentary method, which is especially suited for the qualitative analysis of teaching sequences and interactions within an educational context (Bohnsack 2011; for education research: Wagner-Willi 2005, 2006). The first step is the selection of sequences out of the whole video material including all workshop sessions. These sequences will be analysed with the aim to make the emotional evaluations and markers visible by the interpretation of the mimic and linguistic expression. In the next step the sequences will be analysed together with the participating students in so-called focus groups. In a third step, the sequences will be analysed again, taking the results of the focus groups into in consideration. (2) The standardized video analysis will be done by a software-supported, deductive coding procedure using two different types of computer software for frequency analysis (Koch/Zumbach 2002, Seidel et al. 2005). The aim of the standardized analysis is to get a quantitative data set of frequency, intensity, appearance and duration of emotional expressions by analysing the textual transcriptions and the observable expressions (mimic and voice). This word frequency analysis and word pattern analysis will be done through specific evaluation software. (3) As a supplement for the interpretative video analysis and the standardized video analysis, the documentary interpretation of the students' research journals as well as the materials and products of the workshop sessions represent an additional source. This again will refer to the selected sequences. The methodological design enables an exact comparison between the documentary method of the interpretative video analysis and the documentary interpretation of the students' research journals and the workshop materials.

3 Methodological Contextualisation – A Mixed Methods Perspective

Looking back at the central research question and considering the workshops' content (Phases 1-5), its idea of a highly participatory intervention study and the specific research design, two epistemological research interests can be distinguished: (A) a principle-based research interest, with the focus on emotion, decision making and transition and (B) a practice-oriented research interest focusing on support, intervention and policy. Accordingly, two groups of research questions can be differentiated: (A) What relevance do emotional markers have for educational career choices of students at the transition from upper secondary schools to tertiary education? Which causes, factors of influence and perceptions of one's own (educational) biography do these emotional markers constitute? (B) How exactly can students be supported in the best possible way in their educational career choices at the transition from secondary school to tertiary education – in particular consideration of emotional evaluations and markers within professional guided workshops? What are the possibilities for designing educational policies, which should help to smoothen the transition to higher education?

This separation opens up a further strategy for the methodological procedure, especially for the content related allocation of the collected data. Following the segregation of the research interests (A+B), it is possible to formulate categories, which can be assigned to each specific research strand (video, journals and products) and to the specific methods of analysis (qualitative/quantitative). Results of the pilot study suggested splitting the research interest (A+B) into four groups (sub-questions). For these sub-questions, twenty categories were found. In a second step, the data source (video, journals or products) and the method of analysis (qualitative/quantitative) for each category (for example "reflection level of constitutive experience", "growth of the emotional sensitization level", "diversification of emotional experience" or "growth of mimic expression of emotion") was noted. As an interesting sidenote for future mixed methods studies: this precise, step-by-step procedure needs a lot of preparation work, but it allows to anticipate the results of a specific research strand, analysed by a specific method, under specific conditions and with a specific sub-research-question in mind.

The reconstruction of meaning of action-oriented knowledge, respectively the explication of the implicit knowledge in the qualitative analysis in consideration (and with the aid) of quantifiable causalities of the standardized video analysis and different data sources, relates to the conceptualization of the idea of the fully integrated mixed design. This multi-methodological approach enables interactive mixing, which means that it is possible to integrate and combine all skeins of data and to switch within the whole data set. This leads to multiple points of integration (Onwuegbuzie/Johnson 2006). Therefore, all possible levels of mixing must be identified. In the research project the mixing levels can be distinguished, again, in two larger groups: on the one hand the mixing of qualitative and quantitative video analysis will be a central element of the research. On the other hand, and this makes the approach special within the field of educational mixed methods research, different sources of data (the video data, the research journals, and the materials of the workshop sessions) will be combined in the analysis process. Summing up, the mixing levels have to be understood as the mixing between different kinds of data (qualitative and quantitative) and the mixing between different sources of data (video, text, and other products), although the qualitative video analysis is the heart of the research effort. The following six levels of mixing are possible, whereby only the first three are planned, especially because of the major role of the focus groups for the analysis process: The mixing of the

1) qualitative and quantitative video data,

2) qualitative video data and the research journals,

3) qualitative video data and the materials/products,

4) quantitative video data and the research journals,

5) quantitative video data and the materials/products and

6) materials/products and the research journals.

The following section aims at demonstrating, why the characterization of specific research interests and specific levels of mixing, respectively the whole procedure, is necessary in transition research on emotion and decision-making. Therefore, three central purposes of mixing will be differentiated.

1. Diversification and Explanation: All levels of mixing should help to extend the significance and validity of the single results, but two perspectives must be emphasized: (a1) The combination of the qualitative video analysis and the research journals will help to get more information about the central research question. The significance of emotional markers and evaluations in the context of one's own life and learning history will be explained, because the interpretation of the video sequences can be compared with the impressions of the students' research journals, linking it to specific sequences; this opens up a more sophisticated perspective. (a2) The combination of the qualitative video analysis and the materials of the workshops will help to get clearer interpretations about the relevance of individual emotional markers for past and future stages of each educational career. That means that the materials and products will be an important supplement for the qualitative analysis of the researcher and the focus groups. (b1) The combination of the qualitative and quantitative video analysis should help to diversify the whole research process: High amplitudes or large effects in the quantitative data – for example the increase of emotional expression (word frequency or mimic expression) – can indicate a second qualitative look at specific sequences. Moreover (b2) such amplitudes can also help to understand isolated statements of students, because they enable the visualization of the emotional background, for example the classification of the statement in the context of specific emotional states or multilayered emotional sensitivities (see DeCuir-Gunby et al. 2012 for an example of diversification in mixed methods video analysis in education research).

2. Triangulation and Proofing: The first three levels of mixing should help to prove the results of the single research strands. Here again two perspectives require special attention: (a1) The question of how students can be supported in the best possible way within professional guided workshops, respectively the question of the effect of the methods and exercises of the workshops, for example the growth of the students' sensitization level, can be answered by more than one single type of data. The mixing of the qualitative video analysis with the quantitative video analysis and (a2) the mixing of the qualitative video analysis with the research journals will help to prove each single result concerning the effectiveness of the workshop content. (b1) The mixing of the research strands is very helpful to prove the interpretation or the judgment of individual and/or collective emotional states. Within the qualitative and quantitative video analysis and the research journals it is possible to capture the same phenomenon from multiple perspectives: If the qualitative interpretation of the sequence leads to a specific emotional state – for example, the mental image of the future profession is evaluated with well-being – this interpretation can be proofed by the description of this sequence in the students' research journal or in comparison with the quantitative video analysis.

3. Multiple cases and multiple causes: Another purpose of mixing is the theoretical and empirical design of the research project, caused by the principle-based and the practice-oriented research interests. The present study deals with various research topics: the relevance of emotion and emotional markers, the process of decision making and educational career choices, the transition process from school to work and/or university, the effect of the workshop sessions respectively the idea of an intervention study and – last but not least – the highly participatory research design. With regard to the state of research and the literature multi-methodological approaches are recommended for the mentioned topics: DeCuir-Gunby et al. (2012) recommend a mixed methods analysis of video data to capture students' behavior or teaching interactions; Kratzmann et al. (2012) suggest a mixed methods design for the reconstruction of educational career choices; Seipel and Rippl (2013) emphazise the use of more multi-methodological approaches for transition research in general and, referring to the work of Wiederhorn (2011) and Kelle (2007), more multi-methodological approaches for questions concerning decision policy in transition research. Examples for mixed methods in transition research are Gaupp's (2013) research on school to work transitions, Abrams et al.'s (2008) transition evaluation study or Doyle et al.'s (2013) study on students with disabilities transitioning to higher education. In addition, Dalehefte and Kobarg (2012) pointed out that video analyses are much more significant and valid, if they combine different data sources, especially, if the study wants to provide explanations for social relations and not only stick to descriptions of these. Referring to Flick (2013), they also emphasize the combination of qualitative and quantitative video analysis to compensate for the disadvantages of each single method and for transferring the empirical findings into educational practice. Finally it must be mentioned that in emotion based research as well as in research on decision-making processes, the combination and mixing of different data sources and different methods is widely common, just because the complexity of the research topic makes it necessary.

4 Conclusion

The scientific approach developed here makes it possible to examine the significance of emotional markers for educational career choices in transition processes from several perspectives and demonstrate the importance of multi-methodological research efforts on emotion in transition research:

1) This research project ensures a profound theoretical analysis of the significance of emotional markers, understood as the conscious and nonconscious emotional evaluation of mental images, representations and experiences, which are constituted through socialization and education.

2) Another important perspective is the empirical analysis of the significance, origin and function of emotional markers with regard to students at the transition point to adulthood.

3) The described multi-methodological research design was specifically developed for the research project in a pilot study, and can be seen as an advancement of previous approaches of empirical educational research, especially the methodological contextualisation.

4) The project enables the expansion of the discourse on "education of emotions", as decision-making processes have not been addressed with reference to rational-choice-theory. Rather, this approach takes into account both, the current emotion-theoretical discourse within education as well as the emotion-based decision-making theory.

5) A further and maybe the most important perspective of this empirical approach and the theoretical considerations concerns the design possibilities of educational policy. The fundamental findings could contribute to the conceptualization of guidance programs and the support of students in all areas of decision-making.

Literature

Abrams, Laura S./Shannon, Sarah KS/Sangalang, Cindy (2008): Transition services for incarcerated youth: A mixed methods evaluation study. In: Children and Youth Service Review, 30 (5), 522-535.

Arnold, Anita/Pachner, Rolf (2013): Emotion – Konstruktion – Bildung: Auf dem Weg zu emotionaler Kompetenz. In: Käpplinger, Bernd/Robak, Steffi/Schmidt-Lauff, Sabine (Hrsg.): Engagement für die Erwachsenenbildung–Ethische Bezugnahmen und demokratische Verantwortung.. Wiesbaden: Springer VS, 21-28.

Arnold, Margret (2009): Brain-Based Learning and Teaching – Prinzipien und Elemente. In: Herrmann, Ulrich (Hrsg.): Neurodidaktik. Grundlagen und Vorschläge. Weinheim/Basel: Beltz, 145-158.

Baumert, Jürgen/Maaz, Kai/Trautwein, Ulrich (Hrsg.) (2010): Bildungsentscheidungen. Zeitschrift für Erziehungswissenschaft, 12. Jg., Sonderheft 12, Weinheim: VS Verlag.

Bechara, Antoine/Damasio, Hanna/Tranel, Daniel/Damasio, Antonio R. (1997): Deciding advantageously before knowing the advantageous strategy. In: Science, 275 (5304), 1283-1295.

Bellenberg, Gabriele/Forell, Matthias (Hrsg.) (2013): Bildungsübergänge gestalten. Ein Dialog zwischen Wissenschaft und Praxis. Münster: Waxmann.

Bohnsack, Rolf (2011): Qualitative Bild- und Videoanalyse. Opladen: Barbara Budrich.

Bornkessel, Phillip (2015): Studium oder Berufsausbildung? Zur Bedeutung leistungs(un)abhängiger Herkunftseffekte für die Bildungsentscheidung von Abiturientinnen und Abiturienten. Münster: Waxmann.

Brand, Matthias (2008): Does the feedback from previous trials influence current decisions? A Study on the role of feedback processing in making decisions under explicit risk conditions. In: Journal of Neuropsychology, 2 (2), 431-443.

Chiu, Yao-Ciu/Lin, Ching-Hung/Huang, Jong-Tsun/Lin, Shuyeu/Lee Po-Lei/Hsieh, Jen-Chuen (2008): Immediate gain is long-term loss: Are there foresighted decision makers in the Iowa Gambling Task? In: Behavioral and Brain Functions, 4 (13), 1-10.

Colombetti, Giovana (2014): The Feeling Body. Affective Science Meets The Enactive Mind. Cambridge: MIT University Press.

Cozolino, Louic (2013): The Social Neuroscience of Education. Optimizing Attachment and Learning in the Classroom. New York/London: W. W. Norten & Company.

Dalehefte, Inger Marie/Kobarg, Mareike (2012): Einführung in die Grundlagen systematischer Videoanalysen in der empirischen Bildungsforschung. In: Gläser-Zikuda, Michaela/Seidel, Tina/Rohlfs, Carsten (Hrsg.): Mixed Methods in der empirischen Bildungsforschung. Münster: Waxmann, 15-26.

Damasio, Antonio R. (2010): Self Comes to Mind. Constructing the Conscious Brain. New York: Pantheon Books.

Datler, Wilfried/Ereky-Stevens, Katharina/Hover-Reisner, Nina/Malmberg, Lars-Erik (2012): Toddlers' transition to out-of-home day care: Settling into a new care environment. In: Infant Beauvoir and Development, 35 (3), 439-451.

DeCuir-Gunby, Jessica/Marshall, Patricia L./McCulloch, Allison W. (2012): Using Mixed Methods to Analyze Video Data. A Mathematics Teacher Professional Development Example. In: Journal of Mixed Methods Research, 6 (3), 199-216.

Doyle, Alison/McGuckin, Conor/Shevlin, Michael (2013): So how was it for you? Students with disabilities transitioning to higher education: a mixed methods study. In: Trinity Education Papers, 2 (2), 92-111.

Gaupp, Nora (2013): School-to-Work Transitions – Findings from Qualitative and Quantitative Approaches in Youth Transition Research. In: Forum Qualitative Sozialforschung, 14 (2), o.A.

Geppert, Corinna (2017): SchülerInnen an der Bildungsübertrittsschwelle zur Sekundarstufe I. Übertritts- und Verlaufsmuster im Kontext der Neuen Mittelschule in Österreich. Leverkusen: Budrich UniPress.

Gieseke, Wiltrud (2007): Lebenslanges Lernen und Emotion. Wirkung von Emotion auf Bildungsprozesse aus beziehungstheoretischer Perspektive. Bielefeld: W. Bertelsmann.

Gieseke, Wiltrud (2014): Entscheidungsfähigkeit des Individuums als Bildungsberatungsanforderung - die Wahl haben? In: Ebner von Eschenbach, Malte/Günther, Stephanie/Hauser, Anja. (Hrsg.): Gesellschaftliches Subjekt. Erwachsenenpädagogische Perspektiven und Zugänge. Baltmannsweiler: Schneider Hohengehren, 206-218.

Gresch, Cornelia (2012): Der Übergang in die Sekundarstufe I. Leistungsbeurteilung, Bildungsaspiration und rechtlicher Kontext bei Kindern mit Migrationshintergrund. Wiesbaden: Springer VS.

Huber, Matthias (2013): Die Bedeutung von Emotion für Entscheidung und Bewusstsein. Die neurowissenschaftliche Herausforderung der Pädagogik am Beispiel von Damasios Theorie der Emotion. Würzburg: Königshausen und Neumann.

Huber, Matthias (2015): Neuropädagogische Maßgeblichkeiten? Pädagogische Spurensicherung neurowissenschaftlicher Bildungsempfehlungen. In: Krause, Sabine/Breinbauer Ines M. (Hrsg.): Im Raum der Gründe. Würzburg: Königshausen und Neumann. 161-184.

Im Brahm, Grid (2013): Der Übergang von Haupt- und Realschulabsolventen in die gymnasiale Oberstufe. In: Bellenberg, Gabriele/Forell, Matthias (Hrsg.): Bildungsübergänge gestalten. Ein Dialog zwischen Wissenschaft und Praxis. Münster: Waxmann, 199-208.

Immordino-Yang, Marry H./Damasio, Antonio R. (2007): We Feel, Therefore We Learn: The Relevance of Affective and Social Neuroscience to Education. In: Mind, Brain, Education, 1 (1), 3-10.

Johnson, Burke (2012): Dialectical Pluralism and Mixed Research. In: American Behavioral Scientist, 56 (6), 751-754.

Kim, Jeansok J./Diamond, David M.(2002): The stressed hippocampus, synaptic plasticity and lost memories. In: Nature Reviews Neuroscience, 3 (6), 453-462.

Kleine, Lydia/Paulus, Wiebke/Blossfeld, Hans-Peter (2010): Die Formation elterlicher Bildungsentscheidungen beim Übergang von der Grundschule in die Sekundarstufe I. In: Zeitschrift für Erziehungswissenschaft, 12 (12), 103-125.

Kleine, Lydia (2014): Der Übergang in die Sekundarstufe I: Die Bedeutung sozialer Beziehungen für den Schulerfolg und die Formation elterlicher Bildungsentscheidungen. Bamberg: University of Bamberg Press.

Koch, Sabine C./Zumbach, Jörg (2002): The Use of Video Analysis Software in Behavior Observation Research. Interaction Patterns of Task-oriented Small Groups. In: Forum Qualitative Social Research, 3 (2), o.A.

Kohlmeyer, Klaus (2013): Fokus Migration am Übergang Schule –Beruf – das Beispiel Berlin braucht dich! In: Bellenberg, Gabriele/Forell, Matthias (Hrsg.): Bildungsübergänge gestalten. Ein Dialog zwischen Wissenschaft und Praxis. Münster: Waxmann, 231-238.

Kramer, Rolf-Thorsten/Helsper, Werner (2013): Schulische Übergänge und Schülerbiographien. In: Schröer, Wolfgang/Stauber, Barbara/Walther, Andrea/Böhnisch, Lothar/Lenz, Karl (Hrsg.): Handbuch Übergänge. Weinheim/Basel: Beltz Juventa, 589-613.

Kratzmann, Jens/Wehner, Franziska/Faust, Gabriele (2012): Rekonstruktion von Einschulungsentscheidungen mittels Mixed-Methods-Designs. In: Gläser-Zikuda, Michaela/Seidel, Tina/Rohlfs, Carsten (Hrsg.): Mixed Methods in der empirischen Bildungsforschung. Münster: Waxmann, 121-134.

Kuckartz, Udo (2014): Mixed Methods. Methodologie, Forschungsdesigns und Analyseverfahren. Wiesbaden: Springer VS.

Lieberman, Matthew D. (2007): Social Cognitive Neuroscience: A Review of Core Processes. In: Annual Review of Psychology, 58., 259-289.

Lin-Klitzing, Susanne/Di Fuccia, David S./Müller-Frerich, Gerhard (2010): Übergänge im Schulwesen. Chancen und Probleme aus sozialwissenschaftlicher Sicht. Bad Heilbrunn: Klinkhardt.

Maaz, Kai/Nagy, Gabriel (2010): Der Übergang von der Grundschule in die weiterführenden Schulen des Sekundarschulsystems. In: Baumert, Jürgen/Maaz, Kai/Trautwein, Ulrich (Hrsg.): Bildungsentscheidungen. Weinheim: VS Verlag, 153-182.

Markowitsch Hans J. (2004): Neurobiologie des Gedächtnisses. In: Rüsen, Jörg (Hrsg.): Kulturwissenschaftliches Jahrbuch 2002/03. Essen: Transcript,79-109.

Merkel, Miriam C. (2015): Bildungsungleichheit am Übergang in die Hochschule. Weinheim: Beltz.

Murphy, Nora A./Isaacowitz, Derek M. (2008): Preferences for emotional information in older and younger adults: A meta-analysis of memory and attention tasks. In: Psychology and Aging, 23 (2), 263-286.

Narimani, Petra (2014): Zustimmung als Prozess: Informiertes Einverständnis in der Praxisforschung mit von Ausweisung bedrohten Drogenabhängigen. In: von Unger, Hella/Narimani, Petra/M'Bayo, Rosaline (Hrsg.): Forschungsethik in der qualitativen Forschung. Reflexivität, Perspektiven, Positionen. Wiesbaden: Springer VS, 41-58.

Onwuegbuzie, Anthony J./Johnson, Burke (2006): The Validity Issue in Mixed Research. In: Research in Schools, 13 (1), 48-63.

Rolls, Edmund T. (2014): Emotion and Decision-Making Explained. Oxford: Oxford University Press.

Scheve, Christian von (2011): Die soziale Konstitution und Funktion von Emotion: Akteur, Gruppe, normative Ordnung. In: Zeitschrift für Erziehungswissenschaft, 14 (2), 207-222

Schmidt-Atzert, Lothar/Peper, Martin/Stemmler, Gerhard (2014): Emotionspsychologie. Ein Lehrbuch. Stuttgart: Kohlhammer.

Schoonenboom, Judith (2017): A Performative Paradigm for Mixed Methods Research. (Manuscript submitted and accepted) In: Journal of Mixed Method Research.

Schröer, Wolfgang/Stauber, Barbara/Walther, Andrea/Böhnisch, Lothar/Lenz, Karl (Hrsg.) (2013): Handbuch Übergänge. Weinheim/Basel: Beltz Juventa.

Seidel, Tina/Prenzel, Manfred/Kobarg, Mareike (Hrsg.) (2005): How to run a video study. Technical report of the IPN Video Study. Münster: Maxmann.

Seipel, Christian/Rippl, Susanne (2013): Integration qualitativer und quantitativer Methoden in der Übergangsforschung. In: Schröer, Wolfgang/Stauber, Barbara/Walther, Andrea/Böhnisch, Lothar/Lenz, Karl (Hrsg.): Handbuch Übergänge. Weinheim/Basel: Beltz Juventa, 1049-1071.

Smetana, Judith G./Killen, Melanie (2008): Moral Cognition, Emotions, and Neuroscience: An Integrative Developmental View. In: European Journal of Developmental Science, 2 (3), 324–339.

Teddlie, Charles/Tashakkori, Abbas (2009): Foundations of mixed methods research. Thousand Oaks: SAGE.

Trautwein, Ulrich (2013): Übergänge zwischen Schule und Hochschule – Empirische Befundlage. In: Bellenberg, Gabriele/Forell, Matthias (Hrsg.): Bildungsübergänge gestalten. Ein Dialog zwischen Wissenschaft und Praxis. Münster: Waxmann, 267-274.

van Ackeren, Isabell/Klemm, Klaus/Kühn, Svenja M. (2009): Entstehung, Struktur und Steuerung des deutschen Schulsystems. Eine Einführung. Wiesbaden: VS Verlag.

von Unger, Hella (2014): Forschungsethik in der qualitativen Forschung: Grundsätze, Debatten und offene Fragen. In: von Unger, Hella/Narimani, Petra/M'bayo, Rosalinde (Hrsg.): Forschungsethik in der qualitativen Forschung. Reflexivität, Perspektiven, Positionen. Wiesbaden: Springer VS Verlag, 15-40.

Wagner-Willi, Monika (2005): Kinder-Rituale zwischen Vorder- und Hinterbühne – Der Übergang von der Pause zum Unterricht, Wiesbaden: VS

Wagner-Willi, Monika (2006): On the Multidimensional Analysis of Video Data. Documentary Interpretation of Interaction in Schools. In: Knoblauch, Hubert/Schnettler, Berndt/Raab, Jürgen/ Soeffner, Hans-Georg (Hrsg.): Video Analysis. Methodology and Methods. Qualitative Audiovisual Data Analysis in Sociology, 143-153.

Wiedenhorn, Thomas (2011): Die Bildungsentscheidung aus Schüler-, Eltern- und Lehrersicht. Wiesbaden: VS Verlag.

Wiles, Rose/Heath, Sue/Crow, Graham/Charles, Vikki (20075): Informed Consent in Social Research: A literature Review. Southampton: National Centre for Research Methods.

Zimmermann, Ulrike (2013): Emotionalität und der subjektive Sinn von Widerstand gegen Bildung. In: Käpplinger, Bernd/Robak, Steffi/Schmidt-Lauff, Sabine (Hrsg.): Engagement für die Erwachsenenbildung – Ethische Bezugnahmen und demokratische Verantwortung. Wiesbaden: Springer, 67-77.

Gertraud Kremsner

Transitionen durch und mit „Forschung so inklusiv wie möglich"?

Zusammenfassung

Dieser Beitrag widmet sich Übergängen, die aus der Umsetzung inklusiver Forschung resultieren (können). Um dies eingehend darstellen zu können, wird auf das Forschungsprojekt „Vom Einschluss der Ausgeschlossenen zum Ausschluss der Eingeschlossenen – biographische Erfahrungen von so genannten Menschen mit Lernschwierigkeiten" referiert, das von 2013 bis 2016 an der Universität Wien als Dissertationsstudie durchgeführt wurde. Mittels eines Ansatzes als „Forschung so inklusiv wie möglich" haben nicht-akademische Personen nicht nur die Chance, an jedem Schritt im Forschungsprozess teilzuhaben, sondern sich auch kritisch-reflektierend mit ihren eigenen Biographien auseinanderzusetzen. Aber auch traditionelle, akademisch und formal anerkannte ForscherInnen durchlaufen durch diesen Forschungszugang persönliche Transitionen. Darüber hinaus skizziert der Beitrag aber auch, inwiefern der Prozess der Forschung sowie der Wissensproduktion sich Transitionen stellen muss, indem sich die Beziehung zwischen Forschenden und „den Beforschten" grundlegend verändert.

Summary

This paper exemplifies transitions which may appear by applying an inclusive research-approach. For this purpose, the project "biographical experiences of people with so called learning difficulties" will be the given framework. Following an inclusive research approach, not only non-academic researchers have the chance to participate in every step of the research process, but their collaboration might also lead to a critical analysis of their own biographies. Furthermore, "traditional" – academically qualified – researchers also benefit from personal transitions which they have to face during a process of collaborative research. And moreover, research itself has to undergo transitions, as relations between researchers and "the researched" fundamentally change. All of these aspects offer the potential to gain research results or rather knowledge which increases not only in complexity but also in depth and density.

1 Zum Geleit: „Vom Einschluss der Ausgeschlossenen zum Ausschluss der Eingeschlossenen"

Der folgende Beitrag widmet sich Transitionen, die sich durch Forschung ergeben (können): Biographische Übergänge sind hier ebenso gemeint wie solche, die empirische Auseinandersetzungen im Sinne sich verändernder Zugänge betreffen. Ausgangspunkt hierfür ist das Forschungsprojekt „Vom Einschluss der Ausgeschlossenen zum Ausschluss der Eingeschlossenen – biographische Erfahrungen von so genannten Menschen mit Lernschwierigkeiten", das von 2013 bis 2016 als Dissertationsstudie an der Universität Wien durchgeführt wurde (vgl. hierzu Kremsner 2016). In den Fokus rückten dabei die historisch gewachsenen Bedingungen der Unterbringung von so genannten Menschen mit Lernschwierigkeiten[1] samt ihren Erfahrungen mit Gewalt sowie dem Missbrauch von Macht vor dem Hintergrund, die eigene Perspektive sowie v.a. das konkrete Erleben der betroffenen Personen darzustellen. Um dies erreichen zu können, wurden mit sechs langfristig institutionalisierten und damit zwangsläufig einhergehend als „Menschen mit Lernschwierigkeiten" etikettierten Personen über einen Zeitraum von 14 Monaten insgesamt 43 (biographische) Interviews geführt, welche im Anschluss mittels Situationsanalyse (vgl. Clarke 2012) gemeinschaftlich, d.h. unter Beteiligung der zuvor befragten Personen, analysiert wurden. Forschungsleitende Maxime war die u.a. bei Walmsley/ Johnson (2003) grundgelegte „inklusive Forschung" in ihrer Durchführung als „Life History Research" (vgl. Atkinson 1997).

Um auch in diesem Rahmen die am Forschungsprojekt maßgeblich beteiligten AkteurInnen ins Zentrum zu rücken, sei erlaubt, sie nun folgend kurz vorzustellen und biographische Übergänge, denen sie vordergründig passiv ausgesetzt waren, zu skizzieren. Vorab sei jedoch darauf hingewiesen, dass sich mit den beginnenden 1990er-Jahren deutliche Veränderungen in den erhobenen Biographien finden lassen – der Grund dafür liegt, verkürzt dargestellt, in strukturellen Transitionen, nämlich im 1991 in Kraft getretenen Unterbringungsgesetz (UbG) und der damit einhergehenden langsamen Etablierung des gegenwärtigen „Systems Behindertenhilfe", in dem die befragten Personen nach teilweise langen Jahren der „totalen Asylierung" (vgl. Goffman 1973) letztlich untergebracht wurden und dort auch gegenwärtig noch leben.

---

1 „Menschen mit Lernschwierigkeiten" ist der selbstgewählte Begriff der People First- und Selbstvertretungsbewegung und meint jene Personen(-gruppen), die zuvor als „Menschen mit geistiger Behinderung", „Menschen mit intellektueller Beeinträchtigung" u.ä. bezeichnet wurden (vgl. z.B. Göthling/Schirbort 2011)

Der älteste am Projekt „Vom Einschluss der Ausgeschlossenen zum Auschluss der Eingeschlossenen" beteiligte Co-Forscher ist der 1955 geborene *Ossi*[2]. Er wählt für seine Biographie den Titel „Ich bin ein Kämpfer!" und verweist bereits damit auf seinen harten und geduldig ertragenen Weg durch die Institutionalisierung. Als Kind im Volksschulalter zunächst in Krankenhäusern und darauf folgend durch die Intervention der Fürsorge (so die damalige Bezeichnung des heutigen Jugendamtes) im Internat untergebracht, erfolgte am Anfang der 1970er-Jahre die Einweisung in eine Großeinrichtung der Behindertenhilfe, die er als äußerst gewaltbesetzt erinnert. Den Wunsch „einmal draußen zu wohnen" (O1) hegte er bereits sehr früh, traute sich allerdings nach einem gescheiterten Versuch nicht, diesen zu äußern. Stattdessen übte er sich in Geduld: „Hab ich mir gedacht, bin ich ein bisschen brav und lass das ein bisschen ruhen. Hab ich wieder ein paar Jahre abgewartet. Circa 20 Jahre" (ebd.). Erst zu Beginn der 1990er-Jahre – das UbG trat 1991 in Kraft – gelang es ihm mit Hilfe der ersten explizit pädagogischen Leitungsperson eben jener Einrichtung, sich eine eigene, ambulant betreute Wohnung zu „erkämpfen". Auch heute noch lebt er alleine, kehrt allerdings zum Zweck der „Beschäftigungstherapie" wochentags täglich in seine ehemalige Großeinrichtung zurück.

Mausi, der zweitälteste Forschungsteilnehmer, wurde 1960 geboren. Aufgrund des äußerst schwierigen und gewaltbesetzten Verhältnisses zu seinem Vater wird Mausi vielfach und zunächst über Monate, später über Jahre hinweg psychiatrisch institutionalisiert und ist dort abermals massiver Gewalt ausgesetzt, wie er bezugnehmend auf die an ihm angewandten Methoden erzählt: „Ich hab nix ausgelassen: Das Jackerl nicht, die Spritzen nicht, das Netzbett nicht" (M6). Mit „Jackerl" ist hier die Verwendung der Zwangsjacke gemeint, „Spritzen" bezieht sich auf die zwangsweise und oftmals Tage anhaltende medikamentöse Sedierung unter Verlust der Kontrolle über den eigenen Körper. Das „Netzbett" wiederum bezeichnet ein mit einem Maschengitter vollständig verschlossenes Bett, in dem er zumeist über Tage, seltener aber auch über Wochen hinweg eingeschlossen wurde und in Folge dieses Einschlusses letztlich durch den Abbau der Muskulatur (einhergehend mit protestierender Nahrungsverweigerung) die zuvor ohnehin bereits eingeschränkte Gehfähigkeit verlor. Aus diesem Grund übertitelt Mausi seine Biographie auch mit den Worten „Die Psychiatrie ist keine Einrichtung. Das ist eine Gewaltsache". Erst zu Beginn der 2000er-Jahre wurde er in Einrichtungen der Behindertenhilfe übernommen.

1961 geboren wurde *Patricia*. Ebenfalls aus einem gewalttätigen Elternhaus stammend, wurde sie bereits als Kindergartenkind durch die Fürsorge in Kinderheimen – unterbrochen durch vielfache Aufnahmen in Psychiatrien und

---

2 Sämtliche Namen und Orte sind anonymisiert; die TeilnehmerInnen haben ihre Namen selbst gewählt und bewusst auf Nachnamen verzichtet.

Krankenhäusern – institutionalisiert. Mit dem Erreichen der Volljährigkeit zog sie allerdings wieder zurück zu den Eltern, und zwar weil diese „durch den Behindertenstatus Sozialhilfe gekriegt [haben] für mich" (Pa2). Die bereits als Kind erlebte (sexuelle) Gewalt setzt sich im jungen Erwachsenenalter fort und Patricia entwickelt mehrere (mittlerweile erfolgreich therapierte) Suchtmittelerkrankungen. Die Jahrzehnte nach ihrer Unterbringung in Kinderheimen sind deshalb geprägt von vielfachen Kurz- und Langzeitaufnahmen in der Psychiatrie, die sie ebenso wie Mausi als äußerst gewaltbesetzt erlebt. Mit dem Beginn der 2000er-Jahre wird auch sie zur Nutzerin teilbetreuten Wohnens im Rahmen einer Einrichtung der Behindertenhilfe. Der selbstgewählte Titel ihrer Biographie lautet „Besser zuhören, besser hinschauen".

1961, im selben Jahr wie Patricia, wurde auch *Hans-Peter* geboren. Seine Eltern sind aus einem osteuropäischen Land nach Österreich migriert. Aufgrund seiner nicht vorhandenen Deutschkenntnisse, vermutlich aber auch bedingt durch die familiäre Gewalt, wurde er ebenfalls bereits im Volksschulalter in Kinderheimen institutionalisiert. Auch Hans-Peter erinnert sich an massive Gewaltanwendung im institutionellen Kontext, die sich mit Erreichen der Volljährigkeit in einer Großeinrichtung der Behindertenhilfe fortsetzte und teilweise bis in die Gegenwart wirkt. Beim Durchsuchen eines Mistkübels vor mehreren Jahren etwa wurde er von BetreuerInnen ertappt, die ihn

„mit den Beinen auf den Arsch und auf die Füße und überall hingetreten [haben], wo sie mich erwischt haben, dass ich auf der Erde gelegen bin. Na, alles hat weh getan nachher, dreckig" (HP5).

Mehrere Versuche, am so genannten „1. Arbeitsmarkt" einen Job zu finden, schlugen bedingt durch strukturelle Barrieren (wie z.B. der Weigerung des Sachwalters, einem erfolgreich ausverhandelten DienstnehmerInnen-Vertrag zuzustimmen), fehl. Aus diesem Grund besucht Hans-Peter nach wie vor wochentags täglich eine Beschäftigungstherapie. Weil ihn dies massiv stört, überschreibt er seine Biographie mit den Worten „Meine verpfuschte Karriere in den Behinderteneinrichtungen". Hans-Peter lebt derzeit in teilbetreutem Wohnen.

Prinzessin wurde 1971 geboren und ist damit deutlich jünger als die bereits vorgestellten Personen. Sie wuchs zunächst bei den Eltern auf, musste allerdings nach vielfachen Krankenhausaufenthalten im Alter von 15 Jahren in eine Einrichtung der Behindertenhilfe ziehen. Der Grund dafür liegt in der nicht weiter zu gewährleistenden Finanzierbarkeit einer barrierefreien Wohnung sowie der dazugehörigen Unterstützung durch die Eltern, denn Prinzessin nutzt einen Rollstuhl. Sie erinnert zwar keine Formen direkter physischer Gewalt, beschreibt allerdings die institutionellen Strukturen als äußerst gewaltbesetzt. Ihr großer Traum wäre es, in einer (teilbetreuten) Wohnung zu leben. Dies wird ihr allerdings seitens der Eltern wie auch der Betreuungspersonen verwehrt, und zwar indem

> „sie mir immer eingeredet haben, es geht nicht. Und das sitzt immer noch, nicht mehr soooo tief, aber schon ein bisschen noch. Weil sie immer gesagt haben, es geht nicht, du kannst das nicht" (MPK).

Ihr Wunsch nach Veränderung drückt sich deshalb auch im von ihr gewählten Titel ihrer Biographie aus, welcher lautet: „Mein Leben – meine Gestaltung".
Kathi, geboren 1974, überschreibt ihre Geschichte mit den Worten „Mein Leben so wie es ist, und nichts verschönern und nichts verschlechtern". Sie wurde ebenso wie Prinzessin aus Gründen der fehlenden Finanzierbarkeit von familiärer Unterstützung und Barrierefreiheit im Alter von 15 Jahren von Einrichtungen der Behindertenhilfe in Betreuung übernommen. Auch sie leidet unter der strukturellen Gewalt, der sie dort nach wie vor ausgesetzt ist. Als Begründung dafür gibt sie u.a. an, sich auch gegenwärtig noch an strikte Hausregeln halten zu müssen, in der Pflege und Betreuung „abgefertigt" (K7) zu werden sowie unfreiwillig teilweise massiven Konflikten mit Betreuungspersonen und MitbewohnerInnen ausgesetzt zu sein. In ihren Worten lässt sich die Situation so beschreiben:

> „Es geht mir scheiße in dieser Hurens-Arsch-WG. Du würdest nicht einmal deine Kinder hier herschicken. Weil ich wohn drin und weiß ganz genau, wie Kinder behandelt werden. Du würdest das deinem Kind nicht freiwillig antun" (K2).

Den angeführten Kurzbiographien ist zu entnehmen, dass Ossi, Mausi, Patricia und Hans-Peter, die vier „älteren" ForschungsteilnehmerInnen, vielfache Erfahrungen mit physischer Gewalt gemacht haben und über einen langen Zeitraum auch in so genannten „totalen Institutionen" (vgl. Goffman 1973) untergebracht waren, bevor sie in Einrichtungen der Behindertenhilfe übersiedelten. Dies ist für Kathi und Prinzessin nicht gültig – sie wurden unmittelbar im gegenwärtigen „System Behindertenhilfe" untergebracht, das sie allerdings ebenfalls als gewaltbesetzt beschreiben. Eine ausführliche Vorstellung der am Forschungsprojekt beteiligten Personen ist nötig, um nachvollziehen zu können, wie sich die Zusammenarbeit als Projektteam gestaltete. Neben meiner Person waren insbesondere Ossi, Hans-Peter, Patricia und Prinzessin auch an der Datenauswertung und Theoriebildung beteiligt. Mausi und Kathi hatten nach dem Ende der Datenerhebungsphase explizit auf weiterführende Mitarbeit verzichtet, gaben ihr biographisches Material aber uneingeschränkt zur weiterführenden Analyse frei.

2 Von inklusiver Forschung zu „Forschung so inklusiv wie möglich"

Inklusive Forschung meint den Einbezug derjenigen Personen, die durch Forschung adressiert werden, in alle Schritte des empirischen Erhebungs-, Auswertungs- und Disseminationsprozesses (vgl. Kremsner et al. 2016). Unabdingbar erforderlich dafür ist ein Paradigmenwechsel, der (unterdrückte bzw. marginalisierte) Personen(-gruppen) nicht länger als Forschungs*objekte*, sondern als handelnde, denkende und fühlende AkteurInnen – als *Subjekte* – anerkennt. Solcherlei Zugänge sind historisch zwar eher selten, freilich aber auch nicht neu: sie wurden aus historischer Perspektive und mit Einschränkungen bereits im „Arbeiterfragebogen", der 1880 von Karl Marx anonym veröffentlicht wurde, umgesetzt (vgl. Weiss 1936). Ihre Fortsetzung findet sich auch im ersten Drittel des 20. Jahrhunderts bei Antonio Gramsci, der an intellektueller Tätigkeit kritisiert, dass es ihr an Denken, Handeln und Fühlen fehle. Verschränkt werden könnten diese Dimensionen, indem sich einerseits intellektuell tätige Personen als handelnde, fühlende und gestaltende AkteurInnen erkennen und sich bewusst im sozialen Leben verorten; andererseits aber auch durch den Einbezug derjenigen Personen, die explizit *nicht* dem Habitus und den Zuschreibungen „traditioneller Intellektueller" (vgl. Gramsci 1991-2002) entsprechen. Damit einher geht eine radikale Umdeutung von „Wissen", das nunmehr nicht weiter an vermeintlich definierbaren und formal zu bestimmenden Kriterien festgemacht werden kann. Über Wissen verfügen nun vielmehr *alle* Menschen – auch und gerade jene, denen dies zuvor qua zugeschriebener „Intelligenzminderung" (vgl. ICD-10-GM-2016) nicht zugetraut bzw. per medizinisch-psychiatrischer Diagnose abgeschrieben wurde.

Spätestens mit der Aktionsforschung der 1970er-Jahre (vgl. Flieger 2003) etablieren sich (sich nach und nach ausdifferenzierende) Ansätze eines Forschens im Verbund von akademischen und nicht-akademischen Personen. Sie alle basieren – auch im Anschluss an Marx bzw. Gramsci – auf der Auffassung,

> „die ‚Beforschten' nicht dem wissenschaftlichen Erkenntnisprozess zu unterwerfen, sondern solchen Verobjektivierungstendenzen entgegenzuwirken und sie als Subjekte in den Vordergrund zu stellen" (Hauser/Plangger 2015, 384).

Im internationalen Vergleich fällt allerdings auf, dass die Implementierung solcherlei Ansätze – insbesondere der inklusiven Forschung – im deutschsprachigen Raum mit deutlicher Verzögerung eingesetzt hat (vgl. Kremsner et al. 2016). Gerade auch im Hinblick auf Menschen mit Lernschwierigkeiten ist zu konstatieren, dass die deutschsprachige Scientific Community sich nach wie vor eher an sonderpädagogischen Ansätzen orientiert und hier nach wie vor vorwiegend *über* (statt *mit*) dieser Personengruppe geforscht wird.

„Inklusive Forschung" wird im Anschluss an Walmsley/Johnson (2003) als Überbegriff unterschiedlicher Forschungsansätze und -strömungen – allen voran die partizipative sowie die emanzipatorische Forschung – verwendet, die in divergierendem Ausmaß die aktive Partizipation von nicht-akademischen Personen(-gruppen) und hier insbesondere von Menschen mit Behinderung(en) umzusetzen versuchen. Als grundlegende Kriterien hierfür schlagen Walmsley/Johnson (2003, 64) folgende vor:

- „The research problem must be one that is owned (not necessarily initiated) by disabled people.
- It should further the interests of disabled people; non-disabled researchers should be on the side of people with learning disabilities.
- It should be collaborative – people with learning disabilities should be involved in the process of doing the research.
- People with learning disabilities should be able to exert some control over process and outcomes.
- The research question, process and reports must be accessible to people with learning disabilities."

Mit der Formulierung dieser Kriterien wird auch gefordert, alternative Ansätze zu entwickeln, die sich an emanzipatorischen, demokratieorientierten Wertvorstellungen und Zielen orientieren (vgl. Hauser 2016). Zeitgleich vollzogen wird damit ein Abwenden von „einem essentialistischen und paternalistischen Wissenschaftsverständnis" (Koenig/Buchner 2011, 3) zugunsten des Zieles, „durch Forschung auf soziale Missstände hinzuweisen und politische Ziele herbeizuführen" (ebd.). Die Nähe zu den bereits in Bezug zu Gramsci erfolgten Ausführungen wird hier offensichtlich.

Mit einem veränderten „Auftrag" an ForscherInnen im Zuge dieses Paradigmenwechsels geht einher, dass „traditionelle" Forschungsparameter wie Objektivität und Wertefreiheit ausgespart werden. An ihre Stelle tritt das, was Hauser/Plangger (2015, 386) als „reflektierte Subjektivität" im Sinne eines neu einzuführenden Qualitätsmerkmals empirischer Forschung beschreiben. Spätestens hier ist die erste wesentliche Transition innerhalb wissenschaftlicher Herangehensweisen anzuführen: An die Stelle einer Objekt-Objekt- bzw. Subjekt-Objekt-Perspektive rückt ein forschungsgeleitetes Verhältnis zwischen Subjekt und Subjekt, denn nicht nur ForschungsteilnehmerInnen, sondern auch ihre ProduzentInnen sind als mit persönlichen Eigenschaften, Vorerfahrungen und -urteilen sowie Wissen ausgestattete Personen zu betrachten. Messerschmidt (2009, 10) formuliert dies so:

„Mit der Einsicht, selbst drin zu stecken in dem, was zu erarbeiten, zu analysieren und zu reflektieren ist, verändert sich die Beziehung aller am Bildungsprozess Beteiligten. Es können keine distanzierten Positionen eingenommen werden, sondern die Arbeit der Reflexion besteht gerade darin, die unterschiedlichen Beziehungen

270 | Gertraud Kremsner

der Beteiligten zu den verhandelten Problematiken offenzulegen." (Messerschmidt 2009, 10)

Neben der Bereitschaft, das eigene Handeln, Denken und Fühlen im Sinne reflektierter Subjektivität tiefgreifend zur Kenntnis zu nehmen, benötigt inklusive Forschung aber auch passende strukturelle, finanzielle sowie zeitliche Ressourcen, die oftmals nicht bzw. (wenn überhaupt) nur in äußerst eingeschränktem Maße vorhanden sind. Dies war auch im Fall der vorgestellten Dissertationsstudie der Fall. Der Terminus „Forschung so inklusiv wie möglich" wurde deshalb angesichts der Einschränkungen, die die vollständige Partizipation der TeilnehmerInnen und Co-ForscherInnen verunmöglichte, eigens eingeführt. Die Gründe hierfür sind vielfältig: Die Durchführung des diesem Beitrag zugrunde liegenden Projekts als „Forschung so inklusiv wie möglich" war bereits vor dem Beginn der Datenerhebung intendiert; dementsprechend erhielt bereits der Aufruf zur Teilnahme Informationen über den inklusiven Ansatz und die damit verbundenen benötigten zeitlichen Ressourcen. Nach intensiven Kennenlern-Gesprächen erfolgte die Datenerhebung allerdings lediglich im Zweiersetting und damit keinesfalls inklusiv – ich führte mit jeder Person einzeln an biographisch-narrativen Interviews (vgl. Schütze 1983/2012) angelehnte Gespräche durch. „Forschung so inklusiv wie möglich" wurde hier nur marginal umgesetzt, indem einzelne Aspekte diskutiert bzw. Informationen dazu punktuell von den befragten Personen eingefordert wurden. Allerdings orientierte sich die 14 Monate dauernde Datenerhebungsphase vordergründig an den Bedürfnissen der Teilnehmenden – jede Person entschied für sich selbst, wann, wo, in welchen zeitlichen Abständen und wie lange die Gespräche dauern sollten; zudem oblag es ihnen festzulegen, ab wann ihre Biographien als (möglichst) vollständig erfasst galten. Auch, um noch laufende Erhebungsprozesse nicht zu beeinflussen, konstituierte sich das inklusive ForscherInnen-Team erst nach dem Ende dieser ersten Forschungsphase.
Zwischen April 2014 und November 2015 fanden insgesamt fünf Sitzungen dieses inklusiven ForscherInnen-Teams statt. Eine hohe Zahl weiterer Sitzungen wurde zwar geplant, scheiterte jedoch vordergründig an organisatorischen Gründen: Die Anreise zu den Treffpunkten gestaltete sich aufgrund der weiten räumlichen Distanzen über drei Bundesländer, aber auch durch dafür benötigte Assistenz sowie Transport mittels rollstuhlgerechtem Fahrtendienst als durchaus kompliziert. Die finanziellen Mittel, all das problemlos bereitstellen zu können, waren nicht vorhanden.
In der ersten inklusiven Sitzung (Ende April 2014) wurde das Thema „Macht" anhand eines eigens für die durchgeführte Studie gemeinsam mit Nicola und Samuel Grove (beide UK) konzipierten Workshops zu Aspekten bei Foucault, Deleuze und Guattari sowie Spivak als philosophisch-theoretische Rahmung diskutiert. Für das zweite Treffen wurde als Ziel festgelegt, Ausschnitte bio-

graphischer Interviews gemeinsam zu interpretieren und zu analysieren. Die dritte sowie die vierte Sitzung dienten dem Zweck, Zwischenergebnisse der bis dahin durch mich vorgenommenen Datenanalyse zu berichten und gemeinsam zu diskutieren. Im Zuge dieser beiden Sitzungen wurde auch das Offenlegen meiner eigenen Biographie eingefordert, die letztlich ebenfalls als Transkript vorgelegt und diskutiert wurde, in den verschriftlichten Forschungsbericht jedoch keinen Eingang fand. Die abschließende Sitzung des inklusiven ForscherInnen-Teams diente der Besprechung der vorläufigen Ergebnisse, dem Analysieren möglicher inhaltlicher Querschnitte und Differenzen sowie der Verschränkung mit breiten gesellschaftlichen Diskursen.

Vor dem Hintergrund der eben angeführten Einschränkungen bleibt zu konstatieren, dass sich das durchgeführte Forschungsprojekt entlang des von Hella von Unger (2014, 40) vorgeschlagenen „Stufenmodells der Partizipation" (vgl. Abb. 1) auf der sechsten Stufe – „Mitbestimmung" – einordnen lässt: Co-ForscherInnen konnten als gleichberechtigte PartnerInnen die Gestaltung des Projektes mitbestimmen, allerdings keine Komponenten in Eigenregie übernehmen. Niedrigere Stufen der „Nicht-Partizipation" (1. Instrumentalisierung und 2. Anweisung) sowie „Vorstufen der Partizipation" (3. Information, 4. Anhörung und 5. Einbeziehung) wurden hier eindeutig übertroffen, wohingegen höhere Stufen der „Partizipation" (7. Teilweise Entscheidungskompetenz und 8. Entscheidungsmacht) ebenso wie über Partizipation hinausgehende Stufen (9. Selbstorganisation) nicht erreicht werden konnten (vgl. ebd.).

Bislang allerdings noch nicht angeführt wurden Entscheidungen hinsichtlich der inhaltlichen Ausrichtung des Projektes, die sich während und durch die Sitzungen des inklusiven ForscherInnen-Teams ergaben. Sie nehmen wesentlich Anteil an den Projektergebnissen und können deshalb durchaus als Transitionen innerhalb des Forschungsprozesses bezeichnet werden, weshalb auf sie abschließend eingegangen werden soll.

3 Zum Entstehen neuen Wissens (und dem Loslassen von Plänen): Transitionen im Rahmen von „Forschung so inklusiv wie möglich"

Das bereits angeführte empirische Vorgehen, das mit Hinblick auf den Einbezug bzw. der Einschränkungen der Partizipationsmöglichkeiten der sechs am Forschungsprojekt beteiligten Personen als „Forschung so inklusiv wie möglich" gerahmt wurde, eröffnet Perspektiven, die während des laufenden Forschungsprozesses keinesfalls prognostizierbar oder gar planbar gewesen wären. Dennoch sind gerade sie es, die neues und vor allem tiefgreifendes Wissen entstehen ließen – sie können deshalb also durchaus als „Transitionen" bezeichnet werden, wenn auch in erweitertem (Wort-)Sinne. Die in den Sitzungen des inklusiven ForscherInnen-Teams geführten Diskussionen trugen maßgeblich zu den generierten Ergebnissen bei und veränderten diese grundlegend. So war zu Beginn des Projektes z.B. lediglich geplant, eine deskriptive Beschreibung des Erlebens von institutionellen und personalen Strukturen unter besonderer Berücksichtigung von Gewalt- und Machtmissbrauchserfahrungen vorzunehmen. Dieser Fokus blieb bis zum Abschluss des Projektes zwar erhalten, stellt nunmehr aber nur noch einen von mehreren Ergebnissträngen dar. Als eine Transition im Zuge des gemeinsamen Forschens stellte sich nämlich bald die Suche nach Begründungen ein, die entlang einer gesellschaftskritischen und hinterfragenden Dimension zu erklären vermögen, warum es überhaupt möglich war bzw. ist, dass Menschen mit Lernschwierigkeiten als Personengruppe strukturell und systematisch dem Missbrauch von Macht sowie gegen sie gerichtete Gewalt ausgesetzt sind. Aus der ursprünglich formulierten Forschungsfrage ergaben sich deshalb insgesamt drei Subfragestellungen, die dieser Forderung der ForschungsteilnehmerInnen entsprachen. Unter Bezugnahme auf die Bedarfe und Forderungen der Co-ForscherInnen entwickelte sich auch eine grundlegende Änderung der method(olog)ischen sowie der theoretischen Rahmung. Um den gegenwärtigen Status Quo der institutionellen Unterbringung in seinen Diskurszusammenhängen verstehen zu können, wurde deshalb zunächst ein historischer Abriss der institutionellen Unterbringung im 20. und 21. Jahrhundert in (Ost-)Österreich vorgenommen, welcher in der ursprünglichen Planung nicht vorgesehen war. Die daraus erkennbaren Diskursstränge wurden dann mit einer theoretischen Rahmung verschränkt, die ebenfalls deutlich von der ursprünglich intendierten Rahmung abweicht: Während meine bereits zu Beginn des Projektes formulierte Idee, insbesondere Erfahrungen mit dem Missbrauch von Macht (und Gewalt) aus foucault'scher Perspektive zu betrachten, stieß dies – vor allem auch in Folge des bereits erwähnten „Macht-Workshops" – auf Gegenwehr seitens der Co-ForscherInnen. Sie empfanden Spivak's Ausführungen zur „Subalternen" (vgl. Spivak 2008) hinsichtlich ihrer persönlichen Erfahrungen als deutlich passender und insistierten darauf, Foucault aus den weiteren Überlegungen zu streichen. Die Wurzel der Unterdrückung bzw. der Subalternität wurde jedoch auch bei Spivak – so das Ergebnis der Diskussionen zur theoretischen Rahmung – nicht hinreichend erklärt, sodass beim Urheber des Begriffs der „Subalternen", bei Antonio Gramsci, nachgelesen werden musste. Seine Überlegungen sowohl theoretischer wie auch methodologischer Art (Gramsci formulierte mit der „Philosophie der Praxis" einen methodologischen Ansatz, der inklusiver Forschung als durchaus nahe stehend bezeichnet werden kann) fanden letztlich Eingang in die Analyse des Datenmaterials wie auch die Deutung derselben. Zudem ist hier eine persönliche Transition meinerseits festzuhalten, war ich doch zuvor mit Gramsci keineswegs vertraut.

Zusammenfassend ist nun also festzuhalten, dass inklusive Forschung (oder „Forschung so inklusiv wie möglich", sofern Mittel nur begrenzt und Ressourcen nicht ideal genutzt werden können) wesentlich dazu betragen kann, Veränderung herbeizuführen: Für diejenigen Personen, die als „Nicht-AkademikerInnen" an empirischer Wissensproduktion beteiligt sind, gleichermaßen aber auch für jene, die als „traditionelle Intellektuelle" (Gramsci 1991-2002) auch formal als ForscherInnen bzw. WissenschaftlerInnen ausgewiesen sind. Darüber hinaus vermag die paradigmatische Wende hin zur Subjekt-Subjekt-Relation aber auch nicht nur den Prozess des Forschens per se, sondern insbesondere die dadurch generierten Ergebnisse maßgeblich zu verändern bzw. zu vertiefen – und möglicherweise auch in ihrer Qualität zu steigern. Es handelt sich hier um Transitionen, deren Zweck in der grundlegenden Neurahmung und -auffassung von Individuen wie deren Beziehung zueinander zu finden ist, die darüber hinaus aber vor allem auch den Prozess der Wissensproduktion per se nachhaltig und maßgeblich zu verändern fordern.

Literatur

Atkinson, Dorothy (1997): An Auto/Biographical Approach to Learning Disability Research. Aldershot: Ashgate.

Clarke, Adele (2012): Situationsanalyse. Grounded Theory nach dem Postmodern Turn. Wiesbaden: VS Verlag für Sozialwissenschaften.

Flieger, Petra (2003): Partizipative Forschungsmethoden und ihre konkrete Umsetzung. In: Hermes, Gisela/Köbsell, Swantje (Hrsg.): Disability Studies in Deutschland - Behinderung neu Denken. Dokumentation der Sommeruni. Kassel: bifos, S. 200-204. URL: http://bidok.uibk. ac.at/library/flieger-partizipativ.html (Abrufdatum: 2016-06-01)

Goffman, Erving (1973): Asyle. Über die soziale Situation psychiatrischer Patienten und anderer Insassen. Frankfurt am Main: Suhrkamp.

Göthling, Stefan/Schirbort, Kerstin (2011): People First – eine Empowermentbewegung von Menschen mit Lernschwierigkeiten. Ein Blick zurück und einer nach vorne. In: Kulig, Wolfram; Schirbort, Kerstin & Schubert, Michael (Hrsg.): Empowerment behinderter Menschen. Theorien, Konzepte, Best-Practice. Stuttgart: Kohlhammer, 57-65.

Gramsci, Antonio (1991-2002): Gefängnishefte. Kritische Gesamtausgabe. Band 1-9. Hamburg: Argument-Verlag.

Hauser, Mandy (2016): Qualitätskriterien für die Inklusive Forschung mit Menschen mit Lernschwierigkeiten. In: Buchner, Tobias/Koenig, Oliver/Schuppener, Saskia (Hrsg.): Inklusive Forschung. Gemeinsam mit Menschen mit Lernschwierigkeiten forschen. Bad Heilbrunn: Verlag Julius Klinkhardt, 77-98.

Hauser, Mandy/Plangger, Sascha (2015): Chancen und Grenzen partizipativer Forschung. In: Schnell, Irmtraud (Hrsg.): Herausforderung Inklusion. Theoriebildung und Praxis. Bad Heilbrunn: Verlag Julius Klinkhardt, 384-392.

ICD-10-GM-2016-Code: URL: http://www.icd-code.de/suche/icd/code/F70.-.html?sp=Sintelligenzminderung (Abrufdatum: 06.11.2015)

Koenig, Oliver/Buchner, Tobias (2011): Von der Ausgrenzung zur Inklusion: Entwicklung, Stand und Perspektiven des gemeinsamen Forschens. In: DIFGB (Hrsg.): Forschungsfalle Methode? Partizipative Forschung im Diskurs. Leipzig: Eigenverlag, 2-16.

Kremsner, Gertraud (2016): Vom Einschluss der Ausgeschlossenen zum Ausschluss der Eingeschlossenen – Biographische Erzählungen von so genannten Menschen mit Lernschwierigkeiten". Universität Wien: unveröffentlichte Dissertation.

Kremsner, Gertraud/Buchner, Tobias/Koenig, Oliver (2016): Inklusive Forschung. In: Hedderich, Ingeborg/Hollenweger, Judith/Biewer, Gottfried/Markowetz, Reinhard (Hrsg.): Handbuch Inklusion und Sonderpädagogik. Bad Heilbrunn: Verlag Julius Klinkhardt, 645-649.

Messerschmidt, Astrid (2009): Weltbilder und Selbstbilder. Bildungsprozesse im Umgang mit Globalisierung, Migration und Zeitgeschichte. Frankfurt am Main: Brandes & Apsel.

Schütze, Fritz (1983/2012): Biographieforschung und narratives Interview. In: Obertreis, Jutta (Hrsg.): Oral History. Basistexte. Stuttgart: Franz Steiner Verlag.

Spivak, Gayatri Chakravorty (2008): Can the Subaltern Speak? Postkolonialität und subalterne Artikulation. Wien: Verlag Turia + Kant.

Walmsley, Jan/Johnson, Kelley (2003): Inclusive Research with People with Learning Disabilities. Past, Present and Futures. London & Philadelphia: Jessica Kingsley Publishers.

Weiss, Hilde (1936): Die "Enquête Ouvrière" von Karl Marx. In: Horkheimer, Max (Hrsg.): Zeitschrift für Sozialforschung. Jahrgang 5/1936. München: Deutscher Taschenbuch Verlag 76-98.

Helene Juliana Feichter

Betroffene zu Beteiligten machen – Erfahrungen und Phänomene partizipativer Forschung mit Schülerinnen und Schülern

Zusammenfassung

Partizipative Forschungszugänge erfreuen sich auch in der Schul- und Bildungsforschung zunehmender Beliebtheit. Ein genauerer Blick zeigt aber, dass die damit einhergehende Partizipation vorwiegend auf Lehrpersonen beschränkt bleibt. Obwohl SchülerInnen die größte Gruppe in der Schule darstellen, werden sie nur selten als aktiv Beteiligte in solchen Vorhaben involviert. Zumeist werden sie lediglich als Objekte der Forschung betrachtet. Im Gegensatz dazu hat die internationale Forschung verstärkt begonnen SchülerInnen in partizipativen Forschungsvorhaben zu involvieren, was es ihnen auch ermöglicht eigene Forschungsfragen zu formulieren und aktiv tätig zu werden. In einem breiten Verständnis kann hierbei von einem inklusiven Evaluations- und/oder Forschungszugang gesprochen werden, der jene Personengruppe ernst nimmt, die maßgeblich von Schule und ihren Abläufen betroffen ist. Der Beitrag diskutiert die Möglichkeiten und Grenzen schülerInnenaktiver Schulforschung vor dem Hintergrund schultheoretischer und organisatorischer Überlegungen.

Summary

Participatory research approaches are becoming more and more popular in the area of schooling and school research. A closer look, however, reveals that the participation of those affected is mostly limited to teachers. Even though in schools students comprise the largest group, they are rarely involved as active participants and are seen mainly as objects of the research. In contrast, international research increasingly includes student perspectives in such participatory approaches so as to involve them in research activities allowing them to formulate research questions themselves and become active during the process of inquiry. Broadly speaking, this can also be described as an inclusive evaluation and/or research approach that takes seriously those who are mainly affected by schooling and its procedures. The article discusses the possibilities and limitations of the active participation of students as researchers in the context of theoretical and organizational reflections on schooling.

1 Zur Ausgangssituation

Evaluationen sind eine wichtige Voraussetzung für Schul- und Unterrichtsentwicklung. Sie liefern nicht nur wertvolle Beiträge für eine zielgerichtete Gestaltung schulischer Abläufe, sondern ermöglichen es den beteiligten AkteurInnen – vor allem wenn sie partizipativ konzipiert sind – sich auch selbst Gedanken über den eigenen Schulstandort zu machen und an situativen Herausforderungen und Schwierigkeiten vor Ort anzusetzen.

Betrachtet man diese Vorhaben aber etwas genauer fällt auf, dass diese zumeist von Lehrpersonen getragen werden (z.b. Altrichter/Posch 1998), während SchülerInnen hingegen kaum die Möglichkeit haben, sich aktiv forschend einzubringen. Sie werden vorwiegend als Objekte der Forschung betrachtet, als ‚Datenquelle' für die unterschiedlichsten schulrelevanten Themen (Feichter 2015a; 2015b; kritisch Hopmann 2015), und somit lediglich in Bezug auf vorstrukturierte und bereits vorweggenommene Erhebungsbereiche involviert. Welche Fragen SchülerInnen in Bezug auf Schule und Lernen haben, wo sie Gestaltungsbedarf erkennen und in welchen Bereichen sie etwas verändern würden, wird nur selten ernsthaft thematisiert. Das ist umso bemerkenswerter, als es sich bei SchülerInnen doch um die größte Personengruppe in der Schule handelt, wegen der Forschungen und Evaluationen (angeblich) durchgeführt werden. Der zentrale Appell der Aktionsforschung Kurt Lewins (Lewin 1946) – „Betroffene zu Beteiligten machen", an dem sich partizipative Forschungszugänge mehr oder weniger explizit orientieren (Feichter 2015b), scheint im aktuellen Schulforschungsdiskurs vor den SchülerInnen haltzumachen. Eigenständige Leistungen von SchülerInnen, die aktive Beteiligung am Forschungsprozess garantieren, von der Themen- und Methodenwahl, über die Interpretation der gewonnenen Daten bis hin zur Ergebnispräsentation usw., finden kaum Beachtung, weder in der einschlägigen Forschungsliteratur noch operativ in der Praxis.

Dem war aber nicht immer so. Gerade im deutschsprachigen Raum gibt es eine lange Forschungstradition (z.B. Zinnecker 1975; Klafki 1976; Reinert/ Zinnecker 1978), die sich verstärkt an den Sichtweisen von SchülerInnen orientierte und diese in Forschungszusammenhängen selbst zu Wort kommen ließ. Das Zurückdrängen solcher Zugänge ist auch vor dem Hintergrund des dominierenden Mainstreams einer auf ‚Leistungen' fokussierenden Schulforschung (z.b. PISA & Co.) zu sehen (kritisch Hopmann 2008; Brühlmann 2014; Feichter/Krainz 2015). In dieser Logik werden Schulen immer dann als besonders erfolgreich bewertet, wenn sie im Vergleich mit anderen in standardisierten Tests möglichst hohe Scores oder Rankings erzielen. In diesem Ansatz würde eine tiefergehende Beschäftigung mit den Sichtweisen von SchülerInnen tatsächlich lediglich stören. Demgegenüber hat sich in der internationalen Forschungslandschaft der letzten Jahre eine Art Gegenbewegung etabliert (z.b. Levin 2000; Fielding 2001; Flutter/Rudduck 2004; Rudduck 2007), die damit – ohne dies immer entsprechend zu vermerken – eine im deutschsprachigen Raum bereits bekannte Forschungstradition wiederbelebt. Die Kampfansagen, unter denen dieses Programm kolportiert wird, lauten beispielsweise „Students have a lot to tell us that could make schools better" (Rudduck 2007, 591) oder „Students as radical agents of change" (Fielding 2001). All diesen Zugängen ist gemeinsam, dass sie die SchülerInnen ins Zentrum der Überlegungen von Bildungs- und Schulreformen stellen und sie als ExpertInnen für ihre eigene Lebenswelt ernstnehmen.

2 SchülerInnenpartizipation und Inklusion

Obwohl vor allem im internationalen Kontext eine Vielzahl an innovativen Methoden der Aktionsforschung mit Kindern und Jugendlichen ausgearbeitet wurden, werden diese im deutschsprachigen Raum kaum wahrgenommen und rezipiert, weshalb auch Wöhrer in diesem Bereich eine „bedauerliche inhaltliche und methodische Lücke" (Wöhrer 2017, o.S.) markiert (vgl. dazu auch Wöhrer et al. 2017). Diese ist jedoch nicht nur in Hinblick auf ihre methodische Dimension problematisch, sondern auch in Bezug auf die Chancengerechtigkeit von Schule. Geht man davon aus, dass gerade die Bewältigung von Übergängen im Bildungssystem ein zentrales Unterfangen ist, müssen SchülerInnen im Laufe ihrer Schulkarriere auch befähigt werden, solche Übergänge erfolgreich zu meistern. Dazu gehören in erster Linie die Ermöglichung einer umfassenden Teilhabe an den für SchülerInnen relevanten Prozessen und eine Wertschätzung ihrer Sichtweisen.

Die Debatte um die Partizipation von SchülerInnen ist auch im Rahmen der UN-Kinderrechtskonvention (United Conventions on the Rights of the Child), die im Jahre 1989 in Kraft getreten ist und von Österreich im Jahre 1992 ratifiziert wurde, von Bedeutung (vgl. Sax 2009). Dabei wird auch von den „three Ps" der Kinderrechte gesprochen (*„provision, protection and participation"*), die neben den Vorsorge- und Schutzrechten ebenso das Recht auf Beteiligung von Kindern und Jugendlichen in den sie betreffenden Angelegenheiten explizit anführen. In diesem Zusammenhang zeigt sich eine spezielle Berücksichtigung der SchülerInnenpartizipation gerade im Bereich der inklusiven Pädagogik bzw. der Arbeit mit sogenannten „SEBD-Students" (social, emotional and behavioral difficulties) (z.b. Davies 2005; Cefai/Cooper 2009; für eine aktuelle Diskussion „inklusiver Forschung" siehe Buchner et al. 2016). Die Thematik ist jedoch nicht nur im Bereich inklusiver Pädagogik bedeutsam. Vielmehr stellt sich die grundsätzliche Frage, welche Möglichkeiten der Partizipation SchülerInnen in der Schule generell zukommt und inwieweit die institutionelle Verfasstheit von Schule reif ist, Inklusion zu ermöglichen. Es geht einerseits darum, wie die Inklusion von SchülerInnen aufgefasst und gelebt wird und andererseits wie der Zugang zur schulischen Organisation inklusiv gestaltet ist. So gesehen sind partizipative Schulforschungsprojekte, die eine aktive Beteiligung von SchülerInnen forcieren, nicht nur ein Beitrag zur Demokratisierung von Schule (vgl. dazu Ulrich/Wenzel 2003), sondern können auch als ein Forschungszugang verstanden werden, der schulische Inklusion befördert.

3 Empirischer Hintergrund: Die Forschungsprojekte

Die empirische Basis für die folgenden Überlegungen liefern zwei schülerInnenaktive Forschungsprojekte, die in der Zeit von 2009 bis 2013 in unterschiedlichen Kontexten am Institut für Bildungswissenschaft der Universität Wien durchgeführt wurden (Feichter 2015a). Es handelt sich dabei um ein Sparkling Science Projekt „Mitten im Zweiten", bei welchem von der Universität in enger Kooperation mit zwei Wiener Schulen schülerInnenbeteiligende Verfahren entwickelt und erprobt wurden, sowie um ein Peer-Evaluationsprojekt, das als Teilprojekt der großangelegten Evaluation der Niederösterreichischen Mittelschule (NOESIS) durchgeführt wurde (siehe dazu auch Kilian et al. in diesem Band). Auch hier wurde das Ziel verfolgt, neben Lehrpersonen auch SchülerInnen aktiv in die Evaluation ihrer eigenen Schule sowie die der Partnerschule als Peers einzubinden. Die Sichtweise der SchülerInnen auf Unterricht und Schule wurde dabei bereits bei der Konzeption des Projekts berücksichtigt. Besonders der Besuch an einer Partnerschule und die damit einhergehenden Unterrichtsbeobachtungen vor Ort durch die SchülerInnen eröffneten allen Beteiligten neue Perspektiven, wie Schulrealität an verschiedenen Standorten gestaltet sein kann, und schärfte den Blick für das Eigene (vgl. Feichter/Krainz 2012).

In den beiden Projekten waren insgesamt sechs Schulen mit ca. 40 SchülerInnen im Alter von 13 bis 17 Jahren beteiligt (eine Kooperative Mittelschule mit Oberstufengymnasium, ein Gymnasium und vier Neue Mittelschulen), wobei jeweils zwei Schulen kooperierten und einen engen Austausch pflegten. Die SchülerInnen wurden auf ihre forschende und evaluierende Tätigkeit seitens der Universität in eigenen Workshops vorbereitet. Ein wichtiger Aspekt in beiden Projekten stellte die Konfrontation mit anderen Schulwirklichkeiten dar, indem die beteiligten SchülerInnen einen ganzen Schultag an ihrer jeweiligen Partnerschule verbrachten. Um den Prozessverlauf der Forschungen genau zu dokumentieren, wurden die SchülerInnen anschließend mittels Gruppendiskussionsverfahren über ihre Erfahrungen, Erlebnisse und Beobachtungen vor Ort interviewt. Weiters wurden Interviews mit den beteiligten Lehrpersonen und Schulleitungen geführt, um auch ihre Erfahrungen mit dem schülerInnenbeteiligenden Forschungsansatz zu erheben. Die Datenanalyse orientierte sich an den Prinzipien der „Grounded Theory" (Glaser/Strauss 1967; Strauss/Corbin 1996).

4 Ergebnisse

Die Ergebnisse, die nun präsentiert werden, beziehen sich auf eine Metaebene. Es geht dabei nicht um Erkenntnisse, die SchülerInnen und LehrerInnen über ihre Schule gewinnen konnten; diese Ergebnisse werden an anderer Stelle ausführlich dargestellt (vgl. Feichter 2010, 2012, 2013; Feichter/Krainz 2012). Zusammenfassend kann dazu gesagt werden, dass der forschende Zugang für die SchülerInnen etwas völlig Neues und Ungewohntes in ihrem schulischen Alltag darstellte (dazu Feichter 2014). Sie schätzten vor allem die Möglichkeit ihre Meinungen einzubringen (*„was wir denken"*[1]) und sich aktiv zu beteiligen (*„wir sitzen nicht einfach da und hören zu"*).

In diesem Beitrag wird die Metaanalyse des Prozessgeschehens dargestellt, eine Analyse der entstandenen Phänomene und Herausforderungen im Feld, die mit der aktiven Beteiligung der SchülerInnen einhergingen (vgl. dazu auch Feichter 2015b, 418ff.). Eine solche Betrachtung ermöglicht es besser zu verstehen, weshalb die Partizipation von SchülerInnen in der Schulforschung nach wie vor eher ein ‚Nischenprogramm' darstellt. Werden SchülerInnen aktiv, bringt dies die gewohnten Abläufe von Schule, welche den SchülerInnen – trotz zahlreicher Reformbemühungen – nach wie vor eine vorwiegend passive, anpassungsnotwendige und hinnehmende Rolle zuteilt, zwangsläufig durcheinander. Die daraus resultierenden Reaktionen und Abwehrhaltungen können unter drei Gesichtspunkten zusammengefasst werden.

4.1 Generelle Vorbehalte gegenüber dem Lernzugang

In beiden Projekten war es besonders bemerkenswert, dass trotz guter Ausgangsbedingungen (z.B. freiwillige Teilnahme der Schulen und LehrerInnen, Möglichkeiten der Mitgestaltung am Projektplan, um das Vorhaben an die Ge-

---

1   Die wörtlichen Zitate aus den Gruppendiskussionen und Interviews werden in weiterer Folge kursiv dargestellt und unter Anführungszeichen gesetzt.

gebenheiten vor Ort anzupassen usw.) sehr schnell eine deutliche Skepsis von Seiten der Lehrpersonen gegenüber dem Gesamtvorhaben artikuliert wurde. So wurde das Vorhaben zwar als *„nobler Ansatz"* bezeichnet, die Möglichkeit einer aktiven Beteiligung von SchülerInnen wurde aber gleichzeitig als unrealistisch und zu idealistisch abgetan (*„Da trauen Sie den Schülern zu viel zu"*; *„heillos überfordert"*). Eine beteiligte Lehrperson führt ihre Bedenken folgendermaßen aus:

> „Es ist für mich überhaupt also a bissl für mich die Frage, ob Schüler wissenschaftlich die Fragestellungen von sich aus formulieren, ist glaub ich ein bissl sehr optimistisch gedacht. Also selbst wenn man sie ein bissl versucht dann hinzulenken, hinzuführen, ist es in vielen Fällen zäh. [...] Dass Schüler forschen ja, aber dass sie selbst Fragestellungen entwickeln, ist glaub ich einfach noch zu früh noch. Das könnte man vielleicht mit der 8. Klasse machen aber selbst da wahrscheinlich nur mit Einzelschülern."

Den SchülerInnen wird die Entwicklung von eigenen Forschungsfragen nicht zugetraut, und selbst mit Unterstützung (*„hinzuführen"*) als *„zäh"* beschrieben. Es wird eine Haltung ersichtlich, die davon ausgeht, dass SchülerInnen Lenkung, Führung und Anleitung benötigen. *„Von sich aus"* Fragen zu formulieren scheint kaum möglich. In diesem Zusammenhang sind die gewählten Formulierungen besonders interessant. Wörter wie *„hinzulenken"* und *„hinzuführen"* haben einen anderen Bedeutungsgehalt als beispielsweise entwickeln und unterstützen. Ist etwas *„zäh"*, dann ist es mühsam, widerständig, beharrlich und hartnäckig und damit mit einem größeren Kraft- und Energieaufwand verbunden. Die Miteinbeziehung der SchülerInnen in Forschungs- und Evaluationsprojekte wird daher prinzipiell als möglich, jedoch auch als grundlegend schwierig und anstrengend aufgefasst, in jedem Fall aber als nicht altersadäquat, weshalb die Lehrperson auch an anderer Stelle ausführt, dass dieser Zugang erst *„für Zwanzigjährige oder zumindest nach der Matura"* als geeignet erscheint.

Mit dieser Ansicht ist die Lehrperson allerdings nicht alleine. Die Skepsis gegenüber der grundsätzlichen Machbarkeit zieht sich durch sämtliche Interviews der Lehrkräfte. Ein Beispiel:

> „Bei mir einfach auch von den Altersgruppen, die ich hier mitarbeiten hab lassen, sagt die Erfahrung [...] egal von welchem Lehrer, des geht nicht. Die Lehrer müssen dabei sein [...] net nur um zu disziplinieren, was teilweise a notwendig is, weil sie einfach die Reife noch net haben, um zu wissen, woran sie da jetzt mitarbeiten."

Auch diese Lehrperson zweifelt an der Kompetenz der SchülerInnen, eigene Fragen zu entwickeln und Erhebungen durchzuführen, daher hätten Lehrpersonen stets mit dabei zu sein. In den Interviews wird jedoch als Grund für das *„dabei sein"* niemals von Hilfestellungen gesprochen, die es den SchülerInnen erleichtern, die Aufgaben zu erfüllen. Dies ist insofern bemerkenswert, als dass es in allen Vorhaben der SchülerInnenpartizipation auch darum geht, entsprechende Kompetenzen bereits in der Schule auszubilden und derartige Lernprozesse zu ermöglichen.

Diese offensiv negativen Einschätzungen sind jedoch nicht einfach zu personalisieren, so als ob lediglich die ‚falschen' Lehrpersonen an den Projekten beteiligt gewesen wären. Die Äußerungen sind vielmehr vor dem Hintergrund der schulisch-organisatorischen Abläufe zu verstehen, in denen sich schulische Normalitätsauffassungen dokumentieren, die darüber Aufschluss geben, was in dem System Schule möglich und machbar erscheint und was nicht.

4.2 Störung des Regelbetriebs

Der vorstrukturierte Regelbetrieb von Schule (Tyack/Tobin 1994) wird durch die verstärkte Aktivität und Beteiligung von SchülerInnen unweigerlich durcheinandergebracht. Zu den zentralen Charakteristika der institutionellen schulischen Vorgaben zählt, dass „gut lehrbare und gut prüfbare sowie objektiv rechtfertigbare Inhalte" (Fend 2008, 264) bevorzugt werden, die nur wenig Interpretationsspielraum beinhalten. Das Interview einer Lehrperson gibt diese Haltung wider:

> „Und wenn man glaub ich Lehrer, Lehrerinnen net überzeugen kann, dass es da einen Lernzuwachs, Erfahrungszuwachs gibt durch irgendeine Aktion, dann dann wird's schwer, weil Lehrer schon der Meinung sind glaub ich, der Großteil, dass man die Zeit net irgendwie rüberbringen, sondern versuchen auch sie effektvoll zu nutzen. (lachen)"

Es ist bezeichnend und sagt viel über die Systemlogik von Schule aus, dass Projekte, die sich mit der eigenen Schule und dem Lernen auf einer Metaebene befassen, unter hohem Rechtfertigungsdruck stehen, dass in diesen überhaupt etwas erfahren oder gelernt wird. Ähnliche Bedenken äußert auch eine andere Lehrperson.

> „Wie kann man das in einer konkreten Schulrealität auch tun, denn Schulrealität heißt eigentlich i muss die knappe Unterrichtszeit zumindest mit einer guten Begründung dafür zur Verfügung stellen. Das heißt ich muss irgendwas machen, was a dem Unterrichtsziel der Unterrichtserfordernissen entspricht. Ich kann net irgendwas nur weils a Art Hobby is das in der Zeit machen."

In den Formulierungen „irgendeine Aktion" oder „Art Hobby" dokumentiert sich eine deutliche Entwertung derartiger Lernprozesse. Dieser Logik folgend würde ‚wirkliches' Lernen nur dann stattfinden, wenn es ‚schultypisch' verläuft und man einen Kompetenzzuwachs auch unmittelbar überprüfen kann. Wenn sich die Überprüfbarkeit von Inhalten und das Schnüren von Lernpaketen pro

Unterrichtseinheit als zentrale institutionelle Vorgabe erweist, wird auch verständlich, dass man ergebnisoffenen Zugängen mit SchülerInnen skeptisch bis ablehnend gegenübersteht. Partizipative Forschung mit SchülerInnen lässt sich nicht exakt in einer Schulstunde planen und bringt als offener Prozess zwangsläufig neue, möglicherweise auch unangenehme, in jedem Fall aber interpretationsbedürftige Ergebnisse hervor, mit denen auf irgendeine Art und Weise umgegangen werden muss.

Eine mangelnde Passung mit dem Schulalltag bildet sich auch hinsichtlich weiterer Aspekte ab. So würde das Vorhaben schlecht zum Lehrplan passen und es sei grundsätzlich eine *„Zeitfrage"*, die Beteiligung lenke vom eigentlichen Kerngeschäft ab (*„weil im Prinzip müssen wir ja Unterrichten auch noch"*). Die notwendige Abstimmung mit KollegInnen wurde ebenfalls nicht als unterstützend, sondern vielmehr als Einmischung in den eigenen Verantwortungsbereich verstanden, als unnötige Forderung, da es ja schließlich darum gehe, *„was ich mit den Klassen konkret arbeite"*. Eine der engagierteren Lehrpersonen klagte über *„unglaubliche bürokratische Hürden"*, wenn man im Zuge des Projektverlaufs nicht nur in der eigenen Klasse, sondern auch in anderen Räumen arbeiten wollte (*„Ich habe mich manchmal bissl geärgert, weil so quasi geheißen hat du dringst hier in Räume ein wo du gar nicht sein solltest".*)

Bringt man diese Erfahrungen mit der organisatorischen Verfasstheit von Schule in Verbindung, ist dies nicht sonderlich überraschend. Kooperationen mit KollegInnen sind nicht gebahnt und Zeiten und Orte für Austausch müssen erst eigens geschaffen werden. Die hierfür notwendigen Schritte wurden in beiden Projekten von den beteiligten Lehrpersonen als Zumutung empfunden, die zahlreiche Abwehrhaltungen mobilisierte. Es wurden plötzlich Aktivitäten verlangt, die im üblichen Schulalltag sonst nicht zwingend notwendig sind.

4.3 Destabilisierung der gewohnten LehrerInnen-SchülerInnen-Beziehung

Mit schülerInnenaktiven Schulforschungsprojekten geht auch eine deutliche Veränderung der vertrauten Rollen in der Schule einher. Schulische Aktionen gehen vorrangig von den Lehrpersonen aus, die Abläufe werden von ihnen initiiert und gesteuert. Dies gibt auch einen gewissen Grad an Orientierung und Handlungssicherheit.

So gesehen gleicht das Vorhaben SchülerInnen an Forschung zu beteiligen einem Kulturbruch. Es bedingt eine Rollenumkehr, eine Veränderung der hierarchischen Ordnung im Klassenzimmer. Lehrpersonen sind nicht mehr die alleinigen ExpertInnen, die gesichertes Wissen vermitteln (können), sondern werden zu prozessbegleitenden HelferInnen, die SchülerInnen bei der Generierung neuen Wissens begleiten sollen. In dieser Hinsicht zeigten sich Unsicherheiten auf beiden Seiten, sowohl bei den beteiligten Lehrpersonen als auch SchülerInnen.

LehrerInnen beschreiben die Teilnahme am Projekt als *„große Unsicherheit"*, da sie nicht wussten *„in welchem Grad es [die Teilnahme] gewünscht ist"* und *„was konkret rausschauen soll"*. Während die einen die Rollenveränderung als Autoritätsverlust und mangelnde Führung erlebten, sahen andere darin einen kaum zu bewältigenden Anspruch. Ein Lehrer etwa zweifelt, ob auch alle Lehrpersonen die hierfür erforderlichen Kompetenzen haben:

> „Man muss sich dann auch überlegen wie greif ich so was an. So was schüttelt man net aus dem Handgelenk, weils ja doch für uns a ganz a anderer Zugang ist, die Schüler da jetzt zu aktivieren und zu sagen jetzt denkts euch amal nach was könntwürde denn euch denn da euch interessieren?"

Auch auf Seiten der SchülerInnen zeigten sich Unsicherheiten in ihrem neugewonnenen Aktionsradius und ihrem selbsttätigen Vorgehen. Trotz der Freude über die neu gewonnenen Freiheiten stellten sie wiederholt unsicher wirkende Rückfragen zu ihren Arbeitsschritten. Es wäre aber falsch solche Fragen als grundsätzliche Überforderung zu deuten, vielmehr verweist dies auf die typische SchülerInnenrolle. SchülerInnen sind in ihrem schulischen Agieren gewohnt sich an den Vorstellungen und Erwartungen der Lehrpersonen auszurichten. Das Verhalten zeigt daher eine Art Rückversicherung, ob auch der ‚richtige' Weg eingeschlagen wurde.

5 Resümee

Der Beitrag diskutiert die generellen Schwierigkeiten, die mit einer verstärkten Partizipation und Teilhabe von SchülerInnen in der Schulforschung unweigerlich einhergehen. Die forschungsbezogenen Aktivitäten von SchülerInnen stellen für Schulen geradezu ‚untypische' Interventionen und Aktionen dar, die im Feld nicht ohne Reaktionen und Konsequenzen bleiben. Partizipative Forschungsvorhaben mit SchülerInnen lassen sich daher nicht einfach als ein methodisches ‚add-on' verstehen, das sich friktionslos in das schulische Normalprogramm einfügen lässt. Es handelt sich vielmehr um einen gemeinsamen Lern- und Entwicklungsprozess, der es notwendig macht, sich der dadurch entstandenen Handlungsunsicherheiten sowohl auf individueller als auch organisatorischer Ebene anzunehmen.

Ist man an der Perspektive von SchülerInnen ernsthaft interessiert, um diese auch in die Entwicklung von Schule und Unterricht zu inkludieren, wird man nicht umhinkommen andere Zugänge zu wählen. Dies kann weder dadurch erzielt werden, dass – vielfach durchaus gut gemeint – lediglich *über* SchülerInnen und ihre Bedürfnisse gesprochen wird, noch dass man sie bloß zu unterschiedlichen Fragestellungen (womöglich mit standardisierten Erhebungsverfahren) konsultiert. Echte Partizipation bedeutet nicht nur eine Ermöglichung der Teilhabe an den für SchülerInnen relevanten Prozessen, sondern vor allem eine Annahme und Anerkennung ihrer jeweiligen Sichtweisen.

Diese Herausforderungen sind insbesondere auch unter dem Anspruch einer inklusiven Schule zu diskutieren. Eine Schule, die allen unabhängig der jeweiligen Hintergründe gleichermaßen gerecht werden soll, muss dafür Sorge tragen, dass alle SchülerInnen im Laufe ihrer Schulzeit entsprechende Kompetenzen erwerben und dazu befähigt werden, Schule und ihre Übergänge erfolgreich zu bewältigen. Die Ergebnisse zeigen, dass es für SchülerInnen generell schwierig ist, sich nachhaltig einzubringen und dass ihre Perspektive die entsprechende Berücksichtigung erfährt. Man wird nicht zu weit gehen wenn man festhält, dass es für alle Gruppen, die aus unterschiedlichsten Gründen besondere Bedürfnisse haben (z.B. sozioökonomisch, sprachlich, kulturell, sonderpädagogischer Förderbedarf usw.), daher doppelt schwer ist, sich unter diesen Bedingungen Gehör zu verschaffen. Es handelt sich hierbei um einen noch unzureichend beleuchteten, jedoch gerade in Hinblick auf eine inklusive Schule maßgeblichen Aufgabenbereich.

Literatur

Altrichter, Herbert/Posch, Peter (1998): Lehrer erforschen ihren Unterricht. Eine Einführung in die Methoden der Aktionsforschung. Bad Heilbrunn: Julius Klinkhardt Verlag.

Brühlmann, Jürg (Hrsg.) (2014): Abseits der Messbarkeit – Schulen leisten mehr. Journal für Schulentwicklung, 1 (14), 4-10.

Buchner, Tobias/Koenig, Oliver/Schuppener, Saskia (Hrsg.) (2016): Inklusive Forschung. Gemeinsam mit Menschen mit Lernschwierigkeiten forschen. Bad Heilbrunn: Julius Klinkhardt Verlag.

Cefai, Carmel/Cooper, Paul (2009): The Narratives of Secondary School Students with SEBD. In: Cefai Carmel/ Cooper, Paul (Hrsg.): Promoting Emotional Education: Engaging Children and Young People with Social, Emotional and Behavioural Difficulties. Londres: Jessica Kingsley, 37-56.

Davies, John Dwyfor (2005): Voices from the margins: the perceptions of pupils with emotional and behavioural difficulties about their educational experiences. In: Clough, Peter/Garner, Philip/Pardeck John T./Yuen, Francis (Hrsg.): Handbook of emotional & behavioural difficulties. London: Sage, 299-316.

Feichter, Helene Juliana (2010): Wissenschaftlicher Abschlussbericht: „Mitten im 2. Geschichte und Gegenwart der Schule aus Sicht der SchülerInnen." Sparkling Science (BMWF) – OeAD. Österreichischer Austauschdienst GmbH, August 2010.

Feichter, Helene Juliana (2012): Peer Evaluation – Die Sicht der SchülerInnen. NOESIS Arbeitsbericht Nr.8., URL: http://www.noesis-projekt.at/uploads/Arbeitsbericht-Nr.8Juni-2012.pdf (Abrufdatum: 08.01.2017).

Feichter, Helene Juliana (2013): Vielfalt als Entwicklungschance: Das Potential kollegialen Feedbacks im Rahmen der Peer Evaluation. In: Projektteam NOESIS (Hrsg.): Die vielen Wirklichkeiten der Neuen Mittelschule. Zur Evaluation der Niederösterreichischen Mittelschule. Graz: Leykam, 185-207.

Feichter, Helene Juliana (2014): Schülerinnen und Schüler erforschen den Kulturraum Schule. In: Journal für Schulentwicklung, 18 (3), 32-38.

Feichter, Helene Juliana (2015a): Schülerinnen und Schüler erforschen Schule. Möglichkeiten und Grenzen. Wiesbaden: Springer VS.

Feichter, Helene Juliana (2015b): Partizipation von Schülerinnen und Schülern – Der blinde Fleck der Schulforschung. In: Gruppendynamik und Organisationsberatung, 46 (3) 409-426.

Feichter, Helene Juliana/Krainz, Ulrich (2012): „Wenn jemand eine Reise tut..." Ergebnisse und Erfahrungen der NOESIS Peer Evaluation mit SchülerInnen. In: Projektteam NOESIS (Hrsg.): Eine Schule für alle? Zur Evaluation der Niederösterreichischen Mittelschule. Graz: Leykam, 197-217.

Feichter, Helene Juliana/Krainz, Ulrich (2015): Gemeinsames Nachdenken und Handeln: Über die Bedeutung partizipativer Evaluationsprozesse für die Schulentwicklung. In: Projektteam NOESIS (Hrsg.): Gute Schule bleibt verändert. Zur Evaluation der Niederösterreichischen Mittelschule. Graz: Leykam, 287-310.

Fend, Helmut (2008): Schule gestalten. Systemsteuerung, Schulentwicklung und Unterrichtsqualität. Wiesbaden: VS Verlag.

Fielding, Michael (2001): Students as Radical Agents of Change. In: Journal of Educational Change, 2., 123-141.

Flutter, Julia/Ruddock, Jean (2004): Consulting pupils. What's in it for schools? London: Routledge.

Glaser, Barney/Strauss, Anselm (1967): The Discovery of Grounded Theory. Strategies for Qualitative Research. New York: Aldine.

Hopmann, Stefan T. (2008): No Child, no school, no state left behind: Schooling in the age of accountability. In: Journal of Curriculum Studies, 40 (4), 417-456.

Hopmann, Stefan T. (2015): Geleitwort. In: Feichter, Helene Juliana. Schülerinnen und Schüler erforschen Schule. Möglichkeiten und Grenzen. Wiesbaden: Springer VS, 9-12.

Klafki, Wolfgang (1976): Aspekte kritisch-konstruktiver Erziehungswissenschaft. Weinheim: Beltz.

Levin, Benjamin (2000): Putting students at the centre in educational reform. In: Journal of Educational Change, 1 (2), 155-172.

Lewin, Kurt (1946): Action research and minority problems. In: Lewin, Kurt (1948): Resolving social conflicts. Selected papers on group dynamics. New York: Harper & Row Publishers, 201-216.

Reinert, Gert-Bodo/Zinnecker, Jürgen (Hrsg.) (1978): Schüler im Schulbetrieb. Berichte und Bilder vom Lernalltag, von Lernpausen und vom Lernen in den Pausen. Reinbeck: Rowohlt Verlag.

Rudduck, Jean (2007): Student Voice, Student Engagement, and School Reform. In: D. Thiessen, Dennis/Cook-Sather, Alison (Hrsg.): The international handbook of student experience of elementary and secondary school. Dodrecht: Springer, 587-610.

Sax, Helmut (2009): Kinderrechte. In: Heissl, Gregor (Hrsg.): Handbuch Menschenrechte. Allgemeine Grundlagen, Grundrechte in Österreich, Entwicklungen Rechtsschutz. Wien: Facultas. 542-556.

Strauss, Anselm/Corbin, Juliet (1996): Grounded Theory. Grundlagen Qualitativer Sozialforschung. Weinheim: Psychologie Verlagsunion.

Tyack, David/Tobin, William (1994): The ‚grammar' of schooling. Why has it been so hard to change. In: American Educational Research Journal, 31 (3), 453-479.

Ulrich, Susanne/Wenzel, Florian M. (2003): Partizipative Evaluation. Ein Konzept für die politische Bildung. Gütersloh: Verlag Bertelsmann Stiftung.

Wöhrer, Veronika (2017): Rezension: Helene Feichter (2015): Schülerinnen und Schüler erforschen Schule. Möglichkeiten und Grenzen. In: Forum Qualitative Sozialforschung, http://nbn-resolving.de/urn:nbn:de:0114-fqs1701138 (Abrufdatum: 08.01.2017).

Wöhrer, Veronika/Arztmann, Doris/Wintersteller, Teresa/Harrasser, Doris/Schneider, Karin (2017): Partizipative Aktionsforschung mit Kindern und Jugendlichen. Von Schulsprachen, Liebesorten und anderen Forschungsdingen. Wiesbaden: Springer VS.

Zinnecker, Jürgen (Hrsg.) (1975): Der heimliche Lehrplan. Untersuchungen zum Schulunterricht. Weinheim: Beltz Verlag.

Michaela Kilian, Mariella Knapp, Tamara Katschnig,
Corinna Geppert und Tanja Werkl

School Transitions from a Longitudinal Perspective

Summary

This paper focuses on the development of students' learning attitudes during
the transition from primary school to lower secondary, but also over their time
in secondary school, and the interrelationship of this time period with personality factors and within-class components, taking the school site into account. From a longitudinal perspective the focus is on the change of factors
that may affect the development of students' learning during lower secondary.
Data from Austrian New Middle School (NMS) students, aged 10-14 years,
and collected over four years (2010-2014) revealed that the school site and the
school itself is especially important for the development of students' learning
attitudes. To broaden the understanding of school transition the "cultivation"
aspects can be viewed as beneficial ways to foster students' ongoing learning
and enable a positive attitude concerning school and learning, but also their
educational aspirations. Not least, they can be seen as key factors and conditions for successful educational trajectories.

Zusammenfassung

Dieser Beitrag beschäftigt sich mit der Entwicklung der Wahrnehmungen und
Erfahrungen von SchülerInnen am Übergang von der Primarstufe in die Sekundarstufe und nimmt die Veränderung dieser während der Sekundarstufe I in
den Blick. Wechselwirkungen mit Persönlichkeitsfaktoren und Variablen auf
Klassenebene werden ebenso berücksichtigt wie der Schulstandort. Aus einer
Längsschnittperspektive geht es dabei um die Veränderung von Faktoren, die
die Entwicklung des Lernens der SchülerInnen im Sekundarbereich I beeinflussen können. Daten von Niederösterreichischen Neuen MittelschülerInnen
(NMS) im Alter von 10 bis 14 Jahren, die über vier Jahre (2010-2014) ge-
sammelt wurden, zeigten, dass die Gegebenheiten an der Schule selbst für die
Entwicklung des Lernens von SchülerInnen besonders wichtig sind. Um das

Verständnis über Schulübergänge zu erweitern, können die „Kultivierungsaspekte" als sinnvolle Möglichkeiten angesehen werden, das Lernen der SchülerInnen zu fördern und eine positive Einstellung gegenüber Schule und Lernen zu ermöglichen. Nicht zuletzt können diese Aspekte als Schlüsselfaktoren und Voraussetzungen für erfolgreiche Bildungswege betrachtet werden.

1 Introduction

School transition is an important topic in a school system that is said to be selective like the Austrian one. Austria's school system traditionally had two main school types in secondary I: the academic secondary school, which leads to a certification for university entrance and the lower secondary school, which leads to vocational or higher vocational education. Because of the bad PISA results in 2003, the Austrian Federal Ministry of Education decided in 2009/2010 to implement a new kind of comprehensive school to upgrade the lower secondary schools in Austria and to offer students modern and innovative instruction at school. The implementation of this new school type is guided by different aims. The overall aim of the New Middle School is to be a school for all and to guide as many students as possible towards higher secondary education or higher vocational education. With this school reform the aim was to increase the aspirations of students and to provide a setting where students can develop high career aspirations. Thus, the New Middle School aims to provide better educational opportunities for all students and to limit marginalizing processes within an inclusive school setting. This is done by means of within-school components that focus on affect and learning in school, such as class climate, well-being, motivation, and intra-school groups of teachers and classmates. Team-teaching, opening up the school to the outside, individualized instruction, a new grading system and the use of feedback tools are some pedagogical innovations that should help achieve these aims. Since 2015/16, all lower secondary schools in Austria have been transformed into New Middle Schools. The Department of Education at the University of Vienna was requested to evaluate the stepwise implementation of the New Middle School in the state of Lower Austria. The evaluation project NOESIS (Neue Niederösterreichische Mittelschule in der Schulentwicklung) runs from 2010 until 2017 and is funded by the provincial government of Lower Austria.

2 Evaluation Project NOESIS

The overall aim of the evaluation project is to investigate if the new school model achieves the aims it has set itself, more precisely limiting marginalization processes. In view of the complexity of implementing a new school type in an existing environment and the history of school practice, a simple pre-post design and measurement of educational outcomes in the form of standardized tests did not seem to be appropriate. Hence this evaluative research project investigates the conditions under which the new measures and innovations are perceived as successful. It aims to show whether and how the educational goals of the actual implementation have been reached and focuses on the opportunities the implementation opens up for the students concerned. For the success of the new school model it is important to document and evaluate its implementation and effects in everyday school life. To obtain both a deep insight into the experiences of all participants on the one hand, and a broad and generalizable view of individual developments, on the other, the evaluation project was designed as a longitudinal, multi-perspective and multi-method study.

The multi-layered design of the project is based on the following four sections: Transitions (transitions, school-choice decision), School Settings (school environment, school landscape), Instructional Patterns (perception of teaching) and Capacity Building (peer evaluation, student perspective) (Bauer/Werkl 2012). For the transition section different research methods have been applied to the research design, e.g. a multi-level approach (Snijders/Bosker 1999; Raudenbush/Bryk 2002).

"School Settings", the second section, focused on the requirements, resources and options of different schools depending on the local framework conditions in which they are embedded. Using elements of deliberative problem-solving methods (Fung 2004) for initiating democratic school improvement processes (Dewey 1916) and combining such principles with the Delphi method (Linstone/Turoff 1975), students, teachers, parents, school leaders and representatives of the local environment, in a circular process, were asked to report on the expectations they have of their school, and to indicate any problems they face and the options they have for changing the situation.

Following the "hermeneutic phenomenology" approach, described by Van Manen (1990) as "researching lived experience for an action-sensitive pedagogy" the third section, "Instructional Patterns", focused on the question of the conditions under which innovations in school reform (suspension of achievement-based tracking, new ways of assessment, student-centered individualized learning) are perceived as helpful in meeting the diverse needs of learners in heterogeneous classrooms and tried to capture the narratives of the lived experience of teachers and students in the form of case studies.

"Students have a lot to tell us that could make school better" (Rudduck 2007, 591) – this was the slogan that saw students as experts for their living world whereby the voice of students could be used to capture their perspective for school improvement. A peer review study was planned in the context of the fourth section, "Capacity Building" (for details see Feichter in this volume).

So far we have discussed the background, the purpose and the design of the evaluation study. The next section focuses in more detail on "Transition" and on essential factors for school transitions (results from the longitudinal study).

3 Section "Transitions" within the NOESIS Project

Transitions are an important part of our reality and during our life span we have to deal with many different transitions. Some transitions are introduced by unpredictable events and some are socially and culturally embedded, like the transition from one societal institution to another. The transition from primary school to secondary school also can be seen as a critical incident (Filipp 1995), as a discontinuity in life or as a break (Koch 2008). School transitions are often discussed in the context of achievement development, but also concerning the development of learning motivation, academic self-concept, engagement in school and the pedagogical implications for improving the learning abilities of students (e.g. Symonds 2015). A new environment of learning, a new social context in the classroom, new teachers and classmates, new academic requirements and new subjects seem to be connected with changes of this dimension. The special thing about the transition from primary school to secondary school in German-speaking countries is that it is said that school choices are connected with important options for further education possibilities. The academic secondary school (Allgemeinbildende Höhere Schule) is seen as a more prestigious option, leading directly to university, whereas attendance at the lower secondary school (Hauptschule, Neue Mittelschule), which intends to give a good preparation for vocational education, is regarded as having a lesser reputation. Studies indicate high correlations between school choices, school transitions and the socio-economic background, but also the socio-cultural one of the family. The early transition into secondary school is often problematized (Koch 2004; Maaz et al. 2004) following Boudon's rational choices, namely the primary effect (achievement and learning results of students) and a secondary effect (aspirations of students and their parents) (Boudon 1974). Austria, however, has a relatively permeable school system, which decreases the impact of school choices. Various researchers also indicate that in general the attitudes towards schooling and learning, as well as learning motivation, decrease during the transition to a new school after primary school. In this sense it seems important to investigate factors and conditions for the success of school transitions and the processes in which students are embedded. Learning in this context does not seem to be something that just happens inside a school as an institution, but also outside the school. This makes it necessary to have a holistic perspective on learning and also examine it in and across different contexts (Vadebouncoeur et al. 2014). So an important question of the

NOESIS evaluation project is also how inner- and out-of-schooling conditions relate and interrelate with each other, but also which significance they have for the educational trajectory of students.

3.1 Section "Transitions" - Method and Data Source

To investigate factors and conditions for successful educational trajectories from a longitudinal perspective the decision was made to follow students, teachers and their parents from the last year of primary school (4th grade) through secondary I to the end of compulsory school (9th grade). Every year students and teachers were asked to fill in questionnaires concerning their school lives, class climate, learning motivation, cooperation in class, relations between students and teachers, academic self-concept of the students, their educational aspirations, and how they perceived their instruction. Additionally, out-of-school aspects concerning students' learning activities, home resources, out-of-school tutoring or regional aspects of the school site were considered. To see if the development and educational trajectories of students in the New Middle School differed depending on the period of time they attended the school, three cohorts of students, parents and teachers were accompanied (the first starting in 2010, the second starting in 2011, the third starting in 2012).

Tab. 1: Timetable of the transition surveys

cohort 1	2010 4th grade	2010 5th grade	2011 6th grade	2012 7th grade	2014 8th grade	2015 9th grade
cohort 2	2011 4th grade	2011 5th grade	2012 6th grade	2013 7th grade	2015 8th grade	2016 9th grade
cohort 3	2012 4th grade	2012 5th grade	2013 6th grade	2014 7th grade	2016 8th grade	2017 9th grade

Each of the three cohorts consists of about 1,500 students, their parents and their teachers. For analysing the longitudinal data, panel-analyses and multi-level analyses were used.

3.2 Results of the Section "Transition"

Austrian students at the age of ten, and their parents, have to decide whether to attend a New Middle School or an academic secondary school after primary school. This is connected to changes of the within-school learning context; they enter a new social context in class, have new teachers, classmates and experience new academic requirements. Figure 1 shows how educational aspirations, academic self-concept, learning motivation, and the well-being of students develop during the transition from primary to secondary school and how they are manifest themselves in the 5th, 6th, 7th and 8th grades of New Middle School.

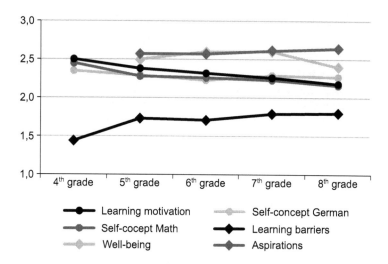

Fig. 1: Development of learning aspects during the transition from primary to secondary school and during secondary school

What we can see is that during the transition from primary school to the New Middle School students perceive significant changes in some of these dimensions. During this period learning motivation and academic self-concept in Mathematics seem to decrease from year to year, which corresponds to the literature; the academic self-concept in German, however, seems to have a more discontinuous development. Also, feeling comfortable at school seems to be characterized by different processes. It is a different thing if we look at the educational aspirations of students. At all points of data collection, students' educational aspirations are high, rising slightly in the 7th and 8th grades. Even more students in grades 7 and 8 tend to change after the New Middle School to a higher secondary school (higher academic or higher vocational school) and tend to finish at an upper level, so that the certification will make them eligible to study at university. The number of students willing to attend a medium-level school decreases from the 5th to the 6th grade and every fifth student attending the 7th grade tends to finish at an average level.

As the New Middle School intends to foster the educational aspirations of students, an increase seems to be a positive result. Nevertheless, it would be interesting to determine the factors that influence educational aspirations during the transition of students in the New Middle School, if any, and to which extent factors of school site and within-school context are related to the educational aspirations of students.

To obtain information on the factors which influence the educational aspirations in 8th grade and whether the composition of students, but also the school site, helps to explain these aspirations, a multi-level analysis was conducted.

Tab. 2: Panel analysis showing the development of students' educational aspirations

Students' educational aspirations	Coef. (Std.Err.)
Intercept	-1.102 (.501)*
Cultural capital of students	0.092 (.043)**
Self-concept Mathematics	0.183 (.036)**
Self-concept German	0.158 (.065)*
Learning motivation	0.163 (.068)*
Comparisons with peers	0.241 (.062)**
Perception of the learning climate	0.176 (.048)**
Average of the educational status at school level	-0.021 (.020)
Aspirations at school level	0.935 (.210)**
Variance of the intercept	8.64e-13 (5.68e-12)
Variance of the residuals	0.468 (.013)

The analysis indicates that especially the aspirations of peers are important. If they favour reaching a degree of a higher secondary school, students' individual educational aspirations are also higher. These factors seem to explain more comprehensively the variance than just the composition of students with respect to parental educational status. Also, if students evaluate their own performance as being of equal value to that of their peers, they also tend to have higher educational ambitions. The cultural environment at home and also the academic self-concept, seem to be significant influential factors for predicting educational aspirations.

The results of the analyses indicate that schools in which a large number of students report high educational aspirations are characterized by a positive and supportive class climate and high satisfaction with the school. With respect to composition effects, it seems that students who attend schools with generally high educational aspirations also desire attending a higher secondary school after the New Middle School. These composition effects cannot be explained merely by the socio-cultural background of students, but also depend on their own academic self-concepts and the perception of their abilities in school subjects. Nevertheless, the results indicate that the composition of students, as well as the class- and learning climate, play a significant role in the development of educational aspirations.

This leads to the question for whom does the learning situation at school develop positively during the transition, and which aspects are linked with this positive development over a period of four years at the New Middle School? Student means of the perception of a positive learning environment at school reveal that at the beginning of secondary I students feel comfortable. They appreciate learning together, being in a particular school or they perceive that teachers are interested in their experiences. After four years in Secondary I, students at the New Middle School still feel comfortable. The mean values allow us to compare the subjective well-being of students at their school in the course of four years at school and to compare school means of students' well-being. 5th grade students report that they feel very comfortable, even a few weeks after transition to the New Middle School (mean 2.5 on a scale of one to three). A year later the values for the same students have improved, but in the 8th grade students report an average of 2.4. Interestingly we found that school means of subjective well-being of students from the 5th grade up to the 8th grade differ by school.

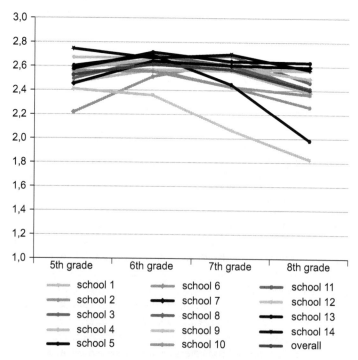

Fig. 2: Development of subjective well-being differentiated by school

This leads to the following questions: How is students' subjective well-being influenced by support by classmates or teachers, the class climate, their self-concept, and if there are differences in the course of four years between schools in the development of students' subjective well-being?

Tab. 3: Panel analysis of the development of subjective well-being taking the school site into account

Subjective well-being at school	Coef. (Std. Err.)	School	Coef. (Std. Err.)	School	Coef. (Std. Err.)
Cooperation	.200*** (.030)	2	-.026 (.038)	9	.018 (.026)
Class climate	.222*** (.025)	3	-.005 (.031)	10	-.087** (.030)
Learning motivation	.025 (.020)	4	.071* (.028)	11	.022 (.026)
Student-teacher relationship	.505*** (.022)	5	.051 (.031)	12	-.156*** (-.156)
Subjective well-being in class	.167*** (.028)	6	.103*** (.025)	13	-.051 (.031)
Self-concept Mathematics	.014 (.011)	7	-.009 (.028)	14	.025 (.039)
Self-concept German	.011 (.016)	8	.052* (.026)		
Socioeconomic status	-.001 (.004)				

The longitudinal analysis of about N = 800 students depicts that support from classmates has a positive impact on their subjective well-being as well as support from their teachers and good relationships with classmates and teachers. Whereas the factors of students' motivation, self-concept (German and Mathematics) and the family socioeconomic status do not seem to have any systematic effect on the development of students' subjective well-being in school. Aspects known from classroom-climate research such as help from classmates when students need assistance in learning or getting along well with classmates have a strong influence on students' well-being. Additionally, the longitudinal analysis shows that the school site matters for the development of student's well-being.

This analysis, especially, revealed the importance of the influences of relationships with classmates and teachers on the development of well-being, depending on school. What we can learn from specific schools is that if school is a place where students know that they are appreciated and taken seriously, where they receive support from classmates and where teachers are continually aware of students who need assistance in learning, students' subjective well-being in school increases. Hence, the composition of students, as well as the class- and learning climate play a significant role in the development of educational aspirations; and the specific school site as a decisive learning context gains in importance which becomes relevant when it comes to school transitions.

4 Conclusions

Among the basic objectives of the New Middle School are the improved transition to secondary schools and the broadening of the educational base of all students. Hence, it is important to create a learning environment at school in which students can learn together. The results show that class climate and social relations support the development of learning in school and that the New Middle School creates a learning setting that preserves students' sense of learning. However, analyses revealed that students' perceptions differ from one school to another. This could also be observed with regard to students' educational aspirations. Thus, some schools seem to be more successful than others in creating a learning environment and social climate that students describe as supportive and positive. A high satisfaction of the students with the school, as well as a higher educational aspirations of students at a school site support higher individual educational aspirations of the students. Additionally, the results illustrate the importance of the learning culture at the school. Especially a positive cooperation between students, a respectful relationship between teachers and students, but also a positive attitude towards learning and the students' own abilities are all together conditions that schools can arrange to positively influence the educational aspirations of their students. It should be considered that during Secondary I the requirements and challenges for students differ year by year. A school that reacts to the challenges of the changing needs of students by adapting the school environment to those needs, becomes a school of joint learning. For this purpose, it is important to consider the specific challenges of each school site. This is not only interesting for the New Middle School in Lower Austria, but also for western schools in general. Schools should not only focus on competencies and qualifications, but also on determinants such as cooperation in class, collective life in class or the development of a sense of community in class, which are in the long term very important for students' learning at school. From this perspective, improving the New Middle School from the viewpoint of these "cultivation" (Hopmann/ Knapp 2015) aspects can be viewed as beneficial ways to foster students' ongoing learning and enable a positive attitude concerning school and learning, as well as encouraging their educational aspirations and supporting students' preparation for life in society as citizens. Not least, they can be seen as key factors and conditions for successful educational trajectories.

Especially, the longitudinal perspective of the panel analysis enables focusing precisely on the importance of the development of school aspects. Through the longitudinal analysis, the relevance of the specific school site for the development of learning-relevant aspects for students was highlighted. Clearly, the results point to the importance of the specific school site and show that that there are differences between schools of the same school type. The results show that for school development processes it is not important to compare school types, but to focus on differences between schools of the same type and that the specific learning culture at school matters. Therefore, it seems important to point out that the method provides an unequivocal indication of a further development of school, which emphasizes the cultivation of learning at the specific school site.

Literature

Bauer, Sonja/Werkl, Tanja (2012): Schulstrukturen im Wandel – Ziele und Wirkung einer Reform. In: Projektteam NOESIS (Hrsg.): Eine Schule für alle? Zur Evaluation der Niederösterreichischen Mittelschule. Graz: Leykam Verlag, 15-43.

Boudon Raymond (1974): Education, opportunity, and social inequality: Changing prospects in western society. New York: Wiley.

Dewey, John (1916): Democracy and Education: An Introduction to Philosophy of Education. New York: Macmillan.

Filipp, Sigrun-Heide (1995): Lebensereignisforschung-eine Bilanz. In: Sigrun-Heide Filipp, Kritische Lebensereignisse, Weinheim: Beltz, 3. Aufl., 293-326.

Fung, Archon (2004): Empowered Participation. Reinventing Urban Democracy. New Jersey, Woodstock: Princeton University Press.

Hopmann, Stefan T./Knapp, Mariella (2015): Die letzten Tage der Schule, wie wir sie kennen? Der schulische Auftrag im Spannungsfeld zwischen Kultivieren und Qualifizieren. In: Schulheft, 40., 37-49.

Koch, Katja (2004): The transition to secondary education. Problems and solutions from the teachers' point of view. Der Übergang in die Sekundarstufe: Probleme und Lösungen aus der Sicht von Lehrerinnen und Lehrern. In: Die deutsche Schule, 96 (1), 56-67.

Linstone, Harold A./Turoff, Murray (1975): The Delphi Method. Techniques and Applications. London, Amsterdam, Don Mills, Ontario, Sydney, Tokyo: Addison-Wesley Publishing Company.

Maaz, Kai/Gresch, Cornelia/McElvany, Nele/Jonkmann, Kathrin/Baumert, Jürgen (2010): Theoretische Konzepte für die Analyse von Bildungsübergängen: Adaption ausgewählter Ansätze für den Übergang von der Grundschule in die weiterführende Schulen des Sekundarschulsystems. In: Maaz, Kai/Baumert, Jürgen/Gresch, Cornelia/McElvany, Nele (Hrsg.): Der Übergang von der Grundschule in die weiterführende Schule. Leistungsgerechtigkeit und regionale, soziale und ethnisch-kulturelle Disparitäten. Bonn/Berlin: Bundesministerium für Bildung und Forschung. Band 34. URL: https://www.bmbf.de/pub/Bildungsforschung_Band_34.pdf (Abrufdatum: 14.11.2016).

Raudenbush, Stephen W./Bryk, Anthony S. (2002): Hierarchical linear models. Applications and data analysis methods. Thousand Oaks, London, New Delhi: Sage Publications.

Rudduck, Jean (2007): Student Voice, Student Engagement, And School Reform. In: Thiessen, Dennis/Cook-Sather, Alison (Hrsg.): International Handbook of Student Experience in Elementary and Secondary School. New York: Springer, 587-610.

Snijders, Tom A. B./Bosker, Roel J. (1999): Multilevel analysis: An introduction to basic and advanced multilevel modeling. London, New Delhi: Sage Publications.

Symonds, Jennifer (2015): Understanding school transition: what happens to children and how to help them. London, New York: Routledge, Taylor & Francis Group.

Vadebouncoeur, Jennifer A./Kady-Rachid, Hitaf/Moghtader, Bruce (2014): Learning in and across contexts: Reimagining education. National Society for the Study of Education. In: National Society for the Study of Education, 112 (2), 339-358.

Van Manen, Max (1990): Researching Lived Experience; Human science for an action sensitive pedagogy. London, Ontario: The Althouse Press.

Aisling Murray

Growing Up in Ireland and Longitudinal Research on Educational Transitions

Summary

In Ireland the key educational transitions happen at approximately ages 4/5 years (primary school), 12/13 years (secondary) and 17/18 years (further/higher education) with most individuals completing the full secondary school cycle. While education in Ireland is ostensibly free, there is evidence that socio-demographic inequalities are present nonetheless. Using data from *Growing Up in Ireland*, the national longitudinal study of children and young people, we see that children are more likely to start primary school at a comparatively young age if they are from low income families; socio-economic disadvantage is associated with more difficulties with the move from primary to secondary; and young people whose mothers have lower levels of education are less likely to aspire to higher education. The child or young person's own perspective is predictive of later difficulties too: 9-year-olds who disliked primary school were more likely to have a negative attitude to secondary school four years later. Looking at findings from the *Leaving School in Ireland* study – also longitudinal – we see that pupils who aspired to a third-level degree while still in the third year of secondary school were the most likely to actually go on to higher education.

Zusammenfassung

Die wichtigsten Bildungsübergänge finden in Irland mit etwa 4/5 Jahren (Grundschule), 12/13 Jahren (Sekundarschule) und 17/18 Jahren (tertiäre Bildung) statt, wobei die meisten SchülerInnen den vollen Sekundarschulzyklus abschließen. Obwohl die Bildung in Irland angeblich frei ist, gibt es Hinweise darauf, dass sozio-demographische Ungleichheiten vorhanden sind. Aus den Daten der *Growing Up in Ireland*-Studie, der nationalen Längsschnittstudie mit Kindern und Jugendlichen, schließen wir, dass eher jene Kinder in einem vergleichsweise jungen Alter die Grundschule beginnen, die aus Familien mit niedrigem Einkommen stammen. Dieser sozio-ökonomische Nachteil ist mit mehr Schwierigkeiten am Übergang von der primären zur sekundären Bildung verbunden; und für junge Menschen, deren Mütter ein geringeres Bildungsniveau haben, ist es weniger wahrscheinlich, Hochschulbildung anzustreben. Die Perspektive der Kinder oder Jugendlichen hat auch einen Voraussagewert für spätere Schwierigkeiten: 9-Jährige, die die Grundschule ablehnten, hatten mit höherer Wahrscheinlichkeit vier Jahre später eine negative Haltung gegenüber der Sekundarschule. Mit Blick auf die Erkenntnisse aus der *Leaving School in Ireland*-Studie – ebenfalls eine Längsschnittstudie – sehen wir, dass SchülerInnen, die tertiäre Bildung anstrebten während sie noch im dritten Jahr der Sekundarschulbildung waren, auch eher höhere Bildungswege aufnahmen.

1 About the *Growing Up in Ireland* study

1.1 Structure and background

Growing Up in Ireland (GUI) is the national longitudinal study of children in Ireland. It was started in 2006 using a two-cohort design: a Child Cohort and an Infant Cohort aged nine years and nine months respectively at Wave 1. The first phase ran from 2006-2014 and was entirely Government-funded[1]; the second phase from 2015-2019 includes a contribution from The Atlantic Philanthropies.

The Child Cohort started with 8,568 children since re-interviewed at age 13 years and 17/18 years. This cohort was originally recruited through the primary school system; hence there was a first sample of schools, then the children of appropriate age within those schools. The Infant Cohort was sampled from an almost universal register for a social welfare payment called 'Child Benefit', which virtually all habitually resident children receive. There were 11,134 children in the first wave of this cohort, and they have since been re-visited at three years, five years, seven years (postal only) with another interview at 9 years scheduled for 2017.

Both cohorts are centred around the child/young person. The main parental respondent is the child's primary caregiver who lives with them (typically the mother) and that person's resident spouse/partner. For children in primary school, questionnaires were also collected from teachers and school Principals; but just Principals for those in secondary school. At some waves, postal questionnaires were also distributed to non-resident parents and regular childcare-

---

1   Growing Up in Ireland is funded by the Government of Ireland through the Department of Children and Youth Affairs in association with the Central Statistics Office.

providers. A summary of the main modules and ages for each cohort is summarised in Table 1.

Tab. 1: Summary structure for the *Growing Up in Ireland* study

Cohort	Age	n	Parent interview	Child/ Young Person interview	Child/ Young Person cognitive/aca-demic test	Teacher question-naires (on self and on child)	Prin-cipal Ques-tion-naire	Com-pleted as of Dec 2016
Child	9 years	8,568	✓	✓	✓	✓	✓	✓
	13 years	7,525	✓	✓	✓		✓	✓
	17/18 years	Ca. 6,200	✓	✓	✓		✓	✓
	20 years		✓	✓	✓			
Infant	9 months	11,134	✓					✓
	3 years	9,793	✓		✓			✓
	5 years	9,001	✓		✓	✓	✓	✓
	7 years (postal)	tba	✓					✓
	9 years		✓	✓	✓	✓	✓	

1.2 Topics

Growing Up in Ireland is a multi-disciplinary study covering many topics, but which can be summarised under the following domain headings:

- Health and physical development
- Cognitive and educational development
- Socio-emotional and behavioural development
- Economic and civic participation (mostly for age 17 years up)

In addition, the study collects a wide range of socio-demographic and structural information such as household composition, parental education, household income, social class and occupation, accommodation and tenure, and community characteristics.

1.2.1 Summary of education-related topics

As the *Growing Up in Ireland* study has collected data from a range of ages from nine months to 18 years, there is a diverse range of information available on topics related to education. At school-ages, parents are generally asked about the home-learning environment, interactions with the child's school, their perceptions of the child's academic ability, and their aspirations/expectations for the child's ultimate education outcomes. They are also asked about special educational needs, the child's experience of bullying – and for ages five and 13 years – about the transition to school/secondary school. In addition, parents are asked to describe their own educational qualifications.

When old enough, children and young people are typically asked about their attitudes to school, different subjects and teachers. At age 17/18 years, when about 84 % of the cohort members were in their final years of secondary school, there were many additional questions on career guidance, their perceptions of the usefulness of school and their plans for third-level education.

Additionally, *Growing Up in Ireland* collects information from school staff. At all school-ages, the school Principal is asked questions about their own characteristics and about the school: topics such as size, facilities, ethos, funding and mix of social backgrounds. At primary school-ages only, teachers are also asked to complete questionnaires about (a) themselves and their classroom (size, make-up of the class, teaching methods etc), and (b) the individual study child in terms of ability, behaviour, and special educational needs. Table 2 summarises the main education topics for *Growing Up in Ireland*, but the reader is advised to consult individual questionnaires for the full range (http://www.esri.ie/growing-up-in-ireland/questionnaires/).

Tab. 2: Selected education-related topics from the *Growing Up in Ireland* study

Parents/children	Teachers/Principals
Home-learning environment	School characteristics
Parental aspirations for child's education	Size, age, disadvantaged status, ethos, facilities, selection, staff
Interactions with school	Principal characteristics
Bullying	Qualifications, experience, teaching duties
Child attitudes to school	Classroom characteristics
Private tuition	Profile of other children, preferred teaching methods, time spent on subjects, educational supports
Travel to school	Teacher characteristics

Parents/children	Teachers/Principals
(Early) registration for school	Qualifications, experience, demographics, stress
Career guidance	Child characteristics
Plans for further/higher education	Relative ability, behaviour, special educational needs, school-readiness
Child/young person's ability	
Special educational needs	

2 Some Results on Education Transitions from the *Growing Up in Ireland* study

2.1 Background information on the timing of transitions in the Irish education system

Ireland has only recently introduced a programme of universal free pre-school education – one academic year on a part-time basis – for children aged between three and four years (although it is being extended for a second year this year). This means that the children of the Child Cohort would not have availed of it, but most of the children of the Infant Cohort did.

Regardless of pre-school education, most children start formal primary schooling at age four or five years and complete eight years there before moving to a secondary school around twelve or 13 years old. The academic year for all schools starts in September.

In secondary school there is a 'junior' or lower secondary cycle of three years at the end of which pupils complete the 'Junior Certificate' examinations. These are formal State exams that are set, administered and graded centrally (although this is currently being reviewed to include more classroom-based assessment). Most pupils sit exams in around eight to ten subjects and are typically aged around 15 years at the time.

After the Junior Certificate there is a 'senior cycle' of two years' duration; however an increasing number of students do an extra year between the junior and senior cycles called 'transition year'. The general aim of the transition year is to allow students experience a less-academically focused year in which they can try a wider range of subjects, complete more group projects, undertake some work experience placements and so forth. In Ireland, young people can leave school at either 16 or after three years of secondary education – whichever is the later – but the vast majority of young people stay on to complete the senior cycle.

The conclusion of the senior cycle at secondary level is a set of State examinations called the 'Leaving Certificate', equivalent to 'A-levels' in the UK. The grades a student achieves in the Leaving Certificate exams make up a 'points' total and these 'points' are the main mechanism by which places at third-level are allocated. With some exceptions, a student's entire secondary work – and opportunity for third-level education – is assessed through their performance in a single fortnight of examinations held once a year in June. Hence the year in which the Leaving Certificate exams are taken – particularly the months leading up to them – are particularly stressful for many young people and their families. Students need to take a minimum of six examination subjects for the Leaving Certificate (for university entry), but most take at least seven subjects.

2.2 Social inequalities in the transition to primary school

From data collected as part of the Infant Cohort at age five years, when about three-quarters of the children were already in school, it is evident that children from poorer households are more likely to start primary school at a younger age. The graph in Figure 1 compares children from high and low income families according to their age at the start of the academic year in September 2012. We can see that for older children, those who were aged 4 years and 8 or 9 months, nearly all started school that September regardless of their socio-economic background. Younger children were less likely to start school overall but it is noticeable that, particularly for those aged just four years and three months at the time, economically-disadvantaged children were much more likely to be enrolled in formal schooling: over 50 % of the children aged four years, three months and in the lowest income quintile started school compared to around a quarter of the youngest children in the highest income quintile (*Growing Up in Ireland* Study Team 2013).

2.3 Factors associated with difficulties in the transition to secondary school

By the time the members of the Child Cohort were interviewed at age 13 years, nearly all had made the transition to secondary school. Parents were asked a series of questions about the level of difficulty the young person had experienced in that transition. Family or contextual factors that were associated with greater transition difficulties included (Smyth, in press):

• Low family income
• A one-parent family
• Low parental education
• The absence of previous primary-school friends in the young person's new school or class

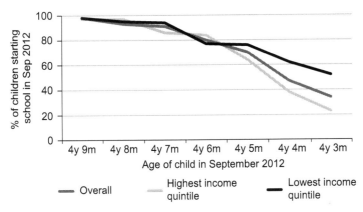

Fig. 1: Percentage of children in each age group who had started school in September 2012, according to income quintile (lowest, highest and total featured). Based on Growing Up in Ireland Study Team (2013)

Children who had special educational needs were at particular risk of experiencing difficulties in the transition from primary to secondary school. Other child characteristics, measured when the child was nine years, which were associated with difficulties included:

- A negative attitude to school
- Not liking Maths or Irish (although no effect observed for liking/not liking English at nine years)
- Poorer academic performance

Figure 2 shows how attitudes to school at age nine years, be they positive or negative, longitudinally predicted attitudes at age 13 years despite the change in school and curriculum. Nearly 40 % of 13-year-olds who had said they always liked school when they were nine years old currently liked school 'very much'. This contrasts with just 16 % of those who had 'never' liked school at the earlier wave (Smyth 2014).

As *Growing Up in Ireland* also collects information from Principals about school processes, the study is able to say something about the Principals' perspectives on strategies that ease the child's transition from primary to secondary school. When the Child Cohort was aged 13 years, secondary school Principals were asked about the transition strategies employed by the school and which ones were thought to be the most important. Nearly all children attended schools that had a class tutor (96 %) and in 29 % of cases he/she was rated as the most important transition strategy (Smyth, in press). While nearly all children also had an 'induction day[2]', this was given the 'most important' rating slight less often at 20 %. Other common school-based transition strategies were 'links with primary schools' (93 %), 'student mentors' (84 %) and 'study skills programme' (76 %). While only 63 % of children attended schools which had a 'formal transition programme', this was deemed to be the most important strategy in 20 % of cases.

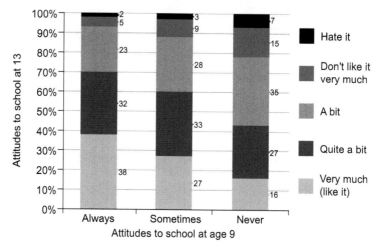

Fig. 2: Attitudes to school at age 13 ('like it very much' to 'hate it') by whether the child had liked school ('always', 'sometimes' or 'never') at age 9 years. Source: Smyth (2014)

2.4 Coming of age – the education status of 17/18-year-olds

In November 2016, *Growing Up in Ireland* released the preliminary findings from the Child Cohort at age 17/18 years data collection which had been conducted earlier that year. Most of the young people were still in secondary school (84 %) while 10 % had already progressed to third-level education. The remaining 6 % were distributed more-or-less evenly between work, training or 'not in education, work or training' (*Growing Up in Ireland* Study Team 2016).

2　An induction day is a day when first-year pupils attend the secondary school before the other pupils return for the start of the new academic year. It gives them a chance to meet each other and the school staff, and to become familiar with the school buildings and routines before the regular school year commences.

Those (the majority) who were still in secondary school at age 17/18 years were asked about their aspirations for further or higher education[3] and these were compared to their mother's own level of educational attainment. While the majority of young people aspired to some kind of post-secondary education, those whose mothers had only a lower-secondary (Junior Certificate) qualification were more likely to (a) not aspire to third-level education at all (20 %) and (b) to have a higher proportion aiming for 'further' rather than 'higher' education (17 %). In contrast the corresponding percentages for young people whose mother had at least degree-level education were 7 % (not aspiring to third-level) and 3 % ('further' education).

3 Selected findings from the *Leaving School in Ireland* study (McCoy et al., 2014)

A separate study conducted in Ireland by the ESRI examined post-school pathways among a somewhat older cohort than the young people taking part in *Growing Up in Ireland*. It constituted a post-school follow-up of around 900 students who had participated in a longitudinal study that had previously followed them from first year to final (Leaving Cert) year of their secondary school education. The selected results presented in the following section are taken from a major report by McCoy et al (2014).

The *Leaving School in Ireland* study found that on follow-up three-to-four years after leaving school, the majority of young people had entered higher education (61 %). Further (as opposed to 'higher') education was undertaken by 22 % of the group in the form of a Post Leaving Certificate (PLC) course or apprenticeship training, and 17 % had entered the labour market. Entry to higher education was less likely among those from a 'working class' or 'class unknown' social background, and among young people with special educational needs (49 % compared to 62 % who had no special educational needs).

As *Leaving School in Ireland* was also a longitudinal study, it was possible to compare young people's aspirations for their educational attainment when they were in the third year of secondary school (aged around 15 years) with what actually transpired later. Over 82 % of those third-year pupils who had aspired to a third-level degree did go on to higher education. Only one-third (36 %) of pupils who aspired to (just) second-level education ultimately entered higher

---

3 'Higher education' being university or Institute of Technology courses rather than post-Leaving Certificate or 'further education' courses; the latter usually resulting in a lower level qualification and often, but not always, being more vocational in nature

education; and those who had lower aspirations while in school were more likely to go directly into the labour market on finishing.

The *Leaving School in Ireland* study also asked young adults whether they had achieved their post-school aspirations: 62 % felt they had got to do what they had planned post-school with 22 % saying 'to some extent' and 16 % not doing so. Those who planned some kind of post-secondary education were more likely to feel that had subsequently achieved this aspiration (69 %) while only 41 % of young people who had aspired to employment after school said they had fully realised their plan.

The full report of findings from this study is available online http://www.esri.ie/pubs/RS36.pdf.

4 Concluding comments

The principal advantage of longitudinal studies over a series of cross-sectional samples is the potential for prospectively tracking individual pathways over time. It is particularly important to capture attitudinal measures contemporaneously where possible: for example, asking 13-year-olds to report, retrospectively, whether they had liked school at age nine years could be prone to distortion by their current attitudes as well as recall problems. For a study like *Growing Up in Ireland* where data are collected from other informants such as teachers, collecting contemporary data for the examination of children's later outcomes is the only feasible option. Longitudinal studies really come into their own in terms of analysis, allowing a much more rigorous attempt at inferring causal pathways than a series of cross-sectional analyses.

So why aren't all studies of education and other outcomes longitudinal? As with most things in life and research there are some inherent disadvantages. The most obvious is the cost, financially and logistically, of recruiting and maintaining a large longitudinal sample; and longitudinal samples have to be substantial to account for a certain amount of attrition over time. Secondly, longitudinal studies are a long-term investment and the most fruitful analysis typically comes after multiple waves – and years of waiting for the cohort members to follow their various paths. Some studies like *Growing Up in Ireland* have managed this issue by running two (or more) different-age cohorts in parallel (i.e. those who were babies in 2007 and those who were already nine years old that year) – and of course it is still possible to conduct cross-sectional analyses with individual waves – but multiple cohorts means multiplying effort and cost.

In conclusion, longitudinal studies are particularly appropriate for educational research given the effect of accumulated experiences and circumstances on an individual's ultimate academic outcome. Such studies are, however, resource-intensive and may take some years to fully pay back the investment. On the bright side, there are now many longitudinal studies around the world – including *Growing Up in Ireland* – who have accumulated multiple waves and are willing to make their rich datasets available to fellow researchers; so just because you need longitudinal data doesn't mean you have to start a new study of your own!

Literature

Growing Up in Ireland Study Team (November, 2013): Transition to school among five-year-olds. Key Finding No. 1, Infant Cohort at Five Years. Dublin: ESRI/TCD/DCYA

Growing Up in Ireland Study Team (November, 2016): Education and early work experiences. Key Finding No. 1, Child Cohort at 17/18 Years. Dublin: ESRI/TCD/DCYA

McCoy, Selina/Smyth, Emer/Watson, Dorothy/Darmody, Merike (2014): Leaving school in Ireland: A longitudinal study of post school transitions. In: ESRI Research Series, 36. Dublin: ESRI.

Smyth, Emer (2014): Age or Stage? Influences on the Transition to Junior Cycle Education. Presentation to the 6th Annual Growing Up in Ireland Research Conference, Dublin, November 2014. Available from http://www.esri.ie/pubs/Age_or_stage_Influences_on_the_transition_to_junior_cycle_education_Smyth.pdf. (Accessed: 10/01/2017).

Smyth, Emer (in press): Young people's perspectives on education. In: Williams, James/Thornton, Maeve/Morgan, Karen/Quail, Amanda/Smyth Emer (Hrsg.): Growing Up in Ireland: The Lives of 13-Year-Olds in Ireland.

Acknowledgments

The selected Growing Up in Ireland Key Finding results referenced in this work are team publications based on work by my colleagues Amanda Quail, Sophie Gallagher and James Williams. Thanks to ESRI colleagues Emer Smyth and Selina McCoy for sharing their work and commenting on an earlier draft of this chapter.

V

Verzeichnis der AutorInnen

AutorInnenangaben

Atanasoska Tatjana, Mag. research assistant (prae-doc) at the Centre of Teacher Education, University of Vienna. Research and teaching focus: refugees and schooling in Austria and an European perspective, migration and multilingualism (in schools), teacher professionalization and German as a Foreign/Second Language.

Bergs Lena, Dipl.-Psych., Lehrstuhl für Arbeit und Berufliche Rehabilitation an der Universität zu Köln. Arbeits- und Forschungsschwerpunkte: Übergang Schule/Beruf, Inklusion/Diversität, Berufswahl, Inklusive Ausbildung, Vorurteile/Stigma.

Demmer Christine, Jun.-Prof. Dr. an der Universität Bielefeld im Arbeitsbereich Medienpädagogik, Forschungsmethoden und Jugendforschung. Arbeitsund Forschungsschwerpunkte: Qualitative Forschungsmethoden, bildungstheoretisch orientierte Biografieforschung, pädagogisches Handeln im Kontext von Heterogenität und Inklusion

Driesel-Lange Katja, Dr., Dipl.-Päd., wissenschaftliche Mitarbeiterin am Institut für Erziehungswissenschaft der Westfälischen Wilhelms-Universität Münster. Arbeits- und Forschungsschwerpunkte: Berufliche Entwicklung, Interventionen der (schulischen) Berufsorientierung, Individuelle Förderung und Gender.

Fasching Helga, Assoz. Prof. Dr. Mag. am Institut für Bildungswissenschaft. Arbeits- und Forschungsschwerpunkte: Inklusive Pädagogik, bildungswissenschaftliche Übergangsforschung mit dem Schwerpunkt auf den Übergang von der Schule in Ausbildung und Beruf, Intersektionalitätsforschung (Behinderung, Gender, Herkunft), Beratungsforschung, Qualitätssicherung und Evaluationsforschung in sozialen Dienstleistungen, qualitative Forschungsmethoden.

Faulstich-Wieland Hannelore, Prof. Dr., Universitätsprofessorin am Fachbereich Allgemeine, Interkulturelle und International Vergleichende Erziehungswissenschaft der Universität Hamburg. Arbeits- und Forschungsschwerpunkte: Genderforschung, Sozialisation, Berufsorientierung.

Feichter Helene Juliana, Mag. Dr. BEd., Universitätsassistentin am Institut für Pädagogische Professionalisierung der Karl-Franzens-Universität Graz. Arbeits- und Forschungsschwerpunkte: SchülerInnenperspektive in der Schul- und Bildungsforschung, Partizipative (Evaluations-)Forschung, Schulentwicklung und Professionalisierung.

Frey Simone, MSc, wissenschaftliche Mitarbeiterin an der Pädagogischen Hochschule der Fachhochschule Nordwestschweiz. Arbeits- und Forschungsschwerpunkte: Berufsbildungsverläufe und -entscheidungen, Laufbahnentwicklungen, Vereinbarkeit Familie Beruf.

Fülöp Ágnes E., BA, MA, studentische Mitarbeiterin am Institut für Bildungswissenschaft der Universität Wien, Referentin für Barrierefreiheit in der Bundesvertretung der Österreichischen HochschülerInnenschaft. Arbeits- und Forschungsschwerpunkte: Dis/ability und Gender im Bildungskontext, Identitäts- und Repräsentationspolitiken im digitalen Zeitalter, Science und Technology Studies.

Geppert Corinna, MMag. Dr., Universitätsassistentin der Forschungsabteilung für Schule, Bildung und Gesellschaft am Institut für Bildungswissenschaft der Universität Wien. Arbeits- und Forschungsschwerpunkte: Bildungsübergangsforschung mit Schwerpunkt auf dem Übergang von der Grundschule in die Sekundarstufe, quantitativ empirische Forschung, Längsschnittforschung, Bildung und Politik.

Haeberlin Urs, Prof. Dr., von 1979 bis zur Emeritierung 2006 Ordinarius für Heilpädagogik und Direktor des Heilpädagogischen Instituts der Universität Freiburg (Schweiz); mehrjährige Tätigkeit als Lehrer in Primar- und Sonderklassen. Arbeits- und Forschungsschwerpunkte: Allgemeine Heil- und Sonderpädagogik, Schulische Integration/Inklusion, Exklusionstendenzen in Vergangenheit und Gegenwart, Soziolinguistik, Wissenschaftstheorie und Forschungsmethodologie, ethische Grundfragen der Heilpädagogik.

Haunberger Sigrid, Dr. phil., Dipl. Soz., Dipl. Sozialarbeiterin (FH), wissenschaftliche Mitarbeiterin (Senior) an der Fachhochschule Nordwestschweiz, Hochschule für Soziale Arbeit, Institut für Professionsforschung und -entwicklung. Arbeits- und Forschungsschwerpunkte: Umfrageforschung, quantitative Forschungsmethoden, Evaluationen und Wirkungsanalysen, Bildungssoziologie.

Huber Matthias, Mag. phil., Universitätsassistent und Lektor am Institut für Bildungswissenschaft der Universität Wien. Arbeits- und Forschungsschwerpunkte: Pädagogische Anthropologie, Bildung und Emotion, neuro- und kognitionswissenschaftliche Perspektiven auf Entwicklungs- und Bildungsprozesse, Übergangsforschung, emotionstheoretische Lehr-Lern-Forschung, interdisziplinäre Bildungsforschung.

Katschnig Tamara, Univ.-Doz. Mag. Dr., Senior Lecturer am Institut für Bildungswissenschaft der Universität Wien, seit 2010 stellvertretende Projektleitung des Evaluationsprojekts NOESIS. Arbeits- und Forschungsschwerpunkte: Übergänge im Bildungswesen, Längsschnittforschung, quantitativ empirische Bildungsforschung, Schulangst, Angst von LehrerInnen, Burnout, Schulklima, Klassenklima.

Kilian Michaela, Dipl. Päd. Mag., Doktorandin und wissenschaftliche Projektmitarbeiterin der Forschungsabteilung für Schule, Bildung und Gesellschaft am Institut für Bildungswissenschaft der Universität Wien sowie Lehrerin an einer Neuen Niederösterreichischen Mittelschule. Arbeits- und Forschungsschwerpunkte: Übergänge im Bildungswesen, quantitativ empirische Bildungsforschung, Längsschnittforschung, Klassenklima, Schulklima.

Knapp Mariella, MMag., Doktorandin und Universitätsassistentin der Forschungsabteilung für Schule, Bildung und Gesellschaft am Institut für Bildungswissenschaft der Universität Wien. Arbeits- und Forschungsschwerpunkte: Quantitativ-empirische Bildungsforschung, Bildung und Region, Bildungsübertrittsforschung mit Schwerpunkt des Übergangs von der Grundschule in die Sekundarstufe I.

Kremsner Gertraud, Dr.in, Lektorin am Institut für Bildungswissenschaft, Senior Lecturer am Zentrum für LehrerInnenbildung (beide Universität Wien), Projektmitarbeiterin in derzeit 3 Forschungsprojekten. Arbeits- und Forschungsschwerpunkte: Dis/Ability Studies (in Education), inklusive Forschung, Life History Research.

Makarova Elena, Prof. Dr. habil., Professorin für Erziehungswissenschaft am Zentrum Lernen und Sozialisation, Institut Forschung und Entwicklung, Pädagogische Hochschule der Fachhochschule Nordwestschweiz und am Institut für Bildungswissenschaften der Universität Basel. Arbeits- und Forschungsschwerpunkte: Heterogenität im schulischen Kontext, Inklusions- und Exklusionsprozesse aufgrund von Herkunft und Geschlecht, Berufsorientierung und Gender, Lehrerinnen- und Lehrerbildung.

Murray Aisling, PhD is the Research Officer for Growing Up in Ireland, the national longitudinal study of children in Ireland. She has worked on the study since it started in 2006 and is based in the Economic and Social Research Institute (ESRI) in Dublin. Aisling is a psychologist whose main research areas are cognitive and socio-emotional development.

Nägele Christof, Dr., wissenschaftlicher Mitarbeiter und Projektleiter an der Pädagogischen Hochschule der Fachhochschule Nordwestschweiz. Arbeits- und Forschungsschwerpunkte: Individuelle institutionelle und Bedingungen des Lernens, der schulischen und beruflichen Entwicklung unter besonderer Berücksichtigung sozialer Prozesse in der Gestaltung von Lehr- und Lernprozessen.

Neuenschwander Markus P., Prof. Dr. habil., Leiter des Zentrums Lernen und Sozialisation der Pädagogischen Hochschule der Fachhochschule Nordwestschweiz und Professor für Pädagogische Psychologie am Institut für Bildungswissenschaften der Universität Basel. Arbeits- und Forschungsschwerpunkte: Übergang Schule-Beruf, Selektion, Sozialisation in Familie, Schule und Beruf, überfachliche Kompetenzen, Berufsbildungsentscheidungen.

Pool Maag Silvia, Prof. Dr., Professorin für Inklusion und Diversität an der Pädagogischen Hochschule in Zürich, Schweiz. Arbeits- und Forschungsschwerpunkte: Übergang Schule Beruf von Jugendlichen mit Benachteiligung, inklusiver Unterricht für heterogene Lerngruppen, unterrichtsbezogene, interprofessionelle Zusammenarbeit, Analysen zum Sonderpädagogischen Angebot.

Proyer Michelle, Dr., senior lecturer and post doc researcher at the Department of Education, University of Vienna. Research and teaching focus: disability, inclusive schools, cross-cultural research in disability and education.

Rensen Lara-Joy, MA, wissenschaftliche Mitarbeiterin an der Universität Bremen, Arbeits- und Forschungsschwerpunkte: Übergänge in die Berufliche Bildung, Migration, Ethnografieforschung.

Sriwanyong Siriparn, assistant professor at the Faculty of Education, Srinakharinwirot University. Research and teaching focus: audiology, language and speech pathology, disability, inclusive schools.

Thielen Marc, Dr., Professor an der Universität Bremen. Arbeits- und Forschungsschwerpunkte: Ethnografie- und Übergangsforschung, Migration.

Todd Liz, PhD, Professor of Educational Inclusion at Newcastle University UK. Main research areas: social justice and inclusive education, video interaction guidance, theory of change evaluation.

Trainor Audrey A., Assoc. Prof. PhD MEd BA, Associate Professor of Special Education, Department of Teaching & Learning, New York University. Research and teaching focus: equity and diversity in special education, transition from adolescence to adulthood, learning and behavioral disabilities, qualitative research methods.

Werkl Tanja, Mag., Doktorandin und wissenschaftliche Projektmitarbeiterin der Forschungsabteilung für Schule, Bildung und Gesellschaft am Institut für Bildungswissenschaft der Universität Wien sowie seit 2010 Projektkoordinatorin des Evaluationsprojekts NOESIS. Arbeits- und Forschungsschwerpunkte: International vergleichende Bildungsforschung, Hochschulforschung, Wissenschaftsorganisation und Wissenschaftsmanagement, Drittmittelforschung, Projektmanagement.